权威·前沿·原创

皮书系列为
"十二五""十三五""十四五"时期国家重点出版物出版专项规划项目

BLUE BOOK

智 库 成 果 出 版 与 传 播 平 台

贵州蓝皮书
BLUE BOOK OF GUIZHOU

贵州文化产业发展报告（2022~2023）

ANNUAL REPORT ON CULTURAL INDUSTRY DEVELOPMENT OF
GUIZHOU (2022-2023)

主　编／张学立　王　林

社会科学文献出版社
SOCIAL SCIENCES ACADEMIC PRESS (CHINA)

图书在版编目（CIP）数据

贵州文化产业发展报告 . 2022-2023 / 张学立，王林
主编 . --北京：社会科学文献出版社，2023.12
（贵州蓝皮书）
ISBN 978-7-5228-2593-9

Ⅰ.①贵… Ⅱ.①张… ②王… Ⅲ.①文化产业-产
业发展-研究报告-贵州-2022-2023 Ⅳ.①G127.73

中国国家版本馆 CIP 数据核字（2023）第 188846 号

贵州蓝皮书
贵州文化产业发展报告（2022~2023）

主　　编 / 张学立　王　林
执行主编 / 赵玉娇　高　刚　王　俊
副 主 编 / 李代峰　蒋楠楠

出 版 人 / 冀祥德
责任编辑 / 薛铭洁
责任印制 / 王京美

出　　版 / 社会科学文献出版社·皮书出版分社（010）59367127
　　　　　　地址：北京市北三环中路甲 29 号院华龙大厦　邮编：100029
　　　　　　网址：www.ssap.com.cn
发　　行 / 社会科学文献出版社（010）59367028
印　　装 / 天津千鹤文化传播有限公司

规　　格 / 开　本：787mm×1092mm　1/16
　　　　　　印　张：24.5　字　数：368 千字
版　　次 / 2023 年 12 月第 1 版　2023 年 12 月第 1 次印刷
书　　号 / ISBN 978-7-5228-2593-9
定　　价 / 158.00 元

读者服务电话：4008918866

编委会

主要编撰者简介

张学立　南开大学博士，二级教授，博士生导师，贵州省社会科学院院长。主要从事跨文化逻辑与认知比较、民族文化和高等教育管理研究。兼任教育部哲学教学指导委员会副主任委员，贵州省人民政府学位委员会委员，中国逻辑学会副会长、中国逻辑史专业委员会原主任委员，清华大学心理学与认知科学研究中心特约研究员，西南大学逻辑与智能研究中心兼职研究员。曾任贵州民族文化学会会长。系"国家高层次人才特殊支持计划"哲学社会科学领军人才，中宣部全国文化名家暨"四个一批"人才，"百千万人才工程"国家级人选，国家有突出贡献中青年专家，享受国务院政府特殊津贴，贵州省直接联系省管专家。中关村全球高端智库联盟专家库入选专家。主持或参与国家社科基金重大项目、教育部哲学社会科学研究重大课题攻关项目、贵州省哲学社会科学规划重大课题等国家和省部级项目20项，出版著作、教材18部，发表论文100余篇。多项资政成果被地方政府采纳。获国家和省部级荣誉及奖励15项。

王　林　法国波尔多第三大学博士，教授，贵州民族大学党委副书记、校长，贵州民族大学统计学一级学科负责人，兼任贵州省模式识别与智能系统重点实验室常务主任。主要从事计算机图像处理、模式识别与智能控制等方面的研究，主持国家自然科学基金项目2项、省部级科研项目9项，出版专著1部，在国内外重要学术刊物上发表学术论文30

余篇。主持省级精品课 1 门，荣获贵州省优秀教育工作者、贵州省第四届优秀科技工作者称号，获贵州省第一届"优秀硕士生导师"称号，获省级教学成果特等奖 1 项、二等奖 1 项、三等奖 2 项，贵阳市自然科学优秀论文一等奖 1 项。

摘　要

2020 年 10 月，党的十九届五中全会从战略和全局上对文化建设进行了规划和设计，形成了《中共中央关于制定国民经济和社会发展第十四个五年规划和二〇三五年远景目标的建议》，明确提出 2035 年建成文化强国的具体目标。这是党的十七届六中全会提出建设社会主义文化强国以来，党中央首次明确了建成文化强国的具体时间表。2021 年 1 月，《贵州省国民经济和社会发展第十四个五年规划和二〇三五年远景目标纲要》提出，"加大文化事业和文化产业发展力度，凝聚高质量发展精神力量"，建设多彩贵州民族特色文化强省。2022 年 1 月，《国务院关于支持贵州在新时代西部大开发上闯新路的意见》强调，国务院有关部门要按照职责分工，加强指导协调，出台配套政策，对贵州改革发展给予大力支持。本书立足于贵州省委宣传部文产办、贵阳市委宣传部文产办、多彩贵州文化产业投资集团等有关部门、企业的资料，关注贵州文化强省和乡村振兴的重大举措，从具有贵州地方特色的文化产业品牌、非遗文化产业等角度全面展现 2021～2022 年度贵州文化产业发展的进程，深入解读贵州文化产业发展过程中的重点、难点和热点问题，对贵州今后文化产业发展形势进行分析，并在此基础上提出相应的对策建议。本书认为，贵州文化产业发展，应当全面、准确理解和贯彻新发展理念，加快多彩贵州文化建设，推进贵州文化产业高质量发展，建设文化强省。一是实施市场主体培育行动，以高质量企业推进文化产业高质量发展；二是实施产业融合发展行动，以高水平融合牵引文化产业高质量发展；三是实施人才引培行动，以高素质人才助力文化产业高质量发展；四是实施消费提振行动，以高品质消费助力文化产业高质量发展；五是实施营商环境塑造行动，以高效率服务推进文化产业高质量发展。

关键词： 文化产业　文化强省　多彩贵州

Abstract

In October 2020, the fifth plenary session of the 19th Central Committee of CPC had planed and designed to the culture construction, " the CPCCC's proposals for the formulation of the 14th Five-Year Plan (2021 - 2025) for National Economic and Social Development and the Long-Range Objectives Through the Year 2035 ", have been formed. The suggestions proposed that achieved to the specific goal of building a great cultural country. It is the first time that the Party Central Committee proposed a specific schedule of building a great cultural country explicitly. In January 2021, "Guizhou provincial Party Committee's Outline for the formulation of the 14th Five-Year Plan (2021-2025) for National Economic and Social Development and the Long-Range Objectives Through the Year 2035 " proposed that to increase effort to the development of cultural undertakings and cultural industry, to consolidate strength of high quality development, in order to build a great colorful Guizhou ethnic speciality province. In January 2022, "The State Council 'suggestiveness of supporting Guizhou to break a new path in the era of great development of western area", emphasized that the relevant department of State Council should strengthen guidance and introduce supporting policies according to the division of responsibilities, in order to give strong support to Guizhou reformation and development. This book is based on the information from the relevant departments and enterprises such as the office of cultural industry of Guizhou provincial propaganda department, the office of cultural industry of Guiyang city propaganda department, the colorful Guizhou Cultural Industry Investment Group Co. , Ltd. etc. It focuses on the magnificent measures of powerful province with cultures and rural revitalization in Guizhou. It shows that progress of the development of

Guizhou cultural industry in 2021−2022, from the aspects of Guizhou local brand of cultural industries and the intangible cultural heritage, to interpret the main point, difficulty and hot point of the development of Guizhou cultural industry, to analyses the situation of the development of Guizhou province, to give out the suggestions correspondingly. This book suggests that the development of the cultural industry in Guizhou should not only comprehensively and accurately understanding, but also implement the new development idea. To accelerate construction of the colorful Guizhou culture, to promote the high quality development of Guizhou cultural industry, and to build a great cultural province. Firstly, implement the action to cultivate market entities, to promote the high quality development of the cultural industry through high quality enterprises. Secondly, implement industrial integration actions, to promoting high quality development of the cultural industry through the high level integration. Thirdly, implement the action of talent introduction and training actions, to support high quality cultural industry development with high quality talents. Fourthly, implement of boosting consumption action, to suppor development of high quality cultural industry with high quality consumption. Fifthly, implement the action of shaping the business environment, to promote the high quality development of cultural industry with high efficiency service.

Keywords: Cultural Industry; Strengthening with Province Culture; Colorful Guizhou

目 录 ⤵

Ⅰ 总报告

B.1 贵州文化产业发展形势分析及对策建议

················· 张学立 高 刚 洪泽宇 / 001

    一 2021~2022年贵州文化产业十大关键词 ·············· / 002

    二 2021~2022年贵州文化产业五大路径 ············· / 007

    三 推进贵州文化产业高质量发展的五大行动 ················· / 010

Ⅱ 专题篇

B.2 乡村振兴背景下贵州水族文化资源保护与利用研究

·· 蔡贞明 / 017

B.3 非遗工坊文创产业赋能乡村振兴研究

    ——以贵州丹寨为个案 ················· 蒋楠楠 / 033

B.4 地域文化与自然风景区的旅游发展

    ——以百里杜鹃风景区为例 ················· 段剑洪 / 044

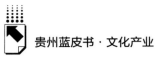
B.5 文旅融合视域下贵州少数民族非遗的保护、传承和利用

　　　…………………………………………………………………… 赵玉娇 / 057

B.6 红色文化资源开发与乡村振兴有机融合路径研究

　　　——基于苟坝村的调查研究 ……………………… 王　娜 / 072

B.7 农文旅融合赋能乡村振兴现状、问题及对策研究……… 王红霞 / 083

B.8 贵州苗族特色饮食文化保护传承与文旅融合发展研究

　　　——以西江千户苗寨为例 …………………………… 霍晓丽 / 095

B.9 贵州乡村旅游发展报告 ……………………………… 王贵森 / 115

B.10 乡村振兴背景下黔东南民族村寨旅游产业转型

　　升级路径探究 ……………………………… 万木英　范莉娜 / 131

Ⅲ　行业篇

B.11 新时代贵州出版行业发展的现状、机遇、挑战与对策

　　　——以贵州出版集团为例 …………………………… 玉　璟 / 147

B.12 2022年贵州出版集团发展报告 …………… 魏　霞　徐　行 / 163

B.13 贵州蜡染产业化研究 ………………… 李隆虎　冉佳兴　乔思娇 / 176

B.14 贵州省美术馆发展调查研究 ………………… 邹沁园　陆治婷 / 197

Ⅳ　酒文融合篇

B.15 赤水河流域"酒旅融合"发展研究 ………………… 李代峰 / 213

B.16 仁怀市酒文化旅游发展报告 ………………… 郭　旭　李代峰 / 233

B.17 中国酒文化研究综论 ………………………………… 黄小刚 / 245

Ⅴ　专题调研篇

B.18 "姑箐古茶"推动纳雍茶产业高质量发展初探

　　…………………………………………… 孙娜娜　何慧琳 / 257

B.19 丹寨县石桥古法造纸产业的再发明研究 ……… 袁洪业　陈诗琦 / 269

B.20 基于文化视角的贵州茶叶品牌建设研究 ……………… 秦　瑄 / 281

B.21 贵阳市历史文化名村保护与发展策略研究

　　——以马头寨为例 …………………………………… 宁　宁 / 299

B.22 贵州民族文化品牌研究

　　——以瑞银鸟品牌建设为例 ………………………… 甘　泉 / 313

B.23 贵州省数字文化产业发展研究 …… 付　伟　罗　曼　黄译熳 / 325

B.24 文旅融合背景下贵州彝族漆器与旅游品牌

　　建设研究 ………………………………………… 高　翔　郜　捷 / 338

B.25 贵州冬季旅游热点发掘和培育研究 ………………… 于开锋 / 351

附　录　2021~2022年度贵州文化产业大事记 ……………… 谢　敏 / 362

皮书数据库阅读**使用指南**

CONTENTS ↰↱

I General Report

B.1   Analysis of the Development Situation of Guizhou's Cultural Industry
and Suggestions for Countermeasures

Zhang Xueli, Gao Gang and Hong Zeyu / 001

II Topical Reports

B.2   The Research on Protection and Application of the Shui Nationalities'
Culture Resources in the Background of Rural Revitalization

Cai Zhenming / 017

B.3   The Research on the Empowerment to Rural Revitalization by the
Culture and Creative Industry of Intangible Cultural Heritage
Workshop: A Case Study of Danzhai in Guizhou   *Jiang Nannan* / 033

B.4   The Tourism Development of Regional Culture and Natural

Scenic Area: A Case Study of the Baili Dujuan Scenic Spot

Duan Jianhong / 044

B.5   The Study on the Protection, Inheritance and Utilization of

Guizhou Minorities Intangible Cultural Heritage from the

Perspective of Culture and Tourism Integration   *Zhao Yujiao* / 057

B.6   The Study on the Path of the Integration of Red Culture Resources

Development and Rural Revitalization: Based on the Investigation

and Research of Gouba   *Wang Na* / 072

B.7   The Research on the Current Situation, Problems and Countermeasures

of Integration of Agriculture, Culture and Tourism which Assistants

in the Rural Revitalization   *Wang Hongxia* / 083

B.8   The Research on the Protection, Inheritance, and Integration of

Culture and Tourism Development of Guizhou Miao Ethnic

Characteristic Food Culture: A Case Study of Qianhu Miao

Village in Xijiang   *Huo Xiaoli* / 095

B.9   The Report of the Development of Guizhou Rural Tourism

Wang Guisen / 115

B.10   The Study on the Transformation and Upgrade Path of Tourism

Industry of Minority Villages in Southeastern Guizhou

Wan Muying, Fan Lina / 131

III   Industry

B.11   The Current Situation, Opportunities, Challenges, and

Countermeasures of the Development of Guizhou Publishing

Industry in the New Era: Taking Guizhou Publishing Group

as an Example   *Yu Jing* / 147

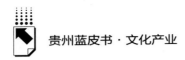
B.12   The Report of the Development of Guizhou Publishing Group

Wei Xia, Xu Xing / 163

B.13   The Research on the Industrialization of Guizhou Batik

Li Longhu, Ran Jiaxing and Qiao Sijiao / 176

B.14   The Research on Investigation of the Development of Guizhou

Provincial Art Museum   *Zou Qinyuan, Lu zhiting* / 197

IV   Integration of Liquor and Culture

B.15   The Research on the Development of "Integration of

Liquor and Tourism" in the Chishui River Basin   *Li Daifeng* / 213

B.16   The Report on the Development of Liquor Culture Tourism in

Renhuai City   *Guo Xu, Li Daifeng* / 233

B.17   The Summarize of the Research on Chinese Liquor Culture

Huang Xiaogang / 245

V   Special Research

B.18   The Exploration of the Path in which "The Ancient Tea of Guqing"

Promoting High-Quality Development of the Tea Industry of

Nayong County   *Sun Nana, He Huilin* / 257

B.19   The Research on the Reinvention of the Shiqiao Ancient Method

Paper Industry in Danzhai County   *Yuan Hongye, Chen Shiqi* / 269

B.20   The Research on the Construction of the Tea Brand of

Guizhou Based on the Angle of Culture Industry   *Qin Yi* / 281

B.21   The Research on the Protection and Development Strategies of

Historical and Cultural Famous Villages in Guiyang City:

Taking Matouzhai as an Example   *Ning Ning* / 299

CONTENTS 〵〉

B.22　The Research on Guizhou Minorities' Cultural Brand: A Case

　　　　Study of the Brand Construction of Ruiyin Bird　　　*Gan Quan* / 313

B.23　The Study of the Development of Data Culture Industry

　　　　　　　　　　　　Fu Wei, Luo Man and Huang Yiman / 325

B.24　The Research on Guizhou Yi Ethnic Lacquerware and Tourism

　　　　Brand Construction under the Background of Cultural and

　　　　Tourism Integration　　　　　　　*Gao Xiang, Gao Jie* / 338

B.25　The Research on the Exploration and Cultivation of Winter

　　　　Tourism Hotspots in Guizhou　　　　　　*Yu Kaifeng* / 351

Appendix　The Memorabilia of Guizhou Culture Industry in 2021-2022

　　　　　　　　　　　　　　　　　Xie Min / 362

总 报 告
General Report

B.1

贵州文化产业发展形势分析
及对策建议

张学立　高　刚　洪泽宇*

摘　要: 2021年以来,贵州深入贯彻落实习近平总书记视察贵州重要讲话精神和关于推进文化产业高质量发展的重要讲话精神,深化文化领域体制机制改革,坚持围绕"四新"主攻"四化",切实抓好旅游产业化、产业大招商、文化产业创新发展工程等重点工作任务落地落实,以抓制度构建四梁八柱、抓招商培育市场主体、抓资金扶持优质项目、抓执行推进政策落地、抓改革推进创新发展等五大路径有效加快了贵州文化产业发展。面对产业基础较薄弱、市场主体规模小、地区发展和业态分布不均衡等问题,贵州应该把丰富多彩的文化资源转化为文化生产力,从高质量企业、高水平融合、高素质人才、高品质消费和高效率服务等五个方面

* 张学立,贵州省社会科学院院长,教授,研究方向为跨文化逻辑与认知比较、民族文化和高等教育管理;高刚,贵州省社会科学院文化研究所所长,研究员,研究方向为发展社会学;洪泽宇,贵州省社会科学院文化研究所助理研究员,研究方向为文化哲学。

着手，推动文化产业实现高质量发展。

关键词： 文化产业　文旅融合　文化产品

近年来，贵州不断深化文化领域体制机制改革，聚焦满足人民精神文化需要，切实抓好旅游产业化、产业大招商、文化产业创新发展工程等重点工作任务落地落实，大力推动文化产业高质量发展。2021 年，贵州国家标识为"文化企业"的 545 家规上企业，实现营业收入 402.74 亿元，同比增长6.6%，比 2019 年同期增长 18.8%；两年平均增长 9.0%，比全国平均水平高 0.1 个百分点。①

一　2021~2022年贵州文化产业十大关键词

（一）文旅融合

立足建设多彩贵州民族特色文化强省和多彩贵州旅游强省的决策部署，坚持盘活存量、做大增量，大力推动文化产业与旅游、体育、农业等相关行业深度融合发展，建成运营一批重大文化产业项目，不断丰富拓展产业链，形成重大文化产业园区和集聚区。2021 年，《贵州省文旅融合创新示范项目评选管理暂行办法》发布，为文旅融合示范项目管理提供了制度支撑。2022 年 12 月 28 日，在深圳举行的贵州省文化旅游产业招商（深圳）推介会暨贵州冬季旅游宣传推广活动上，贵州对外发布了镇远古城、青岩古镇景区、雷山西江景区、丹寨万达小镇、都匀茶文化影视小镇、平塘中国天眼景区、黎平肇兴侗寨景区、织金平远古城、碧江中南门历史文化旅游景区、黄

---

① 《2021 年贵州规上文化企业生产经营状况简析》，贵州省统计局网站，2022 年 5 月 18 日，https://stjj.guizhou.gov.cn/tjsj_35719/zxsj_35810/202205/t20220518_74112340.html。

果树风景名胜区、贵州乌江寨国际旅游度假区、匠庐·村晓、万峰林景区、万山朱砂古镇、习水土城古镇等15个文旅融合创新示范项目。

（二）文艺赋能文化产业

贵州推出了一批体现贵州特色、反映时代风貌、展现民族特点的文艺作品，以文艺作品为引领，推动电影电视、表演等文化产业高质量发展。例如，根据经典舞台作品歌剧《江姐》改编的贵州花灯戏《红梅赞》，讲述花茂村脱贫故事的电视剧《花繁叶茂》，根据黄大发事迹改编的黔剧《天渠》，以"三变"改革为题材的电影《三变》《三变 山变》，以三线建设为主题的大型电视剧《正是青春璀璨时》等。特别是为推动织金文化产业发展和全域旅游转型升级拍摄的大型电视连续剧《丁宝桢》，继承与发扬丁宝桢优秀品质，彰显织金县的气质和灵魂，展现城市人文习俗，激发城市活力、凝聚力和创造力，以城市印记传递社会主义核心价值观，助力打造文化产业新增长点。同时，以脱贫攻坚为题材编写出版了大型纪实文学《决胜乌蒙》《决战乌蒙》，以新冠疫情防控为题材创作了歌曲《爱的传奇》《荧屏中的你》《春暖花开》，以庆祝建党100周年为题材创作了歌曲《答卷》《沸腾山河》《我愿意》等，探索"文化创意助力扶贫"项目新模式，助力贵州多样化"文化装备"的打造与传播，以新颖角度展现鲜活、真实、立体的贵州形象，既吻合了时代价值审美，更坚守了中华文化立场。

（三）康养文化+产业

贵州立足得天独厚的生态资源，融合"医、养、健、管、游、食"大健康产业，打造康养产业新引擎，大健康文化不断演绎。"春赏花、夏避暑、秋摘果、冬泡泉"已成为贵州健康文化的缩影，其中，梅花山、梵净山、乌蒙大草原等一批农旅、体旅、文旅融合的大健康旅游景区让游客"养生、养心、养神"。特别是打响"康养到贵州"品牌，重点发展避暑康养、医药康养、温泉康养、运动康养、旅居康养、森林康养六大产业，打造国内一流度假康养目的地。

（四）文化产业数字化

习近平总书记强调："要顺应数字产业化和产业数字化发展趋势，加快发展新型文化业态，改造提升传统文化业态，提高质量效益和核心竞争力。"① 作为数字技术赋能文化产业发展的结果，产业数字化是未来文化产业发展的大势所趋。随着信息时代的快速发展，数字技术对文化产业的赋能作用凸显，并影响了生产要素、产业格局等多方面的发展趋势变革。近年来，互联网、大数据、云计算、人工智能、区块链等技术加速创新，数字文化产业发展动力强劲，新业态不断涌现，贵州不断完善文化科技领域的政策体系。文化产业数字化不仅给文化传承、文化发展提供了一个重要平台，也将加速传统文化产业的数字化、智能化转型。在互联网信息技术快速迭代升级的推动下，在人民群众消费升级、对精神文化产品需求日益增长的拉动下，数字文化产业迎来了大发展，逐渐成为贵州乃至全国经济复苏的新引擎。

（五）多彩贵州文化品牌

贵州持续拓展"多彩贵州"品牌的内涵，大力推动实施"品牌+"战略，不断提升"多彩贵州"品牌的社会价值和经济价值，鼓励引导各地各行业集中力量打造一批富有特色、有口皆碑的文化品牌，不断提升文化产业核心竞争力。第一，文化引领下的"多彩贵州"品牌增强了贵州人民的文化自信和文化认同，扩大了贵州的知名度、美誉度和影响力，振奋了贵州人民的精气神，贵州人民也在现实中感受到文化的力量，参与文化建设的积极性空前高涨。第二，对照"12345"工作思路的要求和目标，努力提升品牌赋能、内容生产、企业经营管理、依法治企、防控风险的能力，推动"品牌引领、文创赋能"与贵州文化、旅游产业和优势产业有机融合，做到有产品、有创意、有市场、有效益，积极打造"多彩贵州"文化精神高地。

---

① 《习近平主持召开教育文化卫生体育领域专家代表座谈会强调 全面推进教育文化卫生体育事业发展 不断增强人民群众获得感幸福感安全感》，《人民日报》2020年9月23日。

例如，打造多彩贵州文化艺术节、六盘水消夏文化节、桐梓非遗民俗文化节等活动，推动民族文化创造性转化与创新性发展。第三，大力推动旅游品牌提质，打造民族文化创意品牌，培育创建国家级文化产业示范园区（基地）、国家文化产业和旅游产业融合发展示范区，不断丰富旅游生态和人文内涵，持续提升"山地公园省·多彩贵州风"旅游品牌影响力，进一步突出重点、彰显特色，不断提升美誉度。

（六）数字虚拟展览

在元宇宙、云展演、电商直播等新理念、新模式、新业态快速发展的背景下，贵州省地质博物馆、贵州省图书馆、遵义会议纪念馆等文化场馆依托大数据战略，抢抓数字化发展新机遇，利用虚拟现实（VR）、增强现实（AR）等新技术，建设了虚拟展馆，通过实景模拟、文物展示、语音导览、互动分享等功能，让观众真切感受到数字化带来的新体验。特别是新冠疫情发生以后，国家倡导"闭馆不闭展"，贵州推出大量线上展览，展览数字化得到快速发展。如毕节市博物馆打造独具特色的数字展陈方式，采用VR、三维成像等数字技术将展陈和展柜中的文物"活化"，观众与毕节市博物馆的联系呈现全天候、零距离的特点，突破了博物馆展陈的时空限制，实现了资源共享，赋予文物新的生命，让文物真正"活"起来，一座"没有围墙的博物馆"正在形成。

（七）文化产品展示

贵州借助中国国际服务贸易交易会文旅服务专题展、中国（深圳）国际文化产业博览交易会等展会和文创设计活动，为贵州文化企业"引进来""走出去"提供发展平台，进一步扩大贵州文化影响力。如在2021年中国服贸会文旅服务专题展，贵州以庆祝建党100周年为主线，以"相约多彩贵州·畅享醉美文旅"为主题，41家文产企业集中展示了长征国家文化公园贵州重点建设区建设成效、贵州民族传统文化产品以及文化数字经济发展的成果。

（八）长征国家文化公园贵州重点建设区

作为长征途中活动时间跨度长、发生重大事件多、活动范围广的省份之一，贵州因丰富而独特的长征文化资源，2019 年被确定为长征国家文化公园重点建设区之一。贵州省委、省政府按照中央的统筹安排部署，高位推动长征国家文化公园贵州重点建设区工作。2019 年 10 月，贵州出台了《长征国家文化公园贵州重点建设区工作方案》，确立了"一核、一线、两翼、多点"①的长征国家文化公园总体布局，明确"以线串点扩面"工作路径，通过长征重大历史事件串联建设项目点位，促进贵州文旅产业深度融合。2021 年 7 月，全国首部涉及长征国家文化公园的地方性法规《贵州省长征国家文化公园条例》出台。2022 年 1 月，国务院印发《国务院关于支持贵州在新时代西部大开发上闯新路的意见》，明确指出要"围绕推进长征国家文化公园建设，加强贵州红色文化资源保护传承弘扬，实施中国工农红军长征纪念馆等重大项目，打造一批红色旅游精品线路"。长征国家文化公园贵州重点建设区的政策支撑和工作机制不断完善，各项工作和项目建设有序推进，有效弘扬了革命精神、传承了红色基因，对助力乡村振兴、促进老区发展具有深远意义。

（九）文创活化

贵州以"文创赋能·助力产业高质量发展"为主题，组织开展文创设计活动，聚焦贵州民族文化、传统文化、红色文化、生态文化等文化资源，将文化创意转变成产业。例如，百里杜鹃通过对本土文化的挖掘，坚持以文促旅、以旅彰文，塑造"花间阡陌·山水归程"文旅品牌，不断扩大市场影响力，促进文旅消费，推动文化产业高质量发展。又如，为打造"活态博物馆，贵州省博物馆充分借助现代科技手段，展现本地多姿多彩的历史文

---

① "一核、一线、两翼、多点"，即以遵义会议会址及周边文物为核心，以中央红军长征线路为主线，以黔大毕和黔东的红二、红六军团长征遗迹为两翼，纳入其他具有代表性的节点。

物和民族文化，并不断创新活动方式，实现从"看"到"观"、从"欣赏"到"参与"、从"个体"到"集体"的观展方式的改变。

（十）剧本杀

剧本娱乐（剧本杀）起源于西方宴会实况角色扮演推理游戏"谋杀之谜"，是一种围绕剧情演绎进行的真人角色扮演推理游戏。剧本杀行业是一个赋能的行业，既可以引流，又可以丰富景区和商圈等领域的文化业态。贵阳市作为全国剧本娱乐产业首批发展城市，从 2017 年至 2019 年底，全市开店数量居全国第一，超过一线及超一线城市，行业内誉称贵阳为"剧本杀之都"。贵州按照文化和旅游部、公安部等五部门发布的《关于规范剧本娱乐经营活动的通知》要求，持续完善剧本娱乐产业版权运营体系，加强原创保护，加快打造中国剧本娱乐版权保护示范基地，展现剧本娱乐产业的无限可能。

二　2021~2022年贵州文化产业五大路径

（一）抓制度构建四梁八柱

贵州先后出台了《关于加快推进旅游产业化奋力实现旅游大提质的实施意见》《贵州省文化旅游产业投资基金管理暂行办法》《贵州省旅游产业化目标体系及考核评价暂行办法》等政策文件，制定了《贵州省加快推进"流光溢彩夜贵州"建设实施方案》，深入实施市场主体培育、业态升级、服务质量提升、盘活闲置低效项目攻坚"四大行动"，为推进贵州文化产业高质量发展提供了政策支撑。

市级层面，各类支撑文化产业发展的政策文件也密集出台。如铜仁市研究出台了《关于推动旅游产业化高质量发展实施意见》等，印发了《中共铜仁市委宣传部关于印发〈铜仁市文艺精品扶持奖励办法（试行）〉〈铜仁市"梵净文化人才"培养管理办法〉（试行）〈铜仁市文化事业建设专项资金管理和使用暂行办法〉的通知》，从制度层面推动培养"梵净文化人才"，出台《铜仁市文化旅游产业融合发展人才支撑十六条措施》融入铜仁市产业发展政策，支持引进和培育文化旅游产业人才。

（二）抓招商培育市场主体

一是根据《贵州省产业大招商三年倍增行动计划（2021—2023年）》要求，及时制定印发《2022年文化和旅游产业大招商工作方案》，积极指导督促各市（州）党委宣传部、省属国有文化企业等做好项目策划包装、投资储备等工作，抓好招商主体责任和项目属地管理责任落实，推动以招商促项目签约、以签约促项目落地，同步推动各地充实产业招商引资储备项目库，整合资源、集中力量推动优质项目招商引资。2021年初，贵州出台《关于推动旅游业高质量发展加快旅游产业化建设多彩贵州旅游强省的意见》，提出"旅游+多产业"发展思路，强调推动旅游业与一二三产业融合发展，形成新的增长点。二是积极组织开展招商，开展"多彩贵州·度假康养胜地"主题旅游推介会，分别与山东省文化和旅游厅、重庆市文化和旅游发展委员会签订战略合作框架协议，并向山东省80家、广东省134家文旅企业进行招商推介，实地考察重庆旅游投资集团等。2021年9月，成功举办贵州文旅产业招商推介会，共邀请300余位省内外重要嘉宾、客商等参加，现场签约项目28个，签约金额达365亿元，较好地实现"签约金额不低于上届，质量必须高于上届"的目标任务。

（三）抓资金扶持优质项目

一是积极推动文化产业重点项目申报省级资金支持，开展服务业重点项目和省级龙头企业申报工作，其中"伟大转折演艺综合体"等项目获服务业专项资金支持1600万元；贵州省广播电视信息网络股份有限公司等4家企业获认定为2021年省级服务业龙头企业。二是抓好文化产业专项资金项目支持。积极发挥文旅产业助力乡村振兴作用，组织市（州）指导20个乡村振兴夯实基础县谋划文旅产业项目，积极申报文化产业专项资金支持项目，共计支持项目资金 655 万元。同时，印发《关于强化省文化旅游产业投资基金管理促进文旅产业高质量发展的若干措施》，切实规范资金使用管理，更好发挥专项资金助推文化产业项目建设发展的作用。三是积极推动文旅产业投资基金组建及项目申报推荐。根据贵州省委、省政府围绕"四新"主攻"四化"的工作部署安排，会同省委宣传部文化资产监管处组织各地各有关部门开展文旅产业投资基金项目申报。截至 2021 年 11 月底，文旅产业投资基金已投决项目 44 个，投决金额 59.71 亿元，已放款项目 29 个，放款金额 31.7 亿元。[1] 通过注资组建文投集团，积极配合发起设立文化旅游产业投资基金。

（四）抓执行推进政策落地

文化、体育、娱乐及城市院线等企业均按照政策相关规定，享受税收优惠政策。以六枝特区为例，267 户小微企业享受"六税两费"减免 7.44 万元，34 户小规模纳税人享受疫情间支持复工复业增值税 3%减按 1%征收率优惠政策，减免金额 22.11 万元；享受支持小微企业和个体户所得税优惠政策 71 户，减免个人所得税经营所得 8.13 万元，减免企业所得税 42.19 万元；375 户小规模纳税人享受增值税免征政策，减免金额 52.41 万元。

（五）抓改革推进创新发展

按照社会效益和经济效益相统一的要求，聚焦积极扶持发展一大批"专精特新"文化市场主体，与国有文化企业形成优势互补、竞相发展的格局。大力推进全省涉旅国有企业改革，为全省旅游产业化培育壮大一批市场主体。同时，充分发挥省文化体制改革和发展工作领导小组、文化产业创新发展工程建设协调小组等机构统筹领导与协调指导作用，有效整合各地各行业资源和社会各方力量，不断增强工作合力。

---

[1] 《2021 年贵州文旅产业投资基金实际共投资项目 29 个、金额 31.70 亿元》，当代先锋网，2021 年 12 月 21 日，http://www.ddcpc.cn/news/202112/t20211221_ 5722263.shtml。

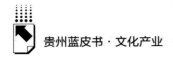

三 推进贵州文化产业高质量发展的五大行动

贵州深入贯彻落实习近平总书记视察贵州重要讲话精神和关于推进文化产业高质量发展的重要讲话精神，深化文化领域体制机制改革，坚持聚焦满足人民精神文化需求，围绕"四新"主攻"四化"部署，切实抓好旅游产业化、产业大招商、文化产业创新发展工程等重点工作任务落地落实，大力推动文旅产业加快发展。与此同时，贵州文化产业发展仍然存在产业基础较薄弱、市场主体规模小、地区发展和业态分布不均衡等问题，应着力实施"五大行动"，推进贵州文化产业高质量发展。

（一）实施市场主体培育行动，以高质量企业推进文化产业高质量发展

1. 在产品服务、产业延伸中培育市场主体

坚持政府主导、社会参与、重心下移、共建共享的原则，让国有文化企业主动承担起公共文化服务的职能职责，不断扩大公共文化服务的覆盖面，切实保障人民群众的基本文化权益。以公共文化服务体系建设为牵引，不断丰富文化产品类型，在文化服务体系的基础上衍生文化产业，特别是以创新、创意为动力，将文化产品的生产研发从工艺品、图书、玩具等初级产品，延伸到文化演艺、影视制作、研学旅行、版权经营等高附加值、长产业链产品。不断培育新型文化业态和文化消费模式，拓展文化产业发展空间，推动各类文化市场主体发展壮大，培育增强文化整体实力和竞争力。

2. 在国企改革、铸魂增能中培育市场主体

国有文化企业是贵州文化产业的骨干，必须抓好国有文化企业铸魂增能行动，提升核心竞争力。习近平总书记明确指出："要弘扬社会主义先进文化，深化文化体制改革，推动社会主义文化大发展大繁荣，增强全民族文化

创造活力。"① 在国企改革中，要支持国有文化企业通过壮大主业、并购重组等方式，培育一批主业突出、竞争力强、具有影响力的文化企业，推进企业在文化产业领域引育提质，用好贵州文化旅游产业投资基金，投资一批重点企业和项目，扶持推动有条件的文化市场主体上市。

3. 在资源开发、品牌打造中培育市场主体

加强对各地文化资源的梳理、挖掘、开发和利用，深挖贵州民族文化、红色文化、山地文化、三线文化等文化资源内涵，以资源开发为牵引、以产品包装为抓手，吸引并培育一批文化企业落地贵州，同时加快实施文化产业发展分类指导政策，精准推进"个转企、小升规、规改股、股上市"。

4. 在精准服务、重视中小微培育市场主体

加大对中小微文化企业发展支持力度，通过政府采购、资金扶持、信贷支持、加强服务等多种形式帮助中小微文化企业发展壮大。简化创办手续，降低准入门槛，鼓励各类工艺美术大师、非物质文化遗产传承人、民间工匠等具有特殊技艺的文化人才进入文化产业领域，着力培育一批"专精特新"小微文化企业。鼓励小微企业入驻产业园区，着力培育一批"独角兽"企业、行业"小巨人"。

（二）实施产业融合发展行动，以高水平融合牵引文化产业高质量发展

1. 推进文化与旅游深度融合

推进贵州文化产业和旅游产业融合发展，不仅要深度挖掘文旅产业资源，而且要厚积薄发凝练品牌价值。一方面，应持续丰富"多彩贵州"品牌内涵，大力推动实施"品牌+"战略，不断提升"多彩贵州"品牌的社会价值和经济价值。鼓励引导各地各行业集中力量打造推出一批富有特色、有口皆碑的文化品牌，不断提升文化产业核心竞争力。提前谋划并充分借助中国北京国际文化创意产业博览会、中国（深圳）国际文化产业博览交易会

---

① 《习近平谈治国理政》，外文出版社，2014，第160页。

等平台以及省内组织的相关展会、"走出去"等活动，加大宣传推介力度，组织省内文化企业和产品展示展销，进一步突出重点、彰显特色，不断扩大影响力、提升美誉度。另一方面，要做好重点文化资源的梳理、挖掘、传承、利用和保护，加快推进全域旅游发展。组织开展文化旅游融合发展示范创建，遴选推出一批具有较强代表性、较大影响力的文旅企业，引领带动产业发展。

2. 推进文化与科技深度融合

以提高文化产业科技含量和创新能力为目标，有针对性地制定推进文化与科技融合发展的保障措施和配套政策，为文化和科技融合提供政策支持和制度保障，设立引导资金，鼓励文化企业加大科技研发投入，或与科技企业开展密切合作，以科技手段助力文化产业的创新性发展，以文化赋能科技企业的成果转化。树立"互联网＋"思维，顺应数字产业化和产业数字化发展趋势，大力推动传统文化业态向新型文化业态转型，大力发展具有贵州文化特色的微动漫、微戏曲、微视频等新型产品，不断丰富文化产业内涵，提升优质文化产品供给能力。打造具有贵州特色的原创文化 IP 产品，特别是利用抖音、新浪微博、微信公众号等新媒体开展产品营销服务，提升贵州文化产业品牌的影响力。

3. 推进文化与其他产业深度融合

加快传统产业的转型升级，促进蜡染、刺绣、漆器、农民画、剪纸、服饰、砂陶、石雕、根雕等文化元素与高新技术、音乐制作、时尚设计、广告设计、家居装饰设计相结合，开发创意文化产品，提高传统文化产品技术含量，增强产品市场竞争力，提升产品生产效率和附加值，推动文化产业跨界融合发展。加大新兴产业培育力度，充分利用贵州与广东对口帮扶的政策优势，引进广州市和深圳市动漫产业资源，打造贵州动漫产业培育基地，促进文化资源与数字技术、信息技术、影视动漫、网络游戏、电子出版物等创新融合发展。立足乡村振兴实际，推动文化与乡村旅游、休闲观光、康养避暑、体育健身等融合发展。

（三）实施人才引培行动，以高素质人才助力文化产业高质量发展

1. 实施文化产业人才专项引进活动

当前人才短缺已成为贵州文化产业发展的瓶颈，尤其是缺乏文化名家、领军人才等。因而文化产业人才引培要以文化产业发展需求为导向，以实施文化产业规划为引领，清单式专项招聘一批文化产业人才，特别注重引进内容创作生产高端人才及相关技术人才，服务贵州文化产业发展规划的落地实施。

2. 实施文化产业人才专项培训活动

以文化产业发展需求为导向，将文化产业人才引培纳入各级地方政府人才发展规划和年度工作计划，通过举办文化产业发展高端论坛、举行全国性文创技能大赛、开展文创周末聚等系列活动，培养发现一批文化专业人才、文化经营管理人才和文化科技创新人才。鼓励社会力量参与文化产业人才培养，鼓励采取多种方式集聚文化产业人才，充分发挥人才创新创造活力，将符合条件的文化企业人才纳入各级地方政府的文化人才管理体系，通过组织培训、学习考察等方式，推动文化企业管理者学习和利用先进的管理理念和方法，多渠道引进海外优秀文化人才，打造文化产业人才高地。

3. 实施文化产业人才专项激励活动

集中梳理当前人才激励政策，结合贵州文化产业发展实际，专项出台贵州文化产业人才激励政策，进一步健全文化人才引进、培养、选拔、使用机制。另外，鼓励和扶持文化产业专家通过带技术、带专利、带项目、带团队等形式到贵州创业，采取签约、项目合作、知识产权入股等多种方式集聚文化产业人才，对符合条件的创业团队给予一定的创业资助，着力培养打造一支高端人才队伍。

4. 实施文化产业人才借力成长活动

充分利用广东对口帮扶贵州契机，采取两地互派企业人员挂职的方式，探索有利于人才、技术、资本、信息创新的措施办法。通过建立商业联盟、

文创商圈等平台，实现产业联合发展、信息互通有无，在思想上、理念上储备一批文化产业人才。

（四）实施消费提振行动，以高品质消费助力文化产业高质量发展

1. 以品牌引领消费

立足地方特色，加强统筹规划，走差异化道路，提升市（州）文化品牌。例如，铜仁市"一带两核"文化品牌，将"凤凰古城—铜仁古城—朱砂古镇"文化与梵净山、太平河、锦江河自然风光旅游串联起来；遵义市融合吉他音乐文化、红色资源文化、茶产品牌文化、茅台酒业文化等，打响"红色圣地·醉美遵义"文化品牌等。通过品牌引领，激发群众文化消费潜力，刺激文化产业高质量发展。

2. 以政策刺激消费

立足实际制定适当的文化激励政策。一方面，通过落实税收优惠、创新资金扶持等方式支持文化企业的发展，保障文化产品的供给；另一方面，通过免费政策或者消费补贴等措施扩大文化消费群体。此外，要结合"互联网+"，促进科技与文化深度融合，提高文化产品的供给效率和质量，进一步激发群众的文化消费潜力。

3. 以文化塑造消费

推进文化消费增长要以文化元素赋能，引领文化消费新风尚，推动以"物"为核心的传统消费场景转向以"人"为核心的文化消费新场景。

（五）实施营商环境塑造行动，以高效率服务推进文化产业高质量发展

1. 优化文化产业营商政策

构建文化产业发展专项资金增长机制，在现有资金基础上，每年按一定比例递增；鼓励并支持县区设立文化产业专项资金，重点支持文化产业发展。认真贯彻落实各项税收优惠政策，如结合毕节试验区发展的特殊性，可考虑适当提高中小微文化企业增值税和营业税起征点，让文化企业享受更多

税收优惠，将文化产业用地纳入各地区建设用地规划，每年安排一定数量的土地指标专项用于发展文化产业，对符合土地利用总体规划、城镇建设规划、国家产业政策的文化产业园区、省市重大文化产业项目，优先给予用地保障。

2. 搭建文化产业服务平台

积极探索设立文化产业投资基金，推动文化金融产品开发，支持银行业金融机构面向不同文化企业开发多元化、多层次信贷产品；完善融资担保体系，加大对重点文化企业、重大文化项目的融资担保服务力度。指导条件成熟的县区建立文化企业创业孵化基地，鼓励基地面向小微文化企业和创业团队建立众创空间、孵化器，提供创业孵化、创业辅导、创业投资、资源共享等服务，孵化一批具有较强创新创意能力和发展后劲的成长型中小微文化企业。另外，成立文化产业发展专家委员会，聘请对贵州文化产业有深入研究的专家、学者为顾问，加强对全省文化产业发展的行业指导、咨询服务，推动文化产业快速发展。

3. 促进文化产业项目招商

大力实施文化产业项目招商引资战略，组建招商引资团队，创新招商方式，优化投资环境，采取以市场化招商为主、政府招商为辅的模式，招引一批特色文化产业项目落户贵州。加大政府配套投入力度，简化项目审批手续，精简办事流程，推动文化产业项目落地实施。以园区建设为引领，引进专业团队进行运营管理，推动各地文化产业园转型升级、提质增效，促进园区朝专业化、市场化、集群化方向发展。

4. 推进文化产业要素交易

用好中国（深圳）国际文化产业博览交易会等展会平台，开展招商推介活动，推动贵州文旅产品"走出去"、企业"引进来"。搭建招商推介平台，以"重大项目投资商、优质景区运营商、业态产品开发商、文旅综合服务商"为重点，开展文旅产业精准招商，不断培育市场主体，升级文旅业态，提升服务质量，盘活闲置低效项目，办好国际山地旅游暨户外运动大会和贵州旅游产业发展大会、藏羌彝走廊·彝族文化产业博览会等省内博览会，推动展会质效与招商成效双提升。全力打造"贵人服务"品牌，做好来黔投资文化旅游企业服务工作。

参考文献

《习近平关于社会主义文化建设论述摘编》，中央文献出版社，2017。

向勇主编《中国文化产业发展报告（2021～2022）》，社会科学文献出版社，2022。

建投华文投资有限责任公司、中国人民大学创意产业技术研究院主编《中国文化消费投资发展报告（2021）》，社会科学文献出版社，2021。

邹统钎主编《中国文旅数字化发展报告（2021）》，社会科学文献出版社，2021。

专 题 篇
Topical Reports

B.2
乡村振兴背景下贵州水族文化资源
保护与利用研究

蔡贞明*

摘　要： 乡村振兴是当前和今后一定时期党和国家的重大战略任务，其总体要求是产业兴旺、生态宜居、乡风文明、治理有效、生活富裕等。贵州水族文化资源十分丰富。主要有干栏式建筑，剪纸、刺绣、染织、编织、雕刻、银饰品加工等工艺，服饰、饮食、节日等民俗，民歌、舞蹈等艺术。由于各种因素，目前这些文化资源仍有很大的保护与利用空间，如要彰显其独特的表现力、吸引力和生命力，还必须对其进行符号化分类和综合保护，并按市场化运作方式对其进行品牌化、特色化、参与式、展销式利用，从而最大限度地将文化资源优势转化为经济利益优势。

关键词： 乡村振兴　水族　少数民族文化　贵州

＊ 蔡贞明，贵州省社会科学院文化研究所副研究员，研究方向为传统哲学与贵州文化。

乡村振兴是当前和今后一定时期党和国家的重大战略任务，其内容涵盖产业振兴、人才振兴、文化振兴、生态振兴、组织振兴。而水族地区要实现乡村振兴，其主要文化资源的保护和利用，必然在这一重大战略任务之列。

水族是一个拥有 495928 人（2020 年）的少数民族，[①] 集中分布在贵州省黔南布依族苗族自治州、黔东南苗族侗族自治州和广西壮族自治区北部毗邻地区，云南也有少量水族人口，主要居住在富源和彝良两县。其中，贵州水族人口最多，达 371367 人（2020 年）。[②] 水族属"骆越"后裔，不但历史悠久，而且文化资源丰富。其中，水族建筑、工艺、民俗、艺术等是水族文化的重要组成部分。

衡量一个民族的文化是否具有凝聚力、感染力和影响力，除了要看其文化本身的特点、功能及内涵外，还要看它在服务地方经济社会发展方面的作为和贡献。而要将其形态原原本本地表现出来，不采用符号化方式则难以奏效。符号学的能指与所指等功能恰巧能发挥这种作用。因为文化形态的展示过程，其实就是能指的呈现过程，而要认识能指背后所隐含的所指，就必须对能指进行解读和阐释。由于农村剩余劳动力转移和城市化进程加快，水族传统文化出现符号残缺甚至流失的危险，因此以乡村振兴为契机，充分彰显水族文化资源优势，大力实施乡村文化建设，既是对残缺甚至濒临流失的民族符号的一种补充和抢救，同时又是对传统文化的一种有效传承和弘扬。对水族文化资源进行保护与利用，不仅能够增强水族地区党政领导及相关职能部门的危机感、紧迫感和使命感，而且能让水族文化资源更好地服务于地方经济社会的发展，使其在乡村振兴战略的实施过程中大有可为、大有作为。鉴于此，以贵州水族文化资源的保护与利用为研究对象，在凸显贵州水族文化形态独特的表现力、吸引力和生命力的同时，使丰富多彩的贵州水族文化资源优势更好更快地转化为经济利益优势，就显得尤为必要和迫切。

[①] 国家统计局编《中国统计年鉴（2021）》，http：//www. stats. gov. cn/sj/ndsj/2021/index ch. htm。

[②] 贵州省统计局编《贵州统计年鉴（2021）》，http：//hgk. guizhou. gov. cn/publish/tj/2021/zk/indexch. htm。

一 贵州水族主要文化资源

（一）建筑

水族民居多为干栏式建筑。在水语中，"干"之意为"楼"，"栏"之意为"房"或"家"，"干"与"栏"合起来就是"楼房"。这种建筑多为两层或三层，建筑材料以木材为主。水族居民一旦选定建房位置，就着手平整土地，并尽量使地基坚实。为了不占用良田沃土，水族民众多选择较窄的地块或较偏的斜坡建房，建筑为穿斗式结构。底层用巨大的石块支撑柱子。每一层的柱子和木枋都通过孔眼纵横连接，形成一个紧凑、坚固且实用的整体。

水族的干栏式建筑功能清晰。建筑底层一般用来喂养牲畜和堆放杂物，上层住人，大部分为四排三间或三间加两厦的格局，包括堂屋、卧室、火堂（厨房）。[1]

（二）工艺

1. 剪纸

水族剪纸主要作为服饰刺绣底样。根据剪纸内容可以分为两类：一类图案象征吉祥，主要有龙、凤、麒麟、梅花鹿等；另一类图案则是以大自然中的动植物为主，包括花、草、鸟、虫、鱼等。

2. 刺绣

水族刺绣多见于小孩的背带、帽子和妇女的花鞋、围腰上。其工艺包括绣花、挑花、补花等。其中，小孩背带上的刺绣样式又可分为用马尾与彩色丝线绣成的"歹结"，用红、黄、绿丝线绣成的"腊巴"，用彩色丝线绣成的条格形的"万字格"，用青、蓝布剪成各种动植物图案的"歹腊亚"等四种。妇女花鞋上的刺绣则有"扎句""扎各""万字格""扎金"等。

---

① 刘之侠、石国义：《水族文化研究》，贵州人民出版社，1999，第37~38页。

3. 染织

水族妇女染织技术精湛，水家布在古代曾为贡品。图案有花椒纹、回纹、斜纹、方格纹、鱼骨纹和波浪纹等。其中，花椒纹又可以细分为正花椒、反花椒、大花椒、中花椒、小花椒、倒花椒等。印染的方式主要有青、蓝色印染，豆浆画染，针绣和线扎花印染等。

4. 编织

水族编织多为竹编。竹编可分为粗加工和精加工两类。粗加工竹编有提篮、草箩、鱼篓、鸡笼、畚箕等，精加工竹编有晒席、睡席、躺椅、座椅、筛子、簸箕、米箩、斗笠等。竹编方法包括编织、拼花、车花、穿珠等。

5. 雕刻

水族雕刻根据所用材质分木雕和石雕两类。木雕主要应用于檐坊、窗户以及桌、椅、卧床等。其中，屋檐口木雕多为龙、凤图案，窗户、桌、椅和卧床上的图案则多为花、鸟。石雕则主要应用于石桥、墓碑等。石雕早期图案主要有铜鼓、弓、箭、刀、枪等，晚期图案则多为出行图、狩猎图、耕牛图、牧牛图、牵马图、逃难图、白象图等。

6. 银饰品加工

水族银饰品加工水平很高，包括锤、冲、钻、刻、焊等复杂工序。水族工匠制作出来的银饰品相当精美，主要有妇女佩戴的银项圈、银手镯、银耳环、银别簪、银扣、银压领、银梳、银围腰链等，以及儿童帽子上的银佛、银狮、银铃、银片等。①

（三）民俗

水族民俗独特，具有代表性的有三类。

1. 服饰

水族男女服饰存在较大差别。男性头戴白色头巾，上身穿对襟衣服。在比较庄重的场合，老年男子通常用短帕包头，身穿长衫，外罩马褂。女性在

---

① 何积全主编《水族民俗探幽》，四川民族出版社，1992，第378~383页。

着装方面因地域不同而各有特点。黔南布依族苗族自治州三都县城关、水龙、周覃地区及毗邻独山县基长地区的妇女穿蓝色大襟半长衫，着靛青长裤，系绣花长围腰，脖子上戴银链，腰两侧用提花飘带系紧围腰，飘带结垂于身后，脚穿尖钩绣花鞋或元宝盖绣花鞋；一般蓄长发，向右侧梳，左额发间斜插一把木梳，外包六尺长白帕，木梳及额前头发露在头帕外。已婚妇女在衣服坎肩、衣襟、袖口、裤脚等处均绣斜面青布绲边，外缘镶两根绲条，最外面加上花边（"栏杆"），袖口"栏杆"距手腕三寸，裤脚"栏杆"镶于膝下。这些是水族妇女最常见的装束。①

2. 饮食

水族以大米为主食，糯米也是其钟爱之物。在肉类中，以食用猪肉和牛肉为主。水族人特别喜欢酸辣调味，爱吃火锅。水族人白天忙于劳作，晚上一家人会精心准备晚餐，然后围坐在安着铁三角、架着小铁锅的火塘四周，品味丰盛佳肴。在特别尊贵的客人到来时，水族人要专门宰杀一头小猪招待，以表敬意。酒在水族人的生活中具有较高的地位。水族家庭大都会用大米或糯米自酿米酒，该酒香味浓郁。以鱼为原料既可以做鱼包韭菜，也可以做炕鱼等鱼制品。水族在祭祖活动中禁食荤菜，但不忌鱼。②

3. 节日

水族节日主要有端节、卯节、苏宁喜节、敬霞节、荐节等。下面主要介绍端节和卯节。

（1）端节。端节是水族最重要的民族节日之一。水族又称端节为"借端"或"借瓜"，"借"是水语"吃"的音译，"端"则为"开端""开头"之意。该节日目的在于祭祀祖先、共庆丰年。端节相当于汉族的春节。端节一般在水历十二月下旬至次年二月上旬（农历八月下旬至十月上旬）逢亥之日，其方式为分区分片依次轮流过节。除了在亥日过端节外，部分村寨在午、未、酉、戌日过端节，甚至还有个别村寨不过端节。在端节晚上，家家

---

① 参见刘之侠、石国义：《水族文化研究》，贵州人民出版社，1999，第69页。
② 刘之侠、石国义：《水族文化研究》，贵州人民出版社，1999，第73~79页。

户户都要设供桌祭祀祖先。供品除了鱼包韭菜、炕鱼等，还有各种素菜。从这晚到第二天早上，家中必须忌荤。祭祖时，除了食物类供品，还要把服饰和生产工具摆出来，表示对祖先的怀念和感激。早饭后，男女老少都穿上节日盛装前往端坡（跑马坡）观看水族青年跑马。当天晚上，过端节的水族人家与远道而来的亲朋共庆佳节，时间通常会持续五六天甚至十多天。过节期间，有铜鼓的人家会将铜鼓悬挂于堂屋，用酒祭祀，并用酒擦拭鼓身，擦净后击鼓庆贺。①

（2）卯节。水语把卯节称为"借卯"，它是与端节地位相当的水族传统节日。由于过卯节的水族居民不过端节，过端节的水族居民不过卯节，因此过卯节的水族居民主要集中在三都县九阡地区及荔波县与九阡毗邻的地区如水庆、瑶庆、永康、水利一带。卯节过节时间为水历九十月，即农历五六月。辛卯日被视为最吉利的日子，选择这一天过卯节就是为了祈祷风调雨顺、五谷丰登。过卯节与过端节类似，仍然采用轮流方式进行。依照次序分四批过节。前三批过节的地点均在荔波县境内。第四批过节的地域最广，除了三都县九阡乡、水各乡等地的七十余个寨子外，还有荔波县岜鲜乡、水维乡、永康乡的七十余个寨子。卯节前一天（寅日）晚上，过节地区的水族人家要把房屋打扫干净，并准备丰盛的酒肉设席祭祖。供奉时须斟两杯酒淋洒铜鼓。鸡是主要供品，鸡头必须面对东方置于桌上。还要摆放五个碗、五双筷子、五个凳子、一碗花糯米饭、一把旱烟、一根长烟杆。供奉时间约为半小时。供祭完毕，家家户户都要敲响铜鼓。卯日上午，过节的人家要再用丰盛的酒肉供祭祖先一次，接着开始热情招待到来的远近宾客，然后大家一同前往卯坡听青年男女对歌。卯坡对歌是水族最激动人心、最具民族特色的娱乐庆祝活动。当天晚上，除了尽情招待参与过节的宾客外，水族青年男女还要在歌堂里对歌。他们的对歌活动通宵达旦，有时甚至持续两三天。因此有人把卯节称为"年轻人的节日"。②

此外，贵州水族还在生产、婚姻、丧葬等方面有独特的习俗。

---

① 何积全主编《水族民俗探幽》，四川民族出版社，1992，第281~288页。
② 何积全主编《水族民俗探幽》，四川民族出版社，1992，第289~291页。

（四）艺术

1. 民歌

水族民歌根据演唱环境和方式可分为双歌、单歌、蔸歌、调词和诘歌等。

（1）双歌。双歌被称为"旭早"（"旭凡"），"旭"即歌，"早"即双或对之意。双歌可以分为敬酒、祝贺、叙事与寓言性两类。敬酒、祝贺、叙事类双歌的突出特点是演唱时唱一首、酬和一首。歌首有两句固定的起歌和声，歌尾也有两句基本固定的颂扬性衬和帮腔。女性的起歌和声是"腊者业喂，腊乃育喂"（你那边的姐妹啊，我这边的姐妹啊），男性的起歌和声是"流海业喂，流海育喂"（所有你那边的亲戚朋友，所有我这边的亲戚朋友）。歌尾的衬和帮腔不分男女，多用"金银般的客人""我的亲家哈喂""天仙般的客人哈喂"作结。当演唱者要唱歌时，往往举杯或用筷子在席上晃一晃，周围的人就不约而同地开始起歌和声。当歌曲的主体部分演唱结束，大家会很有默契地唱起结尾的衬和帮腔。水族双歌开头的这种起歌和声与歌尾的衬和帮腔被统称为"打和声"。寓言性双歌由说白和吟唱两部分构成。说白实际上就是通过一个有寓意的小故事把吟唱部分的主要角色介绍出来的引言。吟唱是双歌的主体部分，是双歌主要吟唱角色之间对唱的一组歌。每一组歌不管由几首构成，都为二、四、六及以上的偶数。其中某一首歌虽然有其独立性，但并不完整，它还要与同一主题下的其他歌曲合在一起才能成篇。

（2）单歌。单歌被称为"旭挤"，"挤"即单、奇之意。单歌演唱时分单唱、双唱、集体唱三种。单唱即一人或一男一女对唱，双唱是两人为一方对唱，集体唱是三人及以上为一方对唱。单歌演唱在声腔上分平腔和高腔两种。用本嗓演唱叫作平腔，这是普通唱法。用假嗓提高八度演唱叫作高腔。单歌歌头称谓词多为"哟赫哦赫哦"，歌尾则根据独唱、演唱"姐妹歌"及集体和声等不同情况而有所区别。

（3）蔸歌。蔸歌，水族称为"旭虹"，"虹"即一蔸、一蓬、一丛之意。苋歌演唱者至少由两人组成，多则不限。苋歌由说白和吟唱两部分构成，演唱主体内容常用象征手法。它的突出特点是开头有起歌和声而歌尾没有衬和帮腔。

（4）调词。调词可分婚嫁调词、丧葬调词、日常生活趣话调词三类。调词的内容多为历史上或日常生活中风趣而有寓意的事。篇幅短小、形式活泼、语言幽默是其鲜明特点。调词常用具有一定音乐色彩的"啦—哈"或"嘹—哈"作为结尾，主体部分近乎朗诵，曲调性较弱。

（5）诘歌。诘歌又叫"诘俄讶"，是一种讲述古规古理的歌。主要有婚嫁诘、丧葬诘、评理论事诘三类。诘歌常常由德高望重的长者在酒席上演唱。句式长短不一，少则几十句，多则上百句。诘歌与其他民歌最大的区别在于它不用演唱，而只念，没有一般意义上的音乐特征。①

2. 舞蹈

水族最具特色的民间舞蹈有铜鼓舞、斗角舞和芦笙舞三种。

（1）铜鼓舞。铜鼓舞水语称为"丢压"，意为跳铜鼓。大多在祭典、节庆和丧葬时表演。铜鼓舞属男子集体舞，表演形式为广场圆舞。铜鼓舞不限制表演人数，但须为偶数。表演铜鼓舞时要在广场搭一个三角支架，支架下悬挂铜鼓，支架上摆放皮鼓。铜鼓手要与皮鼓手互相配合。铜鼓舞表现的内容除保护本民族安全外，大部分为撒谷、栽秧、薅秧、打谷等与生产劳动有关的动作。

（2）斗角舞。斗角舞又称斗牛舞，水语称"斗贵"或"兜刀"。多在祭典、节庆、丧葬场合表演。斗角舞通常由五把芦笙、五支芒筒伴奏。吹芦笙者边吹边舞。领舞的芦笙被称为公芦笙，虽然体积最小，但声音最大最响。舞蹈道具为"牛头"，"牛头"用竹篾制成，呈斗笠状，两侧安放着木削的"牛角"，"牛头"后面披挂着以彩色绸布装饰的鸡毛裙。表演时，由小芦笙引领，大中芦笙和芒筒默契配合。同时，头戴"牛头"的两个人做半蹲姿势边斗边舞，还需有五名头插雉尾、腰系白鸡毛花裙子的姑娘配舞。

① 何积全主编《水族民俗探幽》，四川民族出版社，1992，第344~354页。

斗角舞动作幅度大,有甩腰、顶胯、卷转、抖肩等。整套舞蹈给人以热情奔放、粗犷豪放之感。

(3)芦笙舞。芦笙舞的表演多在节庆、喜事和丧事场合进行。表演者通常为三男六女,他们身着彩色古代舞衣,腰系白鸡毛彩裙,头缠红色或深灰色包头,上插银花和雉尾。表演时,由男子领舞,女子配合。芦笙上系着红绸并插有雉翎。舞蹈动作有开胯、蹲裆、挺胸、亮臂等,主要表现乘船、划桨及靠岸等场景。[①]

二　贵州水族文化资源保护与利用状况

(一)保护与利用的关系

从上述情况看,贵州水族文化资源丰富且独特,应对其进行严格保护与充分利用。接下来的问题是,保护与利用之间究竟是什么关系;二者是否相互矛盾;是不是严格保护就不能加以利用,或者一旦利用就是某种程度的破坏。

文化资源保护与利用之间不是非此即彼的排斥关系。换句话说,既然二者可以并存,那么可以在严格保护中充分利用,在充分利用时严格保护。随之而来的任务就是要考虑保护什么内容或对象与利用什么方式或手段了。

从文化资源的角度看,并非所有的文化资源都属于一个类型。有的文化资源是有形的,是可以通过人的感觉器官感知的;有的文化资源是无形的,是难于通过人的感觉器官感知的。既然如此,就应当将它们进行区分,从而做出明确选择。感觉器官能够感知的文化资源,容易为人们所认知;而那些难以通过感觉器官感知的文化资源,则不易被人们认知。比如某个民族的精神追求、理想信念等,看不见、摸不着,潜藏于人们心灵深处。在选择时就应做出周密考虑。那些通过人的视觉、听觉、触觉、味觉、嗅觉等能够感知的建筑、工艺、民俗、艺术等文化形态,属于便于保

---

① 何积全主编《水族民俗探幽》,四川民族出版社,1992,第361~376页。

护与利用的文化资源。这些文化资源包含一个民族的民风民俗、集体记忆和审美偏好，从而得以与其他民族的文化资源区别开来，因而应当严格保护并充分利用。

文化资源的保护与利用密不可分。贵州水族文化资源与其他民族文化资源一样，既可以严格保护也可以充分利用。也就是说，在加大文化资源保护力度的同时，对于其中的某些文化内涵及价值可以根据其特点进行转化，然后最大限度地挖掘其内在潜力，从而实现相应的经济利益目标。

就贵州水族文化资源而言，风格独特的干栏式建筑，技艺精湛的剪纸、刺绣、染织、编织、雕刻、银饰品加工等工艺，与众不同的服饰、饮食、节庆等民俗，极具民族特色的歌谣和舞蹈等艺术，都属于应严格保护的内容或对象。但保护这些内容或对象，并不意味着将它们闲置起来甚至白白浪费，而是要设法利用它们，让它们自身的魅力得以彰显，让它们得天独厚的优势得到展示，从而把文化优势转化为经济优势。

（二）保护状况

贵州水族主要分布在黔南三都水族自治县、都匀市、荔波县和黔东南榕江县等地，加之水族大多聚族而居，因此，水族文化资源总体保护较好。就三都县境内而言，板告水寨、怎雷水寨、姑鲁水寨、巴茅水寨等村寨都是保护得相当完好的水族村寨。这些村寨有不能移动的文化资源，也有可以移动的工艺品；有静态的实物，还有动态的民族歌舞。其中，民居以干栏式建筑为主，建筑整体风格一致，相互之间距离较近，房屋古旧，呈黑褐色，已存续了几十甚至上百年时间。其余居住较为分散的村寨，因受相邻地区建筑式样的影响，整体风格不尽相同。就工艺而言，剪纸、刺绣、染织、编织、雕刻、银饰品等做工精细，加之传承人不愿让代表自己民族的手艺失传，在他们的精心呵护和国家的大力支持下，产品很受外界欢迎，畅销远近各地。就民俗而言，端节和卯节是水族的重大传统节日，非常具有代表性，由于规模大、跨时长、覆盖面广，加之具有突出的仪式感，因此世代传承，长盛不衰。

值得注意的是，20 世纪 80 年代开始的中国农村剩余劳动力转移，对贵州水族也产生了较大的影响。由于青壮年纷纷外出打工，水族的一部分文化资源没有得到应有保护，出现残损和缺失的状况。比如，一些村寨的水族民居因为风吹雨打年久失修出现部分坍塌的现象；有的年轻人由于长年在外工作、生活，对本民族的一些传统习俗产生生疏感。

（三）利用状况

三都水族自治县是全国唯一的水族自治县。当地党委、民宗委、旅游局等政府部门认识到三都水族自治县的资源优势，把民族文化资源保护与利用提上议事日程，并通过媒体宣传和出台相关政策来推进工作。主要表现在以下几个方面。

1. 以旅游业为依托

近年来，三都水族自治县凭借水族人口占比高、传统文化保护相对完好这一优势，把大力发展旅游业作为全县工作的重点。2017 年"全年旅游总收入完成 56.71 亿元，增长 43.8%"。[①] 2018 年"全年接待旅游总人数 861.01 万人次，同比增长 38.84%。实现旅游总收入 73.73 亿元，同比增长 30%"。[②] "2019 年，全年过夜游客人数 32.88 万人次。"[③] "2020 年，全年过夜游客人数 26.25 万人次。"[④] "2021 年，全年过夜游客人数 29.19 万人次。"[⑤]

---

① 《三都水族自治县 2017 年国民经济和社会发展统计公报》，三都水族自治县人民政府网站，2018 年 7 月 23 日，https://www.sandu.gov.cn/zfbm/xtjj_5712987/zfxxgk_5712953/fdzdgknr_5712956/zdjsxm_5712962/202111/t20211103_71509777.html。

② 《三都水族自治县 2018 年国民经济和社会发展统计公报》，三都水族自治县人民政府网站，2019 年 7 月 19 日，https://www.sandu.gov.cn/zfbm/xtjj_5712987/zfxxgk_5712953/fdzdgknr_5712956/zdjsxm_5712962/202111/t20211103_71509776.html。

③ 《三都水族自治县 2019 年国民经济和社会发展统计公报》，三都水族自治县人民政府网站，2020 年 8 月 26 日，https://www.sandu.gov.cn/zfbm/xtjj_5712987/zfxxgk_5712953/fdzdgknr_5712956/zdjsxm_5712962/202111/t20211103_71509783.html。

④ 《三都水族自治县 2020 年国民经济和社会发展统计公报》，三都水族自治县人民政府网站，2021 年 6 月 25 日，https://www.sandu.gov.cn/zfbm/xtjj_5712987/zfxxgk_5712953/fdzdgknr_5712956/zdjsxm_5712962/202111/t20211103_71509782.html。

⑤ 《三都水族自治县 2021 年国民经济和社会发展统计公报》，三都水族自治县人民政府网站，2022 年 6 月 21 日，https://www.sandu.gov.cn/zfbm/xtjj_5712987/zfxxgk_5712953/fdzdgknr_5712956/zdjsxm_5712962/202206/t20220621_75095614.html。

从上述数据看，游客人数和旅游收入呈现波动增长态势。其中，2018年旅游业发展势头迅猛，产生了巨大的经济效益。2019年因受国内外经济形势的影响出现下滑，2020年受新冠疫情影响降至低谷，2021年略有回升。抛开外部因素带来的不利影响，三都水族自治县旅游业的发展前景依然是值得期待的。三都水族自治县之所以在旅游业方面能取得骄人成绩，不仅是因为它的自然风光，而且在于它的人文景观，在于它不为外人所熟知的民族文化，人们正是怀着好奇心和向往之情纷至沓来。

2. 打造文化载体

距三都县城3公里的万户水寨是一个占地50平方公里、总投资6.4亿元的水族文化风情谷项目区。其包括万户水寨、水族生态博物馆、尧人山国家森林公园、姑鲁产蛋崖等。这个项目的建设充分体现了当地政府对水族文化资源利用方面的重视程度。比较有创见性的做法体现在万户水寨部分实体的命名上，这些名称有意识地将水族文化的一些代表性元素融入其中，比如"卯寨""端寨""绣寨""水书寨""酒寨"等名称就是将节日、工艺、饮食等符号作为能指，这对那些对水族文化知之甚少的游客来说无疑具有极大的吸引力。应该说，这一大型项目的建成，对三都未来旅游产业的发展和将文化资源优势转化为经济优势起着重要作用。虽然人为打造的文化载体与天然形成的文化形态之间必然存在某些差别，但这些差别随着时间的推移将慢慢消失。

3. 拓宽推介渠道

近年来，随着新媒体、自媒体的发展，贵州水族文化也在不断向外界传播，越来越多的人对水族文化经历了从不知到知、从知之不多到知之甚多的过程。例如，三都县微信公众号"灵绣三都"，宣传效果较好。这一公众号平时除了推送社会热点与时政新闻，在重大节日到来之际，还专门开辟栏目，着力宣传介绍当地多姿多彩的民族文化，图文并茂。

总体而言，尽管当地政府及相关职能部门在水族文化资源的利用方面做了大量卓有成效的工作并取得了不少成绩，但从目前的利用状况看，利用的广度和深度都有待进一步拓展和加强。

三 加大贵州水族文化资源保护与利用力度

（一）符号化保护

1. 分类保护

从符号学的视角看，凡属打下人类印记的都是文化，其表征通常以符号形式呈现。而符号不是单一的，它是一个庞大的、由各种类别的符号组成的系统。作用于人感觉器官的有文字符号、图案符号、颜色符号、实物符号、行为符号、语音符号等。类型各异的符号组合起来，就成了不同能指汇聚而成的集合体。任何能指背后都隐藏着特定所指。也可以说，能指就是形式，所指就是内容，两者密不可分。在贵州水族文化资源中，既有通过眼睛感知到的符号，比如水族民居干栏式建筑，水族工艺品（剪纸、刺绣、染织、编织、雕刻、银饰品），以及水族服饰；也有通过耳朵感知到的符号，比如双歌、单歌、蔸歌、调词、诘歌等水族民歌；还有通过嘴巴感知到的符号，比如糯米饭、鱼包韭菜、米酒等水族饮食。在各类文化形态作用于感觉器官的过程中，人们得以认识并了解水族丰富多彩的文化内涵。

需要说明的是，同一个文化形态不是只作用于人的一种感觉器官，而是会作用于人的两种或两种以上的感觉器官。比如水族木雕，既作用于人的视觉，又作用于人的触觉。换言之，当木雕呈现在人们面前时，人们既可以用眼睛去看，又可以用手去摸。三都县九阡镇酿制的米酒，用眼睛可以看到其形态，用嘴巴可以品尝出其味道，用鼻子还可以闻到其散发的香味。可见，每种文化形态都不是只用一种感觉器官就能感知出来的，要通过多种感觉器官的参与才能对其有一个比较全面完整的认知。这么说，并不意味着所有感知都处于同一层面而不分主次。在多种感知中，一种居于主导地位，其余居于次要地位。这样，在感知过程中，只要抓住了主要的符号能指，就抓住了文化形态的重点。

因此，在对贵州水族文化资源进行保护的过程中，应遵循分类原则，即把主要符号从对象的多个符号中凸显出来。具体地说，就是要把文化形态进行分类。大致如下：①视觉主导类，比如水族民居、水族工艺品（剪纸、刺绣、染织、编织、雕刻、银饰品）、水族服饰、水族舞蹈（铜鼓舞、斗角舞、芦笙舞）等；②听觉主导类，比如水族民歌（双歌、单歌、苑歌、调词、诘歌）等；③味觉主导类，比如水族饮食（糯米饭、鱼包韭菜、米酒）等。

通过分类，人们不但会对文化形态的类别一目了然，而且能在快速把握对象主次的同时，不至于出现符号遗漏的情况。更为重要的是，实行分类保护，能够让当地政府及其职能部门在制定保护方案和落实保护措施时有章可循，具有针对性和可操作性，从而产生更好的保护效果。

2. 综合保护

除了分类保护，还必须进行综合保护。实行综合保护的目的主要是把那些不易分类、综合性特征突出的文化形态挑选出来，并采取相应的保护措施。

在贵州水族文化形态中，节日类文化形态综合性强，仪式感特征突出。可以说，一个节日就是一个多维的符号系统。不但有实物符号，而且有语音符号；不但有静态符号，而且有动态符号。文化形态呈现复杂立体的特质，在节日活动从开始到结束的各个环节，难以区分出谁主谁次，谁居于支配地位谁居于从属地位。这样，就要用综合的眼光去看待，并进行综合性保护。

贵州水族传统节日端节，其重要性自不待言。其间，用来祭祖的鱼包韭菜等食物，以及服饰和农具等道具，既是实物符号又是静态符号，敲击铜鼓发出的声音是声音符号。在家里举行祭祖仪式和前往端坡跑马则属于动态符号。卯节与此类似，在祭祖仪式上，鸡肉、糯米饭、酒、肉等饮食，以及烟草和长烟杆等道具，既是实物符号又是静态符号，卯坡对歌则属于情景符号。总之，节日活动的符号形式多样，不是一个单一的符号就能完全代表的。人们在参与节日活动的过程中，要综合调动多个感官。

因此，当地政府及有关职能部门在出台相关保护政策时，应当通盘考虑，要树立任何符号形式都必不可少、任何符号单元都是整个文化大厦的有机组成部分的理念，不能顾此失彼，有一个环节无一个环节，或者只抓住其中一个环节而忘记了其他环节，从而导致原本完整的符号系统残缺不全。

（二）市场化利用

文化资源除了要严格保护，还应当充分利用，以发挥其应有的价值。不然，仅停留于保护层面，文化自身的原貌虽然得以保存，但其他价值却没有得到体现，这实际上等于一定程度的浪费。因此，应创新利用思路，拓宽利用渠道，将多姿多彩的文化形态变成"真金白银"。要实现贵州水族文化资源的有效利用，就应按市场化规则运作，走市场化道路。

1. 品牌化利用

在贵州水族文化资源中，有的资源因其自身的历史底蕴和独特价值得到国家层面的认可。比如，马尾绣这一水族传统工艺于 2006 年被列入第一批国家级非物质文化遗产名录。由于被列入的名录级别高，因此具有较强的品牌效应，在利用过程中，应特别珍视这种效应，并将其尽力推广和放大。从前述贵州水族工艺简介可知，马尾绣主要应用于水族妇女的围腰、鞋子和小孩的背带上。如有可能，可考虑绣到其他物品上。此外，进入国家级非物质文化遗产名录很难，商标注册要求很高、很严，因此凡有马尾绣的物品，销售价格可在原有基础上适当提高，从而使经济利益与自身的品牌价值相匹配。贵州水族双歌 2021 年被列入第五批国家级非物质文化遗产名录。这同样具有较强的品牌效应。对此，也可以参照马尾绣的做法，在加大宣传力度的同时，创新利用方式方法，尽最大努力将其文化的含义释放出来，以期在提高知晓率和美誉度的基础上，产生更持久的感染力和影响力。

2. 特色化利用

在贵州水族文化资源中，除了被列入国家级非物质文化遗产名录的马尾绣和水族双歌外，还有一些资源因具有独特性和不可复制性，应当予以高度重视。比如，水族工艺类的染织、银饰品加工，饮食类的九阡酒、鱼包韭菜，舞蹈类的铜鼓舞、斗角舞等，都是水族特有的符号形式。对于此类资源，在利用时要力求保持其原生态特点，不能掺杂其他不和谐的元素。不然，其原汁原味的水族独特文化形态就会变味，进而丧失其价值。对于此类文化资源，在利用时一定要坚持特色化原则，因为只有真正做到有特色，才可能保持唯一性，也才可能避免走上千人一面的同质化道路。

3. 参与式利用

在贵州水族多样化的文化资源中，如果稍加留意，就会发现有一些文化形态是只有具备某种特殊身份或专门技艺的人才能完成的。比如，水族过节时的祭祖仪式，只有水族本族人才能参与，其他人一般只能作为旁观者。水族剪纸、编织等工艺，一般人并不具备制作技艺，这些技艺需要跟随专业的师傅，经过刻苦学习才能掌握。因此，从事剪纸和编织的人员都属于专业技术人员。专业技术人员在操作时别人没法参与。有一些文化形态外人可以参与，不但准入门槛不高，而且可以实现主客互动，烘托氛围。比如水族双歌、单歌、苋歌的演唱，过端节时的端坡跑马，过卯节时的卯坡对歌等，外人通过短时间的观看和学习就可以参与其中。在这方面，可以借鉴彝族过火把节时外来游客围着熊熊燃烧的篝火跳舞的模式，也可以借鉴苗族当街打糍粑时让游客尝试的做法。总之，凡属群体性娱乐类的文化形态，只要能够增添快乐、烘托气氛，游客都可以亲身体验。

4. 展销式利用

对于某些特别引人注目的文化形态，尤其是色彩鲜艳、外形精美、搬运便利的文化形态，可以尝试采用展销的方式加以利用。在贵州水族文化资源中，工艺品类的刺绣、编织、银饰品，饮食类的九阡米酒，体积较小，便于携带，因此可以考虑使用展销方式以实现其利用目的。其优点在于，既不费力耗时，也容易吸引游客。特别是对那些慕名已久又远道而来的游客具有极大吸引力。他们在边走边看的过程中，看到自己心仪的商品，顿时觉得眼前一亮，于是便能顺利交易。

上述利用路径只是贵州水族文化资源利用路径中的主要几种，在实际利用过程中，还可以大胆尝试、探索和创新，不必拘泥于一两种路径。只要能使贵州水族文化资源的潜能和价值最大限度地释放出来，只要能把贵州水族文化资源优势最大限度地转化为经济优势，就是经得住时间和实践检验的良好路径。

B.3
非遗工坊文创产业赋能乡村振兴研究

——以贵州丹寨为个案

蒋楠楠*

摘　要： 我国开展非遗工坊的建设工作，不仅是深入贯彻习近平总书记关于非物质文化遗产保护的重要指示精神，而且是积极探索新时代非物质文化遗产赋能乡村振兴的新路径与新方式。本文以贵州丹寨非遗工坊为个案，在厘清非遗工坊背景、内涵及外延的逻辑基础上，对非遗文化资源富集的少数民族地区在非遗工坊建设中存在的各类弊端及未来发展路径等相关问题进行探讨，从而提出非遗工坊文创产业发展路径，以最大限度发挥非遗工坊文创产业对深入推进非物质文化遗产的传承保护与服务国家战略的理论与实践意义。

关键词： 非遗工坊　乡村振兴　文创产业　丹寨县

非遗工坊是实现民族文化振兴，服务国家战略，扶贫助困，实现共同富裕的重要载体，对非遗文化活态的存续与保护，以及促使传统手工技艺在经济社会中可持续发展起到鲜明的示范带动作用。

近年，地处西南腹地的贵州丹寨县，利用自身丰富的民族文化资源，并依托丰富的非遗文化资源，推出并建立各类特色鲜明的非遗工坊22家，其

---

* 蒋楠楠，博士，贵州省社会科学院文化研究所副研究员，研究方向为文化人类学、民族地区文创产业研究。

中入选省级非遗工坊示范点 3 家，带动 3000 余名当地居民就业增收。在丹寨万达小镇旅游模式加持下，积极探索非遗工坊文创产业下的文旅融合发展赋能乡村振兴的新路径与新方式，成为贵州非遗工坊建设与发展、贵州非遗文化活态存续并可持续发展的样板，为全省乃至全国各地探索非遗文化保护、传承与发展，以及非遗如何积极融入经济社会生活，实现文化振兴提供了新的思路与方向。

一 非遗工坊建设背景与内涵

（一）非遗工坊建立的背景

联合国教科文组织指出需将文化纳入各国发展的政策中，并将典型的非遗文化的保护、传承与发展置于各国各地可持续发展的语境之中，同时应加强发挥文化对减少贫困及发展包容型经济的作用。中国是联合国教科文组织的重要成员国，也是联合国教科文组织颁布的《保护非物质文化遗产公约》（以下简称《公约》）的重要倡导者和践行者，中国始终在《公约》框架下开展非遗保护实践，并已将非遗作为重要资源，融入国家与地方性的经济政策之中，促进经济、社会、文化全面协调可持续发展，更好地服务社会。非遗工坊的建设即是中国在《公约》框架下探索非遗保护与传承模式，形成"中国式"非遗保护、传承与发展的典型经验，也是中国践行《公约》精神的重要举措。

"十三五"时期，以扶贫和促进传统手工艺振兴为主要目标的非遗扶贫就业工坊概念被首次提出。2018 年 7 月，文化和旅游部办公厅、国务院扶贫办综合司下发《关于支持设立非遗扶贫就业工坊的通知》，批准在中西部地区的重点贫困地区试点开展非遗扶贫就业工坊项目。2019 年，各级政府不断加大对非遗扶贫就业工坊的建设以及对传统手工技艺发展的支持力度。非遗扶贫就业工坊的实践范围开始由中西部贫困地区扩大到全国各贫困地区，旨在进一步提升贫困地区的内生动力，以优秀的传统手工技艺作为帮助贫困人口脱贫、促进就业增收的重要途径和手段，逐步建立可持续的脱贫机制，从而将非遗文化纳入国家经济社会发展之中，客观上进一步促进传统文化的全面振兴。

"十四五"期间，随着非遗扶贫就业工坊成效不断显现，实践范围不断扩大，其服务的主旨效能也发生变化，由原有的脱贫就业拓展为助力乡村振兴。2021 年，"非遗扶贫就业工坊"更名为"非遗工坊"。各级政府进一步加大对非遗工坊的支持力度。2021 年，国家层面先后出台《"十四五"文化和旅游发展规划》《关于进一步加强非物质文化遗产保护工作的意见》《关于持续推动非遗工坊建设助力乡村振兴的通知》等文件。其中，《关于持续推动非遗工坊建设助力乡村振兴的通知》指出："继续推动非遗工坊（原非遗扶贫就业工坊）建设，加强非遗保护，促进就业增收，巩固脱贫成果，助力乡村振兴。"截至 2022 年，全国共设有 2500 余家非遗工坊，其中 1400 余家设在贫困县。2023 年，在此基础上，文化和旅游部牵头，评选"非遗工坊典型案例"，以此推动非遗助力乡村振兴工作的开展，进一步推广非遗工坊建设经验。

另外，地方各级政府部门按照乡村振兴总要求，积极探索以非遗文化赋能乡村振兴。例如，浙江省加快打造高质量文化高地，制定非遗助力乡村振兴政策，建设了一批非遗特色村镇与非遗工坊。江苏省多部门联合下发《关于建设非遗工坊助力乡村振兴的实施意见》，提出到 2025 年，全省将建成百家非遗工坊。进一步明确和健全非遗工坊建设的体制机制，以非遗工坊的形式进一步推动传统手工技艺的创新发展，激发传承人创新创业活力，赋能乡村振兴。

（二）非遗工坊的内涵

《关于持续推动非遗工坊建设助力乡村振兴的通知》指出："非遗工坊是指依托非遗代表性项目或传统手工艺，开展非遗保护传承，带动当地人群就地就近就业的各类经营主体和生产加工点。"非遗工坊主要包含以下几个核心要义。从建立方式和条件上看，非遗工坊的建立一般由国家层面的主管部门，如文化和旅游部、人力资源社会保障部、国家乡村振兴局等批准认定遴选，地点一般设定在非遗代表名录和手工技艺传承所在的县及乡镇。从建设主体来看，非遗工坊建设与合作的主体比较广泛，乡村合作社、非遗传承人、乡村带头人、民营企业、高校、科研院所等均可成为非遗工坊建设与合作的主体。从工作内容来看，非遗工坊的主要工作内容是依托非遗传统手工技艺进行非遗产品的生产实践，为当地群众提供就业培训，实现增收。从参与群体来看，非遗工坊的参与人员主要为特定的贫困人口、需要帮扶的妇女群众，以及从事相关产品研发工作的人员等。从运营管理模式来看，非遗工坊属于实体，除需要传统的手工技艺之外，还需引入现代的运营管理方式，以项目为依托，生产一定产品进行销售，以获得收益。从多年的实践来看，建设非遗工坊已成为非遗传承与保护、振兴传统手工技艺、发展地方经济、促进就业增收、激活传统文化生命力、助力乡村振兴的典型且有效的举措。

二 丹寨文创产业与非遗工坊发展的现状与优势

（一）资源型文创产业

丹寨位于西南腹地，贵州的东南部，土地面积940平方公里。其境内为典型的山地地形。丹寨下辖4个镇2个乡1个街道，经过多年发展，丹寨交通便利，地理区位优势明显，已成为全省乃至西南地区通往长三角、珠三角的"桥头堡"。丹寨为多民族聚居县，境内有苗族、侗族、水族、布依族、彝族等30多个少数民族。其中苗族人口占全县总人口的79%。丹寨县域民族文化资源富集，底蕴深厚，有代表性的非遗项目众多，其中拥有贾理、锦鸡舞、古法造纸、蜡染等8项国家级非遗项目、22项省级非遗项目、34项州级非遗项目。另外，丹寨还保留了全国唯一完整祭祀苗族祖先蚩尤的祭祀仪式，被誉为苗族文化的活态博物馆。因此，丹寨也成为贵州民族文化与各地文化交流的一个重要窗口。

在漫长的历史发展过程中，丹寨相对封闭的山地环境使这里的少数民族形成了自给自足的生活模式，蜡染、鸟笼编织、古法造纸、织锦等传统手工技艺完整地保留了下来，成为宝贵的非物质文化遗产，使"云上丹寨"成为非遗项目的富集之地。当地以蜡染、造纸等非遗手工技艺为代表的少数民族文化得到关注并不断发展，其相关的文化创意产品也日益产业化，丹寨走上市场化的道路，并且市场规模日益扩大。这也为丹寨形成贵州乃至西南地区以民族文化资源和自然资源导向为主体的资源型文创产业，建立各项非遗工坊创造了必要条件。

（二）多业态呈现形式

近年来，独具特色的非遗项目、宝贵的民族文化资源，为丹寨民族文创产业发展提供了重要的支撑。当地民族文创产业的发展，不仅为优秀的传统文化和手工技艺的保护与传承提供了新的发展路径，同时也为当地提供了新的经济发展与增收渠道。整个文创产业也呈现多业态的发展趋势。首先，丹寨县拥有以苗族蜡染、织锦、鸟笼编织、古法造纸等传统手工技艺为依托的民营企业、非遗工坊、农民合作社、家庭手工作坊、小型村办企业，每年吸纳近千人就业。仅蜡染一项，就每年为当地增加收入 3000 多万元。其次，丹寨县依托丰富的非遗项目，与万达集团达成合作协议，打造了中国 AAAA 级旅游景区万达小镇。经过多年的运营发展，丹寨的小镇模式成为助力贵州多彩非遗、服务当地乡村振兴的一个重要渠道。如今，万达小镇依托非遗项目，成为文旅融合发展的样板和范例。

由此可见，丹寨充分利用丰富的少数民族文化资源，多种业态模式同时发展，将少数民族传统手工技艺融于文创产业之中，将非遗文化符号应用于民族文创产业及文化产品之中，走民族文化资源的产业化道路，不仅使非物质文化遗产得到有效的传承和生产性保护，而且在文创产业化的过程中，助力乡村振兴。

（三）政策引导与支持

党的十八大以来，贵州经济社会发展取得重大成就，脱贫攻坚任务如期完成，文化和旅游事业都迈出了新步伐。而所有成就的取得都得益于政策的引导与支持，特别是《国务院关于支持贵州在新时代西部大开发上闯新路的意见》（国发〔2022〕2号），支持贵州在新时代西部大开发上闯新路。另外，文化和旅游部、国家文物局也联合印发《支持贵州文化和旅游高质量发展的实施方案》。这些政策文件对推动贵州的文化事业和文创产业更好更快发展、提升贵州文化软实力、推动贵州多民族文化大发展大繁荣起到重要作用。

党和国家给予贵州的政策支持是贵州文化和旅游事业大发展的重要契机。贵州省有关部门也积极响应相关政策，对省内的文创产业政策做出相应的调整。2021年贵州省文化和旅游厅下发了《贵州省文化和旅游厅文化艺术与旅游产业融合发展实施方案（2021—2022）》，其中强调建设文旅融合新空间，积极推动文化相关设施建设。巩固和发展非遗文化及相关的旅游品牌。结合"演、展、游"，举办"多彩贵州非遗周"，逐步将其打造为具有影响力的非遗文化标志。2022年，贵州省文化和旅游厅、人力资源社会保障厅以及乡村振兴局下发《关于持续推动非遗工坊建设助力乡村振兴的通知》并进一步制定《贵州省非遗工坊认定与管理办法》，以加强对非遗工坊的规范化管理，推动非遗资源创造性转化和创新性发展，助推文创产业和旅游产业深度融合。

三 非遗工坊文创产业存在的问题

（一）同质化现象严重，产品竞争力不强

非遗工坊文创产品的附加值和创新性有待进一步提高。目前，非遗工坊生产的产品多以旅游产品的形式推向市场，这就导致产品样式单一、雷同，产品的创意、设计常常与市场需求脱节，甚至质量粗劣的产品涌向市场，旅游景区售卖的非遗手工产品同质化现象严重，而且由于价格偏高，产品缺乏市场竞争力。因此，非遗工坊的产品需与市场接轨，积

极改良制作工艺，有效地提升非遗工坊文创产品的整体品质和市场竞争力。

（二）销售渠道狭窄，产业链延伸不足

贵州民族文创产业的发展态势良好，但产业化程度有待提高，尤其是非遗工坊传统手工技艺产品的市场认知度并不高，所占市场份额不大，如丹寨蜡染、鸟笼、织锦等产品生产规模偏小、市场规模也小，所形成的产业链条呈现阶段化与片段化的特征，并未形成完整的产业链，明显缺乏市场竞争优势。因此，需要搭建非遗工坊购物平台等进一步拓宽销售渠道，延伸产业链，实现非遗产品销售渠道的畅通。

（三）数据不健全

贵州文创产业部门数据统计体系不够健全，从数据上无法反映某一阶段文创产业发展现状及问题。另外，文创产业各部门之间以及与其他行政部门之间就文创产业发展中的矛盾存在解决不及时的问题。而就非遗工坊而言，依然存在相关数据缺失的问题，非遗工坊名录数据库的建立问题也亟待解决。

（四）人才断层与缺失

就非遗工坊的现状而言，全国都存在人才缺失与断层的问题。首先，非物质文化遗产代表性传承人存在断层断代问题，经验丰富、历经沧桑的传承人渐渐老去，大多数年轻人外出打工，关注本民族文化、热衷本民族手工技艺的适龄年轻人越来越少，从而导致新一代传承人培养困难，出现断层问题。其次，文创产业的发展离不开专业的管理人才与团队，非遗工坊的发展也不例外，也需要文创、管理、市场运营等专业人才和团队及非遗手工技艺传承人在非遗工坊发展过程中发挥引领带动作用。

四 非遗工坊文创产业发展路径

（一）推进非遗工坊整体性保护实践

长期以来，对于非遗的保护和传承遵循的都是整体性保护的思路，如今非遗工坊的发展亦如此，需要突破"单打独斗"格局，吸引多元力量共同参与非遗创新性发展实践，使不同领域力量的联合成为非遗工坊运转的重要形式。[①] 每个非遗项目都不是孤立存在的，而是依附于各自赖以生存的自然生态与人文生态系统。

非遗文化的有效活态存续需要处于一个整体性的联动机制中，除关注非遗项目本身外，还要注重非遗工坊在项目保护与产品生产中的诸多关联和影响因素。因此，应将非遗工坊置于区域社会发展的大环境中去考虑，突破单体保护与发展的思维模式。此外，非遗工坊产品的生产和销售等环节之间所涉及的多元力量应形成共同发展格局。丹寨在非遗文化及文旅发展中按照"一村一品""一村一特"的原则对不同村寨的非遗旅游项目进行规划，如石桥村充分利用国家级非遗项目古法造纸打造了"造纸+民俗文化+乡村旅舍"一体化的乡村旅游，卡拉村采取"协会+农户+农家乐+歌舞表演"的模式，泉山村则重点打造"自然风光体验+农家乐"等。当然，在突出特色的同时，丹寨以万达小镇的旅游为依托，又将不同的非遗工坊逐渐打造成相互结合的规模化、一体化的发展实体，既各具特色又整体推进，为非遗文化的保护与发展提供了重要的实践意义。

（二）加强非遗工坊规范化管理

根据《贵州省非遗工坊认定与管理办法》，贵州省内的非遗工坊应加

---

① 王巨山、叶涛：《国家战略背景下传统工艺工作站与非遗工坊建设探析》，《文化遗产》2023 年第 1 期。

强规范化管理，加大保护力度，特别是对非遗工坊的申报、认定、批准等应严格按照管理办法规定的相关程序展开，完善非遗工坊的监察和监测机制。应及时发现不符合规定、存在套用相关政策和资金以及经营不善的非遗工坊，并予以整改或取缔。拓宽非遗工坊产品的销售渠道及完善其运营机制，并将优质非遗工坊产品纳入东西部协作消费帮扶采购目录，吸纳贫困人口就业，确保非遗工坊保持良好的运行状态，发挥助农增收的作用。丹寨因地制宜，结合实际情况制定了丹寨非遗工坊认定规范和标准，全县现已有经公示认定并授予牌匾的非遗工坊22家，开展非遗人员培训3场次，组织非遗产品展览4场次。① 丹寨为有意愿、基础较好、设备齐全、经营良好、可吸纳就业的企业授予"非遗工坊"牌匾。各执法部门如文体广电旅游局、乡村振兴局等按时对非遗工坊的经营状况开展监测与检查，对违法经营、不按时发放工资等情况提出整改意见并限期改正，逾期不改的取消非遗工坊资格。

（三）推行"双线"运营模式，创新数字化发展模式

非遗工坊应积极推行"线上+线下"的"双线"运营模式，创新数字化发展模式。首先，在线下非遗工坊的运营中，可加入科技与数字化模块，例如在非遗工坊内增加游客体验区，并在体验区内放置虚拟现实（VR）设备，将非遗代表性项目与科技相结合，使人们沉浸式全方位地体验工坊内各类非遗手工技艺的历史、文化、文创产品的诞生过程等。其次，设立非遗工坊文创DIY体验区。再次，设立非遗工坊教程区，展板介绍与亲身体验相结合，使游客在充分感受非遗手工技艺魅力的同时，也能获得自己亲手制作的非遗产品。最后，非遗工坊的线下销售应搭建非遗购物和非遗产品的推介平台。丹寨利用当地丰富的少数民族文化资源连续三年举办"丹寨非遗周"，以"非遗+时尚""非遗+购物""非遗+美食"等

---

① 《丹寨县积极打造非遗工坊 助力乡村振兴事业》，天眼新闻百家号，2023年6月20日，https：//baijiahao. baidu. com/s？id=1769214734720643562&wfr=spider&for=pc。

新形式，为文旅融合下的非遗文化发展带来新的契机和新的消费群体，同时也拓宽了非遗工坊传统手工技艺产品的销售渠道。除此之外，应加强构建线上非遗工坊的运营模式。尝试开发非遗工坊网上 VR 全景云上展厅，供人们在网络上 360 度全景沉浸式参观非遗工坊的各类非遗项目。同时，开发与非遗工坊相关的小程序，使消费者可欣赏、可点击、可购买，甚至可定制非遗工坊的手工文创产品，激发消费者的购买欲望，拓宽线上销售渠道。

（四）推广小镇非遗叙事的文旅新业态，打造品牌 IP

加强非遗工坊产品的研发、创新、生产和销售，打造品牌 IP，强化知识产权保护意识，培育具有地方特色的非遗工坊知名品牌。对优秀的非遗工坊给予政策和资金的扶持，推荐其成为非遗生产性保护示范基地。鼓励推行和推广丹寨的小镇非遗叙事模式，即在语言、行为、景观等叙事层面，通过对当地少数民族文化的历史建构、民俗事项的展演、非遗景观的展示，来挖掘当地的非遗文化旅游资源，从而将非遗工坊与特色旅游模式、乡村旅游创客基地相结合，培育建设具有当地特色的非遗文化旅游项目，使其成为全国非遗工坊典型案例，进而成为助力乡村振兴的重要举措。

（五）赋能产品，打造"企坊""校坊"合作模式

非遗工坊是促进非遗项目活态传承的重要方式，非遗手工技艺通过非遗工坊的制作最终作用于产品，实现非遗活态存续。应积极探索"企坊""校坊"合作模式。一是打造"知名企业+非遗工坊"合作模式，在"企坊"合作的框架下，非遗工坊实现"非遗+时尚"，促使非遗与民族文化元素、现代元素、时尚元素相结合，推出制作精良、设计新颖的非遗手工艺产品。二是积极探索"校坊"合作模式，支持省内外高等院校的设计专业开展非遗工坊结对帮扶，在非遗工坊集中的区域设立实习基地与设计工作室等，实现"校坊"的互帮共赢，促进非遗工坊发展。

　　总而言之，以扶贫助困为目的的非遗工坊，是活态传承非遗文化、助力乡村振兴的重要举措，非遗工坊不仅增强了文创产业的优势与生命力，将文化资源转化为经济动力，也是地方非遗文化资源丰富性的重要体现。非遗工坊不仅将非遗保护置于促进区域社会发展的整体语境中，融入地区政策、行动和发展方案，① 而且是促进乡村经济社会可持续发展的重要驱动力，为解决当地居民就业与增收发挥了重要作用。

参考文献

　　高紫薇：《多维度体验非遗工坊对非遗现代传播意义的研究——以南通蓝印花布为例》，《化纤与纺织技术》2020 年第 11 期。

　　任晓冬、刘燕丽、王娴、陆锦：《贵州丹寨苗族蜡染文创产业化发展现状及特点》，《原生态民族文化学刊》2014 年第 1 期。

　　梁妍：《民族传统工艺赋能乡村经济振兴探究——以丹寨蜡染为例》，《内蒙古电大学刊》2023 年第 3 期。

---

① 王巨山、叶涛：《国家战略背景下传统工艺工作站与非遗工坊建设探析》，《文化遗产》2023 年第 1 期。

B.4
地域文化与自然风景区的旅游发展

——以百里杜鹃风景区为例

段剑洪*

摘　要： 地域文化和自然风景区的深度融合，是推进旅游产业化的重要抓手，是助推经济社会高质量发展的重要模式。百里杜鹃管理区因"花"而兴，在十多年发展过程中，以"花"为引领，以百里杜鹃风景区为载体，将民族文化与景区自然资源相结合，以推动地域特色民族文化产业高质量发展为目标，以努力提升民族地域文化遗产保护与传承能力为抓手，打造具有民族地域文化特色的系列品牌活动和一批具有地域文化特色的商品，发挥百里杜鹃文旅综合优势，不断做优做强高品质旅游景区。

关键词： 地域文化　百里杜鹃风景区　文旅融合

百里杜鹃风景区是国家 AAAAA 级旅游景区，国家生态旅游示范区，国家自然保护区。被誉为"世界上最大的天然杜鹃花园"，享有"地球彩带、世界花园"之美誉。是中国春观花、夏避暑、秋休闲、冬赏雪的生态旅游胜地。这里旅游资源丰富，分为自然生态资源和人文旅游资源两类，共有 7 个主类、23 个亚类，共 156 个资源单体，其中有世界上面积最大、景观最美的原生杜鹃林带。另外，暖温带湿润季风气候、奇特的喀斯特地貌、优良的温泉资源、独特的民族风情和丰富的古彝文化、红色文化等，为百里杜鹃

---

* 段剑洪，贵州省社会科学院文化研究所实习研究员，主要研究方向为中国哲学与地方文化。

文旅发展奠定了良好的基础。在强调文旅高质量发展的今天，百里杜鹃管理区依托特色文化、自然生态优势，以百里杜鹃风景区为载体，精心打造地域文化品牌，带动百里杜鹃旅游产业转型升级，不断做优做强高品质旅游景区。

一　百里杜鹃地域文化内涵

（一）百里杜鹃少数民族地域文化的特质

百里杜鹃管理区于 2007 年 7 月经贵州省委、省政府批准成立，为毕节市委、市政府正县级派出机构。十几年来，百里杜鹃以"花"为媒，坚持以大旅游为统揽，围绕旅游需求完善旅游服务功能，以旅游业为龙头带活产业，形成了"养花泡茶"的全域全年旅游发展格局。百里杜鹃管理区成立时间虽短，但辖区内居住的少数民族历史悠久，具有独特的地域文化。从蜀汉时期开始，彝族先民在黔西北地区先后建立以彝族为主的地方政权，在近1500 年的历史长河中，他们一方面继承了古朴、独特和浓郁的彝族文化传统，另一方面与自明代以来大规模移民带来的汉族文化相融合，逐步形成具有彝族风貌与独特品质的地域文化。"从总体上说，水西文化体现了以彝族传统文化为主体，以彝汉文化交流为主线的格局。"[①] 彝族文化与汉族文化在共同的地域上并存共生，异彩纷呈，使百里杜鹃形成了地域文化多元性特点，其特质体现在以下两个方面。

1. 地域特色鲜明

民族特色村寨，百里杜鹃管理区的彝族民居，集中反映了彝族建筑文化的特征与多民族聚居的地域特色。获得国家命名的特色村寨 3 个，分别是附源村、迎丰村、大堰村；获得省级命名的 7 个，分别是锦星村、大荒村、龙塘村、桥头社区、在拱村、永兴村、启化村。形成了"水墨附源""乡愁彝

---

① 王明贵、王继超主编《水西简史》，贵州民族出版社，2011，第 108 页。

风"彝山古寨""小桥人家"等一批特色村寨。打造"一村一景、一村一业、一村一特色",如颖川社区打造知青主题、朝门村注重山水田园风光和满族风情、小箐寨彰显彝族文化等;创作民族特色文艺演出作品,如《索玛花开》《历》《阿西里西》《劳作》《乌蒙彝酒》《杜鹃红》《情满花坡》;地域特色民歌,如《敬酒歌》《干一杯》《贵客到》《百里杜鹃红》;彝族文学古籍,如《辅把特彝族婚规嫁仪》《阿额斗菊彝族叙事诗》,是研究传统婚规嫁仪、古代彝族五言诗体等历史文化的重要文本。

2. 类型丰富多样

百里杜鹃历史渊源和独特的地理位置,造就了以彝族、苗族、满族、白族等为主的浓郁的少数民族风情。如彝族的火把节、祭花神、插花节、彝族年,苗族的跳花节、苗年,满族的颁金节、赛马节,布依族的对歌节等传统节日,都彰显着浓郁的民族风情。具有民族特色的非遗文化,如"祭花神非遗文化""龙塘古酒""古法造纸"等。近年来,百里杜鹃形成了一批有地域特色的经典歌曲,它们极具印象性、特色性,如《我爱家乡杜鹃红》《锦绣百里杜鹃开》《敬酒歌》《阿老表》等歌曲,这些歌曲传递了百里杜鹃文化内涵。粗放、古朴的彝族饮食文化,以荞麦、贵酒、肉食、圆根为特色的饮食体系。彝族饮食因为特别的民族习惯,更具有山里的芬芳,如"坨坨肉"。

(二)百里杜鹃打造的地域文化类型

文化是旅游的灵魂,旅游是文化的载体,文化与旅游之间是相辅相成、互促互进的,文化缺了旅游这个载体不能壮大,旅游缺了文化这个灵魂不能长久。近年来,百里杜鹃管理区打造"花间阡陌、山水归程"文旅品牌,结合百里杜鹃地域文化,重点打造村落文化、民族文化、红色文化、康养文化、生态文化、农耕文化,助推文旅融合发展,探索文旅融合发展新路子,助推旅游业高质量发展。

1. 村落文化

百里杜鹃特殊的地域环境、气候特征、文化习俗以及建筑技艺等形成了山地聚落形态，聚落布局融合农耕文化、土司文化、汉族文化、彝族文化，造就了百里杜鹃管理区内众多结合了自然风光、民族特色的文化村落，如石牛村、大荒村、永兴村、迎丰村、附源村、小箐村、槽门村等。

2. 民族文化

百里杜鹃将民族文化、体育文化与景区自然资源相结合，以办好独具民族特色的节庆活动为抓手，打造具有体验性和观赏性的民族祭祀文化、歌舞文化、服饰文化以及饮食文化等。如精美的苗族、彝族服饰，神秘庄重的布摩祭祀文化，多元的彝族民歌、山歌、情歌、酒礼歌、叙事歌等，满族摔跤、骑马、射箭等。在花期之外重点打造以火把节、彝族年、祭花神、跳花节、颁金节等少数民族节日为主题的旅游项目，营造浓郁的民族节日氛围。让游客来了不想走，走了还想来。

3. 红色文化

牢记 1936 年 2 月 18 日黄家坝阻击战这段波澜壮阔的历史，讲好红六师在格佐梁子一带胜利完成阻击任务，为中央总指挥部的战略转移赢得了充裕时间，成功保卫革命成果的故事。围绕长征国家文化公园建设，对黄家坝阻击战纪念碑（红军广场）周边环境进行提级，建成以遗址为核心的红色旅游徒步线路 20 公里，促进文旅深度融合。2022 年底，百里杜鹃黄家坝阻击战纪念碑（红军广场）串联的红军长征步道体验线路入选国家体育总局、文化和旅游部共同发布的 2022 年国庆假期、2023 年春节假期体育旅游精品线路。

4. 康养文化

百里杜鹃突出"花都康养城"定位，着力突破旅游发展的时间瓶颈和空间制约，探索避暑康养、温泉康养、医疗康养、森林康养、运动康养等五种旅游产业模式，推动打造康养观光新高地、避暑旅居聚集地，助力实现"旅游大提质"目标。

5. 生态文化

百里杜鹃生态环境优美、气候宜人，森林覆盖率达到 64.62%，年平均气温 14.8 摄氏度，空气负氧离子含量每立方厘米超过 1.6 万个，是得天独厚的天然大氧吧。百里杜鹃依托普底景区发展森林康养、科普研学，建设森林康复中心、森林疗养场所、森林浴场、森林氧吧等服务设施。

6.农耕文化

百里杜鹃打造以"体验农耕文化·守牢粮食安全"为主题的系列农耕文化产品，依托山谷、良田、清溪、乡居等资源推进农业与旅游、研学、度假融合发展，基本建成现代农业、休闲文旅、田园社区三位一体的田园综合体。

二 百里杜鹃地域文化特质与旅游业发展概况

（一）2022年百里杜鹃旅游发展成绩

百里杜鹃的旅游发展融合了地域文化资源、自然资源，并形成四种特有的旅游模式。

1.杜鹃花季旅游

百里杜鹃管理区位于毕节市中部，东与金沙县偎依，南与黔西市相邻，西北与大方县接壤，总面积692.9平方公里。区内有绵延百里的原始杜鹃林，总面积125.8平方公里，百里杜鹃风景区是国家AAAAA级旅游景区，享有"地球彩带、世界花园"之美誉。2022年，新冠疫情给游客出行造成了极大不便，旅游业收入未能达到预期。2021年，全年接待游客591.82万人次，比2019年增长18.34%；实现旅游综合收入58.41亿元，比2019年增长70.79%；旅游人均消费987元，较2019年增长44.3%。截至2022年5月，全区共接待游客146.32万人次，同比下降69.55%；旅游综合收入仅完成13.9亿元，同比下降68.83%；旅游人均消费950元，同比下降3.7%。[①]

2.避暑旅居旅游

以"清新空气、凉爽天气"和彝族独特的歌舞文化"天天篝火"为

---

① 百里杜鹃旅游局：《百里杜鹃2022年旅游发展情况》。

依托的避暑旅居旅游。管理区形成了永兴村、桥头村、大荒社区、小箐村乡村旅游点等避暑旅游村寨。围绕吃、住、游、购等旅游要素，推动彝山花谷景区提质扩容并投运，推出了云朵乐园、云阶书屋等新产品、新业态；打造花间别苑、万卷天书、固圉等精品乡村旅游点6个参与避暑服务，游客参与度和体验感持续增强，旅游产品和业态更加丰富，避暑旅游产业链条得到有效延展。全年谋划旅游嘉年华系列活动225场次，避暑季期间重点举办了"老街坊"回乡避暑、火把节、生态跑等文旅活动80余场次，有效满足了不同游客的精神文化需求，丰富避暑旅游文化内涵，形成以文促旅、以旅彰文的旅游氛围，进一步推动文化旅游深度融合发展。

3.康养度假旅游

百里杜鹃温泉资源丰富，形成了"医疗+康养+旅游"跨界融合特色温泉旅游品牌，其中以彝山花谷康养旅游度假区的休闲康养温泉旅游发展较为完善。坚持以康带养、以养促康、康养结合，积极推进"四位一体八中心"项目建设，加快"医疗+康养+旅游"跨界融合，建成投运花都民族医药养生中心、中草药医养中心，推出"三针雷火灸"、中医头疗护理等特色理疗产品，成功发布花海康养度假指数。充分发挥百里杜鹃"温泉旅游、四季皆宜"优势，坚持温泉产业集群化发展思路，紧抓温泉休养、温泉保养、温泉疗养，积极培育"温泉+""+温泉"旅游新模式，已勘探温泉6口，建成投运花舍锶锂温泉、初水花园温泉、濯缨谷"福"泉3个温泉康养项目。汤位达1000余个，彝山花谷温泉旅游集聚区初步成形，温泉休闲康养产品逐渐发展成为百里杜鹃又一旅游核心吸引产品，管理区成功申报贵州省银汤级温泉旅游度假地。以"凉爽天气"和"清新空气"换"人气"和"财气"，积极举办各类活动，内容涵盖民俗文化、康体运动、体育赛事、棋牌娱乐等方面，在为百里杜鹃避暑旅游引流的同时也丰富了避暑游客的旅居生活。2022年避暑季期间，百里杜鹃举办了"民族团结杯"篮球赛、"激情火把节·多彩民族风"、"花漾年华"山地生态跑、2022年"全民健身日"主题活动及毕节市第四届职工象棋、围棋赛等各类赛事活动，"引爆"百里杜鹃避暑季旅游氛围。[①]

4. 乡村旅游

百里杜鹃管理区以"村庄景区化"为抓手大力发展乡村旅游，新建、改造、提升了一批村寨，推出了一批以山水风光、地域风物、人文风韵、民族风情为载体的乡村旅游目的地，逐步形成复合型、立体式的乡村旅游休闲度假体系。在黄泥乡朝门村，将民族文化、生态文化、非物质文化等植入乡村旅游，打造以田园综合体为模式的乡村旅游新业态，促进农村发展、农业升级。按照"一村一品、一村一业、一村一特色"，打造以知青文化为主题的颍川社区知青文化纪念馆、以彝族风情为特色的小箐乡村旅游点、以龙塘古酒酿酒体验为特色的龙塘村乡村旅游点。

（二）百里杜鹃旅游业存在的问题

一是产品互补性不强。"吃、住、行、游、购、娱"产品间缺乏必要联动，各吹各号、各唱各调现象不同程度地存在。二是效益转换不好。AAAAA级旅游景区淡旺季依然明显，对"门票经济"的依赖度依然很高；游客"过夜率"和游客"人均消费"过低；花期之外转换差依然存在；杜鹃花都商业项目闲置，乡村旅游点缺乏必要的营销、引流等措施，与其他引擎项目的联动性不强，乡村旅游经济转换不好。三是抗风险能力弱。2022年杜鹃花季，游客大幅减少，旅游经济遭受极大打击，虽然有新冠疫情的客观因素，但也侧面证明了百里杜鹃对周边游、周末游市场的开发力度还不够，旅游经济极其脆弱，抗风险能力很低。四是文旅融合不够。大的方面，文化对旅游发展的促进作用发挥不好，缺乏旅游目的地具象的文化符号，赏花游在游客心中根深蒂固，掩盖了其他产品的光芒；小的方面，景区景点、乡村旅游点以及其他旅游产品的文化植入存在短板，文化主题不明确，很难给游客留下深刻印象。五是文创产品开发不足。以百里杜鹃文化资源为主的文创产品开发层次低，市场上销售的文创产品缺乏百里杜鹃具象的文化符号的特色产品。

---

① 百里杜鹃文化广电旅游局：《百里杜鹃2022年文化广电工作开展情况》。

三　百里杜鹃地域文化与旅游融合发展形势分析

1. 政策优势

《国务院关于支持贵州在新时代西部大开发上闯新路的意见》（国发〔2022〕2号）将百里杜鹃列入贵州做优做强高品质旅游景区范畴，是党中央、国务院对贵州推动旅游业高质量发展最大的关心和支持。对百里杜鹃来说，这既是推进旅游产业化，助推经济社会高质量发展的机遇，更是百里杜鹃实现跨越式发展，打造世界知名、国内一流、全省领先的旅游"龙头"的历史使命。2022年8月18日贵州省文化和旅游厅出台了《关于支持毕节市文化和旅游高质量发展的若干措施》，提出支持毕节文化和旅游高质量发展，打造毕节旅游发展的重要增长极，很多硬措施惠及百里杜鹃。这些政策的落地必将极大地促进百里杜鹃旅游业的发展。如支持毕节推进百里杜鹃管理区旅游目的地创建，支持和指导毕节推动百里杜鹃温泉建设，指导百里杜鹃创建省级中医药健康旅游示范基地，支持创建温泉度假地。这些文件的出台，是做强做优百里杜鹃旅游产业，让其成为绿色崛起的重要支柱产业的保障，也是实现贵州省"围绕四新、主攻四化"的重要抓手。

2. 区位优势

百里杜鹃管理区位于贵州西北部，黔西市、大方县交界处，地理区位优势突出，中心区距毕节机场、杭瑞高速、成贵高铁车程均在半小时之内。从百里杜鹃驾车出发，当天可到达重庆、成都、贵阳、昆明、南宁、长沙、武汉等城市。突出的区位优势和便捷的交通条件，必将成为建设百里杜鹃现代服务业集聚区的重要支撑。

3. 发展优势

聚焦"花期之外"和"花区之外"转型发展，围绕"全力打造花海康养度假旅游目的地"这一目标，打造中国南方最佳避暑养生旅游目的地，建设医疗康养、温泉休闲、体育赛事、以杜鹃花为主的高山冷凉商品花卉、研学旅行产品集聚区，逐步丰富旅游业态、提升服务品质，促进二次、三次消费，推动旅游业态从单一的观光游向康养度假游的复合型业态转型。抓住实施乡村振兴战略的机遇，坚持"产业景观化、景观经济化"，围绕杜鹃花季、避暑季、康养季的旅游产业，进一步抓好旅游基础配套设施建设和旅游服务质量的提升，全力推动观光旅游向休闲度假旅游转变。①

四　地域文化与旅游融合发展的策略

百里杜鹃风景区承载着贵州做优做强高品质旅游景区的新使命。在今后的发展中要根据景区季节性特点，做好统筹"花区之外""花期之外"两个大局，紧紧围绕"花间阡陌·山水归程"文旅品牌定位，坚持把地域文化资源作为推动文化与旅游有机融合的载体，以推动地域特色民族文化产业高质量发展为目标，以努力提升民族地域文化遗产保护与传承能力为抓手，打造具有民族地域文化的系列品牌活动和一批具有地域文化特色的商品，将民族文化、体育文化与景区自然资源相结合，打造一道亮丽的人文风景线，营造浓郁的旅游出行氛围，逐渐形成以文促旅、以旅彰文的发展格局。

（一）打造彝族文化旅游高地

一是建设彝族文化主题园区。按照"古彝圣地、文化高地、走廊要地"的定位，依托悠久厚重的古彝文化资源，构建以彝族古籍文献翻译出版、彝族文化传承、彝族文艺创作、彝族文化载体建设、古遗址遗迹保护开发、民族文化商品开发等为主的项目，推动古彝文化与旅游产业深度融合。二是建设民族村寨旅游目的地。深耕附源村、迎丰村、大堰村等民族村寨精品旅游示范点，由政府主导，村寨参与，把分散的民族村寨联合成整体、串联成线路。强化少数民族特色村寨推评工作，评选一批区级民族

---

① 百里杜鹃旅游局：《百里杜鹃文化旅游集聚区建设规划（2019—2025年）》。

特色村寨，推动民族村寨与农耕文化融合发展，推介一批宜居宜游、宜业宜养的休闲农庄（园）、特色文化村落、田园综合体、乡村民宿度假区和标准化乡村旅游目的地。三是谋划打造红色美丽村寨试点。依托现有黄家坝阻击战遗址、红军广场、戛木战斗烈士纪念碑、红军徒步线路等红色文化资源，根据贵州省委组织部、省财政厅印发的《贵州省红色美丽村庄试点建设工作实施方案》（黔组通〔2021〕24号），谋划将普底乡东风村作为红色美丽村庄（红军村）试点进行建设，推进红色文化与生态旅游、乡村旅游相结合，支持鼓励文创类红色旅游纪念品、艺术品、演艺类产品在该村培育、落地。

（二）加大文旅活动开发力度

一是完善旅游攻略。以赏花季、避暑季、康养季"三季"带"四季"为主线，围绕观光休闲、避暑度假、温泉康养、文化体验等，重点对"美图+美文+美食+交通+住宿+线路+节庆+旅游商品"进行丰富和完善，并通过全媒体展开推广。二是以赛引导，促进旅游商品产业化发展。体育文化与景区自然资源相结合，举办越野跑、迷你跑、七彩跑、亲子跑、荧光跑、山地自行车赛等大型文体活动，将体育赛事与沿线风光、文化、民俗有机串联，辅以山、水、林、田、湖、草等景观元素，让参与者在美景中运动，游览风光，体验文化，收获运动的快乐。为游客深度体验游提供更多元、更丰富的产品。三是办好特色文旅活动，将文化活动转化为助推旅游的文化精品，逐步实现从单一的观光游向体验游转型，促进"花期之外"旅游引流。持续展示好祭花神非遗活动，举办好彝族火把节、乌蒙欢歌等文旅品牌活动，指导好民间彝族年、白族团圆节、苗族跳花节、满族颁金节等民俗活动，同时在花节期间引进省内外文艺节目演出、书画展览活动，不断提升百里杜鹃文化内涵，扩大辐射力和影响力。

（三）加强文创产业的开发

一是深耕具有特色的杜鹃花文化，引领旅游产业发展。以杜鹃花文化为依托，以保护为前提，大力发展观光、科普、研学、森林康养等旅游业态，持续做强旅游品牌，提升百里杜鹃知名度、美誉度和吸引力。推进盆景、奇石、根雕等特色旅游商品培育，打造茶道益心、花道养心、香道静心"三道"文化，兰花、菊花、水仙、菖蒲"四雅"文化，梅、兰、竹、菊"四君子"文化等清供产品文化，建立百里杜鹃特色清供文化体系，切实营造"一花引领、百花齐放"的文化氛围，促进旅游业长足发展。二是挖掘丰富的温泉康养文化，开发特色康养旅游。以丰富的地热温泉资源为依托，坚持"西部率先、东部跟进"的工作思路和"扩容、提质、增效、稳流"的工作要求，全力推进温泉康养产业实现爆发式发展。挖掘温泉康养文化，发挥文化在温泉康养旅游中的加持作用，形成百里杜鹃独特的温泉康养产业核心吸引力。三是依托景区景点开发特色文化创意产品，将非遗展示品提级为中高端工艺品、消费品，提升传统技艺学习培训转化为产品加工的能力。如建设辖区内的蜡染、刺绣、木雕、石雕、农民画、乐器、酿酒、造纸等非物质文化遗产产品展销基地，大力推进非遗文创产品进景区、进酒店、进商铺。文创和旅游商品是文旅融合发展的有效载体和重要增长点，深度发掘百里杜鹃的核心文化，以推动地域特色民族文创产品高质量发展为目标，打造一批具有地域特色文化的商品，助推社会经济发展，提升百里杜鹃吸引力和关注度。这些文创产品应包括学习类、生活类、收藏类等，如马缨杜鹃抱枕、印有杜鹃花的帆布包、凝聚彝族风情的丝巾等，种类丰富的文创产品都需极具百里杜鹃地域特色，将当地民族文化和自然资源与时尚融合，通过这些产品，使游客感受到百里杜鹃民族文化底蕴。①

（四）推动民族风情与景区观光深度融合

以百里杜鹃彝族、苗族、满族、白族、仡佬族等 23 个少数民族祭祀文化、歌舞文化、服饰文化以及饮食文化等特色文化为依托，构建"景区+演

---

① 百里杜鹃旅游局：《深入贯彻新国发 2 号文件出新绩——关于打造高品质旅游景区的思考》。

艺"的运行模式，让游客深度参与到彝族火把节、祭花神、乌蒙欢歌、彝族年及白族团圆节、苗族跳花节、满族颁金节等民俗节庆活动中，丰富游客旅游体验，提升游客满意度。开发民俗服饰、配饰、小吃等民俗特色旅游商品，营造能体验、带得走的旅游氛围，在提升百里杜鹃旅游创收能力的同时，传播和推广百里杜鹃特色民俗文化。建设民族文化展示中心、民族商业综合体、非遗文化一条街、剧院、书吧等公共文化服务及商业配套基础设施，完善百里杜鹃公共文化服务设施和文旅商业消费板块，为游客和群众提供更丰富的文体旅游公共服务休闲体验场地。

（五）推动地域文化的挖掘与保护

在地域文化挖掘过程中，坚持在保护中传承和利用，在利用中弘扬和发展。利用辖区多民族文化融合特点，充分挖掘辖区农民画、月琴弹奏、芦笙吹奏、书法、国画、少数民族节日（祭花神、彝族年、火把节、跳花节、白族团圆节、满族颁金节、仡佬吃新节）等传统文化，挖掘辖区历史文化、地名文化、乡贤文化、乡规民约（祠堂文化）等，提炼、培育一批优秀传统文化，分块厘清文化脉络，不断提升文化底蕴，丰富文化内涵。收集整理民俗类、传统技艺类、游艺与杂技类、传统医药类、传统美术类等非遗项目，将有价值的非遗产品转化成旅游商品，通过线上线下各类渠道进行销售。

五　结语

地域文化对百里杜鹃旅游的影响可分为两个层面：一是实际作用层面，最重要的是地域文化作为一种旅游资源对旅游业发展的贡献作用，地域文化特色越鲜明，越能促进旅游业的发展；二是内在机制层面，以思维模式及行为模式的形式影响旅游者及旅游开发建设者，进而影响旅游业的发展。百里杜鹃旅游业对当地地域文化的影响主要是为当地地域文化的发展提供了发展条件和奠定了物质基础，为百里杜鹃地域文化的发展提供有效载体；同时引

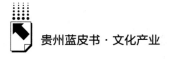

起政府对百里杜鹃地域文化传承的重视。

旅游业与地域文化之间的互动不是单向和绝对分开的，而是相互融合、互为促进的。这种相互影响，包括地域文化以怎样的内在机制形式对旅游业发展产生影响、旅游业发展如何拓展百里杜鹃地域文化的发展路径和传播途径并激活地域文化的社会经济效益，以及地域文化与旅游业发展相互作用存在哪些负面影响等，还有待于进一步研究。

B.5
文旅融合视域下贵州少数民族
非遗的保护、传承和利用

赵玉娇*

摘 要： 少数民族非遗是中华优秀传统文化的重要组成部分，实现少数民族非遗的有效保护、传承和利用，是促进经济社会可持续发展的重要前提。少数民族非遗的保护、传承与经济社会的发展是辩证统一、互为促进的关系。在乡村振兴背景下，如何正确处理少数民族非遗与地方经济发展的关系，充分发掘贵州少数民族非遗富矿，利用非遗的优势，借力文旅融合的机遇，将这种文化优势、文化资源转化为发展优势和发展能量，关系贵州经济社会的发展，也关系贵州少数民族非遗可持续发展。

关键词： 文旅融合 少数民族非遗 乡村振兴 贵州

一 问题的提出

2003 年，联合国教科文组织第 32 届大会通过了《保护非物质文化遗产公约》（以下简称《公约》）。中国于 2004 年加入《公约》，成为世界上第 6 个加入《公约》的国家。作为缔约国，中国在制度、政策以及实践上履行了《公约》的内容。2005 年，国务院办公厅印发《关于加强我国非物质文化遗产保护工作的意见》。2011 年 2 月，国家颁布了《中华人民共和国非物

---

* 赵玉娇，贵州省社会科学院文化研究所副研究员，哲学博士，研究方向为宗教与地方传统文化。

质文化遗产法》，标志着我国的非遗保护走上依法保护的阶段。随后，地方各级政府相继出台了地方非物质文化遗产保护条例，如贵州省于 2012 年 3 月颁布了《贵州省非物质文化遗产保护条例》。

非物质文化遗产的保护，主要体现在非遗代表性项目名录的申报、非遗传承人的认定和保护、非遗技艺的传承以及非遗文化的传播等方面。非物质文化遗产的保护方式主要分为以下四大类别：一是抢救性保护，二是整体性保护，三是生产性保护，四是生活性保护。抢救性保护是指对散落在民间的濒临消亡的非物质文化遗产进行采集、记录、整理、立档、保存、研究等，是非遗保护中的基础性工作。整体性保护是指保护非遗的所有内容、形式、传承人及生态环境。生产性保护是指通过生产、流通、销售等手段，将非物质文化遗产及其资源转化为生产力和产品。生活性保护指的是将非物质文化遗产与当代社会生活相结合，使其得到有效保护和传承。

我国在非遗的保护和利用上贯彻"保护为主、抢救第一、合理利用、传承发展"的方针。而在实践中，非遗保护则侧重于抢救性保护和整体性保护，即以非遗名录的登记、申报，以及建立文化生态区（比如建立生态文化博物馆）为主，而疏于生产性保护和生活性保护，使非遗与社区生活割裂开来，背离了"见山见水见生活"的活态传承的初衷，从而也背离了非遗的基本定义，使非遗沦为一种凝滞的"文化标本"。

部分学者认为非遗保护是一种理应远离生产和市场的"理想主义"的保护，这源于对非遗"真实性"的价值主张，是基于对城镇化和工业化社会所带来的市场冲击的担忧和考量而做出的判断。这种观点认为在市场经济条件下非物质文化遗产会因为被"物化"而丧失其"真实性"，因此拒斥非遗市场化和产业化。然而，这种将"遗产的理想主义与经济工具化彻底分离"的态度与做法，[1] 实际上是对非遗"真实性"的背离。因为非物质文化

---

① R. Bendix, "Intangible Heritage," in L. Smith and N. Akagawa, eds., *Heritage Between Economy and Politics: An Assessment from the Perspective of Cultural Anthropology*, New York: Routledge, 2009, p. 259, 转引自〔日〕爱川纪子著，唐璐璐译《政策视角下的非物质文化遗产保护与地方发展》，《民俗研究》2020 年第 1 期。

遗产也是一种发展中的文化。过分强调"真实性",其结果是将非遗技艺和非遗文化"博物馆化"或固定化,最终也会走向其反面即"非真实性"。而这本身也违背了承载着人的生活和精神追求的非遗的发展规律,是远离"真实"的。

生产性保护和生活性保护是对传统非遗保护方式的延伸和突破,是将非遗保护融入生产生活,并将其置于可持续发展的框架下,使非物质文化遗产与现代社会相适应,在发展乡村文化的同时,振兴乡村经济。生产性保护是基于非遗亦是动态发展的这一基本认识,通过对非遗产品的再生产,使非遗技艺和文化再现,是对非物质文化遗产的一种活态保护和传承,是符合非遗发展规律的动态保护。生活性保护是将非物质文化遗产与其赖以存续的自然生态和生活环境相关联,使非遗在当地人的日常生活中得以再现和发展。无论是生产性保护还是生活性保护,都肯定了非遗与经济发展的兼容性,二者之间是互为促进的关系,非遗产品的再生产可以增加非遗传承人的收入,同时也能促进当地经济发展。反过来,经济发展也能促进非遗的有效保护。

少数民族非遗保护与经济社会的发展之间能否相兼相容?在保护、利用少数民族非遗上应该把握怎样的平衡度?少数民族非遗在乡村振兴中扮演什么样的角色,起什么样的作用?贵州作为少数民族非遗大省,在乡村振兴和发展全域旅游背景下,能否抓住文旅融合的机遇,发挥自己的非遗资源优势,将资源优势转化为发展优势,将文化的力量转化为发展的力量,是当前贵州非遗保护与发展应当思索的重大问题。

二 贵州非遗保护和利用的经验与措施

贵州作为一个拥有 56 个民族、55 个少数民族、18 个世居少数民族的民族大省,境内拥有多样且丰富的非物质文化遗产资源,故而被誉为"文化千岛"。在保护和利用非物质文化遗产方面,贵州不仅在政策、法规上进行保护,而且在非遗保护实践上进行了有益的尝试,并且取得了一定的成效,

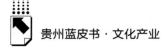

使少数民族非遗保护实现了创新性转换和创造性发展，在非遗保护和利用上贡献了"贵州经验"。

（一）出台非遗法规，健全传承体系

2002 年 7 月，贵州在全国率先出台《贵州省民族民间文化保护条例》。2011 年 2 月 25 日，《中华人民共和国非物质文化遗产法》颁布。2012 年 3 月，贵州出台《贵州省非物质文化遗产保护条例》。2014 年 6 月，贵州出台《贵州省非物质文化遗产保护发展规划（2014—2020 年）》。2016 年，《贵州省传统手工技艺助推脱贫培训计划（2016—2020 年）》出台。2022 年，贵州印发《关于进一步加强非物质文化遗产保护工作的意见》《关于推进非遗扶贫就业工坊建设的通知》等。这一系列有关非遗的法律法规和政策的出台，表明贵州非遗的保护和利用工作进一步走向纵深。

在进行非遗保护的过程中，贵州各级地方政府认真完善调查记录体系、代表性项目制度、传承人制度、区域性保护制度以及传承体验设施体系，努力健全非遗保护传承体系。各级政府重视对非遗代表性项目名录的申报，注重对非遗的整体性保护。如与挪威政府共同建立了四大生态博物馆，即梭戛苗族生态博物馆（1998 年）、堂安侗族生态博物馆（2005 年）、镇山布依族生态博物馆（2000 年）以及隆里古城汉族生态博物馆（2004 年），突破了以往非遗博物馆的固定模式，形成了活态的具有贵州地域特色和民族特色的生态博物馆群。

（二）注重传承传播，完善人才培养

少数民族非遗是民族文化的宝贵财富，是少数民族的智慧结晶和精神凝结，是少数民族传统技艺的继承和延续，是少数民族文化、信仰和习俗的遗存，对于增强少数民族的身份认同和文化自信具有十分重要的价值。因此，完善非遗传承人培养体系，加强非物质文化遗产的宣传教育意义重大。为此，贵州对非遗传承非常重视。

一是加强传承人队伍建设。即通过开展传承人评审工作，将具有代表性和影响力的传承人纳入政府支持的保护范畴。据统计，截至 2018 年 5 月，贵州省有国家级非物质文化遗产项目代表性传承人 96 人，省级非物质文化遗产项目代表性传承人 402 人，市州级非遗项目代表性传承人 1046 人，县（市、区、特区）级非遗项目代表性传承人 5149 人，各级传承人体系已基本建成。①

二是出台传承人管理办法。2015 年，贵州省出台了《贵州省省级非物质文化遗产项目代表性传承人认定与管理办法（试行）》，有效地保障了非遗传承人的权利，调动了广大非遗传承人的积极性。同时也明确了非遗传承人应承担的义务，促进了非物质文化遗产的保护和传承。

三是实施传承人技能培训。2016 年，贵州省印发了《贵州传统手工技艺助推传承人群培训计划（2016—2020 年）》，培训了大量的非遗传承人。省内部分高校举办了非遗传承人培训班，承担了培养非遗传承人的责任。同时，地方各级政府及文旅学校也举办了各类非遗培训。通过这一系列培训项目的实施，少数民族的非遗技艺和文化得到有效传承。

四是加强对传承资金的支持。2005 年，贵州省非物质文化遗产保护专项资金被纳入省级财政预算，国家层面也对贵州非遗保护给予了资金支持。各市州县的地方财政也对非遗传承人开展活动给予了资助。这为非遗的保护和传承提供了有力的经济保障。据 2021 年统计，"贵州共获得国家级非遗保护专项资金共计 46264 万元，其中重点项目补助 24453 万元，国家级非遗项目代表性传承人补助 1190 万元，传承人普及培训 2893 万元……普查、数字化记录及人类非遗代表作名录补助等 1668 万元。此外，省级配套资金 28911 万元，市（州）级配套资金 3728.3 万元，县级配套资金 2282.4 万元"。②

---

① 《贵州省多措并举加强对非遗传承人的培养》，贵州省文化厅网站，2018 年 5 月 30 日，http://www.whhyl.gov.cn。
② 《〈非遗法〉颁布实施 10 年来，贵州获国家级非遗保护专项资金超 4 亿元》，《贵州都市报》2021 年 6 月 18 日。

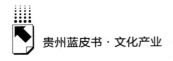

（三）利用非遗资源，促进文旅融合

为突破少数民族非遗静态保护的局限，合理利用非遗资源，使其真正与少数民族的生产、生活相融，从而达到惠民、利民的目的，贵州各级政府在重视非遗保护的前提下，以开放和发展的心态，利用非物质文化遗产资源，使贵州少数民族非遗真正从"深闺"走向世界，融入现代社会，真正达到惠民、共享的可持续发展的目的。

为此，贵州将非遗文化与旅游相结合，走"非遗+旅游"的融合发展道路，使非遗元素、非遗文化成为贵州旅游的特色和亮点，从而带给游客不一样的魅力，同时也促进了贵州少数民族非遗的活态传承。

在推动非遗文旅融合的过程中，贵州各地充分发掘少数民族非遗文化，整理非遗档案，摸清非遗家底，并在政府主导和民众参与下，撷取非遗文化元素，推出非遗产品，让"非遗进景区"，使非遗文化成为乡村旅游的亮丽名片，助推乡村经济的发展。在少数民族村寨，具有当地地域特色和民族特色的刺绣、蜡染、陶器、木雕等含有非遗元素、非遗技艺的产品供不应求，既满足了游客的审美需求，也增加了就业，提高了当地民众的经济收入，同时也提振了文化自信。同时，非遗融入旅游业带动了少数民族地区民宿的火爆，使地方美食以及土特产畅销。在今天，非遗文化旅游日渐成为贵州少数民族展示自我、走向世界的重要渠道，也成为少数民族地区经济发展的有力推手。

（四）优化资源优势，打造文化品牌

贵州非遗名目繁多，种类多样。有古朴的民族歌舞，有世代传承的民族技艺，有蕴含少数民族情感记忆、身份认同的节庆习俗等，不一而足。但是，贵州的非物质文化遗产也存在零散化、碎片化的特点，这也成为贵州非遗保护和发展的瓶颈。

为集中优势资源，打造高质量的非遗文化品牌，贵州省搭建了以"传承非遗，文化惠民"为发展宗旨的多个平台。如依托多彩贵州文创园

而建立的百姓大舞台——多彩贵州非遗周末聚和非遗工作坊，依托苗族大型山水实景创作的《西江盛典》，依托贵阳大剧院打造的党政推动、市场运作的大型民族歌舞剧《多彩贵州风》，依托慕俄格古城景区贵州宣慰府打造的大型彝族创意民族歌舞剧《奢香》等，均含有丰富的少数民族非遗元素，形成了一系列具有地域特色、民族特色和时代特色的非遗文化品牌。

非遗文化旅游使贵州全域旅游有了深度和灵魂，使乡村旅游焕发出了生机和活力，也使少数民族非遗得到传承和传播，促进了非物质文化遗产的可持续发展。在非遗与旅游的融合下，贵州省形成了一批具有知名度和美誉度的非遗文化旅游品牌，如丹寨石桥古法造纸，贵州安顺屯堡文化节，"天籁之音"——黎平侗族大歌，等等。

（五）重视非遗教育传播，推动非遗进校园

非遗要得到有效的传承，除了依靠非遗传承人、持有人等特殊的传承主体，还有赖于下一代的传承。因此，学校教育对于非遗传承有着十分重要的作用。而且，从长远来看，学校应该是非遗传承教育的主要阵地之一。

贵州各级政府正是看到教育对非遗传承的作用，将"非遗进校园"作为推动非遗传承的重要渠道，将非遗传承教育作为保护非遗、传承非遗的重要手段。贵州部分高校和职业学院已将非遗教育作为重要内容列入课程体系。如安顺学院就设有文化遗产专业，贵阳人文科技学院也设有非物质文化遗产保护专业，贵州盛华职业学院还设有非遗学院。此外，还有一些中小学开设了非遗兴趣课，激发青少年对非遗的了解、认同和热爱。让孩子走进非遗，感受非遗，使非遗文化薪火相传。如黔东南丹寨县的"开学第一课"，就是让孩子们了解本土非遗文化，体验本土的非遗技艺。黎平县的侗族大歌、琵琶歌也走进了县域内的中小学。

非遗进校园，非遗进课堂，非遗进专业，使少数民族非遗文化得到广泛的宣传，使非遗技艺传承后继有人。不仅如此，部分高校还采取了校企联动

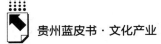

模式，使从事非遗技艺的学生就业有保障。比如贵州盛华职业学院与企业之间签订了校企合作协议，该校的学生毕业后都会到相应的企业工作。这样，学校就成为非遗技艺的培训场所，成为非遗人才的输出地，而企业和工厂也自然成为非遗人才的接收地，成为非遗技艺的展示舞台。这一方面保证了非遗技艺的传承，另一方面也是非遗人才、非遗技艺和非遗产品融入市场和促进经济发展的体现。

（六）开拓新媒体营销平台，实现非遗的"双线"盈利

在少数民族非遗产品的销售上，贵州除了进行传统的市场销售，还充分利用新媒体，开拓网络营销平台，如利用传统电商对非遗产品进行销售，或利用抖音、微信等平台对非遗产品进行展演和直播带货，取得了很好的效果，实现线上线下"双线"盈利。

近几年，短视频在民众中兴起和流行，利用新媒介来宣传非遗文化和非遗产品成为一种主要的渠道，少数民族非遗已从传统的乡村作坊进入大众的视野中。对非遗文化和历史的宣传，使得很多人由普通的观众变成非遗产品潜在的消费者，直播平台展示了少数民族非遗的内涵，凸显了非遗的价值，也拓宽了非遗销售的商业渠道。这无论对于非遗的传播还是对于由此衍生的"非遗经济"的发展，都具有很大的推动作用。

据《2021非遗电商发展报告》统计，14个非遗产业带在淘宝、天猫年成交额过亿；年成交超百万的店铺中，西部省份增速连续两年超过其他地区，西部省份非遗创业者数量增幅在全国前十位中占据六席，而贵州榜上有名。① 直播销售也成为黔货出山的重要渠道。2023年1月15～16日，由贵州省委宣传部、贵州省文化和旅游厅、多彩贵州文化产业投资集团联合主办，省非物质文化遗产保护中心、多彩贵州文化创意产业博览会有限公司承办的"文化进万家——视频直播家乡年"多彩贵州非遗周末聚直播带货活动在抖音启动。

---

① 《贵州非遗借道电商"出圈"又"出山"》，《贵州日报》2022年5月15日。

与此同时，贵州也重视传统销售模式的更新和升级。2023 年 4 月 24~28 日，"2023 贵州非遗季"在贵州省遵义市乌江寨国际旅游度假区举行，2023 年 6 月 10 日，贵州省"文化和自然遗产日暨非遗购物节"活动在贵阳贵安新区举行，进一步推动了贵州非遗与旅游的深度融合。

通过传统与现代销售模式的结合，贵州的非遗文创产品找到发力点和出口，取得了良好的效果，提高了非遗文创产品的经济效益。

（七）跨越"数字鸿沟"，推动非遗数字化建设

贵州是非遗资源大省，且非遗资源主要分布在少数民族地区。但是与之不相匹配的是，贵州少数民族非遗存在碎片化的特征，且大多数非遗资源没有得到集中整理和保护。为跨越"数字鸿沟"，贵州积极搭建文化数据平台，探索数字化转型升级的有效途径。

贵州作为首个国家大数据综合试验区，2013 年被列为"全国首批非遗数字化试点省"，并在 2015 年建成了全国第一座综合类非物质文化遗产博览馆。由此，贵州非遗进入了数字化传承的新阶段。区块链技术手段使贵州非遗文化和技艺与数字科技有机结合，提高了贵州非遗的能见度和可观性，扩大了非遗的影响力，同时也拓宽了非遗产品的销售路径和渠道，促进了经济增长。

三　困境与问题

在当前工业化、信息化以及城镇化背景下，非遗传承保护与利用既拥有技术上的便利，也面临着巨大的冲击和挑战。一方面，传统生活方式与现代社会现实需求之间的矛盾，使非遗人才逐渐流失、非遗技艺濒临消亡；另一方面，功利主义的短视使非遗在现实中被过度"物化"和"商品化"，甚至"产业化"，消弭了非遗的多样性和生活性。"竭泽而渔"使非遗沦为一种粗制滥造的"舞台展演"，沦为地方经济发展的工具，非遗文化被歪曲成一种

"伪民俗"或"二手民俗",[①] 背离了非遗保护发展的现实逻辑，这给非遗的保护和传承带来了很大问题。

贵州非遗保护、传承工作起步早、推进快，且思维开放、与时俱进，善于将自身资源优势与非遗保护方面的政策相结合，善于利用当前数字科技的技术优势，并能借力全域旅游及文旅融合的"东风"，在实践中推进非遗的整体性保护和系统性保护，取得了可喜的成绩，为当前的非遗保护尤其是少数民族非遗保护提供了可供借鉴的宝贵的"贵州经验"。但是，在非遗保护和利用的过程中，仍然面临一些问题和困境，这在一定程度上也阻碍了贵州在非遗保护、利用上的前进步伐。

一是非遗资源与非遗名录不对称。贵州非遗资源众多，但是并非所有的非遗都能进入非遗名录。进入名录的非遗能够得到国家政策的支持和资金的保障，而未进入名录的非遗，则散落在民间，得不到相应的资金和技术手段的保护，这会导致这些非遗的濒亡。

二是非遗人才短缺和断代。非物质文化遗产保护的核心是人，非遗的传承离不开人。非遗承载着特定时期和特定环境下人们的生活方式和价值追求。然而，随着社会的发展，人们的生活方式发生了改变，需求也随之发生了变化，发展经济成为乡村社会一个重要目标。为了获得更好的发展，村民不得不离开乡村，去城市工作。此外，非遗保护技术也缺乏专门的技术人才。因此出现了少数民族地区非遗传承人日益减少，非遗技艺日渐濒危的问题。

三是非遗保护资金投入不足。虽然国家、地方政府都投入了大量资金用于非遗保护与传承，但是对数量众多的少数民族非遗来说，仍然是远远不足的。尤其是那些在名录之外的非遗，更难以得到有效的保护。

四是非遗利用的商业化倾向突出。生产性保护是对非遗进行有效保护的重要措施，是通过非遗产品的再生产促进非遗活态传承的重要途径。然而，实际上，受经济利益的驱动，非遗的利用存在过度商业化的倾向。非遗被过

---

① 指受商业利益驱动、粗制滥造的表演性的"民俗"。

度"物化"，其文化功能受到削弱，日渐失去了多样性和独特性。非遗资源被过度开发，竭泽而渔，对非遗的可持续发展造成了潜在的威胁。[①]

五是各方主体关系的失衡。在非遗的保护、传承和利用上，存在多方主体：政府、村民（传承人）、企业和消费者等。政府是非遗保护和发展的主导者，对非遗保护发展具有引导性作用。传承人是非遗保护、传承的主体，是传承力量的关键所在；企业或市场是非遗保护、利用的主要推动力量；而消费者则是非遗保护发展的终端。四者之间要形成一个良性的关系网络，对非遗保护、利用形成恰当的合力，无论哪一方出现问题，都会导致非遗保护和发展陷入泥潭。

六是非遗数字化能力不足。非遗数字化保护旨在运用现代数字信息化技术来保护非遗，克服传统非遗保护手段的缺陷，从而更加长久、鲜活地保存非遗，并且能更加广泛地传播非遗。数字化保护对濒危非遗的保护具有十分重要的作用。贵州虽然在数字化保护上已经走在了全国前列，但是仍然存在一些缺点和不足。如已建成的非遗数字化资源与非遗资源总量比例不平衡，入库信息与实际不对等。非遗数字化成果形式单一，缺乏创新性。非遗数据更新缓慢，大多处于初始数据状态，缺乏时效性。数字化人才队伍稀缺，经费投入不足。

七是非遗保护缺乏可持续性。非遗保护是一个复杂的长线工程，除了非遗名录的申报，还有后续的技术保护和活态保护，需要系统、整体地进行保护。但在实际操作中，很多非遗保护往往止步于非遗名录的申报，"重申报"，"轻保护"。要么申报后急功近利地进行开发，以商业行为和模式介入非遗，以促进地方经济发展；要么申报后束之高阁，不闻不问。无论是哪一种做法，都影响了非遗保护的可持续发展。因为对于非遗保护而言，"入选名录只是导向和环节，通过申报唤醒保护意识"，[②] 后面的保护过程才是真正的落到实处的"保护"。

---

① 王福州：《非遗文化形态学》，中国文联出版社，2019，第 59 页。
② 王福州：《非遗文化形态学》，中国文联出版社，2019，第 21 页。

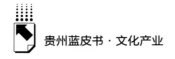

四　对贵州少数民族非遗保护和可持续
发展的几点建议

根据《保护非物质文化遗产公约》，非遗保护旨在促进可持续发展，主要通过非遗项目来促进人类社会的"包容性社会发展"（inclusive social development）、"环境可持续性"（environmental sustainability）、"包容性经济发展"（inclusive economic development）及"和平与安全"（peace and security）等的实现，《公约》中包含对于非遗的有效保护和合理利用的内涵。就贵州少数民族非遗保护而言，要做到对非遗的系统性保护、整体性保护、生产性保护和生活性保护的有机统一，构建合理的非遗保护新格局，实现非遗保护的高质量发展，最终实现少数民族地区经济、社会、环境的可持续发展。

贵州少数民族非遗既是贵州文化遗产的重要组成部分，也是贵州少数民族文化和精神家园的所在，同时也是多彩贵州向外界展示自己的亮丽名片。如何保护、传承好少数民族非遗，保护好贵州少数民族的精神家园，既能见山、见水、见生活、见"乡愁"，永葆人类灵魂的栖息地，又能借力文旅融合的"东风"，使非遗与旅游相结合，促进地方经济发展，助力乡村振兴。这是一个有关如何看待传统与现代、保护与发展、精神与物质的重大的哲学问题和现实问题。

一是应建立非遗保护系统性工作机制。非遗工作是一个系统性工作，环环相扣，互相影响。具体来说，就是应该建立"党委领导，政府负责，部门协同，社会参与"的工作机制，明确主体责任，各主体相互配合，确保非遗保护有坚定的组织、政策、人才和经费保障。

二是强化非遗人才支撑。"非遗人才"包括非遗传承人才和非遗管理人才，前者是非遗技艺的传承者和非遗文化的传播者，后者是非遗和旅游融合后的经营者和管理者。既要培养一批热爱非遗文化、有志于非遗传承的传承人，又要建设一支懂融合、会经营、善管理的高素质人才队伍，不断提升非遗和旅游融合发展的质量与水平。

三是争取多方支持。非遗的传承、保护和发展需要政策和资金的支持，同时，也要充分利用好有限的资金和利好的政策，将钱"用在刀刃上"，使政策和资金为非遗的保护、发展保驾护航。

四是平衡几个利益主体之间的关系。非遗旅游涉及非遗文创商家、非遗传承者等几个利益主体，要用科学合理和可持续发展的方式管理非遗旅游，寻求多方利益主体间的平衡，确保商业使用不会歪曲非遗的价值。

五是充分发挥地方院校在非遗研培方面的作用，提升非遗传承人的技艺。传统非遗技艺的传承具有内部保守性特征，其主要依赖代际的家族传承，但这种传承方式具有局限性和脆弱性，容易断代和失传。地方院校的教育具有开放性、稳定性和高效性，其传承具有可持续性。因此，地方院校可以承担起非遗研培和非遗人才培养的任务，使非遗传承后继有人，使非遗技艺更加精湛、专业。

六是建立专家咨询机制，加强学科和专业建设，夯实非遗保护方面的理论基础。非遗保护传承要向专业化和深层次发展，需要走向学科化和专业化，并在非遗理论上有所提升，因而需要在非遗研究领域学有所长、学有所专的高级人才的指导和支持。建立专家库和专家咨询机制是实现非遗学科化和深度化发展的必要条件。

七是加强非遗传播体系建设，提升非遗影响力。非遗文化和技艺要产生社会效益和经济效益，需要借助传播的手段和力量，应综合利用传统媒体和新媒体手段，借助各种新型的传媒平台，加大对非遗的宣传力度，提高非遗的美誉度。

八是掌握非遗再生产和非遗文旅的"度"，明确生产性保护与产业化、商业化的区别。生产性保护不等同于商品的制造，否则即为产业化、商业化。生产性保护是满足不同时期人的需要的活动，同时是通过不断"再生产"使其本身得以持续存在的活动。① 而产业化则是通过商品的规模化生产和销售实现利益的最大化，商业化则是以逐利为基本价值追求的

---

① 龙叶先：《非物质文化遗产"生产性保护"的哲学研究》，人民出版社，2021，第230页。

商品贸易活动。生产性保护是以人的需求（物质的需求和价值实现的需求）为基本遵循的保护模式，是不以经济利益为衡量标准的非遗产品的保护性生产，它体现的是人本、人文的价值追求。"不能用经济指标衡量传播效果，淡化、削弱甚至亵渎遗产的神圣性，导致内在精神萎靡，外面形式大打折扣。"①

五　结语

非遗的内涵决定了其自身的独特性及其与其他文化类型相区别的不同性质。非遗的核心是与人有关的知识、技能和情感，其从产生的源头到历史的发展、变迁都与人的生产、生活息息相关，而它在今天更多是一种人类精神性的文化象征，是凝聚人的"乡愁"情结和情感价值的文化遗产。

正是这种特性决定了非遗的价值和意义，决定了非遗的传承自有其发展规律和内在逻辑。非遗产生于人的生活、服务于人的需求，也将随着社会的发展和人的需求的变化而产生相应的变化。将之剥离人的生活世界，完全"博物馆化"，或使之产业化和商业化，都是对非遗价值特性的偏离。

非遗保护的目的是促进地方社会经济的发展，促进地方社会的和谐和可持续发展。非遗保护与地方经济、社会发展之间具有兼容性，二者相辅相成。非遗的可持续发展是文化力量转化为发展力量的生动实践，应盘活贵州乡土艺术，合理利用非遗资源，依托少数民族非遗促进文旅融合发展，使旅游反哺文化，促进少数民族非遗的包容性可持续发展。同时，对于非遗的保护和利用"不可偏离其价值特性和审美取向"。② 对于非遗的保护、利用应基于其文化特性和价值审美，不能急功近利、竭泽而渔，将非遗碎片化、过度商品化。

总之，少数民族非遗的保护和利用是少数民族文化自觉和自信的集中体

---

① 王福州：《非遗文化形态学》，中国文联出版社，2019，第23页。
② 王福州：《非遗文化形态学》，中国文联出版社，2019，第24页。

现。发掘和整理非遗资源，应遵循少数民族非遗的内在特性和发展逻辑，合理保护和利用非遗资源，使之融入地方经济社会建设，是少数民族文化和精神的彰显，是加快建设多彩贵州民族特色文化强省的重要体现。

参考文献

李永东、刘亚杰：《文化遗产保护与文化产业发展》，中国经济出版社，2021。

陈志勤：《非物质文化遗产的客体化与乡村振兴》，《文化遗产》2019 年第 3 期。

黄永林：《乡村文化振兴与非物质文化遗产的保护利用——基于乡村发展相关数据的分析》，《文化遗产》2019 年第 3 期。

肖远平、王伟杰：《非物质文化遗产助力乡村振兴的"西江模式"研究》，《文化遗产》2019 年第 3 期。

B.6
红色文化资源开发与乡村振兴
有机融合路径研究

——基于苟坝村的调查研究

王　娜*

摘　要： 遵义苟坝村是苟坝会议的召开地，红色文化资源十分丰富，是全国红色文化教育基地和热门的红色旅游目的地，也是红色美丽村庄建设的典范。基于此，本文介绍了苟坝村红色文化资源开发条件和现状，剖析了红色文化传承和创新所面临的困境，深入阐释了红色文化资源赋能乡村振兴的多维价值和多重路径，最终目的是促进革命老区红色文化的内涵挖掘和创新开发，助力乡村全面振兴。

关键词： 红色文化资源　乡村振兴　苟坝村

一　研究背景

红色文化资源开发是传承红色基因的重要途径，是新时代振兴革命老区的重要实践，是实现乡村全面振兴的重要实践。苟坝村作为苟坝会议的召开地，是承载红色记忆的革命老区。近几年苟坝村深入开展苟坝会议内涵研讨，形成"坚持真理、敢于担当、民主集中、主动求变"的苟坝会议精神

---

* 王娜，贵州省社会科学院文化研究所助理研究员，研究方向为民族文化和区域地理研究。

内涵阐释，持续在红色教育基地建设和红色文旅融合上发力，2022 年上半年接待游客 90 万人次，带动区域旅游综合收入超 2 亿元。苟坝村为贵州革命老区高质量振兴树立了典范，也为红色文化资源开发与乡村振兴融合提供了贵州样板。

（一）红色文化资源概述

红色文化作为一种独具中国特色的先进文化，如何更好地保护、传承和弘扬是当前必须做好的重大政治课题和时代课题。红色文化资源开发为永葆红色文化的先进性和时代性提供了最佳实践路径，为红色文化做出新的历史贡献、实现当代价值做出了有益探索。

学术界对红色文化资源的研究始于 2002 年，目前对红色文化资源的概念尚未有统一的定义，但众多学者都对红色文化资源内涵做出了不同的阐释和概括。肖发生指出红色文化资源的核心词始终是"红色"二字，主要指的是中国共产党领导中国人民在长期革命实践过程中所形成的历史遗存，具有资政育人的重要意义。[1] 胡松等认为，红色文化资源是指中国共产党领导中国人民在新民主主义革命、社会主义革命和建设时期创造的，并可为我们今天所用，能够满足大众所需的精神及物质的载体的总和。[2] 李珍珍等认为，中国共产党带领广大人民群众在革命战争年代（主要是新民主主义革命时期）所形成的革命遗迹遗址（革命纪念地）、革命文物（纪念物），及其所承载和被赋予的革命精神和红色文化，都可以称为红色文化资源。[3] 综合学者们的定义，本文认为红色文化资源是中国共产党领导中国人民在长期的革命、建设过程中所形成的精神遗产和物质遗产的总和。红色文化资源既是红色文化和红色资源的有机统一，也是红色的政治属性、文化的精神属性、资源的物质属性三者的融合和统一。红色文化资源具有重要的

---

[1] 肖发生：《多维视角下的红色文化资源》，《红色文化资源研究》2015 年第 1 期。

[2] 陶璐、胡松：《"红色资源"相关概念的辨析》，《江西科技师范学院学报》2012 年第 2 期。

[3] 李珍珍、张辛欣：《红色文化资源赋能乡村振兴的多维价值与实现路径——基于湖南地区的调查研究》，《湖南社会科学》2023 年第 3 期。

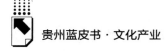

经济价值、文化价值、历史价值、教育价值，通过开发利用红色史迹、打造红色教育基地、开发红色研学产品、发展红色文旅产业等举措可以充分发挥红色文化资源优势，激发革命老区发展活力，助推革命老区振兴。

（二）研究区域介绍

苟坝村位于贵州省遵义市播州区枫香镇东部，距枫香镇政府所在地6公里，全村总面积16.7平方公里，下辖18个村民组3864人。苟坝村平均海拔1240米，三面高山环绕，森林面积11360余亩，覆盖率达63%；白蜡河横穿而过，年平均气温20℃，境内生态环境优良，是周边地区休闲避暑的好去处。苟坝村是远近闻名的"杜仲之乡"，杜仲种植面积达1600余亩。此外，烤烟、辣椒、油菜也是当地主要农作物。

1935年，红军二渡赤水取得娄山关大捷并重新占领遵义后，轻敌情绪有所滋长，3月10日凌晨在苟坝村召开的中央政治局会议上，围绕"攻打打鼓新场（今金沙县城）"展开了激烈讨论，多数同志主张攻打，唯独毛泽东反对。会后，毛泽东在刚被撤销红军前敌司令部政委的情况下，仍然不顾严寒，拎着一盏马灯走向周恩来的住处进行最后的说服。

苟坝会议最终下达了《关于我军不进攻新场的指令》，成立了周恩来、毛泽东、王稼祥三人团，完成了遵义会议改组党中央最高军事领导机构的任务，进一步确立和巩固了毛泽东在党中央和红军中的领导地位。苟坝村也因这一次会议、一项决议、一盏马灯成为全国闻名的红色教育基地和红色旅游目的地。

二 苟坝村红色文化资源开发利用现状

（一）苟坝村红色文化资源开发条件

1. 红色资源丰富

苟坝村有很多革命历史遗迹，如苟坝会议会址（新房子），毛泽东小道，红军医院（黑神庙），周恩来、朱德旧居（长五间），苟坝老街（苟坝抗捐委员会旧址），水口寺（红军警戒岗哨），马鬃岭红九军团司令部驻地，红军烈士墓等。也有红军马灯馆、苟坝会议陈列馆、陋室博物馆、红军标语馆等红色文化展示场馆。此外，苟坝还有女英雄熊钰牺牲自己播撒革命火种的红色故事、革命英雄鲁屏周的事迹等。

2. 政策支持

党的十八大以来，国家和省级层面都高度重视红色文化的传承和保护，红色文化资源开发作为传承和创新红色文化的重要手段，也成为革命老区乡村振兴和现代化建设的重要途径。2015 年，苟坝村被列入"中国传统村落"；2017 年，被中宣部评为"全国爱国主义教育示范基地"；2019 年，苟坝会议会址入选第八批全国重点文物保护单位；2020 年，长征国家文化公园贵州重点建设区工作启动，开启建设苟坝会议会址文旅融合示范区新步伐；2021 年，苟坝村成为贵州省第一批红色美丽村庄试点村，开发利用红色文化资源的政策优势突出，发展空间广阔。

3. 区位条件

苟坝村地处遵义、金沙、仁怀"金三角"腹地，距播州区政府所在地 45 公里，距遵义 50 公里，硬化公路组组通，毗邻国家级高速主干道兰海高速、杭瑞高速，326 国道和 208 省道纵贯全境，遵义机场、茅台机场分列左右，交通便捷。距苟坝村 10 公里之内有枫香温泉、花茂村等景点，区域联合开发辐射带动优势明显。

（二）苟坝村红色文化资源开发现状

强化红色引领，助推文旅融合。2015 年苟坝红色文化旅游创新区成立，依托苟坝会议会址等红色资源，打造红色旅游核心区，完善红色旅游配套设施，景区游客接待量逐年上升，旅游业呈现井喷状态。2018 年以来，景区年均接待游客 150 万人次以上，每年实现旅游综合收入 16 亿元以上。依托红色旅游，景区获得了"全国乡村旅游创客基地""中国最美红村""中国农村休闲度假社区""国家 AAAA 级旅游景区"等称号，成为全国热门的红

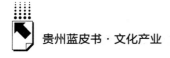

色旅游胜地。

激活红色细胞，建设美丽村庄。2021年，苟坝村被确定为全国红色美丽村庄建设试点村，苟坝村以此为契机激活红色细胞，通过"五在苟坝"①"万企兴万村""数字苟坝建设"等一系列举措打造"生态苟坝、美丽红村"，全力建设全国乡村振兴示范点。

守好红色阵地，创建红色教育品牌。红色是苟坝村最鲜明的底色，苟坝依托苟坝会议这一历史史实，紧握红色基因传承的接力棒，深挖红色故事背后的历史价值和时代价值，创设红色文化传承理事会，组建"长征颂"红色教育基地、苟坝作风教育基地、遵义苟坝红色文化教育培训学院，常态化开展红色歌曲天天唱、红色故事人人讲、红色足迹人人行、红色基因代代传系列活动，大力开展红色故事进校园活动，培养红色讲解员，培育小小红色宣讲员。苟坝村是全国爱国主义教育示范基地，也是接待省内外党政机关和中小学红色研学最热门的红色教育基地之一。

（三）苟坝村红色文化资源开发利用的不足

缺乏理论指导，红色内涵挖掘不足。实践需要理论指导，苟坝村红色文化资源开发必须立足于对苟坝会议精神内涵的挖掘。通过文献的查阅和对当地政府相关人员的访谈了解到，目前对苟坝会议的历史意义和当代价值的研究还不够深入，未形成系统全面的研究体系和研究激励机制。

宣传方式单一，红色文化传承断代。苟坝村目前主要以红色文化教育和培训基地这一功能吸引外来游客，资源整合力度不够，宣传手段单一，未能充分利用多媒体平台和数字化技术提升宣传能力。通过走访可以直观感受到当地居民对外宣传红色文化的意识不够强烈，红色文化氛围不够浓厚。

配套设施不完善，制度化和信息化建设不健全。苟坝村的旅游项目相对单一，大多数游客是走马观花式的游览，住宿接待和配套游览项目无法满足

---

① "五在苟坝"指组织强在苟坝、产业富在苟坝、文化红在苟坝、人才兴在苟坝、环境美在苟坝。

游客需求。此外，景区监控和自助讲解系统也未实现全覆盖，景区信息化建设有待完善。

红色旅游景区运营入不敷出，人才"虹吸效应"不足。苟坝村红色文化旅游以非营利性质的教育培训和参观游览为主，收费项目和产品极少，基本靠政府拨款和社会资本参与维持景区运转，不利于景区的可持续发展。由于盈利水平有限，也难以吸引高级管理人才和红色文化资源开发人才参与景区规划设计和运营。

三　红色文化资源赋能乡村振兴的多维价值

习近平总书记指出，红色资源是我们党艰辛而辉煌奋斗历程的见证，是最宝贵的精神财富。相比城市，农村的红色文化资源更丰富，革命老区的红色文化资源有着巨大的历史价值和时代活力，开发利用红色文化资源是助推农村产业发展、实现农民增收的重要举措，是促进农村乡风文明、改善居住环境的重要手段，是实现乡村振兴、提升革命老区人民生活质量的重要途径。红色文化资源从经济、文化、教育、生态多重维度赋能乡村振兴。

（一）经济赋能：多元融合，产业发展

产业振兴是乡村振兴的重中之重。作为乡村产业发展的优势资源，红色资源的深入挖掘和创新利用可以带动"资源变资产"，培育红色文化产业新的经济增长点，促进三产有机融合。首先，开发红色旅游资源带动乡村旅游的发展，通过革命遗址、红色文化展览馆、博物馆、体验馆等红色旅游景点的开发带动乡村旅游的创新发展，发展红色旅游、推进文旅互动，推动形成综合性、复合型特色旅游产品，带动革命老区民众增收致富，特色红色旅游项目和农耕文化的结合促进红农文旅一体化发展。其次，丰富"红色+"业态为乡村产业多元融合提供实践基础，通过红色旅游、红色研学、红色文创、红色演出等多种红色文化产业业态和当地优良生态环境、独特民族文化、优质农产品、沉浸式乡野体验等元素深度连

接，提升红色文化资源的附加值，促进三产有机融合。此外，通过数字技术的赋能、声光电技术的应用、大数据产业的发展，带动红色文化数字化转化，加强对红色文化遗产的保护，调整农村产业空间布局，促进乡村红色文化产业可持续发展。

（二）文化赋能：保护传承，乡风文明

文化振兴、乡风文明是乡村振兴的内生动力。红色文化资源见证了历史的发展，同时也是革命取得胜利的重要因素，其中蕴含的很多哲理已经经过了实践的检验，因而具有更加顽强的生命力，经过一步步的沉淀成为宝贵的精神财富，具有独特的排他优势。首先，保护红色文物，提升展示水平，实现文物和文化资源保护、传承、活化利用，可以充分阐释文物蕴含的精神价值和丰富内涵；红色文化是不可再生资源，需要在保护中开发和在开发中保护，形成文化传承和价值转换的双赢格局。其次，红色文化是中国人民坚定信念、坚持真理、民主团结、勇于纠偏的生动体现，也是爱国主义精神、传统农耕文化、地域性乡土民情高度凝结的体现，乡村文化振兴需要红色文化丰富的内涵作为精神指引，红色文化的传承与发展也需要和谐有序的乡土环境的滋养。最后，红色文化资源的综合性保护和一体化开发增强了农村和城市的发展连接，有利于解决城乡协调发展中的文化冲突和价值剥离问题。

（三）教育赋能：自治善治，凝心聚力

乡村教育振兴是乡村全面振兴的重要组成部分。当前我国正处于全面建设社会主义现代化国家的开局阶段，也是需要广大人民群众克服"小富即安"心态，一鼓作气实现乡村振兴和农业现代化建设的起步阶段。红色文化所蕴含的革命教育功能，红色事迹所凸显的不畏艰险精神可以激励人民群众不懈努力，建设美好家园。红色文化在乡村教育中的推广和应用可以提升青少年的文化素质和涵养，激发他们的民族自豪感和自信心。此外，农村红色文化人才培养可以推动红色文化在农村的普及和传承，为乡村振兴提供人

才支持。红色文化可以为乡村治理提供有益的经验,红色教育培训基地培养了大量优秀的基层党员干部,作为乡村治理和发展的组织者与领头人,他们为农村基层治理带去了红色文化的独特创造、价值理念和鲜明特色。

(四)生态赋能:改善环境,宜居宜业

宜居宜业是乡村能留得下人、获得持续发展不竭动力的重要指标之一,革命老区的振兴不能只顾经济发展而无视文化生态、人才生态、自然生态的良性循环。红色文化资源的开发利用尤其是红色旅游发展会带动革命老区基础设施建设和整体生态环境的改善,也会激发老区人民整治环境的决心和改善生活条件的动力。依托红色美丽村庄建设和长征文化公园建设等发展契机,更是能大大提升乡村宜居性和整体风貌的协调性。生产、生活、生态环境的改善也会促进革命老区形成宜居、宜业、宜游的良好红色产业生态圈。

四 红色文化资源赋能乡村振兴的实践路径

红色文化资源是散落在中国农村的宝贵精神财富,为新时代乡村振兴增添更加浓郁的底色,为农业农村现代化建设注入强劲动力。现阶段,红色文化资源开发已经从过去单一的红色旅游开发转变为"红色+"全域融合发展,因此,红色文化资源赋能乡村振兴也更为立体、全面。

(一)深化产业融合,夯实乡村振兴经济基础

做好顶层设计。一是坚守好红色文化保护和传承这一重要原则和前提,红色文化资源是不可再生资源,也是宝贵的政治财富和精神财富,要坚守这一发展底线,不能盲目开发、过度开发。二是做好产业发展规划,红色文化产业发展规划既要以国家和省级层面关于革命文物保护和红色资源利用相关法律法规为依据,也要充分结合当地资源优势和产业发展现状,做到"上接天线,下接地气"。三是要改变地方各级政府的区域性开发模式,从整体上进行联合开发并形成一体化开发模式。

延伸"红色旅游+"全产业链条。红色旅游发展既要以红色资源为依托，也要凸显地方特色。一方面以红色资源开发利用为主线，结合红色研学教育、民族文化体验、山地旅游、生态农业观光等联合开发，实现产业结构调整与产业深度融合；另一方面也要加强区域协作，推动革命老区红色文化资源保护、开发、利用深度融入区域重大战略。

打造红色品牌。立足红色文化资源，将红色故事品牌化，演绎红色故事、编撰红色书籍、开发红色文创 IP，在微博、抖音等网络平台强化红色品牌的宣传，扩大红色文化的影响力。创新开发红色旅游精品线路和红色研学课程，积极申报全国爱国主义教育示范基地、全国重点文物保护单位、国家级英雄烈士纪念设施和国家级抗战纪念设施、遗址，提升红色资源的影响力。此外，也要进一步明晰红色文化资源作品权属，强化红色文化品牌知识产权保护，开发建立红色文化资源数据库，实现红色文化资源的动态展示和永久留存。

（二）深挖红色文化内涵，激发乡村振兴内生活力

摸清红色资源"家底"。一是依托红色资源全面普查行动，构建红色资源实物和电子档案，形成红色资源数据库。通过对革命文物和文献档案史料、口述资料的征集，深入挖掘革命老区红色历史人物、红色历史故事、红色历史影像、红色史迹、红色声音的重要线索和精神实质。二是形成一批对红色文化历史价值和时代内涵的高水平研究成果，尤其是要培养一批青年学者，营造浓郁的红色文化学术研究氛围。三是鼓励专家学者、民间团体共同参与，加强对红色文化蕴含的信仰理念、革命传统、人文精神和道德力量等的深入挖掘、研究和阐释。

打造红色文化宣传阵地。一方面要构建全覆盖的红色文化教育体系。推动更多革命遗址成为党校培训基地，以红色文化引领党性教育；开展红色研学活动，推动形成研学游一体化新路径，以红色研学活动强化学生思政教育。另一方面要强化红色文化宣传队伍建设和渠道建设。建立以党史研究者为引领，包括专家学者、红色场馆专业讲解员、导游、历史见证人或其后

代、革命烈士家属等在内的红色文化宣讲队伍。开辟红色文化宣传栏目，扩大传播受众范围，开展红色文化系列宣传活动。

积极构建文化标识。红色文化标识是彰显红色基因、增强公众辨识度的重要载体，通过红色宣传标语、革命烈士雕塑、红色文艺作品创作，红色文创产品开发形成大众认可度高、辨识度强的红色文化标识，积极引领农村的精神文明建设。另外，可以依托革命路线将革命遗址串联起来，联合开发红色文化标识带，共建红色文化宣传廊道。例如苟坝村通过马灯雕塑、马灯小道、马灯馆等元素打造的马灯文化标识，浙江嘉兴南湖的"红船圣地"标识。

（三）多元主体参与，凝聚乡村振兴强大活力

完善多元参与机制。构建以各级党委政府为主导，龙头企业、社会组织深度参与的革命老区振兴机制，保障技术、资金、人才在革命老区有序流动并发挥作用，畅通多元主体沟通渠道，健全利益分配机制和成效评估机制，汇聚乡村全面发展的多元合力。苟坝村通过"万企兴万村"行动，将资金、技术、人才等要素引入乡村，立足红色资源禀赋，推动村企融合发展，实现民营企业与乡村互利共赢。

拓宽群众参与渠道。群众增收是红色文化资源开发和乡村振兴的一致目标，围绕"资源变资产、资金变股金、农民变股东"的发展思路，将红色文化资源包装成红色旅游产品，将集体土地、私人房屋等生活性资产转变成红色旅游经营性资产，确保当地群众通过资金入股、土地入股、技术入股等方式参与利益分配，获得经营收益。苟坝村积极探索"村党组织+合作社+农户"的集体经济发展新模式，围绕土地"三权分置"，实行"房产中介式"土地经营权委托流转，推进"先付费、后集中、再流转"向"先集中、后流转、再付费"转变，充分盘活集体资源资产。

加强人才引进培育。鼓励各类青年人才和企业家返乡就业、创业，为革命老区振兴蓄力；对现有的青年发展骨干、产业能人、非物质文化遗产传承人要建立常态化走访帮扶机制，强化情感联络和沟通机制；加大力度培育引

进一批红色文化理论阐释和开发利用方面的人才；经常性开展红色文化宣传活动，提升革命老区人民整体红色文化素养和对革命事业的认同感。

五　结语

立足新时代，谋划新发展。我国乡村振兴已经实现了良好开局，但农业农村现代化建设依然有一段很长的路要走，高质量的发展更需要精神的指引。红色文化资源是不可再生资源，但红色文化所蕴含的精神力量却是用之不竭的。新的"赶考"路上，农业发展需要红色文旅经济的支撑，农村发展需要"红色+"多元融合，农民整体素养的提升需要革命精神的滋养，红色文化资源开发在乡村振兴领域依然大有可为。未来，要更加注重红色文化内涵的挖掘和传播，更加注重红色文化产业的打造和创新，更加注重红色文化遗产的保护和传承，为讲好红色故事发声，为乡村振兴凝心聚魂。

参考文献

刘燕娟：《红色基因代代传》，《湖南日报》2022 年 8 月 8 日。

李鑫：《乡村振兴视域下传统文化传承与创新的路径选择》，《延边党校学报》2022 年第 5 期。

陈娟：《苟坝发展红色旅游助力乡村振兴路径研究》，《旅游与摄影》2022 年第 6 期。

B.7
农文旅融合赋能乡村振兴现状、问题及对策研究[*]

王红霞[**]

摘　要： 农文旅融合发展是乡村振兴的重要抓手，也是彰显乡村全面振兴的重要内容。贵州有丰富的农业资源、文化资源、旅游资源，农文旅深度融合能充分推动乡村可持续发展。本文通过分析乡村农文旅融合助推乡村振兴的发展现状，探讨农文旅融合面临的融合理念不强、业态融合单一、服务融合程度不够、融合机制不畅等困境。结合国内外农文旅融合赋能乡村振兴的经验，得出贵州农文旅融合应从产业理念融合、多元业态融合、市场主体融合、服务体系融合、管理机制融合等方面系统推进，从而赋能贵州在乡村振兴上开新局。

关键词： 农文旅融合　乡村振兴　贵州

2021 年 2 月，习近平总书记到贵州视察，指示贵州"要丰富旅游生态和人文内涵，实现旅游业高质量发展"。[①] 为认真贯彻落实习近平总书记重要指示精神，围绕推动文化旅游业高质量发展，贵州开展了一系列实践探索，并取得一定成效，为实现贵州在乡村振兴上开新局奠定了坚实基础。

---

　* 本文系贵州社科规划课题"贵州现代农业发展与数字乡村建设协同推进对策研究"（课题编号：21GZYB13）阶段性成果。

** 王红霞，贵州省社会科学院农村发展研究所助理研究员，研究方向为乡村建设、乡村产业发展。

① 《贵州加快推动从旅游大省向旅游强省跨越——论贯彻落实全省旅游产业化推进大会精神》，人民网，2021 年 6 月 8 日，http：//gz. people. com. cn/n2/2021/0608/c222174-34766768. html。

一　贵州农文旅融合助推乡村振兴的发展现状

（一）以旅游产业化为重要抓手，强化农文旅融合制度保障

一是构建完善旅游产业化政策制度的"四梁八柱"。省级相关职能部门制定出台《关于加快推进旅游产业化奋力实现旅游大提质的实施意见》《贵州省文化旅游产业投资基金管理暂行办法》《贵州省旅游产业化目标体系及考核评价暂行办法》，大力实施"市场主体培育、业态升级、服务质量提升、盘活闲置低效旅游项目攻坚"四个行动方案。二是推动开展文旅融合创新示范区创建工作。按照贵州省委、省政府建设多彩贵州民族特色文化强省和多彩贵州旅游强省的部署要求，贵州持续推动文化旅游融合发展，促进文旅产业转型升级、提质增效，并制定出台《贵州省文旅融合创新示范项目评选管理暂行办法》。

（二）以农业产业化为基础，助力乡村"农业+"产业发展

一是强化农业产业化平台建设和示范带动作用。2021年贵州新增国家农业产业园2个、产业集群2个、产业强镇10个、农村产业融合发展示范园5个，年营业收入50万元以上的农产品加工企业（合作社）6917家，农产品加工转化率达55%，① 启动50个省级特色田园乡村·乡村振兴集成示范试点建设，为"农业+"产业融合奠定了基础。二是大力实施农业产业融合发展项目。2021年，在农业农村部大力支持下，贵州省获批德江县沙溪乡、晴隆县碧痕镇等10个农业产业强镇建设项目，习水县和石阡县2个国家现代农业产业园，贵州山地肉牛和山地食用菌2个优势特色产业集群，这些项目不仅得到中央财政资金支持，更引导和撬动更多资源要素向乡村汇聚。聚焦主导优势特色产业，整体衔接推进，优化产业布局，聚集资源要素，延长

---

① 相关数据由贵州省农业农村厅提供。

产业链条，补齐发展短板，完善利益联结机制，推动农村农业产业深度融合发展。

（三）以传统村落活化利用为手段，促进乡村"文化+"产业发展

充分挖掘独特的人文景观和自然景观，将"四在农家·美丽乡村"、乡村振兴、古村落保护等建设成果有效转化为发展乡村旅游的竞争优势。如镇宁自治县高荡村通过引进市场优质资源，实现由"景优、村空、人闲"向"村寨变景区、村民得实惠、创业就业有平台"的华丽转变，先后获得全国文明村、全国少数民族特色村寨、国家 AAAA 级旅游景区、国家乡村旅游重点村、中国美丽休闲乡村等荣誉称号。经市场化评估测算，高荡景区固定资产、品牌价值、经营权估值达 1.2 亿元以上。高荡村重点打造布依族风味篝火晚会、特色布依族帐篷酒店、景区集市、沿道商铺、生态餐厅、河谷风光、夜间经济等旅游产业和产品，大力推进景区旅游产业化发展，让游客"进得来、留得住、印象好"，进一步打响了"康养瀑乡安顺，千年布依高荡"特色乡村旅游品牌。在乡村旅游基础上，进一步盘活村集体闲置资源，新建 200 亩以上的种植园，通过土地流转等方式，提升产业化水平，发展休闲娱乐、观光采摘等休闲观光农业旅游项目，带动周边农户开展农家乐和旅游商品营销服务，拓宽农民增收渠道。此外，2019 年至 2021 年来，高荡村村民通过发展农家乐、餐饮、烧烤、农产品售卖及小商业增加收入，累计增收超过 800 万元，旅游产业带动村民用工，旺季达 120 人左右，常态用工70 余人，用工带动增收超过 600 万元。①

（四）聚焦乡村旅游发展模式，快速推进乡村农文旅融合发展

随着大众旅游时代的到来，贵州乡村旅游在多元化的需求中快速发展。春观花、夏避暑、秋采摘、冬赏俗，随处可体会到"采菊东篱下，悠然见南山"的闲适，找到"人类疲惫心灵栖息的最后家园"的感觉。贵州省

---

① 相关数据由安顺市乡村振兴局提供。

3500 个左右的行政村聚焦发展乡村旅游，乡村旅游资源丰富多元，全国乡村旅游重点村 38 个，在全国乡村旅游重点村数量上排第 3 位，省级以上乡村旅游重点村镇 323 个，其中重点镇 23 个、重点村 300 个。① 乡村旅游类型多样，主题鲜明，呈现百花齐放、多元发展的格局，涌现出城郊休闲型、田园观光型、民俗体验型、生态康养型等乡村旅游发展模式，走"各美其美、美美与共"乡村旅游发展模式。进入新发展阶段，贵州乡村旅游从"农家乐"休闲美食转向体验乡村生活，从乡村旅游点状分布转向群带式发展，从物质需求转向品味文化、留住乡愁的精神需求。

（五）以延伸产业链为突破，聚力乡村农文旅融合可持续发展

延伸产业链条，加速三次产业融合发展。着力推进产业园建设加工厂房、冷链冷库、分拣中心、电商中心、文旅观光设施等，补齐加工流通短板。同时将产业园的建设与周边休闲观光、民俗风情有机结合，生产、生态、生活相融相促，推动乡村功能提升和农村人居环境改善，实现从单一的种养产业向全产业链、产业集群转型。比如，在长顺县广顺镇高钙苹果休闲观光农业园区建设过程中，基于已有的高钙苹果种植、紫王葡萄种植、绿壳蛋鸡养殖、葡萄酒酿制、食用菌种植等多个农业产业，以及凤凰坝农旅休闲民宿和中华银杏王景区等农旅结合业态，引导东部农业龙头企业、电商企业、流通企业及文旅龙头企业等入驻园区，设立智慧农业基地，线上线下展示长顺特色农产品，扩大黔货"出山"规模。吸引东部地区游客观光旅游消费，设立研学基地，吸引中小学生到长顺游学，发行长顺惠游旅游卡，深入推进农旅、文旅结合。又如，荔波产业园区以园区附近古梅园、兰鼎山、马鞍山等石斛、精品水果种植基地为依托，引导开展休闲游乐、科普体验，助力荔波县水葩水寨争创 AAA 级景区，2021 年吸引游客近 2 万人次，带动旅游商品销售，创收 300 余万元。②

---

① 相关数据由贵州省文化和旅游厅提供。
② 《携手共建现代农业产业园 黔南"五链同构"打造乡村振兴新支点》，广州市人民政府网站，2021 年 12 月 7 日，https://www.gz.gov.cn/zwgk/zdly/fpgj/fpgzdt/content/post_7951111.html。

二 农文旅融合赋能乡村振兴的案例分析

（一）日本乡村旅游

自 1868 年明治维新后，日本经历工业化、城市化全面发展后，城市化达到发达国家水平，其发展方向转向城乡一体化发展，推进乡村向现代化发展转变。

日本乡村旅游注重规划建设，而规划建设的重点内容体现在保护乡村特色，主要是对当地人文景观、自然景观、特色产业三方面的保护。面对城镇化与乡村特色保护相矛盾的难题，日本多措并举推进乡村空间的管理和保护，在规划设计初期就注重文脉延续的保护性设计。同时，建立完善乡村规划法规与制度，并且进行动态化调整，增强乡村规划围绕"保护乡土特色"的可操作性。

因地制宜是日本"造村运动"最为显著的特征，重点以区域特色优势发展农业产业，明确"一村一品"，做强生态农业，促进农旅融合发展，开发并生产本土特色产品。日本的特色乡村旅游开展得较早，成立特色乡村旅游协会，整合当地资源，挖掘乡村特有文脉，探索乡村旅游发展方向。政府通过政策和资金支持特色乡村旅游发展，迅速解决了农民最为棘手的难题，最大限度激发了农民积极创业的激情，农民结合自身实际，围绕"吃、住、行、游、购、娱"发展特色餐饮、民宿、度假山庄等乡村旅游产业。立足村域产业，以人文底蕴为核心布局乡村产业体系，打破产业壁垒，全村统筹推进，成线、成片、成块，呈现立体式格局，从而形成以点带线、以线带面的乡村旅游产业发展体系。以乡村景观欣赏和乡村活动体验为主要内容，以农产品采摘、生态养生、民俗节庆表演等为主要表现形式，以与当地文化习俗紧密结合的农家乐与民宿为主要载体，打造乡村自然景观、民俗文化开发利用的旅游形式。政府还在特色乡村旅游营销方面下功夫，打造日本特色乡村旅游的精品品牌，有效推进乡村旅游高效发展，实现农民增收。

（二）浙江安吉美丽乡村建设

安吉县是浙江省一个典型的山区县，它成功探索出特色的美丽乡村建设。20 世纪 90 年代，安吉走的是工业立县之路，历经工业污染、环境破坏之痛后，于 2001 年提出生态立县策略。2003 年，安吉县委、县政府坚持以"千万工程"建设为牵引，以多种形式整治农村环境，着重解决农村污染治理问题。2008 年，安吉在浙江省委"千万工程"建设的指导下，开始谋划和启动中国美丽乡村建设，围绕"村村优美、家家创业、处处和谐、人人幸福"目标全面开展创建活动。截至 2020 年底，安吉县 187 个行政村实现县级美丽乡村建设全覆盖，建成黄浦江源、昌硕故里、中国大竹海、白茶飘香等 4 条美丽乡村精品观光带。通过美丽乡村建设，安吉呈现了"环境一村一景、产业一村一品、文化一村一韵、治理一村一图"的格局。

以安吉县鲁家村为例，该村隶属递铺街道办，鲁家村以"绿水青山就是金山银山"的理念为遵循，推出全国首个家庭农场集聚区和示范区，明确定位，全力发展休闲农业和乡村旅游。村集体资产从 2011 年不足 30 万元增至 2020 年近 2.9 亿元，村集体经济年收入从 1.8 万元增至 565 万元，农民人均纯收入由 1.95 万元增至 4.27 万元，[①] 实现了村集体经济的迅速壮大和农民收入的显著增加。

鲁家村实现蜕变的具体做法如下。一是立足现状定方向。以前的鲁家村无基础，但村民有养野猪和山羊的传统，而且整个村有 1 万亩低丘缓坡可以开发。立足这一现状，结合当时中央一号文件提出要大力发展家庭农场的指示，鲁家村确定了以打造农场为抓手，促进休闲农业与乡村旅游融合发展的方向。二是高标准规划定框架。因地制宜、结合实际编制全面、系统的村庄规划和专项规划，按照乡村全域旅游推进的理念，建设上整村规划，产业上

---

① 湖州发展改革委：《探索"两山"转化新路径　打造国家级田园综合体——田园鲁家国家农村产业融合发展示范园创建经验》，中华人民共和国国家发展和改革委员会网站，2021 年 12 月 20 日，https://www.ndrc.gov.cn/fggz/nyncjj/tzzn/202112/t20211220_1308613.html。

整村发展、错位发展，形成了东、南、西、北四个区块农场布局的产业设计方案，明确了农旅产业融合发展的框架。三是差异化经营定内容。按照差异化经营的要求，围绕家庭农场发展的承载量和生态有机的发展方向，在综合考虑了当地特色、传统产业与新兴业态相结合、市场需求等因素后，打造特色鲜明的家庭农场，涉及多种农业产业，科学布局产业，并与康养、旅游、文化深度融合，形成如花海农场、中药农场、高山牧场等 18 种类型的家庭农场，促使农场间优势互补、抱团发展。同时，鲁家村生态循环农业已初现端倪，即把蔬菜农场产生的秸秆送到高山牧场给马和羊吃，牧场里面产生的粪便送到蔬菜农场、果园农场等农场做有机肥，形成了良好的生态农业循环格局。

三　农文旅融合赋能乡村振兴面临的困境

（一）融合理念不强

融合意识欠缺，干群主观能动性未充分激发。当前，部分干部对农文旅融合的认识仍有一些误区和偏差，存在思想上的障碍。比如，有的干部认识狭隘、片面，认为旅游是一域之业、一家之事，没有真正站在推动旅游产业化与新型工业化、新型城镇化、农业现代化协同发展的战略高度去认识旅游业。

（二）业态融合单一

一是有的农文旅融合单纯依靠自然资源优势发展，内容较单薄，特色不突出，有的地方或项目过于注重"可观赏性"，以传统游览观光产品为主，旅游产品单一，业态陈旧，忽略文化塑造、特色塑造，导致旅游目的地之间的同质化现象严重，低层次和重复性旅游开发，有形而没有魂，缺乏持续吸引力。二是有的地方很重视"文化保护"，但轻视"活化利用开发"，优秀乡村文化资源没有转化为经济优势。比如，贵州省瑶族药浴很有特色，但还没有与农旅深度融合形成特色产业。三是农文旅融合缺乏创意。独特的乡村文化内涵和特色地域农产品在乡村旅游产品中没有得到充分呈现，融合产品魅力不足、体验性旅游产品不足。四是产业融合度不高，产业链条短、层次不高，没有与农耕文化、农副产品加工、传统手工技艺等深度融合。多数景区售卖的纪念品，除少部分民族特色商品具有"黔货"标识外，大多都是"义乌造"，没有特色。

（三）服务融合程度不够

一是"黔菜"难以满足游客需求。乡村旅游就餐点大多比较简陋，部分经营者缺乏创新意识，餐饮菜品本地特色不突出，缺乏独具贵州特色的"传统黔菜"和地域性"风味小吃"的创新改良，不能满足不同地域游客的餐饮需求。二是由"通"到"达"的问题未彻底解决。部分景区的景点之间要坐较长时间的车，并且景点与餐饮、住宿、娱乐、体验项目未串联起来。三是精品乡村民宿客栈培育不足。截至 2022 年 4 月，全省乡村旅游中甲级村寨、精品级客栈、五星级经营户（农家乐）仅有 420 家。①

（四）融合机制不畅

农文旅融合缺乏发展合力，一些农文旅品牌建设还缺乏科学的规划，项目推进涉及发展改革、文化和旅游、农业、自然资源、交通、财政、林业等多个职能部门，但各部门对融合发展职责不明确，存在各自为政的情况，再加上产品同质化导致品牌优势与特色不突出，缺乏系统化规划建设，深度融合实效大打折扣。在旅游发展规划与空间利用衔接上，"多规合一"顶层设计不到位，风景名胜区存在规划缺失或滞后以及修改报批难等多重困境，部分建立的综合协调工作机制很难顺利实现实体化、机制化、常态化运转。

---

① 《增添新活力 注入新动力第四届贵州省乡村旅游创客大赛启动》，贵州省文化和旅游厅网站，2022 年 5 月 7 日，https：//whhly. guizhou. gov. cn/xwzx/tt/202205/t20220507_73821949. html。

四 农文旅融合赋能乡村振兴的对策建议

（一）产业理念融合

一是坚持解放思想，实现农文旅融合发展理念转型升级。强化产业链思维，集聚各要素，通过全产业链模式推动乡村农文旅一体化发展，全方位拓展融合广度和深度，共创共享农文旅融合经济发展红利。二是强化生态农业的理念。一方面，要把生产绿色食品作为农文旅融合发展的底线，做好山、水、林、田、湖、草的保护和利用，避免粗放开发、低水平建设；另一方面，要进一步利用好贵州生态资源优势，大力开发以生态农业产业化为依托的旅游业态和产品，实现"绿水青山"与"金山银山"的价值统一。三是强化人文的理念。文化是终极竞争力。如丹寨万达小镇在 2020 年全国旅游市场整体下行的背景下游客数量不降反增，其中一个主要做法就是围绕少数民族文化、非遗等做文章，实现周周有活动。贵州有独特的红色文化、民族文化、传统文化、生态文化，要深入挖掘特色文化资源，不断丰富旅游目的地内涵，增强可塑性、吸引力。把人文理念渗透到旅游产品、景区景点、宣传推介中，增强文化感召力。同时还需要树立开放的理念，聚焦资源供给与市场需求的"无缝对接"，本着互利共赢的思路协同发展，推动贵州与有关省、区、市的资源共享、市场共建、信息互通、合作共赢，构建开放、融合、创新、共享的农文旅融合经济体系。

（二）多元业态融合

一是农文旅全产业链融合。延长产业链、提升价值链、培育发展新动能，把有条件的工业园区、农业园区打造成乡村旅游景区，推动乡村旅游与农业、文化、养老、生态、科技和教育相互嵌入、全产业链融合。二是坚持因地制宜、以文塑旅。农文旅融合最为核心的是"文"，文化是农文旅融合发展的魂，必须坚持以文塑旅、以旅彰文，大力推进民族文化、红色文化、农耕文化与旅游业深度融合，推进民族特色文化旅游景点建设。三是坚持将"绿水青山"的生态优势转化为乡村旅游发展的产业优势，因地制宜，将乡村特色建筑建成各类展示馆，挖掘人文肌理，推出地方特色演艺节目，打造集亲子游、学生游、夏令营、户外拓展、党政考察等于一体的乡村经营综合体，探索推进乡村真正成为"全时、全季、全员、全产业"的全域旅游目的地。

（三）市场主体融合

坚持招强引优，推进旅游市场主体提质升级。政府和市场协同联动，按照市场规律发展壮大旅游市场主体，以农文旅融合为方向，着力抓好旅游大招商。在运营管理上进行突破，让专业的人做专业的事，让专业公司经营打理，做好提质扩面工作，提升游玩品质。在做好农文旅项目策划的前提下，注意包装的专业化，避免简单地讲故事、写梗概；注意包装的精细化，算准招商引资账，明晰投入和产出；注意包装的市场化，体现市场化意识、能力和手段，引进一批优质农文旅企业和优质农文旅项目落地贵州。培育壮大农文旅龙头企业，以深化改革创新为抓手，探索战略合作途径，进行资源整合、资产重组，促使国有企业与民营企业协同做大做强。深化村企合作，探索土地经营权流转费收入、股权分红收入等，以"专业合作社+企业+农户"的"1+N"模式，将村级乡村旅游经营性资产，以委托经营、承包经营、村经济合作社监管的方式，实现经营性资产的保值增值。

（四）服务体系融合

一是农文旅服务设施的融合。要整体布局农文旅公共服务设施，推进农业生产、文化、卫生、急救、体育、安全等各类公共服务设施建设，加快国家深林步道、登山步道、交通驿站等运动休闲设施建设。打通旅游交通"最先一公里"和"最后一公里"，疏通景区线路的"毛细血管"，提高通达率。二是服务手段信息融合。围绕农文旅常用服务平台，促进农文旅服务信息渠道融合，依托互联网、大数据，把农文信息深度渗透到旅游的各个环节中。三是餐饮特色化融合。聚焦"黔菜"菜品开发与创新，将"传统黔菜"和风味特色小吃与文化旅游深度融合，既能让外地游客体验文化旅游，更能使他们感受"舌尖上的贵州"。四是增加高品质民宿供给。按照梯次发展，做优一批高品质民宿、一批中端民宿，着力提高国际化旅游接待水平，引导低端民宿向中高端发展转型或与高端精品民宿合作共赢，推广星级酒店、农家乐统一服务标准，打造一批"记得住乡愁"的现代化服务设施和高质量的精品民宿、特色民宿。

（五）管理机制融合

坚持"齐抓共管""一盘棋""一张网"，全省上下协调一致、同向发力。要持续巩固好这种同心协力、齐抓共管的工作格局，为农文旅融合赋能乡村振兴提供坚实的保证。一是加强组织整合。各地要以旅游产业化、农业现代化和大力推进多彩贵州民族特色文化强省为引导，地方政府加强政策融合、组织融合，以更切实的举措抓农文旅融合发展，加强对农文旅高质量发展的领导，建立完善领导小组工作机制。二是强化要素整合。在人才保障方面，有计划地引进一批高素质的专业人才，发挥广大农民在乡村振兴中的主体作用，积极组织开展村民培训，为村民提供实用技术、职业技能、创业创新、经营管理等方面的指导，提升村民创业就业能力，积极组织回乡创业青年申报涉农专业学历培训，培养有文化、懂技术、善经营、会管理的高素质村民和农村实用人才队伍，培育乡村旅游产业带头人、新型农业经营服务主体经营者、专业种养能手。强化资金保障，相关专项资金向旅游业倾斜，整合水利、林业、农业、环境整治等涉农资金，支持农文旅融合发展。强化政策保障，出台关于推动农文旅融合助推乡村振兴发展的一系列配套文件，明确系列优惠政策并在基层落地。三是建立融合平台。充分调动农文旅各方积极性和主动性，政府搭建融合平台，系统整合农文旅产业要素，形成资源共享、风险共担、互利共赢的新机制，助力农文旅深度融合发展的价值实现，从而赋能乡村振兴。

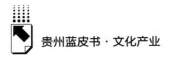
参考文献

索晓霞：《乡村振兴战略下的乡土文化价值再认识》，《贵州社会科学》2018 年第 1 期。

胡海、庄天慧：《共生理论视域下农村产业融合发展：共生机制、现实困境与推进策略》，《农业经济问题》2020 年第 8 期。

张莞：《乡村振兴战略下民族地区农旅融合提升发展研究》，《农业经济》2019 年第 4 期。

江娟丽、江茂森：《非物质文化遗产传承与旅游开发的耦合逻辑——以重庆市渝东南民族地区为例》，《云南民族大学学报》（哲学社会科学版）2021 年第 1 期。

邓小海、肖洪磊：《从脱贫攻坚到乡村振兴：乡村旅游转向研究——以贵州省为例》，《湖北民族大学学报》（哲学社会科学版）2020 年第 5 期。

邵明华、张兆友：《国外文旅融合发展模式与借鉴价值研究》，《福建论坛》（人文社会科学版）2020 年第 8 期。

B.8
贵州苗族特色饮食文化保护传承
与文旅融合发展研究[*]

——以西江千户苗寨为例

霍晓丽[**]

摘　要： 文旅融合已经成为国内外传统旅游产业发展的趋势。西江千户苗寨旅游业经过发展，取得了显著成绩，但是新时代苗族优秀传统文化仍有创造性转化和创新性发展的空间。其中，西江苗族饮食文化富有民族和地域特色，能够成为文化旅游产业的文化资源，本文提出通过开发体验式旅游项目、打造数字文旅产业、推行西江文旅 IP 等途径，促进文旅深度融合，传承和弘扬民族优秀传统文化，助力乡村振兴战略实施。

关键词： 文旅融合　苗族饮食文化　西江千户苗寨

一　文献综述和问题提出

（一）文旅融合文献综述

中国特色社会主义已经进入新时代，民众对高质量旅游的需要日益增

---

　* 本文为贵州省 2022 年度哲学社会科学规划青年课题"贵州苗族民间信仰地方文献搜集、整理与研究"（项目编号为22GZQN32）阶段性研究成果。

** 霍晓丽，贵州财经大学公共管理学院副教授，硕士生导师，研究方向为民族文化、非物质文化遗产保护。

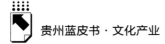

长，但是受制于传统旅游业发展不均衡和新兴文化产业发展不充分，归根结底是文化旅游融合不够深入。

全球旅游活动约 37% 涉及文化，文化旅游者数量以每年 15% 的幅度增长，① 表明文化旅游大有前景。早在 20 世纪八九十年代，文化旅游就受到关注，随着《关于促进文化与旅游结合发展的指导意见》《关于加快发展旅游业的意见》等文件的出台，"文化是旅游的灵魂，旅游是文化的重要载体"的观念在全社会达成共识。② 党的十九届三中全会做出了将文化和旅游机构职能进行合并的重大决策部署，随后原文化部和原国家旅游局合并成立文化和旅游部，将"宜融则融、能融尽融；以文促旅、以旅彰文"作为工作思路，③ 按照"理念融合、职能融合、产业融合、市场融合、服务融合、对外和对港澳台交流融合"的路径，④ 从政策支持和体制保障层面促进文旅融合发展。学术界关于文旅融合的研究成果颇为丰硕，集中在理论探究和实践例证两方面，为文旅融合发展奠定了基础。

1. 理论层面

首先，对文旅融合理论内涵展开探究。第一，关于文旅融合内在关系的研究。马勇、童昀在场域视角下，总结出文旅融合的空间载体为文化场域，旅游空间实践可以参与文化场域的共创，场域管理能够实现文旅融合价值的提升。⑤ 范周在文化和旅游关系的"灵魂载体说""诗和远方说""资源市场说""魅力活力说"基础上，认为二者关系从弱转强，"在加快新旧动能转换、推动经济高质量发展的背景下，文旅融合成为当前转型发展的新动能"。⑥ 张朝枝、朱敏

① 柴焰：《关于文旅融合内在价值的审视与思考》，《人民论坛·学术前沿》2019 年第 11 期，第 112 页。
② 《文化部 国家旅游局关于促进文化与旅游结合发展的指导意见》，中华人民共和国文化和旅游部网站，2009 年 8 月 31 日，http：//zwgk.mct.gov.cn/zfxxgkml/scgl/202012/t20201206_918160.html。
③ 财务司：《2018 年旅游基本情况》，中华人民共和国文化和旅游部网站，2019 年 2 月 12 日，http：//zwgk.mct.gov.cn/zfxxgkml/tjxx/202012/t20201204_906481.html。
④ 文化和旅游部国际交流与合作局：《努力推动文化建设和旅游发展再上新台阶》，中华人民共和国文化和旅游部网站，2019 年 1 月 7 日，https：//www.mct.gov.cn/whzx/bnsj/dwwhllj/201901/t20190107_836823.html。
⑤ 马勇、童昀：《从区域到场域：文化和旅游关系的再认识》，《旅游学刊》2019 年第 4 期。
⑥ 范周：《文旅融合的理论与实践》，《人民论坛·学术前沿》2019 年第 11 期，第 44 页。

敏梳理中西方语境下文化和旅游关系认识的演变后，归纳出二者关系的起源、发展、提升等三个层次内涵，认为提升文化的吸引属性可以从文化的身份意义和旅游者追求身份认同入手，而文化面向游客能推动可参观性生产和产业链的延伸。① 陆明明、石培华强调文化和旅游是相伴相生、同兴同阗、不可分割的关系，融合发展应最大限度地发挥其优势，充分利用具有"灵魂"作用的文化和具有"载体"作用的旅游，最终满足人民日益增长的美好生活需要。②

第二，关于文旅融合的结构维度和演进逻辑的研究。王秀伟指出文旅融合有价值、市场、要素、业态、产品等维度，分别代表了具有内在关联的不同层面，从表到里组成文旅融合的结构体系，形成创新生态系统；从交互到共生演进，融合界面持续优化、融合模式向高级进化、融合能量密集输出，朝着多维复合的趋势发展。③

第三，关于文旅融合动力机制的研究。黄先开指出内在动力（即原动力和拉动力）与外在动力（即支持力和推动力）共同作用促进文旅融合，其中产业关联是原动力、市场需求是拉动力、技术创新是支持力、政策保障是推动力。④ 望庆玲、孙军、顾敏提出，高度的产业关联性是产业融合的基础条件，消费需求提高是产业融合的原生动力，产品升级发展是产业融合的内在推力，技术进步及创新是产业融合的外在推力。⑤

第四，关于文旅融合发展模式的研究。张胜冰认为文旅融合发展要充分发挥不同资源的优势，并加以整合、发掘、利用，实现"一源多用"并带动更多的产业发展；归纳出文旅融合的原生态文化保护型、文化资源开发利

① 张朝枝、朱敏敏：《文化和旅游融合：多层次关系内涵、挑战与践行路径》，《旅游学刊》2020 年第 3 期。
② 陆明明、石培华：《文化和旅游的关系网络及其融合路径研究》，《资源开发与市场》2021 年第 3 期。
③ 王秀伟：《从交互到共生：文旅融合的结构维度、演进逻辑和发展趋势》，《西南民族大学学报》（人文社会科学版）2021 年第 5 期。
④ 黄先开：《新时代文化和旅游融合发展的动力、策略与路径》，《北京工商大学学报》（社会科学版）2021 年第 4 期。
⑤ 望庆玲、孙军、顾敏：《文化产业与旅游产业深度融合的动力机制与发展路径》，《科技和产业》2021 年第 5 期。

用型、IP 延伸授权型、"文化+科技"的娱乐型和"文化+地产"的休闲度假型等基本模式。① 李金来认为，文化旅游的创新业态有在乡村振兴战略和乡村旅游扶贫方案的推动和引领下的乡村主题类，在"度假"向"住假"过渡的理念推动下的商业地产和康养文化的结盟抱团类，还有全媒介时代语境中以文化旅游为主题的电视节目和视频影像。② 邵明华、张兆友总结，国外文旅融合的模式有基于遗产保护整合文化空间的文化遗产旅游、基于 IP 拓展品牌价值的主题公园旅游、基于多样形态助力乡村振兴的乡村文化旅游、基于内容传播营销建设旅游目的地的影视文化旅游、基于事件特征展销特色文化的节事会展旅游、基于核心赛事扩大体育消费的体育文化旅游。③

第五，关于文旅融合的价值研究。宁岩鹏、贾周圣指出文旅融合是建立文化自信的要求、传承中华传统文化的途径、推动旅游产业发展的举措。④ 柴焰认为文旅融合的内在价值表现为产生经济收益，为旅游目的地带来福祉；增进基于理解和体验的文化创造、旅游分享价值，有利于文化遗产保护与创意产品开发；强化民族形象塑造，增强文化认同和文化自信。⑤ 文化和旅游深度融合发展能够为经济转型提供新的增长点、为旅游产业发展提供新的增长极、为社会主义文化大发展大繁荣提供新的活力、为满足人民日益增长的美好生活需要提供新的实践路径。⑥

其次，总结出文旅融合存在的不足。文化和旅游发展存在诉求、内容、模式、主体、动力等方面的差异，⑦ 面临着进一步创新理念、明确职能定

---

① 张胜冰：《文旅深度融合的内在机理、基本模式与产业开发逻辑》，《中国石油大学学报》（社会科学版）2019 年第 5 期。

② 李金来：《困惑与突围：文旅融合的发展模式探析》，《社会科学家》2020 年第 2 期。

③ 邵明华、张兆友：《国外文旅融合发展模式与借鉴价值研究》，《福建论坛》（人文社会科学版）2020 年第 8 期。

④ 宁岩鹏、贾周圣：《推动文化产业与旅游产业融合发展的思考》，《文化学刊》2019 年第 2 期。

⑤ 柴焰：《关于文旅融合内在价值的审视与思考》，《人民论坛·学术前沿》2019 年第 11 期。

⑥ 燕连福：《新时代文旅融合发展：一个新的增长极》，《人民论坛·学术前沿》2019 年第 11 期。

⑦ 曾博伟、安爽：《"十四五"时期文化和旅游融合体制机制改革的思考》，《旅游学刊》2020 年第 6 期。

位、开放市场需要、完善公共服务等挑战。① 文化转化为旅游资源面临着文化沦为建构身份的工具的挑战，文化可参观性生产面临着文化商品化导致文化衰退的挑战，面向游客的文化展示产业化面临着商业化导致文化体验失真的挑战。② 文旅融合存在以下问题：盲目求全、笼统概括，漠视理路、简单相加，工具理性、惯性思维；③ 资源挖掘不深入、产业整合协同效应差，区域发展不平衡、文旅投资比例不均衡，市场恶性竞争、文旅产品低质化；④ 简单捆绑、故步自封；等等。⑤

再次，明晰了文旅融合的发展趋势，进而提出对策建议。宁岩鹏、贾周圣提出做好顶层设计、鼓励产业创新、拓展发展模式、注重人才培养、加大宣传力度、理顺二者关系、守住发展底线等建议。⑥ 燕连福认为要不断创新理念、明确定位、扩大市场开放、完善公共服务，实现目标、职能、市场、服务的融合。⑦ 张朝枝、朱敏敏提出文旅融合的路径有：增强文化的旅游吸引力来建构集体记忆与身份认同，增强文化的展示性和可参观性来进行集体记忆的可参观性生产，延长文化旅游体验的产业价值链来面向游客的文化展示产业化。⑧ 吴理财、郭璐归纳出注入文化理念以发挥文化要素的治理效应，打造文化品牌以发挥产业的聚合效应，引导多元参与以发挥政府、社会与市场的互补效应。⑨ 陆明明、石培华从理念、职能和其他方面融合构建起

① 燕连福：《新时代文旅融合发展：一个新的增长极》，《人民论坛·学术前沿》2019 年第 11 期。
② 张朝枝、朱敏敏：《文化和旅游融合：多层次关系内涵、挑战与践行路径》，《旅游学刊》2020 年第 3 期。
③ 李金来：《困惑与突围：文旅融合的发展模式探析》，《社会科学家》2020 年第 2 期。
④ 望庆玲、孙军、顾敏：《文化产业与旅游产业深度融合的动力机制与发展路径》，《科技和产业》2021 年第 5 期。
⑤ 宁岩鹏、贾周圣：《推动文化产业与旅游产业融合发展的思考》，《文化学刊》2019 年第 2 期。
⑥ 宁岩鹏、贾周圣：《推动文化产业与旅游产业融合发展的思考》，《文化学刊》2019 年第 2 期。
⑦ 燕连福：《新时代文旅融合发展：一个新的增长极》，《人民论坛·学术前沿》2019 年第 11 期。
⑧ 张朝枝、朱敏敏：《文化和旅游融合：多层次关系内涵、挑战与践行路径》，《旅游学刊》2020 年第 3 期。
⑨ 吴理财、郭璐：《文旅融合的三重耦合性：价值、效能与路径》，《山西师大学报》（社会科学版）2021 年第 1 期。

文化和旅游的"共生、共建、共享"关系网络，吸收优秀理念，推动精神价值统一；完善体制机制，坚持分层分类融合；创新产业供给，打造融合产品体系；优化市场环境，促进市场主体融合；统筹城乡发展，加强服务空间建设；对接国家战略和倡议，推进交流平台建设。① 黄先开提出，以求同存异为原则，打造文旅融合新业态，优化升级文旅融合的产品体系；以市场需求为导向，深挖文旅融合的文化内涵，通过业态组合促进提质增效；以创新创意为引领，提升文旅融合的市场竞争力，大力培育新时代文旅融合的复合型人才队伍；以政策扶持为契机，实现文化与旅游的深度融合，深化体制改革，完善文旅融合的服务机制。② 望庆玲、孙军、顾敏提出挖掘旅游的文化性，创新文旅产品；充分调动市场活力，扩大文旅消费需求；推进数字化文旅建设，提高产业协作效率；规范市场管理制度，加强政府的政策引导。③

2. 实践层面

一是省域视野。根据不同省份文化资源禀赋的差异，如山西④、陕西⑤、甘肃⑥等历史文化资源深厚，江西⑦红色文化资源丰富，浙江⑧、广西⑨、海

① 陆明明、石培华：《文化和旅游的关系网络及其融合路径研究》，《资源开发与市场》2021年第3期。
② 黄先开：《新时代文化和旅游融合发展的动力、策略与路径》，《北京工商大学学报》（社会科学版）2021年第4期。
③ 望庆玲、孙军、顾敏：《文化产业与旅游产业深度融合的动力机制与发展路径》，《科技和产业》2021年第5期。
④ 山西省社会科学院课题组、高春平：《山西省黄河文化保护传承与文旅融合路径研究》，《经济问题》2020年第7期。
⑤ 李静、刘燕威：《基于文旅融合的乡村旅游产品提质升级研究——以陕西省为例》，《现代商贸工业》2019年第28期。
⑥ 任赟娟：《文旅融合下历史文化遗产的多重凝视及其智慧开发——以甘肃彩陶为例》，《社科纵横》2019年第1期。
⑦ 王雄青、胡长生：《文旅融合背景下红色文化旅游高质量发展路径研究——基于江西的视角》，《企业经济》2020年第11期。
⑧ 丁春文：《文旅融合背景下地方旅游文化的挖掘——以浙江省为例》，《西安电子科技大学学报》（社会科学版）2019年第1期。
⑨ 范建华、李林江：《文旅融合趋势下的旅游产业高质量发展思考——以广西北海涠洲岛为例》，《南宁师范大学学报》（哲学社会科学版）2020年第1期。

南①等省份具有海岛、国际消费的资源特色，贵州②数字、大数据优势，总结各地文旅融合的成功经验，发现仍可提升的空间，进而弥补不足，明确路径选择。

二是少数民族地区。王经绫通过分析全国 71 个民族县域文旅资源发展问卷调查数据，发现民族地区文旅融合发展，文旅领域的政府支出是首要的影响因素，地区文化资源的引领性明显，因此要适当增加政府支出，重视文化资源开发对旅游的带动作用。③ 孔凯、杨桂华认为民族地区乡村文旅融合过程中存在创新意识差、融合层次浅、品牌文化建设意识弱等问题，提出多位一体的文旅融合模式，前提是民族特色文化保护传承和可持续利用，灵魂为民族文化特色，动力是乡村振兴，载体是乡村旅游产业；路径为政府提供规范标准、权益保障、政策支持的公共服务，突出乡村主体性，提高村民参与度，文化公司进行专业化、标准化的开发和运营，媒体、组织、专家等第三方进行监督等。④ 徐望认为民族文化资本积淀活化的途径是文化消费，民族文化资本通过文化消费体现时代价值；民族地区的文旅融合是拉动文化消费的主要手段。民族地区文化消费的提升路径可以从创意、平台、需求、服务四方面入手。⑤

三是特色小镇。李志刚指出特色小（城）镇在政府政策推动下进入了快速发展期，文化内涵和旅游产业发展均被置于重要的地位，总结出依托独特的自然或人文景观、民族和地域文化特色、现代文化产品等三类特色小镇中文旅融合的经验和措施，提出基于区域基础及优势选择文旅融合路径、基于当代社会发展特征及市场需求进行文化要素的重组、结合技术发展探索新

① 谢彦君、卫银栋、胡迎春等：《文旅融合背景下海南国际旅游消费中心的定位问题》，《旅游学刊》2019 年第 1 期。
② 刘星：《贵州省文旅产业融合发展的基础与路径研究》，《贵州商学院学报》2018 年第 3 期。
③ 王经绫：《民族地区文化和旅游融合发展影响要素的系统建构——基于 71 个民族县域文旅融合发展要素调查问卷的分析》，《西南民族大学学报》（人文社科版）2020 年第 8 期。
④ 孔凯、杨桂华：《民族地区乡村文旅融合路径研究》，《社会科学家》2020 年第 9 期。
⑤ 徐望：《以文化消费促进少数民族文化传承发展的路径探索》，《民族艺术研究》2019 年第 4 期。

型的表现与传播方式、形成与本地居民的共建共治模式等四点建议。① 邱继贤、王贺港针对特色小镇建设存在的"千镇一面"同质化严重、"流于表面"文化内涵薄弱、"点状发展"联动效应不足等问题，提出以下建设路径：坚持内容为王，差异化小镇IP打造；把握游客心理，沉浸式旅游小镇建设；科学规划布局，系统化联动小镇开发。②

四是乡村旅游。研究成果基本按照乡村旅游发展现状—存在的问题—原因分析—培育路径思路展开，其中山东日照渔家民俗、广东韶关必背口村历史文化、四川自贡盐文化与旅游融合发展是有代表性的乡村旅游项目。渔家乐的接待范围包括12个渔村，形成了渔家民俗村落集聚区，实现了规模效应，乡村渔家之间可以实现要素的自由流动和竞争。③必背口村通过神圣空间、寻根空间、乡村文化体验空间结构的建设，形成演艺中心、民俗体验中心、文化展示中心，以及文脉展示轴、公共服务轴、文化体验轴的空间结构。④ 自贡盐文化与旅游融合发展，已有3个国家级休闲农业和乡村旅游示范基地、1家五星级乡村酒店、2家五星级农家乐、65家星级乡村酒店和农家乐，每年举办一届乡村旅游节，25条乡村旅游线路，投入运营的特色旅游项目有三多古寨梨花休闲旅游、富顺李桥镇舒家坝乡村旅游、大山铺特色小镇等。⑤

综上所述，文化旅游是旅游业的重要推动力，各领域、多方位、全链条的深度融合文化与旅游，促进资源共享和优势互补，将深刻影响旅游产业、文化产业的提质增效和转型升级。

---

① 李志刚：《特色小（城）镇建设中的文旅融合》，《人民论坛·学术前沿》2019年第11期。
② 邱继贤、王贺港：《以文兴业：文旅融合时代下旅游特色小镇建设路径探究》，《商业经济》2019年第6期。
③ 秦志玉：《乡村地区文旅产业融合发展的路径研究——以日照市渔家民俗旅游村为例》，《人文天下》2019年第2期。
④ 谢璐：《乡村振兴背景下美丽乡村文旅融合发展路径研究》，《佳木斯职业学院学报》2019年第8期。
⑤ 杜坪、刘飞：《乡村振兴战略下传统文化与乡村旅游融合发展探析——以自贡市盐文化为例》，《四川旅游学院学报》2020年第3期。

（二）问题的提出

西江为苗语音译，经历了仙祥、鸡讲等不同称谓。西江苗寨包括平寨、乌嘎、东引、也通、羊排、也东、南贵、也薅等八个自然村寨，常住居民 1000 余户，苗族人口占总人口的 99.5%，故被称为"千户苗寨"。西江千户苗寨现已发展为世界最大的苗族古寨，有"天下第一苗寨"的美称。其自然地理环境独特，依斜缓的半坡，梯田层叠，吊脚楼鳞次栉比，被列入"中国景观村落"；发展历史悠久，建寨已有两千多年，子连父名世系延续至今，被评选为"中国历史文化名镇"；苗族传统文化保留完好，苗族鼓藏节、吊脚楼营造技艺、苗绣等已被列为国家级非物质文化遗产，吃新节、苗族蜡染、木叶吹奏、苗族米酒等民俗文化极具代表性。西江千户苗寨为"苗族露天博物馆"，可谓"看西江知天下苗寨"。

自 20 世纪 80 年代末，西江苗寨旅游业勃兴，历经 30 多年的发展，固定的旅游景点有芦笙场、嘎歌古巷、西江博物馆、田园观光区、西江阿幼民族文化博物馆等，展示的民族文化有木叶吹奏、苗族飞歌、苗族斗鸟、苗族刺绣、苗家米酒、苗族银饰、苗家长桌宴等，已经成为贵州省黔东南州最大的原生态民族风情旅游目的地、国内外知名的民族旅游胜地。西江苗寨坚持旅游促进村寨发展，在经营管理、品牌塑造、文化遗产保护、旅游扶贫和社会治理等方面形成了"西江模式"。[①] 寨内基础设施及服务配套建设基本实现城市化，农户生计方式由传统的农业经济转向旅游经济，村民消费结构和居住条件等呈现市民化，商业意识、教育观念等思想观念转向现代化，整体上呈现民族村寨旅游城市化的趋势。[②] 在景区与社区空间位置融合、社区功能与景区功能融合、传统治理与现代管理结合

[①] 李天翼主编《西江模式——西江千户苗寨景区十年发展报告（2008～2018）》，社会科学文献出版社，2018。

[②] 吴通宜：《贫困地区民族村寨旅游城市化特征及机制分析——以西江千户苗寨为例》，《安徽农业科学》2019 年第 22 期。

的发展路径下，景区同社区形成良好的"契约关系"，基本实现了景区社区一体化。①

然而，西江苗寨仍面临较多发展问题。一是旅游商业化严重，为满足游客需求，提高经济效益，当地的原生文化经过营销宣传转变为旅游商品，引起消费商品泛滥、同质化、单一化、模式化等问题；② 同时，过度利用景区内的文化和地域条件谋取利益，过于强调经济功能，③ 具体表现为民族文化失真变异、旅游产品缺乏特色、服务质量有待提高、景区变成商业区等。二是苗寨各方利益主体矛盾增多，④ 如社会组织与开发公司、本地居民和外来商户、景区居民和国内外游客等，出现环境破坏、日常生活干扰、经济利益矛盾、公共权力失语、生产建设受阻等问题。⑤

因此，尽管旅游业已经成为贵州省的重要支柱产业，旅游收入增加，旅游扶贫取得成效，但是新时代，贵州省如何走出"微笑曲线"的低谷期，文旅产业在传统文化和旅游产业基础上实现管理、文化、产品、服务、智慧等方面的转型升级，推动乡村民族文化旅游高质量发展，依然任重道远。本文在乡村振兴战略背景下，结合西江千户苗寨文旅融合方兴未艾的势头，以西江苗族特色饮食文化为切入点，探索苗族饮食文化和旅游业的融合路径，促进苗族优秀传统文化的传承和弘扬，推动民族旅游带动区域产业兴旺发展，实现民族优秀传统文化创造性转化和创新性发展，彰显其时代价值。

---

① 熊有璞、刘敏：《景区社区一体化模式发展分析——以西江千户苗寨为例》，《北京联合大学学报》2020 年第 1 期。

② 唐璐、张全晓、张忠训：《西江千户苗寨旅游商业化发展的演进与反思》，《科技和产业》2019 年第 12 期。

③ 滕玉萍、陈顺丽、范兆飞：《贵州西江千户苗寨商业化问题调查》，《现代商贸工业》2018 年第 36 期。

④ 彭正波、王凡凡：《民族村寨旅游开发中的农村社会组织发展研究——以西江千户苗寨"老人会"为例》，《旅游学刊》2018 年第 12 期。

⑤ 刘阳、赵振斌：《居民主体视角下民族旅游社区多群体冲突的空间特征及形成机制——以西江千户苗寨为例》，《地理研究》2021 年第 7 期。

二　西江千户苗寨饮食文化资源

文化资源是指"人类在漫长历史发展过程中所积淀的，通过文化创造、积累和延续所构建的，能够为社会经济发展提供对象、环境、条件、智能与创意的文化要素的综合"。[①] 饮食是人类最基本的生活需要，也是人类从事其他社会活动的前提和基础。[②] 饮食文化作为重要的文化资源，涉及与饮食相关的生产生活的方式、过程、功能、结构等，包括食物原料的开发、制作、消费等过程中积淀的技术、科学，以及由此延伸出来的艺术、习俗、哲学等。西江千户苗寨以苗族特色饮食文化为立足点，将其转化为旅游文化资源，培育地区文化旅游产业，融合民族地区文化旅游。

（一）西江苗族特色饮食

西江苗族是贵州省苗族的重要组成部分，在适应山区缺盐、多烟瘴、气候潮湿的自然环境的情况下，就地取材、酸辣调味、药食同源、腌熏加工，制作出独具特色的民族饮食，特色菜肴分为汤类、粥类、肉类、饮品类、小吃类等。

1. 酸汤

酸汤是西江苗族著名的饮食之一，分为白酸汤和红酸汤。稻米酿造的米酸汤和青菜腌制的菜酸汤，统称为白酸汤；红酸汤则是用野生西红柿或本地产的辣椒腌、酿而成。传统制作工艺必须有酸汤母水作引，所盛坛罐密封存放在阴凉之处，不能沾入荤腥。做好的酸汤生津解暑、开胃清热，可以直接饮用，也可作为底料烹饪肉类食物，酸汤鲤鱼、酸汤牛肉、酸汤腊肉都是西江常见的汤锅美食。

---

① 姚伟钧等：《从文化资源到文化产业——历史文化资源的保护与开发》，华中师范大学出版社，2012，第4页。

② 姚伟钧、刘朴兵：《中国饮食史》，武汉大学出版社，2020。

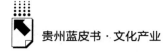
2.鸡稀饭

鸡稀饭是一道老幼皆宜的家常菜。制作过程为：先挑选自家喂养的小鸡，然后清理干净切块，再将鸡肉、内脏加入清水、生姜、盐等调味料以小火炖煮，煮熟后再加入两倍量的稻米焖熟捞出，最后根据个人口味喜好，用折耳根、干辣椒、盐等调味品"打蘸水"。味道鲜美，营养丰富。

3.稻香鱼

西江苗族食用的鱼多为稻田里散养的鲤鱼，俗称稻香鱼，体积小但肉质鲜嫩。除了用酸汤烹饪，还有其他多样的制作方法。一种名为苗王鱼，味道鲜辣，是将青辣椒和烫熟的鱼肉捣烂，和辣椒面、盐搅拌均匀制成；一种名为冻鱼，味美清淡，是将鱼煮熟后放入豆腐、冻菌、白菜等，清炖至汤浓稠，放入调味料，静置一晚，凉却冻成鱼冻；一种名为酸鱼，味道鲜酸，是用盐涂抹鱼身，或放在火塘上烟熏，制成腊鱼，或入坛密封腌制；一种名为香茅草烤鱼，口味香脆，鱼身涂抹调料，用香茅草裹住，放在柴火上烧烤而成。

4.米酒

米酒由大米或糯米发酵而成，一般会经过制作酒曲、发酵米饭、烤制米酒三道程序。米酒原汁含糖量高，香甜绵柔，酒精度数低但后劲大，具有清心提神、消除疲劳的功效。米酒是苗族人民逢年过节、家人团聚、待客迎宾、红白喜事等必不可少的饮品，西江苗族酿酒传统悠久，家家户户都会自酿米酒，但每家每户由于制作过程和个人口味不同，所酿米酒口感也会存在一定差异。

5.糍粑

糍粑广泛流传于西南地区，西江苗族的做法与众不同。第一天用清水浸泡糯米，第二天糯米完全泡涨后装入甑里大火蒸至九分熟，再倒入石臼，用木制的打粑棍打糍粑，直到均匀、瓷实、有韧性，再捏成饼状。其中，甑是有地域特色的蒸饭器具，直径0.5米左右，上宽下窄，用木片箍成，底部装一块竹篾片编成尖顶斗笠形的隔板，既方便蒸汽进入，又能使米不沾上锅里的水。糍粑的制作过程有打糍粑环节，这是个技术活，讲究快、准、稳、狠，否则糯米黏住打粑棍会使棍子提不起来。

（二）西江苗族饮食文化

西江苗族特色饮食因地制宜、遵循时节，包括献茶敬酒、共享聚食、敬天祀祖等一整套民族传统饮食礼俗，积淀了道德约束力、精神净化力和民族凝聚力，传达了民众乐观、积极向上、重义守信、勤劳致富的精神气质和追求美好生活的精神需求。

1. "无酸辣不成菜"

西江苗族特色饮食以酸辣为特色，反映出地方民众物尽其用的智慧，保留着原生态的饮食风俗。严奇岩根据竹枝词归纳出历史上贵州苗族饮食的味道特点为淡、野、酸、生，食用方式有吃抟饭、现舂现煮。① 许桂香则总结食物原料源于山区所产、饮食器具取材于自然、加工食物的方法和食物味型凸显民族特色。② 酸汤、鸡稀饭、稻香鱼、米酒、糍粑等特色饮食的原材料都是取自本地食材，自给自足，所用器具也多为手工制作。

酸辣的饮食文化特征是西江苗族不断与自然环境调适的结果。依据时令，制作酸菜、糟辣椒、酸笋、酸蕨等食物，这些食物不仅成为日常饮食的调味剂，缓解了缺盐导致的乏力、潮湿引起的湿寒等症状，更丰富了民众饮食菜肴，合理化了饮食结构，还具有养生价值。例如，制作酸汤鱼的佐料有木姜子、茴香叶、水蓼，它们能够生津止渴、健脾开胃、祛风顺气。

2. "无酒不成敬意"

徐新建从"夷夏互补"和"礼失求野"的角度考察苗族"饮酒歌唱"习俗，认为其体现了"兴观群怨"的礼乐特征，蕴含着"礼""野"互动

---

① 严奇岩：《从竹枝词看清代贵州饮食文化的特点》，《农业考古》2009 年第 4 期。
② 许桂香：《贵州苗族传统饮食文化及其发展对策浅析》，《黔南民族师范学院学报》2012 年第 3 期。

的文化意义。① 西江苗族的酒礼内容丰富、形式多样，有迎宾时最高礼节——用牛角盛放的十二道拦门酒、宴饮时"高山流水"酒俗和"五湖四海"酒俗等。

其中，拦门酒一路有酒歌相伴，讲述神话故事，表达苗族对客人的美好祝愿，反映出苗族的传统价值观。十二道拦门酒依次为：恭喜酒，寓意祝福欢乐，表达苗族的热情好客；善良酒，寓意与人为善，表达苗族对善的肯定；勤劳酒，寓意本分勤劳，表达苗族的朴实勤奋；勇敢酒，寓意不畏艰险，表达苗族的勇气和胆量；聪明酒，寓意智慧敏锐，表达苗族的积极进取；美丽酒，寓意人俊貌美，表达苗族对美的追求；明理酒，寓意通晓道理，表达苗族的明礼知耻；诚实酒，寓意诚恳真挚，表达苗族对真的崇尚；宽宏酒，寓意宽宏大量，表达苗族的友好谦和；长寿酒，寓意健康平安，表达苗族的心宽体胖；富裕酒，寓意生活富足，表达苗族的人丁兴旺；美满酒，寓意幸福圆满，表达苗族的豁达洒脱。

苗寨千人长桌宴是西江苗族宴席的最高形式，礼仪隆重。宾客身着盛装，分坐两边，相间而坐。每有尊贵的客人进寨做客，主人都会用最高敬酒礼仪——水牛角盛酒相敬，客人若用手接过就要全部喝光，若用嘴接喝则喝一口即可，表示感谢盛情款待。兴致正起时，主人家架起"高山流水"宴饮宾客。

三　西江千户苗寨文旅融合发展路径

文化是旅游的灵魂，旅游是文化的重要载体。国内旅游产业经历了文旅结合到文旅融合的发展思路的转变。西江千户苗寨特色饮食文化可以转化为文化资源，与旅游产业深度融合。从传统观光到体验式参与，了解饮食文化内涵，获得文化旅游的幸福感；运用科技手段和新媒体工具，发展文化旅游

---

① 徐新建：《"饮酒歌唱"与"礼失求野"——西南民族饮食习俗的文化意义》，《西南民族大学学报》（人文社会科学版）2015 年第 1 期。

产业，延长产业链；校地企协同创新，产学研相结合，打造文化品牌 IP，实现特色饮食文化的创造性转化和创新性发展。

（一）开发体验式旅游项目

文化旅游的核心是满足旅游者的文化动机和文化体验，使其获得精神上的享受和心情上的愉悦。旅游者环境契合度中以环境资源的作用最强，依次正向影响游憩满意、心流体验和情境涉入，且这三者也相互正向影响，[①] 它们与文化、景观、符号等原真性感知密切相关，[②] 而人文环境、旅游吸引物、旅游地设施等影响游客满意度的主要因素都能体现出文化的原真性。[③] 基于网络点评数据，可知西江千户苗寨是民俗风情体验型的代表，[④] 旅游者对西江千户苗寨的积极性比较高，旅游体验整体呈满意趋势，但景区基础设施、旅游服务质量、民族文化体验等还有提升空间。[⑤] 因此，西江千户苗寨旅游不能只停留在观光欣赏自然风光，还要基于特色饮食文化，围绕休闲度假、亲子游等选定主题、设计活动，开发体验式旅游项目。

农耕主题方面，西江是农业社会，以农耕为基础，农业具有时令性，依据农时设计春耕、夏种、秋收、冬藏等分主题。以水稻种植为例，苗年过后"活路头"主持起活路仪式，开始新一年的耕作。春耕中，清明过后翻土耕地，播种节选种育苗，"活路头"主持开秧门仪式（又叫祭秧节）后各家各户开始插秧，全寨插完秧便举行"洗脚洗手"活动，即关秧门，共庆满栽满插。夏种中，除草除虫、施肥、灌溉排水，稻谷孕穗过吃新节（又叫过

---

① 陈希、张圆刚、程静静等：《旅游者环境契合度影响因素与作用机制研究——以贵州西江千户苗寨为例》，《干旱区资源与环境》2019 年第 10 期。

② 吴登涛、殷红梅、李瑞等：《旅游者原真性感知对旅游支持行为意向的影响研究——地方依恋的中介效应》，《资源开发与市场》2021 年第 10 期。

③ 杨军辉、潘秋玲、徐冬平：《村寨型乡村旅游地游客满意度影响因素与机制研究——以西江千户苗寨为例》，《资源开发与市场》2018 年第 3 期。

④ 朱中原、王蓉、胡静等：《西南民族旅游地形象感知对比研究——以西江千户苗寨、龙脊梯田和傣族园为例》，《中南林业科技大学学报》（社会科学版）2019 年第 3 期。

⑤ 赵春艳、王丽萍：《基于网络文本分析的旅游体验感知研究——以贵州西江千户苗寨为例》，《湖北理工学院学报》（人文社会科学版）2021 年第 2 期。

头卯、吃秧包），谷穗渐熟过末卯节（又叫谷穗祭卯）。秋收中，收割捆扎、脱粒晾晒。冬藏中，干燥清杂、入库储存、整理田埂、修路修沟。用自己耕作收获的稻谷酿造米酒或打制糍粑，滋味自然与众不同。此外，开春犁田灌水后，放养鱼种，在稻田养鱼的同时又能鱼养稻田。旅游者可以在乡村田园劳作过程中，运用犁、耙、斗、棒、锄头、镰刀、摘刀、木槌、竹篓等传统耕作工具，以及精耕细作、水源管理、稻田养鱼等传统技艺，体会苗族的农耕文化，领悟苗族人民勤劳坚韧、淳朴节俭的精神气质，达到人与自然、人与人、人与内心的和谐统一。

节庆主题方面，西江是百节之乡，"大节三六九，小节天天有"。无论是十三年一度的鼓藏节，还是一年一度的招龙节、吃新节、苗年等，都离不开特色美食。以苗年为例，西江依次在农历八月过小年（又叫初年）、九月过中年（又叫大年）、十月过大年（又叫末年）。其中，大年（即末年）最为隆重，祭祖敬神、吹芦笙、踩铜鼓、讨花带等民俗活动丰富，每家每户杀年猪，轮流宴请亲朋好友，一直持续五到九天，甚至一个月。新米酒、酸汤鱼、精米粑是必不可少的款待宾客的佳肴。旅游者不仅可以加入筹备、烹饪美食的队伍，还能成为拦门、迎宾、酬客的一员，在主人的位置上，安排座次、招待亲友，深度体验苗族的酒俗、餐桌礼仪以及待客之道，融入苗乡生活，心理上感到满足和愉悦，暂时忘记城市的喧哗，达到"忘我"境界，①体验沉浸式文化旅游。

（二）发展文化旅游产业

文化旅游产业是一项综合性产业，目的在于提升旅游者对文化旅游资源的体验、感受和参与质量，具有关联性高、涉及面广、辐射性强、带动性强的特点，能够激发审美、启示教育和寄托情感。它以富有文化内涵的旅游景点为载体，以旅游文化的差异性为特色，以文化资源为内容，以文化互动为

---

① 邱继贤、王贺港：《以文兴业：文旅融合时代下旅游特色小镇建设路径探究》，《商业经济》2019 年第 6 期。

过程，以文化旅游融合为结果。西江千户苗寨注重挖掘特色饮食文化内涵，通过延长产业链和打造数字文旅产业，促进文化资源与旅游资源的融合，构筑以优质文化为内容的新型文化旅游产业，推动产业转型升级。

1. 延长文旅产业的产业链，推出优质文创产品

文创产品是具有文化内涵的产品，西江千户苗寨适应消费者需求，在素材和载体等方面加入现代创意理念和设计元素，经过创新的开发和营销，表现出其特色和美感，打造出具有市场价值的产品，能够促进不同行业之间的合作共赢，优化文化旅游产业结构。[①] 西江千户苗寨推出的优质文创产品如下。

一是在景区餐饮行业运用原生态制作加工方式，推出苗家酸汤鱼、养生鸡稀饭、西江米酒、手工糍粑等特色饮食菜肴，满足旅游者"吃"的需求。还利用现代科技手段，将酸汤、鸡稀饭、稻香鱼、米酒、糍粑等特色饮食原生态风味保留，做成可以带走的饮食商品，满足旅游者"购"的需求。

二是在饮食商品的包装方面充分体现西江苗族传统文化，如运用苗族蜡染、苗族刺绣、苗族织锦等传统手工艺制成布制包装袋，礼盒上嵌入小片苗族银饰、芦笙和吊脚楼模型，内容体现节庆、歌舞、贾理、医药等。

三是丰富文创产品种类，不仅要将现有西江手绘地图、苗族吉祥物、挂饰等产品面向不同性别、职业、年龄段、文化水平的旅游者，还要开发具有地方民族特色，或实用平价或精致高价的产品，最大限度满足旅游者的纪念、馈赠、收藏等需求。

2. 打造数字文旅产业

数字文旅产业是以旅游资源为依托，利用文化资源，激发文化价值，展示文化内容，营销文化创意，促进文化旅游产业的数字化建构。[②] 数字化是深化供给侧结构性改革的重要手段，是应对突发公共卫生事件冲击的重要途

---

① 徐媛、陈婧：《文旅融合背景下的文创产品开发设计研究》，《智库时代》2020年第5期。
② 刘洋、肖远平：《数字文旅产业的逻辑与转型——来自贵州的经验与启示》，《理论月刊》2020年第4期。

径，是推动文旅产业融合发展的重要抓手，是实现文旅产业高质量发展的重要支撑。数字技术赋能公共服务与行业监管部门，推动文旅产业发展模式和业态变革，带来大众行为与体验认知的改变，开启了文旅产业发展新时代。[1] 西江千户苗寨发展数字化文旅产业势在必行。

一是发展智慧旅游。将无接触旅游、虚拟旅游、线上旅游嵌入景区民俗活动、旅游攻略等小程序，图片与音视频影像结合，尤其是拦门酒、长桌宴精彩瞬间的展示，激发旅游者好奇心。或以网络游戏通关的方式，让旅游者参与特色饮食制作。

二是建设数字化文旅基地。主流媒体和新媒体相结合，主流媒体推出西江特色饮食文化专题纪录片，采用高清影像技术，展示西江特色饮食文化，在各大新闻媒体上发布；新媒体如头条号、百家号、搜狐号、公众号、企鹅号、一点号、大鱼号、网易号、大风号、小红书、豆瓣等平台，以及抖音、西瓜、快手、B站、秒拍、美拍、梨视频等视频平台，利用大数据技术、5G通信技术，进行西江苗族特色饮食文化的直播或视频播放。

三是建设虚拟仿真实验室。西江苗族博物馆是苗族传统文化保护传承的重要基地，也是苗族历史文化对外展示的重要窗口。作为中国第一个苗族村寨博物馆，西江苗族博物馆利用虚拟仿真技术、人工智能技术，发挥技术调适文化距离的功能，线上线下相融合，让旅游者根据自身喜好选择参与酸汤、鸡稀饭、稻香鱼、米酒、糍粑等特色饮食的制作，身临其境地体验苗族饮食文化。

（三）推行文化旅游 IP

文化旅游 IP 是指具有一定的开发潜力和市场基础，可以转化为具有经济价值的知识产权，可以被运用到渠道、服务以及产品等当中。[2] 它与塑造文旅品牌形象密切相关，利用地方独特的文化资源设计创意，提升文化价

---

① 夏杰长、贺少军、徐金海：《数字化：文旅产业融合发展的新方向》，《黑龙江社会科学》2022 年第 2 期。

② 余莎曼、范柳娜等：《国内旅游品牌研究综述》，《国土与自然资源研究》2016 年第 5 期。

值，反映特殊的文化内涵。文旅融合背景下，西江千户苗寨通过打造、推行、延伸文化旅游 IP，形成文化旅游品牌，将其作为产生溢价、实现增值的一种无形资产，[①] 提升文化旅游产品市场竞争力。

首先，创意是文旅 IP 的核心。西江千户苗寨文旅 IP 的形成离不开文旅融合创意。先审视民族传统资源、饮食文化资源，全面考察后根据实际情况精准定位，如休闲度假、亲子游等。再培育文化自觉和文化自信，运用饮食文化记忆与地方饮食礼俗，激发地方民众参与文旅建设的积极性，调和地方主导与外来参与的关系，实现当地民众和外来游客的价值共享。

其次，人才是文旅 IP 的基础。西江千户苗寨人才培养初步形成了政企研合作的产业发展模式，[②] 即政府主导、企业合作、学术指导，朝着校地企协同创新、产学研相结合的方向发展，实现苗族特色饮食文化的创造性转化和创新性发展。

从贵州省、黔东南州到雷山县，地方政府的预见性措施决定了民族村寨旅游商业化发展的演变路径。[③] 政府发挥主导作用，出台适合地方实际情况的饮食行业标准，符合公共卫生安全要求，规范文旅产品加工、销售、售后流程，监督、引导地方文化旅游发展。

政府与贵州省西江千户苗寨文化旅游发展有限公司合作。该公司作为当地主要企业，负责景区规划开发运营、民俗活动开展、旅游商品出售等。公司工作人员是景区文旅服务的主要提供者，他们的专业素养体现了企业的人文关怀，能够提升文旅产业服务水平，为旅游者提供良好的消费体验。企业提供就业岗位解决当地文旅人才就业问题，还能够为高校提供实习岗位，提高文旅人才的综合素质，为文旅融合发展提供智力支持。

① 张清荣：《文旅融合视角下的区域文化旅游品牌塑造》，《文化产业》2019 年第 24 期。
② 刘明文：《西江千户苗寨产业化发展特点探析》，刘实鹏、周俊主编《人文与科技》第 5 辑，中央民族大学出版社，2020。
③ 唐璐、张全晓、张忠训：《西江千户苗寨旅游商业化发展的演进与反思》，《科技和产业》2019 年第 12 期。

西江千户苗寨文化研究院进行学术指导。研究院是贵州民族大学西江教学基地，推出"西江苗寨历史文化丛书"，与国内外相关研究机构开展学术交流，并在"西江千户苗寨文化研究院"公众号上发布苗寨文化和研究动态等相关信息。在学术研究的基础上，出版、发表西江苗族饮食文化类研究成果，开发出更加丰富的体验式文旅项目和文旅新业态，提升文化和旅游复合产业群的知识（技术）水平，引进研究、咨询、设计、营销等专业性中介组织，推动文化旅游职业教育和高等教育转型升级。

B.9
贵州乡村旅游发展报告

王贵森 *

摘　要： 乡村旅游是旅游业的重要组成部分，是全面推进乡村振兴的重要抓手。首先，本文系统回顾并总结了近年来贵州高度重视、高位推进乡村旅游发展的主要做法与取得的成效；其次，分析了贵州乡村旅游发展在国家层面大力支持、省委省政府持续大力推动、旅游资源丰富等方面的机遇和优势，论述了推动乡村旅游向高质量发展转型还面临压力、乡村旅游产品供给和服务品质还有待提升、乡村旅游发展的要素保障还不够有力等方面的问题和挑战；最后，提出了进一步转变乡村旅游发展方式、丰富乡村旅游产品供给、提升乡村旅游服务品质、强化要素支撑保障等推动贵州乡村旅游高质量发展的对策建议。

关键词： 乡村旅游　高质量发展　贵州

一　贵州推进乡村旅游发展的做法与成效

（一）持续高位推进，乡村旅游成为全省旅游业发展的重要组成部分

贵州素有"公园省"之美誉，发展包括乡村旅游在内的各类旅游业具有独特优势。习近平总书记曾指示贵州，要把旅游业做大做强，使旅游业成

---

* 王贵森，中共贵州省委政策研究室政治和党建研究处处长，研究方向为党的建设、公共治理、乡村产业发展。

为重要支柱产业；要抓住乡村旅游兴起的时机，把资源变资产，实践好绿水青山就是金山银山的理念。①

近年来，贵州省委、省政府高度重视旅游业发展，把旅游业发展摆在全省经济社会发展的重要位置，成立了以省政府主要负责同志任组长、省委和省政府有关负责同志任副组长的省旅游发展和改革领导小组，建立健全省、市（州）、县（市、区）三级响应组织机构，构建"横向统筹协调、纵向层层落实"的机制，连续十余年召开全省旅游产业发展大会，制定出台《关于推动旅游业高质量发展加快旅游产业化建设多彩贵州旅游强省的意见》《关于推进旅游业供给侧结构性改革的实施意见》等政策文件，持续强力推动旅游业做大做强。2016~2019 年，全省接待入黔游客人次、旅游总收入年均增长 30%以上，2019 年全省旅游总收入跃升到全国前列。② 2020 年受新冠疫情影响，旅游业出现下滑。2021 年，贵州旅游业实现恢复性增长，旅游总收入同比增长 14.8%，旅游业及相关产业增加值达 1018.26 亿元，占全省生产总值的 5.2%,③ 成为名副其实的支柱产业。

在推进旅游业加快发展的过程中，贵州对乡村旅游的发展也高度重视，专门制定出台了《贵州省乡村旅游"十四五"发展规划》《关于推动农文旅融合促进休闲农业与乡村旅游高质量发展的指导意见》《贵州省标准化推进乡村旅游高质量发展工作方案》《贵州省旅游发展和改革领导小组办公室关于大力发展乡村旅游的实施意见》等政策文件，着力推动乡村旅游加快发展。2019 年，贵州全省乡村旅游接待人数 5.15 亿人次、乡村旅游收入 2789 亿元，分别占全省总数的 45%和 23%,④ 在全省旅游业中占有重要地位。2020 年后，受新冠疫情影响，乡村旅游受到较大冲击，出现明显下滑。

① 《习近平参加党的十九大贵州省代表团审议侧记》，《人民日报》2017 年 10 月 20 日，第 2 版。
② 《千年梦圆新时代 感恩奋进新征程——中共贵州省委"中国这十年·贵州"主题新闻发布会实录》，《贵州日报》2022 年 8 月 4 日，第 2 版。
③ 贵州省统计局、国家统计局贵州调查总队编《2022 领导干部手册》。
④ 《青年创客+乡村旅游如何出圈？贵州第二届乡村旅游创客大赛这些项目值得关注》，当代先锋网，http://www.ddcpc.cn/news/202011/t20201121_1141947.shtml。

2021 年，乡村旅游实现恢复性增长，全省仅休闲农业与乡村旅游经营主体就超过 1.3 万个，接待游客超过 1.6 亿人次，营业收入近 200 亿元。①

贵州乡村旅游在全国的知名度和影响力也不断提升。近年来，贵州以"村有界·创无边"为主题持续举办乡村旅游创客大赛，积极推进乡村旅游重点村镇创建、乡村民宿品牌建设等，使贵州乡村旅游的知名度越来越高、影响力越来越大。已累计创建全国乡村旅游重点村 45 个、全国乡村旅游重点镇 4 个，数量分别排全国第 3 位、第 1 位；创建的省级以上乡村旅游重点村镇达 323 个。② 在全国旅游标准化技术委员会公布的首批 31 家甲级旅游民宿中，贵州有兴义市峰兮半山客栈、荔波县瑶池小七孔民宿两家入选，数量居全国第一位。③

（二）综合效益凸显，有力助推打赢脱贫攻坚战和全面推进乡村振兴

乡村旅游具有多方面的综合效益。从经济效益来看，乡村旅游具有广泛的产业带动效应和辐射效应，促进农村产业结构转型升级，带动农民增收致富。从社会效益来看，发展乡村旅游能为农村发展带来新鲜活力，提升乡村社会现代化治理能力和水平。从生态效益来看，发展乡村旅游必然要求乡村不断完善垃圾、污水收集处理等设施建设，不断改善村容村貌，促进农村生态文明建设。正是由于乡村旅游具有多重效益的特性，贵州在推进全省经济社会发展的许多重大决策部署中，都把乡村旅游摆在重要位置，充分发挥乡村旅游对脱贫攻坚和乡村振兴的促进作用。

在 2020 年之前的全面建设小康社会阶段，贵州是全国脱贫攻坚的主战

① 《贵州举行 2022 年多彩贵州春季旅游推广新闻发布会》，国务院新闻办公室网站，2022 年 2 月 25 日，http：//www.scio.gov.cn/xwfb/dfxwfb/gssfbh/gz_13849/202207/t20220716_242728.htm。

② 《贵州省文化和旅游厅关于省十三届人大五次会议第 179 号建议的答复》，贵州省文化和旅游厅网站，2022 年 6 月 30 日，http：//whhly.guizhou.gov.cn/ztzl/rdzt/jytagkzl/202206/t20220630_75338748.html。

③ 《全国旅游标准化技术委员会关于甲级、乙级旅游民宿的公告》，中华人民共和国文化和旅游部网站，2021 年 11 月 23 日，https：//www.mct.gov.cn/whzx/zsdw/lyzljdgls/202111/t20211123_929181.html。

场之一，2015 年有贫困人口 623 万，占全国贫困人口的 8.9%，是全国贫困人口最多的省份，贫困发生率 18%，比全国高 10.8 个百分点。为此，贵州提出"以脱贫攻坚统揽经济社会发展全局"，并且把发展乡村旅游作为打赢脱贫攻坚战的重要抓手。2017 年 9 月，贵州出台了《贵州省发展旅游业助推脱贫攻坚三年行动方案（2017—2019 年）》，大力实施乡村旅游扶贫工程、乡村旅游标准化建设工程、旅游项目建设扶贫工程、景区带动旅游扶贫工程、旅游资源开发扶贫工程、旅游商品扶贫工程、"旅游+"多产业融合发展扶贫工程、旅游结对帮扶工程、旅游教育培训扶贫工程等九项工程。① "十三五"期间，全省旅游扶贫累计带动 113 万贫困人口受益增收，② 有力助推了全省按时打赢脱贫攻坚战。旅游扶贫还有很多特色亮点，贵州共有 20 个项目入选全国旅游扶贫示范项目，③ 遵义花茂村、安顺"塘约经验"等案例入选世界旅游联盟旅游减贫案例，书写了旅游扶贫的"贵州样本"。截至 2020 年，全省 66 个贫困县全部摘帽，923 万农村贫困人口全部脱贫，减贫人数、易地扶贫搬迁人数均为全国最多，书写了中国减贫奇迹的精彩篇章。

在全面建成小康社会、进入全面建设社会主义现代化国家新征程后，贵州面临的全面推进乡村振兴、推进农业农村现代化的任务依然艰巨繁重。贵州坚持把解决好"三农"问题作为全省工作的重中之重，适应工作重点从解决"两不愁三保障"转向推动乡村全面振兴、从突出到人到户转向推动区域发展、从以政府投入为主转向政府与市场有机结合的"三个转变"，充分发挥乡村旅游对乡村产业、人才、文化、生态、组织等各方面振兴的促进作用。2021 年 10 月，省委、省政府专门印发了《贵州省全面推进乡村振兴五年行动方案》，提出实施包括发展乡村产业在内的"五大行动"，部署安排推动"乡村旅游业提档升级"等重点工作，有力助推了乡村振兴。2021

---

① 载于《贵州省人民政府公报》2017 年第 13 期。

② 《千年梦圆新时代 感恩奋进新征程——中共贵州省委"中国这十年·贵州"主题新闻发布会实录》，《贵州日报》2022 年 8 月 4 日，第 2 版。

③ 向秋樾：《贵州旅游扶贫成为产业扶贫生力军》，《贵州日报》2021 年 3 月 17 日，第 2 版。

年，在国家文化和旅游部发布的《体验脱贫成就·助力乡村振兴全国乡村旅游扶贫示范案例选编》100 个示范案例中，贵州有 6 个案例入选，数量居全国第 1 位；在世界旅游联盟发布的《2021 世界旅游联盟——旅游助力乡村振兴案例》50 个案例中，贵州有 2 个案例入选。[①]

（三）发展后劲夯实，为持续发展打下坚实基础

一是旅游交通条件极大改善。交通兴，则旅游兴。对山地特征明显的贵州而言，连接客源地和目的地的旅游大交通，长期以来是旅游业发展的关键短板。近年来，贵州强力推进交通基础设施建设，推动交通设施大踏步前进，交通运输从"瓶颈制约"转变为"有力支撑"，乡村旅游的"大动脉"和"毛细血管"都已经全面打通。"十三五"时期，全省完成交通投资 8912 亿元，在"十二五"基础上增长 43.8%，公路总里程达 20.7 万公里，其中高速公路通车里程达 7607 公里，排名全国第 5 位、西部第 3 位，高速公路出省通道 22 个，基本形成内通外联的高速公路网；铁路总里程达 3867公里，其中高铁通车里程 1527 公里，排名全国第 15 位、西部第 2 位，贵阳是全国十大高铁枢纽之一，9 个市州 8 个通高铁，全面融入全国高铁网；建成贵阳机场三期扩建工程和遵义茅台机场，完成兴义、铜仁等机场改扩建工程，[②] 全省机场保障能力进一步提升，机场年旅客吞吐量突破 3000 万人次。[③] 特别是在与乡村旅游直接密切关联的农村公路方面，仅"十三五"时期，全省农村公路就累计完成投资 1268 亿元，新改建里程 5.9 万公里，建成 7.87 万公里通组硬化路，于 2019 年 6 月在西部率先实现 30 户以上村民组通硬化路；与此同时，农村客运也极大改善，于 2017 年底在西部率先实

---

① 《贵州省已创建省级以上乡村旅游重点村镇 323 个》，中国新闻网，2022 年 5 月 6 日，http：//www. gz. chinanews. com. cn/jjgz/2022-05-06/doc-ihayafwm7428139. shtml。

② 《贵州省"十四五"综合交通运输体系发展规划》，贵州省发展和改革委员会网站，2022 年6 月 27 日，http：//fgw. guizhou. gov. cn/fggz/tzgg/202206/t20220627_75296165. html。

③ 《贵州省国民经济和社会发展第十四个五年规划和 2035 年远景目标纲要》，贵州省人民政府网站，2023 年 8 月 31 日，http：//www. guizhou. gov. cn/zwgk/zdlygk/jjgzlfz/ghjh/gmjjhshfzgh_587 0291/202308/t20230831_82150485. html。

现了建制村通畅率、通客运率达 100%。① 以交通为核心的基础设施建设从根本上改变了农村发展条件，也打通了乡村旅游的"最后一公里"。

二是旅游规范化水平不断提升。持续推进旅游标准化建设，在全国率先制定《贵州省乡村旅游村寨建设与服务标准》《贵州省乡村旅游客栈服务质量等级划分与评定》《贵州省乡村旅游经营户（农家乐）服务质量等级划分与评定》等三个省级地方标准，在旅游业考核指标体系中，还将乡村旅游等级评定作为重要指标。持续推进乡村旅游标准化评定，截至 2021 年底，全省共评定标准级以上乡村旅游村寨、客栈和农家乐 7150 家。②

三是旅游数字化建设加快推进。专门制定印发《加快文旅场所通信基础设施建设全力支持旅游产业化实施方案》，推进旅游景区 5G 网络建设，提升景区千兆光网服务能力，提高沿线无线网络质量，推动通信基础设施对重要文旅场所同步覆盖。"贵州旅游·一码游贵州"全域智慧旅游平台建立并于 2020 年 5 月正式发布上线，向景区、酒店、民宿、客栈、商户等提供电商服务和后台系统，为广大游客提供"吃、住、行、游、购、娱"等方面的智慧旅游服务。截至 2022 年 5 月，平台累计用户量 2600 多万人，入驻景区 710 家，入驻商户 5.9 万家，通过平台预约入园游客达 511 万人次。③

二　贵州乡村旅游发展的机遇与优势

（一）国家层面的大力支持

旅游业被称为 21 世纪的朝阳产业。随着经济社会的发展，人们收入水

---

① 《贵州举行"十三五"交通建设迈上新台阶新闻发布会》，国务院新闻办公室网站，2022 年 7 月 16 日，http：//www. scio. gov. cn/xwFbh/gssxwfbh/xwfbh/dfxwfb/gssfbh/gz_13849/202207/t2022 0716_23102. htm。

② 《第四届贵州省乡村旅游创客大赛启动》，央广网，2022 年 5 月 6 日，http：//gz. cnr. cn/zhongdianliutiao/20220506/t20220506_525817524. shtml。

③ 《贵州省文化和旅游厅关于省十三届人大五次会议第 179 号建议的答复》，贵州省文化和旅游厅网站，2022 年 6 月 30 日，http：//whhly. guizhou. gov. cn/ztzl/rdzt/jytagkzl/202206/t2022063 0_75338748. html。

平不断提高，对旅游消费的需求也在不断增长，旅游业在国民经济中的地位和作用越来越重要。2021年12月，国务院印发《"十四五"旅游业发展规划》，其中明确指出，"十四五"时期，我国将进入大众旅游时代，旅游业发展仍处于重要战略机遇期。

《"十四五"旅游业发展规划》把乡村旅游发展放在旅游业发展的重要位置，提出了明确目标和具体要求。比如，在发展目标中提出，到2025年，"乡村旅游等加快发展"；展望2035年，"乡村旅游重点村镇等为代表的优质旅游供给更加丰富"。在重点工作部署中提出，"规范发展乡村旅游"，"完善乡村旅游政策保障体系，鼓励各地区因地制宜将乡村旅游纳入县域相关规划，统筹推进乡村旅游道路、停车场、厕所、污水垃圾处理设施等基础设施建设"，"实施乡村旅游精品工程，优化乡村旅游产品结构。丰富产品供给……构建全方位、多层次的乡村旅游品牌体系"，"有效衔接乡村振兴战略，重点支持脱贫地区乡村旅游发展壮大"，等等。①《"十四五"文化发展规划》也明确提出"利用乡村文化传统和资源，发展乡村旅游"，并将"乡村旅游精品建设"列为重点工作任务。②

近年来，国家层面出台的一些政策文件，也对贵州发展乡村旅游在内的旅游业给予了有力支持。比如，2012年1月国务院出台的《关于进一步促进贵州经济社会又好又快发展的若干意见》（国发〔2012〕2号），明确赋予了贵州"文化旅游发展创新区"的定位，还提出"把文化和旅游产业发展成为支柱产业""探索特色民族文化与旅游融合发展新路子""大力发展休闲农业和乡村旅游"等具体要求。③再如，2022年1月，国务院出台《关于支持贵州在新时代西部大开发上闯新路的意见》（国发〔2022〕2号），提出"促进文化产业和旅游产业繁荣发展""积极发展民族、乡村特色文化

---

① 《国务院关于印发"十四五"旅游业发展规划的通知》，中华人民共和国中央人民政府网站，2022年1月20日，http://www.gov.cn/zhengce/content/2022-01/20/content_5669468.htm。
② 《中办国办印发〈"十四五"文化发展规划〉》，《人民日报》2022年8月17日，第1版。
③ 《国务院关于进一步促进贵州经济社会又好又快发展的若干意见》，中华人民共和国中央人民政府网站，2012年1月16日，http://www.gov.cn/zhengce/content/2012-01/16/content_4649.htm。

产业和旅游产业""积极发展民族、乡村特色文化产业和旅游产业，加强民族传统手工艺保护与传承，打造民族文化创意产品和旅游商品品牌"，① 等等。这些都给贵州发展乡村旅游带来了重大机遇。

（二）贵州省委、省政府的持续大力推动

进入"十四五"时期，贵州继续把旅游业发展摆在突出重要位置。相继召开省委十二届九次全会以及全省旅游产业化推进大会、全省旅游产业化工作会，把旅游产业化纳入"四化"统筹推进。省委、省政府出台了《关于推动旅游业高质量发展加快旅游产业化建设多彩贵州旅游强省的意见》《关于加快推进旅游产业化奋力实现旅游大提质的实施意见》等政策文件，做出了推动旅游高质量发展的战略部署。

对于发展乡村旅游，贵州省也做出许多重要部署。贵州省"十四五"规划纲要提出，大力发展乡村旅游，推进乡村旅游重点村创建，实施乡村旅游村寨、客栈、民宿和农家乐标准化建设，并明确将"乡村旅游示范工程"列为全省旅游业重大工程之一，重点推进播州花茂村等 26 个全国乡村旅游重点村寨建设。2022 年贵州省委一号文件明确提出加快乡村旅游发展，具体目标包括：新增省级以上乡村旅游重点村镇 80 个以上，新增标准级以上乡村旅游村寨、客栈和农家乐 300 家以上，打造 10 个以上乡村旅游与传统村落和民族特色村寨深度融合发展示范点。文件还明确，将符合要求的乡村休闲旅游项目纳入科普基地和中小学学农劳动实践基地范围。2022 年 4 月，贵州省第十三次党代会报告提出，大力发展乡村旅游等各具优势的乡村产业。

（三）贵州乡村旅游发展具备的突出资源优势

一是从自然旅游资源来看，贵州乡村旅游资源不仅丰富多样，而且组合

---

① 《国务院关于支持贵州在新时代西部大开发上闯新路的意见》，中华人民共和国中央人民政府网站，2022 年 1 月 26 日，http：//www.gov.cn/zhengce/content/2022-01-26/content_5670527.htm。

度好。贵州 92.5% 的土地面积为山地和丘陵，是"山地王国"，被称为"山地公园省"。唐代诗人孟郊在《赠黔府王中丞楚》一诗中赞叹道："旧说天下山，半在黔中青。又闻天下泉，半落黔中鸣。"以山、水、溶洞、森林等为特色的山地旅游资源，加上宜人的气候和良好的生态环境，使贵州各地适合开发以回归自然、回归乡村为取向的休闲度假、康体养生、观光体验等各类乡村旅游。根据率先在全国完成的贵州省旅游资源大普查结果，全省旅游资源单体共有 82679 处，其中乡村旅游资源共有 9013 处；① 优良级乡村旅游资源共有 913 处，占全省优良级旅游资源的 12%。②

二是从人文旅游资源来看，贵州文化丰富多彩。贵州历史文化源远流长，20 多万年前就有人类生活在这块土地上，境内考古发现 80 多处石器时代遗址，③ 在漫长的历史岁月中，还形成了夜郎文化、沙滩文化、阳明文化等独具特色的历史文化。红色文化深厚耀眼，20 世纪 30 年代，中国共产党领导红军在贵州开展革命斗争，足迹遍布 60 多个县，中央红军长征时在贵州活动时间最长、活动范围最广，召开了举世闻名的遵义会议等重要会议，形成了宝贵的红色文化旅游资源。在与发展乡村旅游关联密切的民族文化方面，贵州更是享有"文化千岛""民族生态博物馆"的美誉。全省有汉族、苗族、布依族、侗族、土家族等 18 个世居民族，少数民族人口占全省总人口的 36.44%。全省民族村寨有 12000 多个，其中民族风情浓郁、文化底蕴深厚的民族村寨 5000 多个，全省命名的"贵州省少数民族特色村寨"有 1328 个；"中国少数民族特色村寨"中，贵州有 312 个，约占全国总数 1652 个的 19%，居全国第一位。④ 贵州少数民族特色村寨不但数量众多，而且兼

---

① 贵州省统计局、国家统计局贵州调查总队：《2016 年贵州省国民经济和社会发展统计公报》。贵州省旅游资源大普查分类中的"乡村旅游资源"主要是村寨类，实际上能够用于乡村旅游发展的资源远不止于此。

② 邓小海：《新时代乡村旅游提质增效：来自贵州的乡村旅游发展实践》，中国书籍出版社，2021。

③ 贵州百科全书编辑委员会编《贵州百科全书》，中国大百科全书出版社，2005。

④ 《贵州省"十四五"民族特色村寨保护与发展规划》，贵州省民族宗教事务委员会网站，2021 年 12 月 29 日，http://mzw. guizhou. cn/zfxxgk/fdzdgknr/ghjh_5623247/ghjh_5623248/202112/t20211230_72158999. html。

具民族文化、自然生态等多重资源禀赋，为发展乡村旅游提供了得天独厚的资源条件。

三 贵州乡村旅游发展的问题与挑战

（一）推动乡村旅游向高质量发展转型还面临压力

一是适应形势变化、推动创新发展还面临挑战。高质量发展，需要以创新为第一动力。这种创新包括生产经营方式的创新。随着经济社会不断发展、城乡居民消费不断升级，乡村旅游也出现了一些需要积极适应的变化。比如，在出游目的上，由赏景点向享生活转变，越来越多的人不再局限于一村一地一景，而是由传统的点状旅游向乡村旅游精品线路、旅游集聚片区转变；在客源市场上，由区域化向本地化转变，本地居民乡村旅游出游意愿不断增强，本地出游逐渐成为主流；在旅游方式上，由团队游向散客游转变，人们对乡村旅游景点的选择不再随波逐流，小众、隐秘、有特色的景点越来越受欢迎。这些发展变化，不论是对地方政府部门，还是对乡村旅游投资者和经营管理者，都提出了新的要求。需要敏锐跟上形势变化，更新思想观念，转变经营发展方式，不断推进乡村旅游创新发展。

二是提高质量效益、推动可持续发展还面临困境。高质量发展是追求质量第一、效益优先的发展。近年来，贵州旅游业快速发展，总体上取得了多方面的显著效益，但具体来看，包括一些乡村旅游项目在内的旅游项目的经济效益还有待提升。有的项目规划论证不充分，没有与市场需求充分衔接，缺乏内涵，游客不多，没有形成持续收益，造成资产闲置；有的项目摊子铺得太大，后续投入乏力，成"半拉子"工程。针对这样的情况，贵州在2021年部署实施了盘活闲置低效项目攻坚行动，系统梳理停工、停业和低效项目，全面提高旅游产业投入产出效益。① 在宏观经济运行压力持续加大

---

① 《李炳军在全省旅游产业化推进大会上强调 实施"四大行动"奋力推动旅游大提质 以旅游业高质量发展助推全省高质量发展》，《贵州日报》2021年6月8日，第1版。

的背景下，提高乡村旅游项目的质量效益、推动实现可持续发展仍面临较大压力。

三是提高村民参与度、推动共享发展还存在困难。高质量发展是以人为中心的发展。与一般的旅游产业不同，发展乡村旅游，村民是主体，是依靠。但在乡村旅游发展的实际过程中，许多村民并不总是支持当地乡村旅游资源的开发和乡村旅游项目的建设，认为会对他们的生活方式、当地生态环境和文化产生破坏。同时，一些开发商在开发过程中也更多注重经济利益，而忽略当地村民的感受，不能有效吸引村民参与到乡村旅游项目建设中来，也给乡村旅游管理带来挑战。

（二）乡村旅游产品供给和服务品质还有待提升

一是乡村特色体现不充分。对乡土、乡情、乡愁等元素提炼不够，存在同质化现象和"去农化"倾向。同质化现象表现在一些地方乡村旅游经营形式简单、产品比较单一，未在地域特色、传统建筑、农业文化、民俗风情等方面进行深入挖掘，缺乏小众类、精准化、中高端产品和服务，难以给予游客深度的游览体验。"去农化"倾向表现在一些地方"乡村意象"保持不够，过度追求城镇化而丢失"土味"，与现代农业、设施农业等联系不够紧密，不能让乡土价值转化为经济价值。

二是区域统筹协调还不够。从省级层面看，缺乏有影响力的集聚带动区，也缺乏有实力的跨区域旅游业龙头企业，还不能有效促进全省各地乡村旅游资源要素统筹整合、协调联动。从市县层面看，有的地方没有做到以"一盘棋"的思维谋划发展乡村旅游，单打独斗现象仍然存在，还需要打破行政区域制约，"串珠成链"、联动发展。从乡村层面看，大多是依靠自身的资源去发展乡村旅游，而忽略相邻村落之间的资源融合，不能创造多种游玩组合。

二是公共配套服务和专业化管理水平还有待提升。一些地方乡村旅游外部交通不够便利，游客服务中心、停车场、引导标识等公共设施配套还不够完善，立体化、多层次的旅游通达系统建设有待加强。乡村旅游市场主体仍然是以小微企业、合作社、个体户等为主，大型文旅企业参与乡村旅游开发不够，"小散弱"的特征较为突出，这些都制约了乡村旅游的专业化管理水平的提高。

（三）乡村旅游发展的要素保障还不够有力

一是专业人才缺乏。从项目策划、资金筹集到落地建设，再到后期运营管理等，乡村旅游的发展依赖多方面的专业知识，对专业人才有着较大的需求。近年来，贵州把乡村旅游管理人员、从业人员培训纳入各级旅游部门年度培训计划，对乡村旅游相关人员、致富带头人、乡村旅游创客等进行培训，截至2020年底，培训乡村文化旅游人才超过1.5万人。[①] 但整体上仍不能满足乡村旅游发展的需要。从乡村旅游基础服务人员来看，主要遵循就近原则，多为本地农户，缺乏专业技能，服务意识和能力不足，从业综合素质相对较低。许多乡村旅游点缺乏好导游，有景"说不出、说不好、说不深"的情况比较普遍。从经营管理人员来看，从事管理工作的多是当地有一定威望的人，但也普遍未经过专业、系统的学习和培训，对旅游市场变化等方面的应对措施不足，也缺乏乡村旅游经营的全局观。

二是建设用地受到制约。优质乡村旅游资源往往分布在生态保护红线、基本农田保护区等区域，农村地区建设用地指标缺少风景旅游用地、文化设施用地等用地指标，乡村旅游发展配套基础服务设施和产业用地建设受限。另外，一些农户担心业主经营失败或者土地租用时间过长，租金无法按时支付，不愿意长期流转土地，也一定程度上影响旅游项目建设。

三是资金紧张。省级安排文化和旅游专项资金，对列为全国、省级乡村旅游重点村，以及新评定为乡村旅游甲级村寨、精品客栈、五星级经营户

---

① 《省文化和旅游厅关于省政协十二届四次会议第1148号提案的答复》，贵州省文化和旅游厅网站，2021年7月20日，https://whhly.guizhou.gov.cn/ztzl/rdzt/jytagkzl/202107/t20210720_69058591.html。

（农家乐）的，分别按 30 万元到 1 万元的不同标准进行奖补。[1] 但从全省范围来看，乡村旅游发展仍存在地区不平衡、一些地方的乡村旅游项目在开发和建设过程中面临资金不足的问题。对于处在运营中的旅游项目和旅游企业来说，乡村旅游相关的资产专用性强、沉没成本高，加大了获取银行信贷资金支持的难度，许多乡村旅游项目主体经营不稳定，资金周转存在较大压力。

四　推动贵州乡村旅游高质量发展的对策建议

（一）加快转变乡村旅游发展方式

一是坚持因地制宜，推进乡村旅游特色化发展。加强规划引领和组织领导，统筹乡村旅游发展与乡村产业发展、农村人居环境整治、农村精神文明建设等，做好乡村旅游规划，并适时根据形势发展变化进行调整优化。突出差异化发展，充分结合地方资源禀赋、交通条件、地理区位等实际情况，以游客需求为导向，避免简单复制和同质化竞争。

二是实施"旅游+"，推进乡村旅游融合化发展。延长产业链，提升价值链。比如，对一些有条件的工业园区、农业园区，可以因地制宜打造为乡村旅游景区，推进乡村旅游与工业、农业、研学、康养、体育等深度融合，实现区域产业链条全域化发展，培育发展新动能。坚持以文塑旅、以旅彰文。再如，对一些民族特色村寨，可以立足村域特色、民俗风情、文化传承和历史脉络，打造宜居、宜业、宜游美丽村庄，推进民族文化、红色文化等与旅游业深度融合。

---

[1] 《省文化和旅游厅关于省政协十二届四次会议第 1148 号提案的答复》，贵州省文化和旅游厅网站，2021 年 7 月 20 日，https://whhly.guizhou.gov.cn/ztzl/rdzt/jytagkzl/202107/t20210720_69058591.html。具体政策为对列入全国乡村旅游重点村的，由省级文化和旅游专项资金给予 30 万元的配套奖补资金；省级乡村旅游重点村由省级文化和旅游专项资金给予 20 万元奖补资金；对新评定为乡村旅游甲级村寨、精品客栈、五星级经营户（农家乐）的，由省级文化和旅游专项资金分别给予 5 万元、3 万元、1 万元的配套奖补资金。

三是大数据赋能，推进乡村旅游智慧化发展。建好用好"一码游贵州"平台，推动携程、同程、美团、马蜂窝等与贵州旅游企业合作，共同发展乡村旅游，推广网络营销、网络预订和网上支付等互联网服务，完善导游、导览、导航等智慧旅游服务。支持旅游从业人员等通过各类平台直播，鼓励社会力量参与乡村旅游的宣传推广，把乡村旅游美景、美食传播出去。

四是完善利益联结，推进乡村旅游共享式发展。结合实际建立健全乡村旅游发展利益联结机制，让乡村居民更好地分享乡村旅游发展红利，进而提高农民群众对乡村旅游的参与度和获得感。引导鼓励农民利用资金、土地、林地、房屋以及农村集体资产等入股乡村旅游发展项目，推动田园变景区、农舍变旅舍、农民变导游。创新乡村旅游组织形式，建立股份合作型、劳动就业型、委托经营型等多种利益联结共享机制，促进农民群众与乡村旅游经营主体结成利益共同体。

（二）不断丰富乡村旅游产品供给，提升服务品质

一是多方位打造乡村旅游目的地。依托城市、著名景区打造乡村旅游目的地。在城市尤其是大城市周边，因地制宜发展休闲农庄、亲子游玩、乡村康养、研学研讨、民俗体验等项目，建设近郊乡村休憩地；发挥 A 级及以上著名景区客流集聚优势，开发特色餐饮、住宿等项目，打造景区周边游客承接地，让乡村旅游成为大景区的功能拓展区和消费承载区，促进景区游与乡村游的互动发展。利用生态资源打造乡村旅游目的地。发挥生态良好、气候宜人的优势，打造以"春游、夏消、秋赏、冬泡"为特色的乡村旅游产品，吸引游客前来旅游体验。利用文化资源打造乡村旅游目的地。挖掘会址、战斗遗址等红色文化资源，民族村寨、传统工艺、民俗等民族文化资源，古镇、古村、古建筑等历史文化资源，打造访古游、民族游、研学游等特色鲜明的主题文化村镇。

二是推动区域联动发展。适应交通发展新格局的变化，结合乡村旅游资源分布，打破县域乃至市域行政区划限制，充分发挥黄果树、百里杜鹃、梵净山、西江苗寨等著名旅游景点的辐射带动作用，围绕交通干线，打造旅游

精品线路和乡村旅游带。在乡村旅游资源连片区域，通过建设乡村旅游示范村、发展特色农家乐和精品民宿、拓宽景观廊道等，将乡村旅游点串成特色化、主题化的高品质旅游线，促进区域内乡村旅游的规模化、集约化发展。

三是完善乡村旅游基础设施。统筹乡村旅游发展与新农村建设，加强农村道路、水电、通信、停车场、厕所等基础设施建设。在乡村旅游景区道路沿线建设观景平台、汽车营地等配套服务设施。加强乡村原始风貌保护，尤其是注重保持地域文化特色和乡村建筑风貌，防止大拆大建、"千村一面"和城市化翻版、简单化复制，特别是保护好古村落、古建筑、民俗文化等的原始风貌，提升乡村整体风貌，增强旅游体验。

四是着力优化乡村旅游发展环境。着力加强乡村旅游市场综合治理，将乡村旅游市场环境综合管理作为乡村综合治理的重要内容，整合乡村治理资源，形成乡村旅游各级各部门联动机制，引导乡村居民共同维护旅游市场秩序，营造"处处都是旅游环境，人人都是旅游形象"的良好氛围。建立健全乡村旅游行业信用体系，搭建社会参与乡村旅游发展监督的组织平台、举报平台和乡村旅游主体信用信息公示平台，建立声誉约束机制和激励机制，促进乡村旅游有序发展。促进乡村旅游品牌创建，加大宣传推广力度，持续打造乡村旅游示范村、乡村旅游重点村等品牌，持续提升贵州乡村旅游的整体形象和美誉度。

（三）着力强化要素支撑保障

一是培育人才队伍。加强乡村旅游高端人才培育和引进，吸引省内外旅游相关专家学者和旅游企业家等，创新组建乡村旅游"智囊团"，为乡村旅游发展提供智力支持。鼓励各级党校（行政学院）、普通高校和职业院校等开展乡村旅游人才培训，加强对乡村旅游经营管理人员、从业服务人员等的培养。引导大学毕业生、青年创业团队、新乡贤、退伍军人、艺术人才、返乡农民工等参与乡村旅游发展，支持创客进村创业。培育乡村工匠，支持乡村传统手艺人等通过设立工作室传承传统技艺、建立研学旅游基地。

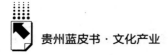

二是强化用地保障。在县级国土空间规划中，将乡村旅游项目建设用地纳入统筹安排，探索乡村旅游项目实行点状供地，因地制宜采用离地高架等方式建设旅游固定设施，减少土地占用。采取灵活多样的供地方式，通过全域推动综合整治、城乡建设用地增减挂钩等方式，有效盘活利用存量建设用地，将其用于乡村旅游发展。探索农村集体经济组织以出租、入股、合作等方式，盘活利用好闲置房屋、宅基地等资源。

三是加大资金支持力度。用好省文化和旅游发展专项资金，充分发挥专项资金的撬动引领作用，建立以政府投入为引导、社会投入为主体的多元化投入机制。引导旅游企业、工商企业、村集体、有实力的农民等投入资金发展乡村旅游，鼓励社会资金以承包、租赁、联营等多种形式投资开发乡村旅游项目，兴办各种旅游开发企业和经营实体。鼓励金融资本加大对乡村旅游发展的信贷投放，创新推广"乡村旅游 e 贷"等金融产品，帮助乡村旅游经营主体解决资金难题。

B.10
乡村振兴背景下黔东南民族村寨
旅游产业转型升级路径探究

万木英　范莉娜*

摘　要： 转型升级是旅游提质增效的必然要求，也是民族村寨旅游助力乡村振兴的重要路径。本文以黔东南典型旅游村寨为例，探讨民族村寨旅游与乡村振兴的内在关联，在此基础上，发现其存在文化资本化不明显、特色品牌尚未形成、产业融合不足、创新人才欠缺等问题。进而提出嵌入文化特色打造旅游品牌、突出产品特色深化体验、创新旅游业态激活产业链、协调发展培育复合型人才的旅游转型升级路径。在持续助力乡村振兴与传承活化特色文化基础上，向精细化、特色化和深度化发展，促进黔东南村寨旅游高质量发展。

关键词： 乡村振兴　黔东南民族村寨　旅游产业

一　问题提出与研究回顾

进入新发展阶段，民族村寨旅游作为推进乡村振兴的重要途径，在巩固脱贫攻坚成果、优化资源配置与拓展经济发展新空间等方面发挥着重要作用，乡村振兴与共同富裕成为旅游业发展的新价值、新要求与新

---

* 万木英，女，贵州民族大学社会学院硕士研究生，研究方向为旅游人类学；范莉娜，女，贵州民族大学旅游与航空服务学院教授，硕士生导师，主要研究方向为边缘社区发展。

目标。作为现代产业体系的重要组成部分，民族村寨旅游肩负着新的历史使命，在自身产品提档升级与发展模式转型基础上，以更加积极的姿态响应国家战略。但是，旅游开发也是一把"双刃剑"，[①] 一方面依托资源有效转化与市场价值提升来促进文化传承、经济增长、社区治理与生态保护；另一方面旅游产业带来的"经济快感"和"经济快餐"会驱使旅游者蜂拥而至，会促使旅游经营者丧失市场理性和文化自觉而进行盲目开发，最终导致旅游同质化、文化空壳化、环境破坏及社会治理难度加大等一系列问题。

旅游业转型升级是旅游业可持续发展的必要途径。在国外，乡村旅游普遍被视为拯救乡村社会的一味"良药"，其旅游发展模式相对稳定。[②] 有学者从旅游者角度出发，探讨旅游者在旅游实践中的自我转型与旅游地服务转型问题，从社会学、地理学等学科视角对旅游地变迁、旅游企业组织变革和旅游模式转变进行研究。[③] 也有学者聚焦于地域文化、制度创新、科技应用与情景规划等，探讨旅游发展路径与环境可持续性问题。[④] 国内学者则立足于本土实践对旅游业转型升级进行探索。王涌涛基于生态文明视角，指出生态文明理念对旅游发展具有积极指导作用，生态化是乡村旅游转型升级的重要方向。[⑤] 尹贻梅则基于产业融合，认为创意产业和创意活动可促进旅游产品的丰富，创意旅游有助于促进旅游产业转型发展。[⑥] 石斌从消费结构、政

① 李立安：《乡村振兴视域下乡村旅游发展的逻辑偏离与释困路径构建》，《农业经济》2020年第9期。
② Aliza Fleischer and Abraham Pizam, "Rural Tourism in Israel," *Tourism Management*, Vol. 18, No. 6, 1997, pp. 367-372.
③ Edward M. Bruner, "Transformation of Self in Tourism," *Annals of Tourism Research*, Vol. 18, Issue 2, 1991, pp. 238-250.
④ Char-lee McLennan, Tien Duc Pham, Lisa Ruhanen, Brent W. Ritchie, and Brent Moyle, "Counter-factual Scenario Planning for Long-range Sustainable Local-level Tourism Transformation," *Journal of Sustainable Tourism*, Vol. 20, Issue 6, 2012, pp. 801-822.
⑤ 王涌涛：《生态文明建设视域下我国乡村旅游的生态化转型》，《农业经济》2016年第6期。
⑥ 尹贻梅：《创意旅游：文化旅游的可持续发展之路》，《旅游学刊》2014年第3期。

策、市场、技术与利润等方面阐述了乡村旅游转型升级的必要性。① 纵观以上研究发现，对民族村寨旅游转型升级与乡村振兴进行关联的文献并不多。因此，本文选取黔东南典型民族村寨来分析两者的内在联系，探讨特定区域旅游业转型升级困境及出路，以期为助力贵州少数民族村寨"共同富裕"提供特色产业发展视角下的方案借鉴。

二 民族村寨旅游与乡村振兴的内在联系

（一）民族村寨旅游是助力乡村振兴的有效路径

1. 优化产业结构，改善生态环境

旅游开发为自然资源、民族文化和乡村传统生计的挖掘及利用提供了资源转化新平台，② 为乡村精英创新创业、农民就业增收提供了新的发展空间，③ 改变了传统产业发展方式、民族文化呈现形式和教育活动途径，将产业发展引入市场轨道并通过交换实现价值提升。例如，西江苗寨通过文旅互动，坚持文化为魂、旅游为体，推出《蝴蝶妈妈》《美丽西江》等苗族文化精品剧目，实现了文化资源资本化运作。西江积极进行农旅融合，大力培育发展竹、药、菌、家禽等特色农产品，带动大部分村民致富。景区还通过聘请保洁员、设置志愿岗、进行资源开发补偿、增加绿化建设和改进污水处理方式等对生态环境进行修复和保护，激发多元主体环境保护自觉性。通过工旅互补，发展银饰、蜡染、刺绣等旅游商品加工业，促使村民重新审视本民族文化价值，增强个体文化传承自信。再如，榕江两汪乡通过"龙头企业+合作社+农户"模式发展茶叶产业，实现育种育苗、生产技术、绿色防控、回收加工、品牌销售的"五统一"，解决了乡村投入多产低效问题，切实推

① 石斌：《全域旅游视角下乡村旅游转型升级的动因及路径——以陕西省为例》，《企业经济》2018 年第 7 期。

② 罗永常：《民族村寨旅游发展问题与对策研究》，《贵州民族研究》2003 年第 2 期。

③ 刘汉成、夏亚华：《乡村振兴战略的理论与实践》，中国经济出版社，2019，第 14~16 页。

进了乡村振兴。

2. 提升乡风文明，推进社会治理

民族村寨旅游在缩小城乡差距、促进城乡要素双向流动中发挥着重要作用。产业规模扩大，不仅吸引了更多资本下乡，农民也有意愿返乡创业、就业，参与旅游开发管理和服务并从中获取生计，这种就近就业能更好地避免人口外流导致的"幼无所养，老无所依"等问题。旅游产业化还调动了村民的能动性，通过物质文化及非物质文化展示等形式对地方性知识进行活化与重构，村民得到经济效益，参与积极性提升，保障村民节日活动、乡村事项在地化，村民也在这一过程中增强了主体意识与集体凝聚力。黔东南传统侗寨就是利用"理事会""议事会""寨管委"等村民自治组织作为村支两委的有效补充，实现共建、共管和共享。此外，村寨旅游还可以推动民族特色村寨经济发展，创新用好乡村振兴中的财政拨款，切实落实民族村寨旅游融合发展建设项目，着力加强特色民居保护，改善村寨基础设施，大力开展农村环境整治，切实改善民生，营造良好人居环境，将黔东南打造为宜居宜业和美乡村的西南典范。

3. 加大惠民力度，促进共同富裕

充分发挥旅游的引领作用、辐射带动作用，让更多群众共享旅游发展红利，[①] 是旅游高质量发展与乡村振兴的基本要求和价值体现。[②] 以西江苗寨为例，通过文化创意产品、蜡染刺绣体验、手工艺品、特色美食和民宿等实现旅游富民、惠民。一是业态发展联动。鼓励村民利用自家房屋开设家庭旅馆、经营商铺、管理农家乐或出租房屋实现增收。西江70%以上的村民都从旅游业中获益，农民人均可支配收入在2008年时为1800余元，到2019年时增长至22300余元，建档立卡贫困人口人均收入达到11000余元。二是就业服务带动。村民通过就业实现持续增收，景区为村民提供了客房餐饮服

---

① 李军、吴海涛：《扩展机会——传统旅游村落相对贫困治理新思路》，《中南民族大学学报》（人文社会科学版）2022年第2期。

② 刘笑明：《民生导向下的乡村旅游转型升级研究——以西部地区为例》，中国社会科学出版社，2016，第13~14页。

务、导游、环卫等多个岗位，人均月收入 2500 元以上。三是利益共享驱动。2018 年西江景区分红金额达 3094.4 万元，覆盖农户 1430 户 5427 人，并每年将门票总收入的 18% 作为民族文化保护资金，用于奖励景区民房保护完好的农户，与村民共享旅游红利，激发村民文化保护积极性。四是产品供给拉动。鼓励和引导群众大力发展果蔬、茶叶、畜禽等特色产业，通过"景区+"模式进行产销对接，实现 300 多户 1150 余名村民就业增收。[①]

（二）乡村振兴战略是促进民族村寨旅游发展的根本动力

1. 乡村振兴为旅游发展指明方向

乡村振兴战略，从产业结构、空间布局、市场规范等方面为民族村寨旅游业发展指明了发展方向。李忠斌等学者指出民族村寨振兴的有效手段在于通过经济结构的升级调整、文化软实力的提高以实现特色村寨本土创新体系的知识重构和文化重构。[②] 乡村振兴战略实施中要求加强旅游地居民思想道德建设、倡导移风易俗等行动，通过提升旅游地居民基本素质、转变旅游观念和态度，使其积极主动融入旅游发展之中。在新时代背景下，通过深入挖掘民族村寨文化旅游资源，积极推动旅游特色文化产业和农业深度融合，开创文旅、农旅、康养等新型旅游模式，扩大产业链条，发掘农业发展潜能，让农村居民在产业兴旺中得到实惠，共享产业增值的成果。乡村振兴战略的实施，从国家层面不断建立健全乡村基础设施、拓宽市场交易渠道、促进社区治理、规范发展环境等，保障了村民公平地参与到民族村寨旅游业发展之中，共享旅游发展成果。

2. 乡村振兴为旅游发展提供支持

民族村寨旅游产业化是一个系统工程，要实现稳定而持续的发展必须依托人力、物力和财力等资源的有效供给。首先，人力资本是乡村振兴的基础。乡村振兴战略的全面推进，能够较好地引导高学历、高技能专业人才向

---

① 《雷山县：大力发展乡村旅游，助推民族村寨脱贫》，贵州农经网，2020 年 10 月 16 日，https://www.gznw.com/gznjw/kzx/tpgj/tpgz/735078/index.html。

② 李忠斌、骆熙：《特色村寨文化产业高质量发展评价体系研究》，《民族研究》2019 年第 6 期。

少数民族地区流动，为民族村寨旅游业发展提供人才支持。其次，物力资源是乡村振兴的重要保障。乡村振兴战略实施使民族村寨在基础设施、交通配置、生活场所等方面得到有效提升，改善了村容村貌，为民族村寨旅游发展提供了基础保障。最后，财力资源是乡村振兴的支撑。财力保障在民族村寨旅游发展中发挥着至关重要的作用，不仅能够改善村民生产生活水平，还能有效化解旅游发展中因利益分化产生的矛盾。

三 乡村振兴视域下黔东南民族村寨旅游发展困境

（一）文化资本化不明显，尚未形成创意品牌

1. 民族文化资源挖掘深度不足

现有民族文化资源开发大多停留在表层，[1] 在旅游产品的商品化进程中并未对文化符号意义进行深度解读。[2] 在旅游供给中呈现给游客的通常是相对完整的"成果"而非过程，游客无法亲身参与、深度体验。以西江为例，诸多符号性不强的乡土文化处于"沉睡"状态，这些潜在的文化资源会因为商品化程度不高而渐渐被边缘化。西江对邻域村寨资源整合度也较低，在苗族服饰租拍行业中，许多商铺更青睐于展示文化符号强的服饰而忽略对其他苗族支系服饰文化的活化利用，以大众需求为导向的旅游开发常常是片面和短视的，这也意味着部分特色文化资源被迫闲置和逐渐涵化。

2. 缺乏文化旅游创意品牌

对资源的挖掘、提炼、整合与创新不足，加之缺乏系统性规划，造成目前尚未形成极具特色的文化旅游创意品牌，资源利用率低，没有发挥出集聚效应，旅游品牌的影响力也不够。即便孵化出部分旅游品牌，也未形成区域

---

① 马翀炜：《民族文化资本化论纲》，《云南大学学报》（社会科学版）2004年第1期。
② 李忠斌：《民族文化经济价值度量及其实践意义》，《西南民族大学学报》（人文社科版）2020年第3期。

合力，无法真正展现民族文化独特魅力。文化旅游产业不但是符号经济，也是品牌经济，没有形成品牌，就很难在竞争激烈的市场中保持长久生命力，也无法获取从品牌到知名品牌的溢价效应。[①] 在低水平竞争环境里，商家注重商品数量的增加而非质量的提升，很多文化产品流水线生产导致产品品质与特性降低，泛化后的商品在市场上以次充好，以假乱真，甚至因为价格优势而形成"劣币驱逐良币"。部分村民在进行民族服饰出租和旅拍中，为了更好地吸引游客，常常同其他民族服饰混杂，这虽然能够获取部分游客青睐，但扰乱了传统村寨地域氛围和民族特色，也在一定程度上影响了本地村民和文化旅游者的认知与情感。

（二）旅游项目雷同单一，无法满足当前旅游需求

1. 景区同质化削弱产业的有效竞争

当前，即便是各具特色的民族村寨旅游也不可避免地陷入了同质化怪圈，不仅村庄外观"千村一面"，内里贩卖的旅游商品也大同小异，且大多数旅游商品包装粗糙，甚至完全不包装，一个塑料袋就能拎着走，直接造成伴手礼功能丧失。许多旅游景区活动项目单一，生产经营者创新意识不强，甚至不考虑本土文化实情直接将其他景区项目简单粗暴地照搬照抄。这些低劣模仿不仅完全无法满足旅游者高质量体验，还会在同质化恶性竞争中催生"价格战"，导致产品质量持续下滑、邻里关系恶化和市场秩序混乱，如此一来，根本谈不上有效的产业竞争。

2. 项目陈旧化丧失对主流消费人群的吸引

长期以来，黔东南民族村寨旅游主要集中于民俗展演、餐饮和旅游商品等初级产品的开发与销售上，还未建立成熟的沉浸式旅游产业链，游客在大多数情况下只能"走马观花"，很少愿意驻足"养马种花"。虽然部分景区积极挖掘可供游客体验的项目，例如民族服饰旅拍、农事劳作、蜡染刺绣、

---

① 邓良柳：《网络用户参与品牌价值共创视域下民族文化旅游品牌的发展策略研究》，《贵州民族研究》2021年第4期。

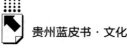

竹编技艺等，但大多数项目并未分析当前旅游主流人群（90后、00后）喜好，没有考虑"微度假"，没有设计"网红打卡点"，也不关注"有趣灵魂的相遇"等，这种缺乏对旅游需求趋势了解的产品策划，游客体验自然不会理想。

（三）产业融合层次较低，区域联动效应较弱

1. 区域协调不足影响全域旅游打造

由于缺乏专业的旅游规划指导，未形成科学合理的旅游景点建设规划和可操作性强的旅游路线规划，民族村寨分布较为零散，加之缺乏专业旅游规划指导，很难实现黔东南区域内各个特色村落乡土资源的整合，也难以凝聚成特色文化旅游带。此外，村寨与村寨之间缺乏合作共赢理念，以自我为中心的发展方式使村寨发展受到局限，资源配置无法优化，旅游资源整合推进效果不显著，区域内未能实现整体有效发展。游客在旅游过程中的游玩时间无法延长，旅游知名景区辐射效应不强，多数村寨沦为头部景区的"灯下黑"，这也极大阻碍了黔东南全域旅游产业的发展。

2. 产业融合不足影响旅游产业链构建

当前黔东南民族村寨旅游发展中的问题表现在以下几方面。一是产业链条短，产品附加值低。民族地区旅游产业与农业的利益联结机制以订单农业为主，这种形式的违约率较高，部分地区农村产业融合项目缺乏深度开发，农业多功能挖掘不够，旅游休闲农业主要集中于田园观光和简单的采摘体验。二是产业融合存在要素瓶颈约束。"钱、地、人"等要素供给不足，制约民族地区旅游产业与农业有机融合。一些电商在经营场地、仓储用地和规模培训场所等方面用地需求难以得到满足。农村金融服务和银行贷款抵押方式也有待改进，非本地助农主播、创业者贷款数额十分有限。旅游业与农业资源和民族文化资源在地化利用不足。[①] 不少民族村寨商业街的许多旅游商

---

① 李忠斌：《民族文化经济价值度量及其实践意义》，《西南民族大学学报》（人文社科版）2020年第3期。

品是从外地引入，而本地的刺绣、蜡染、银饰、民族服饰等手工艺品则游离于市场之外。许多餐馆很少就地取材，所需原材料几乎都是从其他地区批发的，村民的"菜园子"不能转化为"钱袋子"，本地资源得不到有效整合，难以形成产业链。

（四）过度追求经济效益，忽视村寨生态保护

1. 旅游开发对生态环境的负效应

一是旅游景区破坏性开发与无规划建设，导致道路、餐馆、娱乐场所、民宿等空间布局不合理，集中区环境压力大，社会矛盾突出，中心区与边陲地区发展不平衡。二是环保意识淡薄，游客随意的践踏与采摘行为造成植被破坏，村民有砍伐树木、占用耕地等行为。大量游客的涌入制造了过多生活垃圾、污水和噪声，旅游业经营者和村民很难处理得当。三是存在迎合游客违背生态伦理的需求，随意采伐珍稀植物作为农家乐招牌菜、特色菜揽客，也有过度利用乡村资源，造成原生态环境破坏的情形。

2. 文化、经济、社会与空间的负效应

城市居民的乡村情怀和乡居向往使村寨旅游人数大幅增加，这一需求直接引起地产商、乡村企业和社区居民的土地竞争。部分村民经营主体承租能力较低，被迫迁往租金更低廉且偏僻的地区而丧失更具经营优势的地理位置和发展机会，这个过程中的商业空间价值逐渐占据上风，村民原有公共空间及集体意识退化。在大众旅游盛行之下，对旅游业的过度依赖也加重了村民和游客之间的关系错位，少数民族文化习俗泛化、地方文化涵化，文化价值因此贬值化，直接降低了民族村寨生存与发展的资源质量。如此一来，村寨难免变成"旅游飞地"，内生性和可持续性不足。

（五）高端复合型人才匮乏，本土人才内生能力不足

1. 复合型旅游人才匮乏

当前的民族旅游村寨从业人员同质性强且专业程度不高，如导游、餐饮服务员等门槛较低的旅游基础服务职位较多，从而导致此类职位竞争压力

大。旅游电商运营、旅游投融资、旅游地产、乡村运营管理等新元素日益成为旅游产业价值链新兴增长点，然而掌握这些技能的复合型创新人才十分欠缺，本村的人才留不住，村外的人才不愿来，村落因为经营管理、网络技术、资源整合等方面的能力不足而无法完成平台操作、电商运营和高质量旅游业态运营及服务。人才是旅游产业转型升级的重要条件及能量之源，但是教育机构、研究机构与旅游产业的合作程度较低，产学研结合不紧密，致使人才梯队没法建立，不能有效满足产业发展需求。从西江即可一窥端倪，外地经营者从事旅游客栈经营的占比为 75%，西江本地村民仅占 25%；而在饮食和服饰出租等方面则反过来，本地村民占比 85%，外来经营者占 15%。[①]

2. 本土人才内生能力不足

少数民族传统村落还有一个普遍现象就是，大部分村民只能从事简单的旅游演出、环卫保洁、地摊小贩等时间成本高、技术含量低的低收入工作。非遗传承也任重道远，比如竹编技艺学习周期长、工资收入低，年轻人有更多的就业渠道和选择机会，对这样单调乏味的手工劳作缺乏足够耐心。再如，施秉县舞水云台苗绣企业负责人龙禄颖反映，企业缺乏刺绣分工梯队培训，绣娘的水平参差不齐，对订单理解不尽相同，导致最终提交的花样差异很大，无法达到要求。人才问题使旅游产业转型升级一直处于缓慢前进的状态，乡村缺少"大众创业，万众创新"的动力和发展潜力，这已成为乡村全面振兴"卡脖子"的困境。

四 乡村振兴视域下民族村寨旅游转型升级路径

（一）深挖少数民族文化内涵，强化旅游品牌建设

1. 黔东南民族村寨要挖掘传统文化资源，推动资源优势转化

坚持"以文塑旅，以旅彰文"，做好从文到旅的观念转变，推动优秀文

---

① 李军明：《落后乡村农业产业结构调整路径研究》，《黔南民族师范学院学报》2021 年第 5 期。

化产品和优质旅游项目持续涌现，从地理、历史、非遗、人物和传说这些丰富元素中抽丝剥茧，挖掘出最有传播价值的文化基因，通过重新编译，萃取出深藏在目的地的精神核心，结合市场需求进行定位。在地方性元素深挖基础上，立足本土讲好目的地品牌故事。以文化输出为前提，做足品牌核心价值挖掘，在差异化上打造唯一性品牌，在视觉设计、产品内容设计和传播上加强延展性，同时在内容策划上尽可能丰富和创新，在市场关联方面注重做好目标客户群人物画像，实施精准的"S-T-P"战略。

2. 以市场为本，做好品牌资产变现

通过品牌架构和形象打造，进行视觉化改造和美化，使目的地在面貌上呈现更强烈的符号视觉冲击。做好品牌整体理念提升和推广，通过演艺活动、文创产品、互动策划、话题事件营销、网红打卡等实现品牌资产变现。加大文化旅游营销力度，推出文化旅游特色产品，延伸文化旅游产业链，既要让旅游者体验到特色文化，更要让旅游者为特色付费。例如，黔东南有不少餐馆经营酸汤鱼，其中老凯俚酸汤鱼较受公众认可。大多数消费者不太懂如何鉴别正宗酸汤的味道和稻田鱼品种选择等，购买时会更多倾向于知名品牌。因此，也可利用知名品牌打造双轨制品牌运作模式，在不同细分市场做到既维护高端消费人群也满足中低端市场，同时抓好年轻消费者。再如苗绣手工艺品品牌运作，既要关注有艺术品收藏投资等需求的客户群，也要重视对刺绣感兴趣、消费能力相对较弱但人数多、后劲强的中端客户。

（二）突出产品体验功能，线上线下联动营销

1. 开发旅游体验项目，实现旅游价值共创

黔东南民族旅游村寨在产品打造中要聚焦于游客体验感满足上，依托体验内容情感化、体验空间场景化和体验渠道便捷化来实现游客的"沉浸式"旅游体验，将终端消费转化为日常生活过程体验，进而提升旅游盈利空间。① 依托四季品牌和结合民族节庆推出主题活动，带给游客不可复制、只

---

① 范莉娜：《民族旅游地居民分类及支持行为的比较研究》，《旅游学刊》2017年第7期。

此一家且耐人寻味的特别体验。通过旅游设施智慧化与人性化提供更好的公共服务，将旅游功能区同生活空间有机融合，营造场景化旅游空间氛围，形成景区的原生态和真实性展示。例如，黄岗侗寨可提供入田抓鱼、下溪找蟹、鼓楼唱侗歌等乡村生活体验，将自身打造成亲子游好去处。深度体验游中顾客不再对产品进行简单接收，而是在体验基础上主动借助各种网络平台反馈个人感受及建议。这时就不能将游客视为企业服务的静态对象，使旅游生产与服务脱节，而是把他们视为潜在合作者和价值共创者，通过主客互动、客客互动和游戏化社交联合打造非凡体验。

2. 线上线下双轨销售，推进营销方式升级

黔东南民族传统村落要积极利用互联网，开展新媒体营销，如在微信公众号上推送旅游相关信息，定期举行抽奖活动等，通过对粉丝的偏好、特征、关系等进行分析，建立起一个新媒体营销数据库并充分运用，形成信息收集、信息处理、信息反馈的良性循环。村寨与相关企业合作，开辟新市场或在原市场中占领新高地，为游客提供更优质的产品与服务。如线上"去哪儿"与线下旅游服务平台旅游百事通合作，掌握线上与线下资源。双轨创新销售模式能使销售更具针对性，提升旅游销售的整体效率。创新民族旅游村寨全程式服务过程，提升游客满意度和目的地形象认知，产品营销要最大限度接触潜在客户，以市场需求为导向，通过互联网搭建旅游共享平台，进行村景整体宣传与产品直播，借助平台实现旅游目的地推广。①

（三）整合打造民族文化旅游高地，联动促进目的地产业升级

1. 区域整合，高地打造

首先，丰富民族村寨旅游产品种类、构建旅游产品体系、丰富旅游产品内涵，推进资源型和人造型新景区开发建设。重点拓展民族文化旅游、生态旅游、研学旅游、康养旅游、山地旅游等新兴高附加值旅游项目。其次，积

---

① 钟春平：《高质量发展需要有创造性破坏思路：理论基础与最优政策》，《经济纵横》2021年第3期。

极推进农产品、手工艺品等旅游产品更新和转型升级。依托地方特色文化加强与不同资源的深度嫁接，实现内涵丰富的三产融合。最后，利用资源优势设计旅游线路，拓展旅游发展方式和领域。[①] 要实现区域协同发展，推进产业空间立体化布局，加快空间层次整合，加大黔东南民族村寨旅游的发展联动，实现资源共享、游线对接，在优化产业发展环境、加强官方合作的同时，积极拓展民间交流合作渠道，借鉴优秀旅游发展及管理模式，形成立体供给下的黔东南民族文化旅游产业集聚发展，成功塑造中国民族文化旅游第一高地。

2. 发挥产业联动作用，促进合作机制升级

"旅游+"是旅游存在与发展的基本特质，从要素整合到旅游业态升级，激活民族村寨旅游全产业链，促进基础链条的紧密联系，推进旅游产业链延伸。[②] 首先，产业链的延伸需加强旅游产业的无缝整合，积极推动旅游组织和管理部门通力合作，提升旅游景区的整体层次和旅游项目运作水平，充分发挥产业联动能力和渗透能力。其次，从服务人员专业化和服务设施标准化两方面入手，通过要素的不断吸纳和补充，促使旅游服务现代化，强化旅游基础保障，推进深度旅游体验。最后，增强旅游企业的凝聚力和旅游行业的竞争力，推动区域协同发展及与国际合作的机制升级，构建旅游产业网络。

（四）兼顾多维价值，做好社区环境营造

1. 坚持文化创意设计，营造景区和谐氛围

在旅游产业发展中，黔东南要促进旅游地资源整合与文化展示，推动文化基因、文化事项和文化空间的系统性保护。[③] 文化创意自带景观化功能，对于整合和重塑民族村寨景观资源和环境氛围具有重要作用。基于黔东南少

---

① 于秋阳、冯学钢：《文化创意助推新时代乡村旅游转型升级之路》，《旅游学刊》2018 年第 7 期。

② 李军明、向轼：《论乡村振兴中的文化重构》，《广西民族研究》2018 年第 5 期。

③ 尤海涛、马波、陈磊：《乡村旅游的本质回归：乡村性的认知与保护》，《中国人口·资源与环境》2012 年第 9 期。

数民族村寨地方性知识下的社区空间营造，要凸显景区的人文底蕴和人文关怀，如村寨公共空间的符号化和功能化满足，基础设施中旅游线路引导无障碍标识、垃圾分类桶等。再如公共设施的完善，开设交通站点，增加去往景区的公交线路和班次，并建设停车场。实行标准化、便捷化、智能化与个性化并行，打造高质量主客共享空间。通过文创提供富含想象力的特殊产品和服务，如蜡染、刺绣、银饰、酒、美食等，营造沉浸式原生态氛围和主客共享美好生活空间，提升东道主与旅游者获得感、幸福感和满意度。

2. 发挥协同力量，共建和美乡村

旅游发展建立在资源要素整合基础上，是对人文资源和自然资源的加工和利用。① 一方面，旅游主管部门选择环境友好型旅游项目，对旅游开发行为予以监督和规范。旅游企业坚持保护性开发原则，在旅游吸引物和基础设施建设中主动运用环保技术，自觉保护环境并进行生态环境补偿。如植树绿化和保洁人员工资补贴等，鼓励村民利用自家闲置房产，为游客提供食宿和文化体验等旅游服务，避免过度修建建筑与空气污染等环境问题。② 另一方面，黔东南少数民族传统村落先天的人与自然和谐相处之道和集体共享的村规民约，无论从精神层面还是制度层面都有助于维护生态环境，最终建成符合主客需求的宜居宜业和美乡村。

（五）借力教育培训，提高人才综合素质

1. 注重复合型人才培养，促进旅游服务提升

复合型旅游人才是旅游业得以持续发展的基础动力。首先，政府部门要增加相应教育经费投入，积极开展产学研合作及校企合作。下拨专款做好非遗传承，并给予非遗传承人相应报酬。民族旅游村寨要意识到人才的重要

---

① 王换茹、姚云贵、尹华光：《黔东南州旅游空间结构评价及优化策略研究》，《西南大学学报（自然科学版）》2021年第12期。

② Chengcai Tang, Qianqian Zheng, and Pin Ng, "A Study on the Coordinative Green Development of Tourist Experience and Commercialization of Tourism at Cultural Heritage Sites," *Sustainability*, Vol. 11, Issue 17, 2019, p. 4732.

性，定期进行村民培训和设立教育经费，完善奖惩机制，激励村民参与建设积极性。增强村民专业知识与服务技能，普及旅游资源种类及开发利用知识。还要考虑做好"新农民"打造，从融媒体、互联网、网红经济视角开阔村民视野，使其了解推广渠道，尝试"出圈式"营销。

2.加强旅游主体互动，推进旅游管理升级

一是政府引导、监督与协助景区技术管理，助力景区创新管理思路，增强发展活力，减少企业行政审批的程序和周期，降低企业准入门槛，让更多的民间资本进入旅游业，让更多的社会力量参与到传统村落旅游发展中去。加大对村寨周边道路和设施的投资，改变投资方式，从监管型向服务型转变，从分散管理向统筹管理转型。[1] 二是创新黔东南民族旅游村寨中小微企业管理模式。力推社区集体经济参与下的股份制企业，这能直接影响社区旅游产业多主体参与效率与质量，从制度创新、生产创新、销售创新及服务创新等方面入手，以需求为导向，以应用新技术为手段深度挖掘旅游产品价值，促进旅游发展，助力乡村振兴。三是加强村落自治组织的自我管理。如采用少数民族地区的寨老制、工分制等非正式制度维护旅游社会发展；让民间团体充分承担传承、协调、合作、利益分配等职能，真正让内生能力在旅游业发展中起关键作用。

五 结语

黔东南民族村寨旅游应该从促进经济增长、社会调适与环境保护等方面全面助力乡村振兴。旅游发展的前提是要找到龙头，找到核心吸引物，要两手抓，即一手抓乡村旅游核心吸引物，另一手从细微之处发力，抓业态、服务、空间和设施，通过示范带动乡土时尚同时对接市场。以市场为导向考虑主要客源市场分布及距离，以问题为导向进行科学合理规划。黔东南民族村寨旅游发展要坚持立足于地方性知识，将传统要素与现代功能相结合，内部

---

[1] 黄安民：《从武夷山的经验看政府在旅游市场营销中的作用》，《旅游学刊》2008年第6期。

力量与外部力量相结合，实现地域差异互补、资源要素整合、领域空间共生。利用好生态和民族文化"两种资源"及国际国内"两个市场"，通过旅游产业高质量发展来促进乡村振兴。同时，也要认识到旅游发展是一个动态过程，伴随着长期性与系统性。因此，需要因地制宜、与时俱进，给予更为深入与持续的实践及学术关注。

行业篇

Industry

B.11
新时代贵州出版行业发展的
现状、机遇、挑战与对策

——以贵州出版集团为例

玉　璟*

摘　要： "十三五"时期特别是党的十八大以来，贵州经济社会发展取得重大成就，贵州出版行业也取得了长足的进步和发展。图书总印刷量显著增长，书报杂志类零售额增长速度远超社会消费品零售总额平均增长速度。在图书报刊出版、零售领域涌现了一批优秀的企业，其中贵州出版集团作为贵州省出版领域的龙头企业成绩尤为突出。本文以贵州出版集团为例，考察了贵州省出版行业的状况，讨论了行业发展的机遇，如"十四五"规划对新闻出版行业的政策利好，以及文化消费需求增长和数字化出版增多带来的广阔市场空间等。本文也针对薄弱环节，在人才培养、出版数字化

---

*　玉璟，荷兰莱顿大学在读博士，研究方向为中国哲学、西方理论哲学。

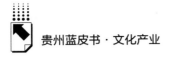

转型、内容生产与盈利等方面提出了进一步发展的对策和建议。

关键词： 人才培养　出版数字化转型　贵州出版集团

出版是一项涉及经济、政治、科技、文化、教育等多领域的综合性工作。出版行业可以归属于文化产业，它是文化产业的重要组成部分，也是推动社会进步和发展的重要工具，是社会主义先进文化的重要载体。出版工作一直以来都是党的宣传思想文化工作的重要组成部分。习近平总书记指出："为人民提供更多优秀精神文化产品，善莫大焉！"① 国家新闻出版署印发《出版业"十四五"时期发展规划》，提出出版业"十四五"时期要以高质量发展为主题，以深化供给侧结构性改革为主线，以推动改革创新为根本动力，以多出优秀作品为中心环节，以满足人民日益增长的学习阅读需求为根本目的，为人民群众提供更加充实、更为丰富、更高质量的出版产品和服务，推动出版业实现质量更好、效益更高、竞争力更强、影响力更大的发展，为建成出版强国奠定坚实基础。②

贵州出版界积极落实党中央的部署，在"十三五"期间取得了长足的进步。在"十四五"时期，贵州出版界将延续优良传统，响应党中央的号召，围绕党和国家中心工作，宣传国家方针政策、记录时代进步历程、书写改革辉煌成就；坚持以人民为中心的工作导向，为人民群众提供更加丰富、更加优秀的出版产品和服务；推动中华优秀传统文化创造性转化、创新性发展，继承革命文化，发展社会主义先进文化，讲好中国故事、传播好中国声音；立足新发展阶段、贯彻新发展理念、融入新发展格局，克服自身的不足，响应市场环境带来的挑战，推动高质量发展；以闯新路、开新局、抢新机、出新绩为方针，做强做优主题出版、打造新时代出版精品。

① 《习近平的读书故事》，《人民日报》2022年4月23日，第1版。
② 《出版业"十四五"时期发展规划》（国新出发〔2021〕20号），https://www.nppa.gov.cn/nppa/contents/ 279/102953. shtml，最后检索时间：2022年8月31日。

一 贵州出版行业发展现状

"十三五"时期特别是党的十八大以来，贵州经济社会发展取得重大成就，贵州出版行业也取得了长足的进步和发展。图书报刊出版、零售领域涌现了一批优秀的企业，其中贵州出版集团作为贵州省出版领域的龙头企业成绩尤为突出。

（一）贵州出版行业出版数据

2016~2020 年，贵州省图书总印刷数量从 8823.41 万册增长至 13052.18 万册，年平均增长 10.28%（见图 1）。

图 1　2016~2020 年贵州省图书总印刷数量

资料来源：贵州省宏观经济数据库（贵州省统计局网站）。

2016~2020 年，贵州省杂志总印刷数量从 1713.17 万册下降至 1436.31 万册，年平均下降 4.31%（见图 2）。

2016~2020 年，贵州省报纸总印刷数量从 30350.72 万份下降至 23439.54 万份，年平均下降 6.26%（见图 3）。①

---

① 贵州省宏观经济数据库，http://hgk.guizhou.gov.cn/index.vhtml，最后检索时间：2022 年 8 月 31 日。

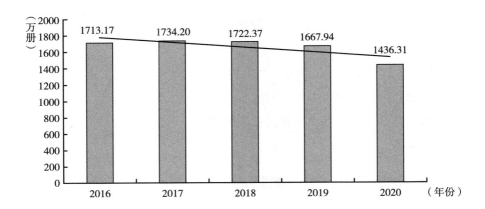

图2　2016～2020年贵州省杂志总印刷数量

资料来源：贵州省宏观经济数据库（贵州省统计局网站）。

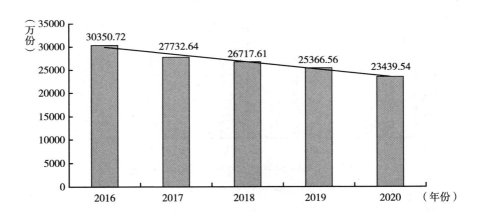

图3　2016～2020年贵州省报纸总印刷数量

资料来源：贵州省宏观经济数据库（贵州省统计局网站）。

（二）贵州出版行业零售数据

2019～2021年，三年全省社会消费品零售总额增速平均值为7.9%，而书报杂志类零售额增速平均值为 21%，远超社会消费品零售总额增速平均值（见图 4、图 5）。①

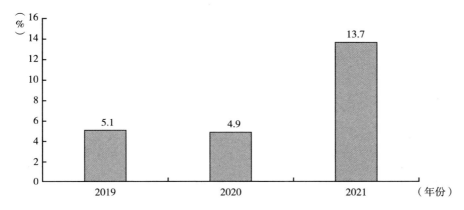

图 4　2019~2021 年贵州省社会消费品零售总额增长速度

资料来源：2019~2021 年贵州省国民经济和社会发展统计公报。

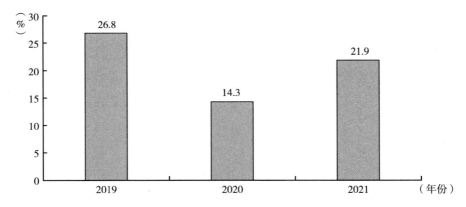

图 5　2019~2021 年贵州省限额以上法人企业书报杂志类零售额增长速度

资料来源：2019~2021 年贵州省国民经济和社会发展统计公报。

---

① 贵州省统计局、国家统计局贵州调查总队：《贵州省 2019 年国民经济和社会发展统计公报》，https：//www. guizhou. gov. cn/zwgk/zfsj/tjgb/202109/t20210913_ 70088464. html，最后检索时间：2022 年 8 月 31 日；贵州省统计局、国家统计局贵州调查总队：《贵州省 2020 年国民经济和社会发展统计公报》，https：//www. guizhou. gov. cn/zwgk/zfsj/tjgb/202109/t20210913_ 700 88474. html，最后检索时间：2022 年 8 月 31 日；贵州省统计局、国家统计局贵州调查总队：《贵州省 2021 年国民经济和社会发展统计公报》，http：//www. guizhou. gov. cn/zwgk/zfsj/tjgb/202203/t20220324_ 73107390. html，最后检索时间：2022 年 8 月 31 日。

全省出版产业规模不断扩大，其中，以贵州出版集团为代表。贵州出版集团是经贵州省委省政府、原国家新闻出版总署批准，于2005年9月30日组建的省属大一型国有文化企业。集团业务范围包含出版、印刷、发行和其他多元化辅业，下辖贵州人民出版社、贵州教育出版社、贵州科技出版社、贵州新华印务、贵州新华书店等企业。

"十三五"期间，贵州出版集团取得了长足进步，集团整体规模不断扩大，综合实力显著增强，主营业务收入年均增长20.1%，资产总额年均增长20%。截至2020年，集团总体经济规模在全国出版行业排名第15，在贵州百强企业中排名第57。2021年，贵州出版集团延续了"十三五"时期的优异表现，在营业收入、经营利润、资产规模等指标上取得重大突破。2021年，集团总体经济规模在全国出版行业排名第14，资产总额排名上升至第12，进入全国出版行业"百亿"阵营，在贵州百强企业中排名第44，上升13位，实现了"十四五"良好开局。

集团在各个业务板块上突飞猛进。印刷业务高标准完成任务，贸易业务营收再创新高。集团引进全新生产设备并投入使用，大幅度提高生产效率，提升产品质量，降低生产成本，教材、教辅印制工作按期圆满完成，实现了"课前到书、人手一册"。承接印制的贵州茅台酒手提袋和国台酒业国标酒彩盒获得"中华印制大奖"铜奖。物资公司大力拓展化工、进出口等贸易业务，贸易收入再创新高。另外，书店转型升级开创新局面。集团紧抓省委宣传部支持实体书店和推进"新华文渊超市"建设机遇，打造了50家"新华文渊超市"。"新华文渊超市"通过"集中采购、统一打造、统一标识、连锁经营、统一核算、统一管理"的模式进行规范管理，打造成为全省群众文化消费、阅读交流、文化体验的全新文化场景，成为贵州省实体书店中的一道新风景线。同时，集团积极推进校园书店建设，建成遵义医科大学、华东师范大学附属贵阳学校校园店。此外，集团多元化发展布局迈出新步伐。按照全省围绕"四新"主攻"四化"的工作部署，紧密结合集团自身情况，谋划了一批重点投资产业项目，依托产业园区积极开展对外合作。

（三）贵州出版行业精品出版成果

出版行业既具有产业属性，又具有传递正能量的价值属性。贵州出版界不忘初心，积极完成出版行业的价值使命，出版了一批优秀的精品图书。例如，2021 年贵州出版集团多种图书多次取得重要奖项。《中国共产党与全面建成小康社会》《百川东到海》《千年之变：贵州脱贫攻坚故事》等一批庆祝建党百年和反映贵州脱贫攻坚伟大历程的主题图书出版。"贵州文库"一期出版完成，出版图书 106 种 414 册；《西南彝志》（第一辑至第七辑）获得第五届中国出版政府奖提名奖；"讲给孩子的百年党史故事——从石库门到天安门"入选中宣部 2021 年主题出版重点出版物选题；《贵州省生态文明教育读本》获得"全国首届教材建设奖"二等奖。

二　贵州出版行业发展的机遇

（一）政策利好："十四五"规划引领出版行业开启新征程

"十四五"时期是我国全面建成小康社会，实现第一个百年奋斗目标之后，乘势而上开启全面建设社会主义现代化国家新征程，向第二个百年奋斗目标进军的第一个五年；是贯彻落实中央全面深化改革部署，延续"十三五"深入推动新闻出版业转变发展方式，加快产业发展，从新闻出版大国向新闻出版强国迈进的关键五年。"十四五"时期，出版行业应该坚持守正创新，坚持把社会效益放在首位，加强内容建设，推动高质量发展，深化供给侧结构性改革，以创新驱动、高质量供给引领和创造新需求，不断提升人民群众的文化获得感、幸福感。

"十四五"时期也是贵州省闯新路、开新局、抢新机、出新绩的关键五年，大力推动新型工业化、新型城镇化、农业现代化、旅游产业化，努力实现经济发展、生态建设、人民生活、开放水平、社会文明程度、社会治理能力迈上新台阶的奋进五年。在此期间，全国和贵州的经济、社会、文化将进一步发展，科学技术将进一步进步，人民生活水平和文化水平将进一步提高，对高质量精神文化生活的需求将进一步增强，这为贵州出版行业的发展提供了历史新机遇。①

（二）消费环境：人民群众日益增长的文化消费需求

第十九次全国国民阅读调查结果显示，2021年我国成年国民的人均纸质图书阅读量为4.76本，电子书阅读量为3.3本，均较上一年有所提升。我国成年国民包括书报刊和数字出版物在内的各种媒介的综合阅读率为81.6%，较上一年提升了0.3个百分点，保持稳定增长。其中，图书阅读率为59.7%，数字化阅读方式接触率为79.6%，均较2020年有所增长。报纸阅读率为24.6%，较2020年下降0.9个百分点。

2021年，我国成年国民人均每天读书时间为21.05分钟，比2020年增加1.01分钟。45.6%的成年国民倾向于"拿一本纸质图书阅读"，11.9%的成年国民年均阅读10本及以上纸质图书。

2021年，我国城镇居民的图书阅读率为68.5%，农村居民的图书阅读率为50.0%。在我国成年数字化阅读方式接触者中，60周岁及以上人群占7.2%，18~59周岁人群占92.8%。77.4%的成年国民进行过手机阅读，32.7%的成年国民养成了"听书"的习惯。

我国0~17周岁未成年人阅读向好，人均图书阅读量为10.93本，比上一年增加了0.22本，平均每天阅读时长也有所增加。在0~8周岁儿童家庭中，平时有陪孩子读书习惯的家庭达到73.2%，较上一年提高了1.5个百分点。②

① 《国务院关于支持贵州在新时代西部大开发上闯新路的意见》（国发〔2022〕2号），http://www.gov.cn/zhengce/content/2022-01/26/content_5670527.htm，最后检索时间：2022年8月31日；《贵州省国民经济和社会发展第十四个五年规划和2035年远景目标纲要》（2021年1月29日省十三届人大第四次会议通过），http://www.guizhou.gov.cn/zwgk/zdlygk/jjgzlfz/ghjh/zxgh_5870292/202102/t20210224_66840750.html，最后检索时间：2022年8月31日。
② 中国新闻出版研究院：《中国新闻出版研究院发布第十九次全国国民阅读调查结果》，http://www.chuban.cc/yw/202204/t20220424_31774.html，最后检索时间：2022年8月31日。

（三）技术革新：数字化出版拓宽文化产业空间

随着我国互联网基建的进一步完善，随着国家大数据、网络强国战略的深入推进，顶层设计和总体布局日益完善，我国的互联网用户数量飞速增长，互联网深度融入社会经济生活的方方面面。消费者通过手机、平板电脑、笔记本电脑进行多媒体娱乐和网络游戏越来越便捷，一定程度上已经开始挤占少年儿童的阅读时间。而疫情又加快了数字化生活的进度，深刻改变了消费者图书消费的结构。人民的阅读偏好和阅读载体，也随之发生转变。习惯于数字阅读的人数增多，而传统纸质图书的阅读者减少，这为出版行业带来了新的机遇和挑战，也预示着出版行业进入了数字化发展的新阶段。

从出版行业的产业发展来说，互联网用户的庞大基数，扩大了出版行业的潜在消费者群体。线上多媒体手段丰富了出版内容的呈现方式，网络渠道的多样扩展了出版行业的营销手段。数字出版作为一种新业态，给予了出版市场上的后发者弯道超车的可能性。出版行业数字化又能通过产品的不断创新和渠道的不断丰富，极大地拓展文化生活的空间，刺激文化消费需求的扩张，从而形成良性循环。

从出版行业作为文化事业的价值属性来说，出版行业数字化有助于多维度灵活呈现和弘扬中华优秀传统文化、革命文化和时代精神的内核，深入贯彻落实社会主义核心价值观，铸牢中华民族共同体意识，构建全民阅读社会，使未来中国的数字社会充满人文气息。

数字化出版既是市场的需求，也符合我国网络强国的总体战略。《中共中央关于制定国民经济和社会发展第十四个五年规划和二〇三五年远景目标的建议》中"繁荣发展文化事业和文化产业，提高国家文化软实力"部分，特别强调了"实施文化产业数字化战略"。由此可见，数字化出版是大势所趋，是出版行业未来发展的主要方向。

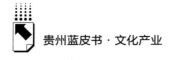

三 贵州出版行业面临的挑战

首先，就全国的经济形势而言，2020年以来，我国受内外部环境变化影响，经济发展的不确定性因素有所增加，短期内经济发展压力较大。特别是对于实体书店的影响，实体书店销售额加速下降，图书消费被抑制，从而影响整个出版行业业务增长。

受疫情影响，出版行业还面临着纸张价格上扬的问题，纸张成本可以直接传导至零售图书的价格，但零售图书是非刚性需求，消费者对价格敏感，价格上涨会导致购买量下降，从而导致出版量下降；纸张成本又无法直接传导给教科书等刚性需求图书，进而导致出版利润下降。这将是未来出版行业面临的中长期挑战。另外，贵州出版行业还需要克服自身存在的不足。

（一）人才不足

"发展是第一要务，人才是第一资源。"贵州出版行业人才储备不足，尤其是高学历人才、专业类人才、经营类人才缺乏，导致贵州出版行业在面对全国其他地区的出版社竞争时表现乏力。贵州作为西部地区省份，自身经济和人才基础相对薄弱，出版作为一个市场规模相对较小、经营收益相对较薄的行业，难以吸引高学历人才、专业类人才、经营类人才加入。面对社会经济下行压力，出版行业数字化程度不断加深，在出版行业竞争日益加剧的情况下，贵州出版行业人才队伍建设、人才培养体系构建的问题越发突出，也越加紧迫。

（二）数字化出版能力不足

在互联网生态下，数字化出版是出版行业发展的大势所趋。在这一方面，贵州出版行业的大小经营实体，有些仍然固守传统出版赛道，有些做出了数字出版有益尝试的实体，其数字化出版未能与传统出版实现有机融合，存在"两张皮、两股道"的现象。在体制建设、人才储备、内容生产、管理流程、产品形态、传播和营销渠道等方面，贵州出版行业存在着数字化程度不足，或者数字化部分与传统出版二者分立的情况。产生这些困难的原因是多重的，既有发展模式不清晰、战略方向不明的主观问题，也有传统出版主业惯性强大、转型成本过高、资源储备不足的客观困难。

（三）内容生产与盈利

图书内容的生产与创新是出版行业实体的核心竞争力，在这方面，贵州出版行业的从业实体还有进步的空间。首先，内容挖掘大多集中于省内，缺少具有全国影响力的书籍出版。这也体现为全国范围内的作者资源储备稀缺。另外，出版选题集中在具有文化价值的题材上，但是对具有商业价值的题材开发不足，盈利空间小。

四 对策与建议

在"十三五"时期取得重大成绩之后，面对行业的重大机遇与挑战，贵州出版行业的发展，需要根据自身实际情况，结合《"十四五"文化发展规划》《出版业"十四五"时期发展规划》采取相应的对策。

（一）积极吸引与培育人才

针对贵州出版行业人才，特别是高学历人才、专业类人才、经营类人才缺乏的问题，需要大胆创新、积极进取，充分利用贵州省"百千万人才引进"等专项计划，在满足高端人才生活保障的条件下，吸纳一批具有高学历、丰富专业技能和经营管理经验的复合型出版人才加入贵州出版行业，为行业注入新鲜血液。

充分利用贵州省内其他优秀资源，借鉴其他行业的成功经验，在行业内部建立并完善人才培养体系、激励体系和评价体系，自主培育一批有想法、有干劲、有能力的从业人员，充分挖掘现有人才潜力，为一批青年出版行业

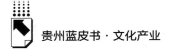

从业人员搭建广阔的舞台。

当前，出版行业迫切需要和紧缺的是复合型人才，尤其是掌握传统出版行业的方法和情况，了解数字化出版规律，掌握新媒体运营方法和技巧的人才。贵州出版行业应当鼓励跨部门、跨行业、跨体制的人才交流，创造条件鼓励新闻、传播、计算机等相近行业和专业的人才流动，加大交流和轮岗力度，并引入有新媒体工作经验的人进入出版业，为更多复合型、融合型人才创造发展条件。

不断整合、拓展行业外部商业资源、专家资源、学者资源、作者资源，组建贵州出版行业的外部智库和资源库，搭建智慧互助、信息共享、收益共赢的平台，吸引更多的商业人才、专业人才加入贵州出版行业，为行业发展献智献力。①

贵州出版集团在人才培养方面，做出了如下规划：以引育并重的思路为指导，在培养自有人才的同时，继续按照"选一批、调一批、招一批"的思路，到各院校的出版发行等专业引进一批人才，同时为各专门出版板块引进专门人才。通过优厚的待遇、广阔的发展空间，吸引一批熟稔资产运营、资本运作、文化金融的管理人才。

（二）积极全面探索数字化出版

面对大势所趋的出版数字化，贵州出版行业应将战略方向锁定为出版数字化转型。在体制建设、人才储备、内容生产、管理流程、产品形态、传播和营销渠道等各个方面，现有出版实体应视自身情况进行不同的尝试，制定有效的人员激励机制，推动数字化出版的发展。通过软硬件的配合，理顺数字化出版的流程，增强传统出版和数字化出版的协同程度。在数字化产品的营销上，适应从分销制到 B2C 的转变，积极尝试各种营销方式，包括但不限于通过购物平台大数据推送、社群营销、直播营销等方式触及目标客群，

---

① 李杨、林芝、宋奕雯：《"十四五"主题出版高质量发展的路径思考——基于〈出版业"十四五"时期发展规划〉的视角》，《出版与印刷》2022 年第 3 期。

最终实现盈利模式的闭环。①

就贵州出版集团而言，为了应对数字化的挑战，集团很早就开始了数字化出版的探索，但是数字化出版与传统出版融合程度还有提升的空间。贵州出版集团对未来数字化出版发展的规划着重于提升融合度，发挥线上线下各自优势，多角度、全方位探索融合发展新业态；加强数字化整体布局，将数字出版部门与传统出版部门融合，改革原有工作方式；在教育出版、少儿出版、大众出版中，引入数字音视频、客户端、小程序等数字技术，开发有声书、电子书等新型出版物；推动、组织、引导、协调集团的出版、发行、印刷等业务单位，借助微信、微博、抖音、今日头条等网络平台和天猫、京东、当当等电商平台，开展营销推广活动和发行销售业务。②

（三）内容生产与盈利

根据贵州红色文化、医药文化、少数民族文化等特色资源，构建创作平台框架，吸引一批符合条件、对上述资源充满热情和兴趣的省外乃至国外专家学者、作者、编辑，筑巢引凤，为创作优秀的原创作品打下坚实基础。同时，可以利用传统出版行业线下省外销售发行企业、外部智库、合作伙伴等渠道，吸引优质省外资源。贵州出版行业应当积极通过微信、微博、抖音、今日头条等互联网平台，开展营销推广活动，讲好贵州故事、传递好贵州声音，吸引优质创作者关注。

在坚持党的领导前提下，深挖高商业价值的出版主题和项目，扩大行业营收规模，增加行业经营效益，提升行业影响力。提升行业影响力的重点是紧跟社会主流阅读风向，例如科普类作品、科幻类作品、绘本连环画等，结合自身优势和资源，出版能够满足人民群众日益增长阅读需求的好作品。增加效益的抓手是教育类产品，特别是教辅类产品，出版行业需要针对教育领

---

① 王飚、毛文思：《出版强国建设背景下数字出版高质量发展前瞻——"十四五"时期数字出版发展重点解析》，《中国出版》2022年第15期。
② 张新新：《基于出版业数字化战略视角的"十四五"数字出版发展刍议》，《科技与出版》2021年第1期。

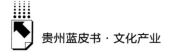

域新要求新变化，依托省内优秀师资和教学研究力量，打造一批高质量高标准的教育产品。①

作为贵州省出版行业的龙头，贵州出版集团是最有能力推出出版精品、打造出版品牌的企业。在内容生产方面，贵州出版集团制定了如下发展规划。

首先，夯实省内市场。稳定义务教育市场，继续做好各级各类教材、学生用书的发行。面临新情况下的新要求，在做好中小学地方教材修订工作的基础上，面向省内教学需要，结合国家对九年义务教育和高考的新要求，依托省内优秀师资和教学研究力量，编写、出版自有版权内容的中小学全学段学生用书，加大力度开发考试类教辅产品，寻找新的增长点，提高自有版权内容资源在省内教育市场的占有率。在幼儿教育、少儿读物等领域做出更多尝试，推出一批有声读物、口袋书、绘本连环画等。在现代职业教育用书上，抓住国家大力发展职业教育的契机，力争在职业教育市场取得突破。结合贵州实际情况，有针对性地开发各级职业教育用书。

依托新华书店场地、区位和品牌优势，加大出版发行公共文化服务体系建设力度，服务当地党政机关、企事业单位、学校、社区和读者，及时捕捉需求，深耕精耕省内市场，进一步提高集团出版物省内市场占有率。对新华书店门店布局进行调整和升级改造，进行空间功能再造，建设当地文化地标，打造一站式文化消费平台和品牌——"新华文渊超市"。

其次，拓展省外市场。以自有品牌精品为基础，推动集团出版物进一步走出贵州，走向全国，提高在省外市场的知名度、影响力和覆盖率。在现有出版规模的基础上，整合全集团对外发行力量，形成合力；同时，积极建设省外集团出版物发行网络，重点挖掘、培养一批具有较强销售能力的优质分销公司。

力争出版能够入选"十四五"国家重点出版物出版规划、中宣部主题出版重点出版物的精品出版物，围绕全省乃至全国经济、社会、文化、科技发

---

① 《贵州出版集团打赢"四场硬仗"推动高质量发展》，《中国人大》2022年第7期。

展重点问题，结合贵州自身优势、经验，重点依托省内外学术科研机构和重要基础设施，策划、组织一批反映研究前沿、代表国家水平乃至具有世界影响力的精品出版物，形成专业出版服务品牌。

在科技出版方面，整合作者资源和人才资源，引进优秀的科普出版资深编辑，在自然科学的各个领域持续进行科普图书产品开发。围绕中国科技讲好中国故事，做到科普读物专业性、政治性与可读性的融合。

在民族出版方面，坚持马列主义、党的路线方针政策，坚持传承优秀传统文化，继续出版传播少数民族优秀传统文化的图书，丰富中华文化宝库。推动民族文化传承，促进各民族间文化交流，达到扩大品牌产品规模、提升产品质量、扩大社会影响的效应。

在人文社科、传统文化、少儿读物等细分领域，打造若干居全国前列的自有品牌。全面提升出版物和出版单位的品牌竞争力、影响力和美誉度，使精品出版与品牌价值相互促进，共同提高。①

在内容盈利方面，贵州出版集团计划围绕出版、发行、印刷主业，结合自身资产、资源，引入外部助力，通过集团资产、社会资源、金融资本与产业项目的有机衔接，实现增量发展，做大做强辅业。组织专门力量，重点围绕数字文化、数字经济、教育服务、文旅融合等领域，积极推进、稳步实施，寻找、发现、遴选，并通过投资、合作运营等形式培育项目，争取突破。

另外，作为贵州省出版行业的龙头，贵州出版集团需要彰显出版行业的文化价值，立足新形势新要求，紧密围绕学习宣传贯彻习近平新时代中国特色社会主义思想、党的二十大精神做足做优做好主题出版。围绕习近平新时代中国特色社会主义思想，推出高质量、多层次的出版物，包括但不限于面对广大中小学生的辅助读物、面向广大干部群众的通俗读物，以及面向思想理论工作者的理论类专著等。围绕共同富裕、乡村振兴、生态文明建设、民

---

① 周玉波：《在新时代，出版业如何实现高质量发展》，中国共产党新闻网，http：// theory. people. com. cn/n1/2020/0918/c40531-31867027. html，最后检索时间：2022 年 8 月 31 日。

族团结、区域协调发展、科技强国、数字中国建设等主题，出版一批讲述贵州故事、阐释中国道路、表现新中国各领域重大发展成就、展现新中国风貌的主题出版物。另外，深入、充分挖掘贵州省红色文化、民族文化、地方文化等地域特色资源，塑造地域出版品牌。立足贵州，面向全国，努力推出反映时代新气象、讴歌人民新创造的文学精品出版物。

B.12
2022年贵州出版集团发展报告[*]

魏霞 徐行[**]

摘　要： 出版业是以信息、知识为主体的特殊产业，具有文化积累、思想传播重要功能。随着物质生活水平不断提升，人们对精神层面的追求越来越高，为出版业拓展丰富、高质量的产品提供了广阔的空间。近年来，贵州出版集团着力推进高质量发展和市场化改革，取得了良好的社会效益和经济效益，但还存在产业支撑不足、改革力度不大、基础工作不牢等问题。建议贵州出版集团坚持以人民为中心的发展理念，进一步优化布局结构、赋能文化产业发展，深化企业改革、创新体制机制，聚焦出版主业、打造文化高地，谱写贵州出版高质量发展新篇章。

关键词： 高质量发展　文化产业　贵州出版集团

贵州出版集团是经中共贵州省委、贵州省人民政府，以及原国家新闻出版总署批准，于2005年9月30日组建的贵州省大一型国有文化企业，目前拥有子、分公司209家。业务分为出版、印刷、发行三个主业和多元化辅业四大板块。经营范围覆盖图书、期刊、音像制品的策划、编辑、出版、发行；图书、期刊、商标、商品包装和装潢的印刷；印刷材料、物资的购销经营等。贵州出版集团成立以来，特别是"十四五"以来，始终坚持以

---

* 文中未标注资料出处的,资料均由贵州省出版集团有限公司提供。

** **魏霞**，贵州省社会科学院区域经济所研究员，研究方向为区域经济；徐行，贵州出版集团有限公司发展改革部工作人员，研究方向为企业管理。

习近平新时代中国特色社会主义思想为指导，认真贯彻落实国发〔2022〕2号文件精神，紧紧围绕"四新"主攻"四化"①，坚持"党管国企、稳中求进、主辅结合、双效统一、保值增值"的原则，按照"出版立企、改革活企、产业兴企、人才强企"的要求，不断夯实基础，以优秀文化阵地、优秀市场主体为目标，着力推进高质量发展、推进市场化改革，取得了良好的社会效益和经济效益。

一　主要做法及取得的成效

贵州出版集团始终坚持以宣传党的路线方针政策为主导，致力于优秀文化及地方民族文化保护、传承、传播，坚持把社会效益放在首位，努力实现社会效益和经济效益"双效统一"，潜心打造"黔版图书"品牌，大力实施精品工程。截至2022年底，贵州出版集团实现主营业务收入31.5亿元，同比增长6.78%；实现主营业务利润2.8亿元，同比增长7%；统编三科教材印装质量排名全国第2、上升了8位，在贵州百强企业中位列第46，在贵州服务业企业100强中位列第26，在省发改委2022年考评认定省级服务业龙头企业达标工作中，居文化产业创新发展工程首位。

（一）聚焦做优出版主业，打造文化精品

出版事业不断做足做优，选题策划有了新突破，内容质量有了新提升，融合出版取得了新进展，出版立企的改革目标日渐成型。

1. 主题出版成效显著

出版《从石库门到天安门：百年大党的红色地标》、"中国减贫奇迹的贵州路径"丛书、《贵州这十年》、《为什么是贵州》、《魂系乌蒙——中共贵州省工委斗争纪实》、《江山就是人民》等一批重点图书；策划"贵州黄

① 贵州省"四新"：在新时代西部大开发上闯新路、在乡村振兴上开新局、在实施数字经济战略上抢新机、在生态文明建设上出新绩；"四化"：新型工业化、新型城镇化、农业现代化、旅游产业化。

平蜡染和丹都蜡染""布依族传统服饰保护及传承研究"等一批优秀选题。《从石库门到天安门：百年大党的红色地标》《滇黔乡试录集成》2个项目入选《出版业"十四五"时期发展规划》。"纪录小康工程"丛书入选2022年主题出版重点出版物选题。《水族音乐集》入选中华民族音乐传承出版工程精品出版项目。《湘黔桂边区傩书文献丛刊（第三辑）》《中国西南布依族抄本文献丛刊·贞丰卷》获国家民族文字出版专项资金资助。

2. 出版奖项硕果累累

《从石库门到天安门：百年大党的红色地标》《百川东到海》《贵州历史笔记》《主战场：中国大扶贫——贵州战法》《一座城市的交响》获贵州省第十六届精神文明建设"五个一工程"奖。《百川东到海》《凤凰于飞》《迎香记》《一个也不落下：贵州易地扶贫搬迁纪实》《一座城市的交响》《壮阔大迁徙》获第八届贵州省文艺奖、首届贵州省文学奖；《北极熊搬家》《我的那条鱼》入选"爱阅童书100"项目；《舒琳的外公》入选2022年英国童书最高奖项凯特·格林纳威奖短名单。《纽扣士兵》获第四届图画书时代奖金奖，《大象的旅程》获中国科普作家协会优秀科普作品奖，《寻找声音的女孩》获第九届中国童书榜"百佳童书"。

3. 大众出版百花齐放

传承中华优秀传统文化，挖掘地方文化资源，《石鼓丛考》《贵州历史笔记》《贵州省非物质文化遗产代表性传承人图典》等地方文化图书出版，增强了文化自信、文化认同感和文化凝聚力，为读者展示了厚重传奇的贵州形象。完成《孙子全译》《庄子全译》等8种贵州出版集团"十四五"精品出版工程"中国历代名著全译"丛书项目。

4. 版权输出实现突破

向世界讲好中国故事、贵州故事，传播好中国声音、贵州声音，《看不见的敌人》《中国改革开放全景录·贵州卷》等7种图书实现版权"走出去"。贵州人民出版社第10次入选中国图书海外馆藏影响力百强，累计入选品种940种。

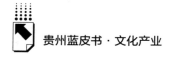
（二）聚焦印刷板块崛起，调结构提质量

印刷规模、质量、效益显著提升。贵州出版集团在 2021 年度人教版教材全品种抽检中名列全国前 10，在 2022 年春季人教版中小学统编"三科教材"专项检测中排名全国第 2；参加全国"第八届中华印制大赛"获得铜奖。

1. 印刷规模显著扩大

在 2022 年人教社教材出问题、疫情反复等极端特殊情况导致印刷发行周期压缩近 2/3 的艰难条件下，印制教材 8103 万册，同比增长 14.57%，圆满完成"课前到书、人手一册"政治任务，在业界树立了良好口碑。

2. 印刷效益明显提升

将原有分散的印刷资源全部整合，由集团旗下的新华印刷厂承印，出资升级现有印刷设备，引进国内外先进全自动设施设备 20 余台，形成规模效应和有效产能，实现提质增效。2022 年，印刷板块完成收入 2.73 亿元，实现利润 2000 万元，提前两年实现印刷板块三年扭亏为盈的目标。

3. 印刷服务广受认可

获得高等教育出版社授权中等职业学校思想政治、语文、历史三科教材发行资质及贵州地区大中专院校全科教材发行资质。贵州出版集团旗下的新华印刷厂被人教社评为 2022 年度印刷示范企业，成为人教社西南地区印务中心，获批成为人民出版社、学习出版社、党建读物出版社等全国知名出版社印刷产品服务供应商。

4. 印刷质量迈上新台阶

出资升级优化 VOCs 废气治理系统，降低废气排出，保护生态环境。将出版集团旗下的印刷企业由过去的污染型企业变为贵州省、贵阳市绿色环保建设标杆企业，绿色印刷推动出版集团迈上高质量发展台阶。

（三）聚焦新华书店振兴，重塑公共形象

实施新华书店三年振兴行动，完成一批老旧新华书店提升改造任务，重

塑新华书店金字招牌,"新华文渊超市"品牌培育工作取得重大突破。

1. 全力振兴新华书店品牌

改造一批"老旧小"门店,累计完成 62 家"新华文渊超市"建设,采取集中采购、连锁经营、线上线下联动模式,将原本单一的售书转变为多元业态的一站式文化服务消费平台,新华书店再次成为城市文化新地标和文化名片。

2. 积极履行社会责任

以实施文明创建工程和推进全民阅读工程建设为抓手,持续实施新华书店三年振兴行动,努力打造"多彩贵州·书香高原"公共文化体系。对全省门店进行升级改造,打造"新华文渊超市"连锁品牌,打造城市公共文化服务平台和阅读空间。积极适应市场消费多层次、个性化发展需求,在省内布局建成无人值守书店 4 家,建成校园书店 8 家,将服务送到群众身边。围绕"四新"主攻"四化",在威宁县啊嘎村建设阅读空间,用文化助力乡村振兴。

3. 重点图书发行成果丰硕

党政类重点图书共发行 54.4 万册,其中,《习近平谈治国理政》(第四卷)发行 11.2 万册;《让群众过上好日子:习近平正定足迹》《闽山闽水物华新:习近平福建足迹》《干在实处 勇立潮头:习近平浙江足迹》《当好改革开放的排头兵:习近平上海足迹》4 部图书发行 3 万套(12.2 万册);《中国共产党章程》发行 16 万册;《二十大报告》发行 11 万册;《中国共产党第二十次全国代表大会文件汇编》发行 1.1 万册;《党的二十大报告辅导读本》发行 2.7 万册,为宣传学习贯彻落实习近平新时代中国特色社会主义思想打下了坚实基础。

4. 引入资源提升管理质量

积极与国内头部供应链管理公司合作,整合资源和团队,创新经营管理模式,组建贵州新华富润德供应链管理有限公司,开展物流配送相关业务。降本增效,覆盖全省的新华现代物流配送服务体系逐步形成。加强同中图公司合作,将贵州省外文书店打造成为中图公司在贵州的窗口并承接中图公司在贵州及周边地区外文图书的相关业务。

（四）聚焦依托主业培育辅业，谋划优质项目

围绕主业培育辅业，为高质量、可持续发展打牢基础，一批依托主业培育谋划的产业项目陆续落地。

1.打造主城区文化地标

推进集团旗下的新华印刷厂老厂区提升改造为贵阳主城区文化地标项目——"新华文化创意街区"，力争 2023 年底建成投入运营。

2.打造文旅融合示范项目

以自有知识品牌为基础，通过对集团品牌的研究，以拥有自主知识产权的蒲公英童书馆①品牌 IP 打造"蒲公英"主题文化公园，延长"蒲公英"系列作品的产业链、生命线，打造贵州文旅融合产业化示范项目。

3.打造现代物流产业项目

积极走出去，与深圳富润德合作，盘活全省各地新华书店仓库，通过数字化、智能化、自动化改造，加快出版发行现代物流产业项目落地实施。

4.打造集团印包项目

进军印包市场，与沿海发达地区全国一流印刷包装企业合作，打造印包产业项目，补齐集团产业短板，培育新的经济增长极。

（五）聚焦改革转型升级，谋篇布局未来

围绕互联网背景下群众购书和阅读方式发生的转变，布局融合出版、企业治理数字化转型和推进出版产业智慧化演进。

1.加大数字创意产品开发力度

充分利用出版集团现有优势，紧紧抓住数字出版这个"牛鼻子"，推进出版数字化转型和智慧化演进，用好大数据技术，建立融合出版数字化内容基础数据库，实现集团融合出版基础数据与国家文化大数据战略、省大数据

---

① 蒲公英童书馆是贵州人民出版社北京中心即北京远流经典文化传播有限公司旗下品牌，诞生于 2007 年初，机构设立在北京，是一个专门出版少儿图书的童书出版专业机构。蒲公英童书馆按照内容的不同分为文学馆、图画书馆、科学馆和认知馆。

战略、国家"二二工程"等有效对接。数据库共收录 2013 年以前各类图书 1.2 万余种，完成 2600 种图书的数字加工工作。

2. 构建公共文化服务平台

打造红色记忆·贵州长征国家文化公园公共文化服务平台。通过数字化资源加工和打造数据库镜像版本，在省内新华书店以及基层社区、图书馆、高校、政府机关等共计 32 处公共场所投放运行，形成有效宣传覆盖，取得了良好的社会效益。

3. 创新产品应用项目

打造非遗云村寨——贵州非物质文化遗产大数据建设及产品孵化应用项目，入选首届虚拟现实新闻出版创新应用优秀案例。

4. 借助平台力推新栏目

通过有数宝宝抖音账号分三个阶段推出系列视频《盖赖村的非遗文化》《陪你静默，伴你读书》，以及"为你读书"栏目，累计播放量达 10252 次。

二 存在的问题

贵州出版集团聚焦主责主业，注重做优出版产品和出版服务，取得了良好的社会效益和经济效益，但还存在一些问题，主要表现为主业不优、辅业不强、质量不高，具体表现在以下几个方面。

（一）产业支撑不足

一是主业不强、辅业弱小，大众出版占比小；二是内容供应链不实、编辑生产链不优、市场发行链不强，缺乏图书出版精品力作，多元化板块体量小；三是存量项目尚未全部盘活，印刷业务印力有待提升，多元化增量项目缺少突破口，书店转型升级任重道远；四是主营业务收入主要依托教材教辅，缺乏配套影响力强的产业项目，多元化板块产业培育有待提升；五是出版、印刷、发行 3 个主业板块+多元化辅业板块的"3+1"板块内部资源结构、资产结构有待优化。

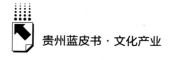

（二）改革力度不大

一是闲置低效资产需要继续盘活；二是市场和业务有待进一步拓展；三是内部管理制度体系尚需进一步完善。

（三）基础工作不牢

集团一些基础工作还不够扎实，队伍老化、业态弱化、机制僵化"三化"问题较为突出，人才稀缺、班子老化，企业治理体系和治理能力现代化建设和保障水平有待提升。

三 推进贵州出版集团高质量发展的对策建议

高质量发展是"十四五"乃至更长时期我国现代化发展的主题，也是作为文化产业的重要组成部分的出版业发展的必然要求。2023 年是全面贯彻落实党的二十大精神的开局之年，贵州出版集团要坚持以习近平新时代中国特色社会主义思想为指导，依托围绕"四新"主攻"四化"、建设"四区一高地"等重大战略，聚焦主责主业、调整选题结构、提高出版质量、改善用户服务，推动集团实现高质量发展。

（一）优化布局结构，赋能企业发展

1. 推进企业布局优化和结构调整

坚持以高质量发展为统揽，在"产业转型"上布新局。聚焦主责主业，加大内部结构调整力度，把出版产业高质量发展作为主线和灵魂，强化编印发供全产业链协同，紧紧围绕产业链布局业务链，运用划转、整合等方式推进产业布局优化和结构调整，大力构建"出版+"新业态，在出版立企、产业兴企、改革活企、依法治企等方面实现创造性转化、创新性发展，全力转型升级、提质增效。加强对省内和国内市场调研，特别针对在投资项目中，既体现传统出版业态又面向未来多业态的大众出版项目，既立足于省内市场

的产品线布局又面向国内的优质项目。有针对性地提高大众出版比例，有效拓展大众市场，做大规模、做强主业，持续推进产业兴企，壮大综合实力，摆脱完全依赖教材教辅的局面，不断为出版产业赋能。

2. 拓展增量项目形成新的增长点

加快剥离不具备竞争优势、缺乏发展潜力的非主业、非优势业务，盘活存量项目，加大增量项目开拓力度。抓好印务整合，做好印务归口管理，跟进印包业务，加快"走出去"步伐，拓展按需印刷、数字印刷、社会印件业务，拓展省外馆配图书业务，拓展印刷物资贸易，进一步开拓市场，做大规模，以量求利，在印刷板块打造新业态。盘活存量、破题增量，发挥发行板块物流带动力、品牌影响力、资产再生力的作用，充分利用书店网络、仓储和资源优势，巩固教材教辅发行市场，壮大一般图书发行市场，加快传统业态数字化、网络化、智能化改造，打造线上线下融合配套的现代物流企业，形成新的增长点。加快融合出版步伐，积极参与长征国家文化公园贵州重点建设区项目建设，以平台建设为切入点，以"红军长征在贵州史迹""贵州桥梁与工匠技艺"等融合出版项目为路径，积极探索5G、云计算、人工智能等在出版领域的应用，融合出版云公司的资源力量，朝有声书、IP版权运营、E库等方向延伸。

3. 聚焦高质量发展构建产品集群

内容生产的政治高度、思想深度，是贵州出版集团高质量发展的前提。要做好主题书、传世书、良心书"三本书"的出版工作，构建产品集群，解决发展质量不高、出版产品精品力作缺乏等问题。出好"主题书"：围绕社会主义核心价值观、中华优秀传统文化、中国式现代化、人类文明新形态等重要主题，以及中宣部年度出版选题和贵州省委、省政府"一二三四"总体思路等战略部署选准主题，认真研究、精准策划、精心出版。聚焦以高质量发展统揽全局，做好"贵州缩影、贵州新路、贵州样板"研究阐释和成果出版，推出一批精品力作。出好"传世书"：深挖、提炼贵州长征文化、民族文化、山地旅游文化、阳明文化、"三线"文化等特色文化及有传承价值的文史资料，策划出版一批传得出去、传得下去，对贵州文化传承和展示具有价值意义的大众图书。出好"良心书"：围绕教材教辅开发、做大少儿出版，策划出版一批有品牌效应的"良心书"。强化教材教辅产品研发，特别是要组建专业团队，拓展合作空间，在高中教辅研发上实现更大突破，提升自主知识产权产品的数量和质量。以"蒲公英童书"为基础，发挥少儿出版优势，加大产品线开发、宣传、推广力度，扩大品牌效应。

（二）深化企业改革，创新体制机制

1. 坚持和加强党对国有企业的全面领导

认真落实中央、贵州省委关于国有文化企业改革发展的部署要求，加快集团内部结构调整和重点环节机制改革及模式创新，持续深化出版主业供给侧结构性改革，探索新型文化业态，建设新型文化企业。强化企业治理，优化产品结构，创新出版机制，建设品牌矩阵，显著提升企业治理体系和治理能力现代化水平，不断激发企业创新创造活力。

2. 坚持和贯彻以人民为中心的发展思想

以高质量发展统揽全局，宣传党的路线方针政策，致力于优秀文化及地方民族文化的保护、传承、传播，坚持社会效益优先，努力打造"黔版图书"品牌，大力实施精品工程，充分发挥贵州出版集团出版、印刷、发行、多元化四大板块的优势，努力提升集团品牌影响力和综合实力。

3. 坚持创新驱动发展

进一步完善集团生产经营体系，出版、印刷、发行三大板块要围绕原料、设备、技术、产品和劳动组织、生产方式、经营模式、成本控制等环节，以提升劳动效率、产品质量和经营效益为目标，梳理痛点、难点、堵点，不断改革创新。按照优化产业链、做足供应链的要求，在延链、补链、强链上下功夫，加强各板块之间的衔接，真正形成集团上下一盘棋。加强对集团出版板块的管理，进一步强化规则意识和规章制度执行，不断提高集团的治理能力与水平。

4. 坚持科技强企，加快现代企业建设步伐

牢牢抓住出版深度融合发展、产业升级新机遇，推进集团内部治理技

改造，全面夯实信息化基础，培育治理数字化思维。主动参与国家文化专网、积极融入国家"二二工程"，搭建文化数据服务平台、数字文化生产线、文化体验体系，实现有效对接，使数字资源、数字产品、数字渠道、数字服务建设再上新台阶。实施重大文化产业项目带动战略，把"企业治理数字化转型"和"出版产业智慧化演进"两大任务作为推进集团迈向现代企业的重要抓手，加大投入，加快推进融合出版基础性工程升级改造，推动传统出版和新兴出版深度融合，为大众提供更多更好的优质文化产品。

（三）聚焦出版主业，打造文化高地

1.宣传阐释好党的创新理论

提高政治站位，始终高举伟大旗帜，把握正确方向，自觉把出版工作放到"两个大局"中去认识和推动。从宣传阐释党的创新理论的高度，从政治大势、政治大局中把握和优化出版选题，抓好主题出版，传播党的创新理论、重大主题作品。聚焦党和国家大事要事、重要政治活动、重大历史事件及重大战略部署，提早谋划、精心准备、主动作为，着力出版一批"有高度、有深度、有温度、有力度"的主题图书。潜心打造一批具有贵州特色的新时代优秀主题出版物，把独有的新时代贵州精神、遵义会议精神、"三线"建设精神等精神资源提炼好、总结好，推出更多精品佳作，坚定贵州人的文化自信，构筑贵州人自信自强的精神新高地。

2.持续提升公共服务形象

坚持以人民为中心的发展理念，发挥行业文化积累和思想传播的重要功能，创新服务业态、服务模式和服务机制，深化合作、扩大开放，与国内外优质出版企业、高等院校等开展5G新阅读、按需印刷等合作，向大众提供更多优质的精神文化产品和公共文化服务。推进集团新华文渊超市提升改造，加强校园书店、无人值守书店、乡村书店管理，构建公共文化服务平台和阅读空间，打造多层次、多类型的公共文化服务阵地，使新华书店实现从"市场数量"向"服务质量"的全面转型，更好满足人民群众多元化的文化需求。依托"多彩贵州·书香高原"全民阅读品牌，加强"阅读推广人"

队伍建设，通过主题沙龙、公益讲座、阅读指导、读书分享等形式，让城乡居民增强阅读意识、主动参与阅读活动，形成全民"爱读书、读好书、善读书"的浓厚氛围，为人民群众提供优质出版产品和优质出版服务。

3. 以高质量党建引领保障高质量发展

始终坚持党对国有企业的领导，坚持全面从严治党和党的自我革命"永远在路上"，把政治建设放在首位，加强干部和人才队伍建设，按照"选一批、调一批、招一批"的要求，加大招才引智力度，拓宽选人用人视野。健全完善市场化选拔、考核和激励机制，锻造一批具有斗争精神和斗争本领的高素质干部队伍。统筹推进集团各领域、各板块人才队伍建设，深入开展年轻干部选育培养，坚持育选管用带，突出分类培训，加强干部队伍和业务能力建设。持之以恒加强党风廉政建设，着力抓基层、打基础、聚人才、建队伍。加强对干部的监督管理，提高选人用人工作制度化规范化水平。

4. 守住不发生系统性风险底线

在意识形态方面，加强对集团各类从业人员意识形态工作和业务技能的培训，切实增强对意识形态工作基本要求的认同和把握，不断提高坚持正确导向、推动内容创新、做强出版主业的能力与水平。认真履行出版行业的政治责任、文化责任和经济责任，严格执行"三审三校"制度，重点加强对选题申报、书稿审校等制度修改和完善，加强对设计、排版、校对和印刷等环节的监督，不断提高书刊出版质量。把好出版环节的内容关、导向关，对政治类、民族类、宗教类的选题，严把审查关。着力完善印刷环节，落实印前、印后质量检查制度，特别是教材教辅印制中的风险控制，确保完成"课前到书"政治任务。对发行销售的图书做好审查，防止非法出版物扩散等情况。在生产经营方面，排查化解投资存量项目的安全隐患和不稳定因素，将新增投融资项目风险控制贯穿全过程，确保增量项目不出事。在安全稳定方面，重点对生产经营、内部安全管理以及信访维稳、涉法涉诉、企业改制等方面存在的隐患和问题，按属地管理原则，切实做好风险防控工作。在落实责任方面，全面排查落实安全生产主体责任隐患，开展安全隐患排查整治、加强安全生产宣传教育培训、完善事故救援应急预案，深化源头治理、系统治理和综合治理，推动提升集团安全水平。

参考文献

雷戎：《新时代中国出版业高质量发展的内在逻辑、实践路径与现实要求》，《出版科学》2022 年第 6 期。

朱小妮、赵玉山：《从"出版大国"到"出版强国"：新时代中国出版业的发展战略与路径规划》，《科技与出版》2022 年第 7 期。

王延河：《集约化融媒体出版模式——浅析中国现代出版业的发展问题与策略》，《新闻传播》2022 年第 17 期。

李杨、林芝、宋奕雯：《"十四五"主题出版高质量发展的路径思考——基于〈出版业"十四五"时期发展规划〉的视角》，《出版与印刷》2022 年第 3 期。

王飚、毛文思：《出版强国建设背景下数字出版高质量发展前瞻——"十四五"时期数字出版发展重点解析》，《中国出版》2022 年第 15 期。

B.13
贵州蜡染产业化研究

李隆虎　冉佳兴　乔思娇*

摘　要： 在中华人民共和国成立之前，贵州蜡染的产业化仅限于各产地小范围的市场交换。20 世纪六七十年代，为顺应拓宽国际贸易的客观需求，以安顺蜡染总厂为代表的一批国营蜡染厂相继成立，并在短期内为贵州的外汇创收做出了不可磨灭的贡献。这些蜡染厂在 20 世纪 90 年代步入鼎盛时期，随之逐步被遍地而起的蜡染小作坊所取代。整个贵州蜡染产业在 1999 年昆明世博会前后发展至顶峰，之后因内部恶性竞争、用工成本上升、其他工艺品兴起等逐步衰落。随着 21 世纪以来中国对"非物质文化遗产"保护的日益重视，尤其是在相关的"生产性保护"政策支持下，贵州不少地区又兴起了一批新的蜡染企业。不仅如此，当下贵州蜡染的产业化模式又呈现一些新的特点。

关键词： 蜡染产业化　生产性保护　贵州

蜡染是全球共享的一种传统印染技艺，尤以亚洲为传统核心产区。中国是蜡染的发源地之一，从川东峡江地区风箱峡遗址出土实物来看，中国人制作蜡染的历史最远可追溯到战国至西汉时期。[1] 发展至唐代，"已有三种染

---

* 李隆虎，贵州师范大学国际旅游文化学院副教授、硕士生导师，研究方向为文化人类学、非物质文化遗产和宗教人类学；冉佳兴，贵州师范大学国际旅游文化学院硕士研究生；乔思娇，贵州师范大学国际旅游文化学院硕士研究生。
① 林向：《川东峡江地区的崖葬》，《民族学研究》1982 年第 2 期。

缬技术普遍流行：即蜡缬、夹缬和绞缬"①，也即现在所说的蜡染、夹染和扎染。然而，宋代以后，随着更为高效廉价的"药斑布"（蓝印花布）出现，蜡染迅速在中原地区衰落，转而留存于偏远的西南地区，直至今日。

目前，贵州是中国传统蜡染分布最为集中也最为广泛的地区。所谓"集中"，是说贵州是传统蜡染的最大产区。"广泛"有两重含义。一是地域分布广，全省各地均有蜡染技艺的传承。二是族群分布广，除了苗族，瑶族、布依族、水族、（偅）家人等族群也在制作和使用蜡染制品。然而，总体来讲，由于传承的断代，传统蜡染的"版图"正在逐步缩小。可喜的是，得益于近年来政策的鼓励与旅游发展的带动，蜡染在贵州不少地区逐渐成为一种产业。本文正是基于这一背景，试图在梳理贵州蜡染产业化历史脉络的基础上，详细分析其当前的经营模式及发展困境，从而提出相应的发展建议。

一　研究回顾

关于贵州蜡染的研究始于 20 世纪 80 年代初，实际上，可以说是有关贵州蜡染的研究正式与其产业化实践直接相关。从现有研究来看，大致有两种倾向。一是对贵州蜡染历史、文化进行宏观的介绍；②　二是从微观的视角对

---

① 沈从文：《龙凤艺术》，北京十月文艺出版社，2010。
② 这方面的早期研究可参见傅木兰《谈贵州蜡染》，《南京艺术学院学报》（音乐与表演版）1981 年第 1 期；刘海粟《贵州蜡染的历史、现状及其发展》，《贵州师范大学学报》（社会科学版）1986 年第 1 期。其中，又以《陈宁康蜡染纪念文集》最有代表性（陈宁康：《陈宁康蜡染纪念文集》，学林出版社，2005）。此外，相关研究还有：杨文斌《苗族传统蜡染》，贵州人民出版社，2002；阿土《贵州蜡染》，《贵州民族研究》2007 年第 6 期；王绿竹《贵州蜡染艺术浅论》，《贵州文史丛刊》2008 年第 4 期；《中国贵州民族民间美术全集·蜡染卷》，贵州人民出版社，2008；余学军、潘选主编《蓝与白的艺术交响：中国民间蜡染文化》，黑龙江人民出版社，2015；沈凤霞、符德民编著《蜡染》，西南大学出版社，2015。

蜡染工艺、图纹及其应用展开分析。①

传统蜡染工艺的保护传承与产业化的关系是当下研究的主要趋势。汪璐、张遵东早在 2010 年就发文初步探讨过贵州民族蜡染的产业化问题。②王小梅、王建萍的《蓝花叙事：丹寨蜡染从村落走向世界的探索》和王小梅独著《寨生：手上的记忆》也分析过丹寨苗族蜡染的技艺传承与产业现状。③ 王滢也简要分析过贵州原生态蜡染的产业化潜力与现状，并提出了一系列发展建议。④ 此外，近年来也有几篇文章集中探讨了丹寨蜡染的产业化。⑤

总体而言，当下有关贵州蜡染产业化的研究数量不多，且缺乏基于实地调研的深度研究。已有研究都重在提出发展建议，而对于贵州蜡染产业化现状及问题多为概况性的介绍，读者很难从中了解贵州蜡染产业的发展史，也无法增进对当下贵州蜡染产业经营现状的深入认识。有鉴于此，本文力图基于大量的实地调研，在勾勒贵州蜡染产业化历史脉络的基础上，重点分析贵州蜡染产业的经营现状与发展效应，继而针对其具体的发展问题，提出对策与建议。

---

① 这方面的早期研究有潘光华《贵州蜡染工艺浅谈》，《贵州民族研究》1990 年第 4 期。多数研究集中于近十年，代表研究有：刘洋《贵州蜡染背扇的装饰元素在服装中的应用研究》，《山东纺织经济》2015 年第 1 期；张春艳、王华《当代贵州蜡染原创设计的文化内涵与发展模式研究》，《服饰导刊》2015 年第 2 期；栗嘉忆《用现代装饰语言解读贵州苗族蜡染图案的审美内涵》，《贵州民族研究》2018 年第 10 期；李娜《贵州蜡染文化在民族旅游文创产品设计中的应用研究》，《美与时代（上）》2020 年第 3 期；代沁伶、陈芳芳、席寅《贵州布依族蜡染纹样的设计再生研究》，《设计艺术研究》2021 年第 5 期。

② 汪璐、张遵东：《贵州省苗族蜡染文化产业化道路的探讨》，《改革与开放》2010 年第 2 期。

③ 王小梅、王建萍：《蓝花叙事：丹寨蜡染从村落走向世界的探索》，贵州教育出版社，2013；王小梅：《寨生：手上的记忆》，贵州教育出版社，2015。

④ 王滢：《贵州民族原生态蜡染文化产业发展研究》，《贵州民族研究》2016 年第 3 期。

⑤ 许江红：《包买制路径下的非物质文化遗产生产性保护——以贵州丹寨苗族蜡染为例》，《贵州社会科学》2016 年第 6 期；穆柳梅、任晓冬：《黔东南州丹寨县传统染绣工艺产业化及其动态传承思考》，《凯里学院学报》2018 年第 2 期；陈燕等：《非物质文化遗产视角下乡村手工艺人的传承现状、发展策略与市场推广——以贵州丹寨扬武镇苗族蜡染为例》，《西北民族大学学报》（哲学社会科学版）2018 年第 1 期。

二　贵州蜡染产业化发展历史

需要特别指出的是，贵州蜡染的产业化从来不是一个"现代"议题。只是在不同时期，贵州蜡染的产业化规模、模式存在极大的差异。从传统的"自然经济"时期至今，以经营主体划分，贵州蜡染的产业化历史大致可分为自产自销、国营工厂和私人作坊三个阶段。

（一）自产自销阶段

从安顺平坝棺材洞中发掘出土的蜡染实物来看，贵州制作蜡染服饰的传统最早可追溯到宋代。[①] 换言之，宋代以来，蜡染一直是贵州很多地区少数民族重要的服饰制作技艺。从生者穿着的日常服饰、盛装，到亡人的丧服、祭祀用品，都会用到以蜡染技艺制作的布匹。简言之，蜡染布在历史上是重要的生活必需品。在传统的"男耕女织"社会分工下，蜡染往往是妇女们的必备技能。但是，我们不能就此天真地认为以前的社会家家户户都会做蜡染，且这些蜡染制品仅供家用，绝不外售。不管在哪个时期，出于各种原因，即便在蜡染技艺最为普及的村寨，总有一些家庭不会或不愿制作蜡染制品。他们对蜡染制品的需求，转而通过民间市场得以满足。

笔者在访谈榕江摆贝蜡染省级非遗传承人姜老本的丈夫时了解到，姜老本家从爷爷辈起就开始从寨上收购蜡染产品，随后再拿到附近的集市上售卖。可见，这种交易方式在本地市场早已形成。在今天的扁担山区，每逢集市，依旧有大量的画娘带着自己的蜡染布片摆摊，出售给当地不画蜡的布依族同胞。我们不能武断地认为，这种市场活动是近年来才有的新鲜事物。

当然，这种市场交换一般仅限于本地、本民族市场。同时，流通的商品多为实用的成品或半成品。这是贵州蜡染产业化发展的第一阶段，也是持续

---

① 刘恩元、胡腊芝、王洪光：《试论西南古代蜡染》，《贵州文史丛刊》1995 年第 5 期。

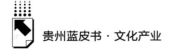
时间最久的模式。总结起来，这一阶段最大的特征就是"自产自销"，即本地生产、本地销售。

到 20 世纪 60 年代，随着国营工厂时代的到来，本地自产自销的市场化模式开始逐渐萎缩。

（二）国营工厂阶段

早在 1964 年，贵州省委、省政府就在安顺成立蜡染工艺厂，后因"文化大革命"被叫停。贵州蜡染产业在几年后迎来转机。1971 年，蜡染作为民族手工艺品参展了广交会（时称中国出口商品交易会），这是贵州省第一次参加广交会。在会上，蜡染手工艺品成为唯一为贵州省创造外汇的商品，更加受到政府重视。1973 年，安顺蜡染总厂获批成立。贵州蜡染进入了国营工厂阶段。据安顺福远蜡染的洪惊涛讲，当时，为了促进蜡染的市场化发展和外贸创汇，政府特意为蜡染开了绿灯，允许使用传统的龙凤题材进行生产。

在安顺蜡染总厂的带动下，安顺、六盘水、黄平等地兴起了一批蜡染厂。受时代的影响，这些蜡染厂和安顺蜡染总厂的性质都属于集体所有制，即要么属于国营工厂，要么属于集体企业。

具体到企业组织结构，除了管理层，安顺蜡染总厂主要还有专门的设计室和画蜡、填色、染布三个车间。设计室由一批优秀且具有美术功底的设计师组成。设计师负责图案创作，由负责领导审核通过后，用硫酸纸制成型板。随后交给画蜡、填色、染布车间批量完成绘制、上色和染制。

安顺蜡染总厂生产的蜡染产品和传统蜡染产品有四点较大的差异。一是图纹风格。传统蜡染以各地传统图纹为创作题材，安顺蜡染总厂的产品根据市场需求，大量采用符合大众审美的"现代"图纹。二是色彩差异。与传统的蓝白蜡染不同，广泛使用化学染料的安顺蜡染总厂产品色彩更为丰富。三是生产模式与效率差异。由于创新性地使用了硫酸纸制版，安顺蜡染总厂的产品在保留手工制作的基础上，实现了批量化生产和质量控制。四是产品属性与销售市场的巨大变化。和传统蜡染重实用不同，安顺蜡染总厂的产品以装饰性的"工艺品"为主。因此，其目标市场主要是国外市场和国内旅游市场。

早期的安顺蜡染总厂在国内的市场还很狭窄，订单基本来自国外，特别是日本占据了很大一部分市场份额。20 世纪 80 年代到 90 年代初期，国内的旅游景区开始发展，出行游客增多，旅游纪念品的购买量大幅增加，贵州蜡染产业也随之进入发展高峰期。特别是 1992 年安顺市成功举办了国际蜡染艺术节，聚集了二三十个国家的代表。这次活动给安顺市和蜡染工艺带来了非同凡响的影响。1992 年，安顺蜡染总厂及周围蜡染、纺织工厂的产品都供不应求，一上市便迅速售空。1995 年，贵州省又举办过一次国际蜡染研讨会，设立了两个会场，分别为贵阳会场和安顺会场，也是风光无限。

但在本应抓住市场机遇更进一步发展的关键时期，国营蜡染厂的管理问题日益突出。以安顺蜡染总厂为例，其中一个突出问题就是设计师的待遇问题。安顺市蜡染协会副会长王鹏回忆，当时设计师没有基本工资，计件提成——每审核通过一件作品，得 37.5 元稿费，制版是 80 元一张。换言之，设计师设计出一幅合格作品，总计只能拿到 117.5 元。相较一幅作品批量化生产后带来的巨大效益，这一点报酬无疑太低了。因此，越来越多的设计人员开始选择"单干"。而这背后另一个重要的原因是蜡染行业的低门槛。王鹏的"创业"就是从两张桌子、37 斤回收蜡、一口煮布锅和一匹白布开始的。有意思的是，为了避免设计人员"偷师"后单干，安顺蜡染总厂曾禁止设计人员进入画蜡车间。

受个体户和自身管理问题的双重影响，1997 年，安顺蜡染总厂开始走下坡路，到 2000 年左右已经不再生产产品了，停滞了十几年之后，2014 年才彻底改制。与安顺蜡染总厂命运相似，同一时期的其他蜡染工厂也相继倒闭。贵州蜡染产业随之迎来了以私人作坊为主的新阶段。

（三）私人作坊阶段

据安顺市蜡染协会副会长王鹏讲述，1992~2005 年，蜡染市场发展得非常好。1992 年安顺举办国际蜡染艺术节以后，私人作坊如雨后春笋般涌现。在高峰时期，仅安顺市内大小蜡染企业就有一两百家。私人蜡染小作坊在 1999 年昆明世博会前后发展至顶峰。世博会期间，作为旅游纪念品的安顺蜡染在昆明、丽江、大理、石林、西双版纳等旅游热门景区非常火热。据王鹏回忆，当时只要稍微用心在一块布上画上图案，染色以后，拿到市场便可售出。然而，昆明世博会也是安顺蜡染产业的一个拐点。2000 年，世博会结束后，蜡染生意便日渐惨淡。到 2005 年时，贵州蜡染产业陷入低谷，至今尚未恢复昔日的辉煌。

与国营蜡染厂一样，随后兴起的安顺蜡染小作坊在产品和销售市场方面并无二致。总体来讲，安顺蜡染小作坊的产品多属于"现代"彩色蜡染，主要市场则是周边的旅游市场，尤其是邻近的云南、湖南两省的知名旅游城市和景区。至于具体的销售模式，则是以批发为主。早年间，安顺的蜡染商人会亲自运送自己的蜡染产品到周边旅游城市和景区，批发给当地旅游产品经销商。随着合作关系的稳定和物流业的发展，转为异地发货和结算。

蜡染的"黄金时代"结束，原因大致有三。一是私人作坊间的恶性低价竞争。为了抢占日益饱和的市场，小作坊之间打起了价格战，从而压缩了各自的利润空间，造成"损人不利己"的双输局面。再者，为了控制成本，很多小作坊不重视质量和创新，从而造成产品的同质化和低质化。据王鹏讲，在蜡染市场最混乱的时期，一张 80 厘米×80 厘米的蜡画，售价可低至 8 元。当时的布售价为 2.4 元/米，额外加一幅画的人工费用 2 元，加上染色，大概就是 6 元的成本。如果一个月生产一万张，就可以赚两万元。这对当时不少小作坊来说是可以接受的。然而，也正是这种低价恶性竞争彻底地冲垮了蜡染市场。发展到最后，发往云南的安顺蜡染产品，已经不再根据产品质量论张卖，而是变成"数堆堆"卖的"粪草货"。

二是其他工艺品的外部竞争。随着全国旅游业的快速发展，全国各地的工艺品也随之兴起，纷纷开始抢占市场。对蜡染来说，十字绣、钻石绣、玻璃画等工艺品是主要的竞争对手。当人们有了更多的选择，购买蜡染产品的人自然变得越来越少。

三是用工成本的上升。在进城务工兴起之前，画蜡是很多年轻女孩一大出路。据王鹏回忆，1997～1998 年，他每年暑假都会有一二十个免费的画蜡工。这些免费的画蜡工往往是周边初中毕业没考上高中的女孩。她们会在暑假到蜡染作坊当学徒，尽管她们已经在家学过画蜡，但出于利益的考虑，蜡染作坊主自然会适当延长她们的免费"试用期"。当时的画蜡工人也好找，只要到周边民族村寨说一声招工，第二天便可如数上岗。当年轻的女孩们有了更多的工作选择，画蜡工的吸引力自然就减小了。即便是上了年纪的画娘，也不是那么好找了。现在，为了留住为数不多的熟练工，王鹏不仅要在平时保证工人的订单，还得在春节、中秋等重要节庆请工人吃饭，并发放福利。可喜的是，近年来各级政府部门不断加大对"非物质文化遗产"的保护力度和开发投入。

2012 年，贵州省出台《关于大力扶持微型企业发展的意见》，全省各级政府每年预计投入财政专项资金 10 亿元，重点扶持从事加工制造、科技创新、创意设计、软件开发、民族手工艺品加工和特色食品生产等行业的微型企业 2 万户。实际上，一批新的蜡染作坊正是以小微企业的身份在贵州丹寨、榕江、六盘水、安顺等蜡染集中分布地兴起。

和安顺蜡染作坊一样，近年来兴起的蜡染作坊多生产面向游客和收藏爱好者的蜡染工艺品。不一样的是，这些蜡染作坊更注重蜡染的"非遗"属性，因此，在蜡染图纹的选择方面较为"保守"——多以传统图纹为基础进行产品创作和生产。

三 贵州蜡染市场化模式

目前，贵州蜡染产业主要分布于六盘水、纳雍、织金、贵阳、安顺、贵定、凯里、丹寨、榕江、黄平等地。在很大程度上，因生产主体的差异，各地蜡染的市场化模式也有差异。总结起来，当下贵州蜡染产业的生产主体有家庭作坊、蜡染合作社、蜡染公司和民族工艺品公司。以下分别介绍这四类蜡染生产主体的市场化模式。

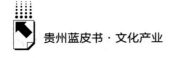

（一）家庭作坊

目前，各地的家庭作坊是数量最多，也是最直接的蜡染产品生产者。少数非遗传承人的作坊往往以小微企业的形式存在，但大多数为未注册企业资质的家庭作坊。总体来说，各地家庭作坊的产品主要有传统蜡染制品、旅游文创商品和来料加工产品。

传统蜡染制品既供应本地市场，也满足少数收藏爱好者的需求。这类产品往往比较耗时费工，因而售价较高。总体上，随着本地市场的萎缩，加之收藏爱好者数量有限，这类产品的生产量并不大。当然，在部分本地市场需求依然旺盛的地区（如安顺镇宁扁担山区），传统蜡染制品的产量依旧很大。值得一提的是，传统蜡染制品的市场价格浮动最大。售价的差异除了与产品自身品质、制作者知名度有关，也与购买者身份有关。一般来说，图纹越精细的制品自然售价更高；制作者越有名，如蜡染国家级非遗传承人的作品价格自然要高于普通画娘。同时，"老花"制品又甚过"新花"，即使用传统图纹制作的产品售价要高于"创新"的图纹制品。笔者拜访蜡染凯里市非遗传承人杨成舟时发现，她的一幅据说图纹取自已故蜡染国家级非遗传承人王阿勇的丹寨传统床单售价要高出普通蜡染床单数倍。此外，即便是相同产品，卖与不同人的价格也不一样。据蜡染省级非遗传承人姜老本讲，她制作的鼓藏幡，卖与外来游客或收藏者大概是 800 元/条，但本地人就要便宜一些——600 元/条。总而言之，由于价格的不透明，蜡染制品的市场更为混乱。

新冠疫情发生之前，蜡染旅游文创商品尤其是小件商品销量是最好的。这类产品的普遍特点是利用各地蜡染传统纹样，经简单创作，制成小包、抱枕、手机壳、丝巾、文化衫、长衫等产品，价格从几十元到几百元不等，直接出售给过往游客。

对于大多数未成立企业的家庭作坊而言，"来料加工"是重要的业务模式。具体而言，这些家庭作坊一般以承接他人蜡画订单、计件取酬为生。报酬标准除了与制作者知名度高低直接挂钩之外，主要以布幅的大小和图纹的精细程度而定。一件产品，工价从三五元到上百元不等。相较而言，"来料加工"的价格机制最为清晰透明。此外，大量蜡染个体户还会将自己的产品带到集市直接售卖。在贵州，最出名的蜡染市场是凯里的金泉湖绣片市场，每逢周五集期，都会有不少人售卖自己的蜡染产品。光顾集市的，早年间还有国外收藏爱好者，近年来则以国内收藏爱好者和蜡染中间商为主。前者往往是来"淘宝"的——寻找质优价廉的"精品"，后者则会相机低价收购，或从售卖者那里下单订购蜡染产品。

值得一提的是，某些家庭作坊除了制作蜡染，也会兼营土布、刺绣、织锦以及民族服饰等产品。安顺市省级非遗传承人伍德芬（布依族）于2013年成立了一间进行织锦与蜡染生产制作的小作坊，主要的蜡染产品涉及服饰、床上用品、窗帘等，产品附加值低。近年来，她更多制作"性价比"更高的土花布。

（二）蜡染合作社

近年来，在国家政策的扶持下，出现了以"合作社"命名的蜡染生产组织。这些合作社往往由社会知名度较高或经营管理经验丰富的个体牵头成立，以"集体"的身份从事生产经营活动。

蜡染合作社与家庭作坊存在紧密的联系。首先，蜡染合作社往往由数个家庭作坊整合而成，以统一身份共享订单和销售渠道。其次，合作社还会将自身不能消化的订单分包给独立的家庭作坊。这些家庭作坊按图纹样式、时间等要求完成订单，计件取酬，合作社则负责质量把关。

从产品形态而言，蜡染合作社与家庭作坊并无区别。但在经营模式上，合作社具有一些单个家庭作坊没有的优势。依托带头人的声望和市场运作以及"企业"身份，合作社更容易拿到更多、更好的订单，从而提升产品经济收益。首先，利用规模效应，合作社能承接家庭作坊无法完成的"大单"（从数量而言）。其次，合作社的"企业"身份，还能为其争取到一些"对公"订单。因为以"公共"身份购买的蜡染产品，往往交易需要以"对公转账"的形式完成，这显然是家庭作坊无法满足的。最后，基于合作社带头人的"名人效应"，合作社能拿到单价更高的订单。

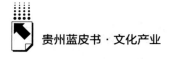

（三）蜡染公司

这里所说的"蜡染公司"指专营或主要从事蜡染产品生产的企业。在以安顺蜡染总厂为代表的一批国营蜡染厂相继停业以后，目前贵州省内的蜡染公司均为中小型私营企业。

蜡染公司的负责人具有蜡染生产一线经验，拥有较高水平的蜡染制作技能。具体而言，又分民间艺人（蜡染非遗传承人与画娘）和蜡染工艺师两类。前者属典型的"本行人干本行事"，多生产本地区的蜡染特色产品。后者多受过美术专业训练，在掌握蜡染制作技艺后，"转行"从事蜡染工艺品生产。正因如此，他们的产品有更多的"设计感"，图纹选择更为自由，产品形态也更为多样，多以使用符合大众审美的现代图纹制作的各类工艺品为主。以地域而言，安顺市内的蜡染公司多属后者，代表公司是福远蜡染，丹寨、织金、六盘水等地的蜡染公司则多属前者。

这些蜡染公司在生产模式上几乎一致，即雇用数量不等的固定或临时工人从事蜡染生产。视订单的多寡，各家公司的固定工人数量不一。通常情况下，为降低生产成本，这些蜡染公司的固定工人都不多。尤其是新冠疫情以来，这些蜡染公司仅保留数量极少的熟练工。当收到"大单"时，这些公司再临时雇用工人集中生产；或将订单分包给保持合作关系的家庭作坊。实际上，也正是这种灵活的用工模式让这些公司在疫情期间还能正常运营。

以2009年成立的贵州丹寨宁航蜡染有限公司（以下简称"宁航蜡染"）为例，该公司是黔东南苗族侗族自治州规模较大的蜡染企业，也是贵州省唯一的国家级非物质文化遗产生产性保护示范基地。宁航蜡染的创始人宁曼丽女士是典型的企业家，此前曾从事纺织品贸易。宁航蜡染建立至今，通过聘请各地知名画娘，从事丹寨、榕江及黄平蜡染风格的文创产品生产和销售。

在员工构成上，宁航蜡染既有吃住在公司的"固定"画娘，也有保持固定合作关系，但在家工作的画娘，还有承接临时订单的画工。无论哪种用工模式，采用的都是计件取酬方式。在产品方面，宁航蜡染既经营小件且价格相对低廉的文创产品（如丝巾、蜡版画、文化衫），也出售价格较高的蜡染文创服饰和大幅蜡染卷轴。实际上，为提升产品的"设计感"，宁航蜡染与设计师成昊合作，设计了一批蜡染主题的时装。

此外，宁航蜡染还承接体验式研学活动。学员缴纳一定体验费，便可在专业老师的指导下完成小幅蜡染作品的制作，并带走自己的作品。宁航蜡染于 2016 年开始进行研学活动，在 2019 年接待研学游客达 18000 人次，研学游客主要来自柳州、凯里、贵阳等地。值得一提的是，宁航蜡染还加入了唯品会的"唯爱工坊"，为合作商家提供代加工服务。

位于贵州省凯里市的凯里市启凤蜡染厂（以下简称"启凤蜡染"）是贵州另一家典型的蜡染企业。厂长兰启凤（［僳］家人）曾于 1986 年参与黄平县重安镇集体蜡染厂的管理。1993 年，兰启凤开办了黄平重安江（僳）家金凤蜡染厂。1994 年，兰启凤在凯里市开办分厂，即启凤蜡染的前身"凯里民族民间蜡染雕绣厂"。他从农村招聘了 60 多名（僳）家、苗族民间艺人，以（僳）家和苗族传统的手工技能生产民族传统服饰、蜡染刺绣等工艺产品。在鼎盛时期，启凤蜡染不仅在北京、上海、西安、青岛等大城市开设门店，产品还远销国外。

然而，随着市场的逐步饱和，启凤蜡染的国外市场逐渐消失，国内市场也日渐萎缩。目前，启凤蜡染的省外销售点已全部撤销，公司的固定工人也减少至个位数。同时，启凤蜡染也在探索一些新的出路。和宁航蜡染一样，启凤蜡染也承接蜡染研学活动。此外，兰启凤会接一些酒店装修、员工服饰以及校服的订单。

（四）民族工艺品公司

与上述几类专营或主营蜡染产品的生产主体不同，民族工艺品公司走的是"兼营"的路子。简言之，蜡染制品只是民族工艺品公司众多产品之一。这些公司往往会同时经营贵州省内具有代表性的各类工艺品，如刺绣、漆器、银饰等。

此外，和前面几类生产主体不同，民族工艺品公司走的是面对高端消费市场的精品化道路，即蜡染产品更注重创新与质量，但价格往往也较高。在生产方面，民族工艺品公司常采用"代加工+包装"的模式，即将蜡染订单分包下去而不直接生产蜡染等民族手工艺品，或是在市场上收购一些质量上乘、图纹新颖的蜡染产品，进一步加工包装，并以高价出售。

以1998年成立的黔艺宝公司为例，除了蜡染产品，它经营的范围还包括贵州省内具有代表性的银饰、罗甸玉器、大方漆器以及各类刺绣产品等。更为特别的是，为了增加公司的吸引力与知名度，该公司还会邀请来自各地的非遗传承人进行技艺展演，其中就有蜡染非遗传承人。在笔者的调查中，开阳县的蜡染非遗传承人侯俊英就承接了一批黔艺宝公司的桌旗订单。根据黔艺宝公司提供的布料和要求的尺寸，具体的图纹由侯俊英本人设计，黔艺宝公司同意即可。

在营销方面，黔艺宝公司主要靠线下门店零售，同时在探索线上销售。黔艺宝公司在贵阳龙洞堡机场附近的多彩贵州城有一个大型展销厅，面对省内外游客展销省内的一些代表性工艺品中的"精品"。从笔者疫情前后的几次走访来看，展销厅顾客极少，销售业绩并不乐观。

除了上述四类主要的蜡染产业经营主体，贵州还有不少个体中间商的业务涉及蜡染产品。这些中间商既有专门从事民间工艺品买卖的个体，也有"兼职"的非遗传承人。

简言之，这类中间商从事的是"转手买卖"，即低价从地方收购蜡染制品（一般是老旧服饰），经简单处理后售出，赚取中间的差价。这类产品与前面提及的传统蜡染制品一样，定价机制极为模糊。客观而言，只从事老旧蜡染制品买卖的中间商是一股对贵州蜡染技艺与文化传承的破坏性力量。尤其是在蜡染技艺传承"青黄不接"的当下，这种商业模式等于挖空了地方仅剩的蜡染文化遗产内涵。

综上不难发现，在贵州蜡染产业中，不同的市场主体根据自身特点与市场定位，有各自的生存之道，从而形成了当下贵州蜡染多元市场主体并存的格局。

四　贵州蜡染市场化效益评估

贵州蜡染市场化所带来的不只有直接的经济效益，还有影响更为深远的社会效益与文化效益。

（一）经济效益

1. 助力脱贫攻坚

贵州省是全国脱贫攻坚主阵地，省内的少数民族地区更是脱贫重点区域。在过去，这些地区的群众大多以务农和外出打工为经济来源。现在，很多妇女在家乡就可以靠着自己的蜡染手艺赚钱。在榕江县三江乡分从村，一名妇女利用闲散时间承接蜡染订单，一个月可以为家庭增加 3000 元左右的收入。这对农村家庭而言，无疑是一笔不少的收入。类似的情况在贵州蜡染的各大主产区并不罕见。而这些地区，在蜡染产业兴起前都是名副其实的贫困区。正是看似不起眼的蜡染产业，带动了不少家庭的脱贫致富。

2. 促进地区经济发展

以全国非物质文化遗产生产性保护示范基地宁航蜡染为例，蜡染产品包装好运输到外地时，需要快递站、需要货车司机，这可以带动一部分就业。另外，随着素质教育的全面兴起，研学体验项目也开始火爆起来。有很多研学团和游客专门来此体验蜡染技艺，这些人到达丹寨后，需要在周边消费住宿以及购买当地的土特产和纪念品等，这都会对当地的交通业、住宿业、餐饮业带来积极影响。

丹寨万达小镇是万达集团在丹寨助力脱贫攻坚的核心产业项目，小镇引入丹寨特有的国家级非物质文化遗产项目，每年都吸引大量的非遗爱好者前往丹寨旅游，给当地的经济注入源源不断的活力。

3. 促进技术创新

随着经济社会的发展、人均受教育水平的提高，人们对于蜡染手工艺品的质量要求也越来越高。如果企业继续生产中低端产品，必然会在同质化竞

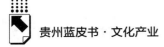

争中被淘汰出局。在这种背景下，一些蜡染龙头企业开始尝试以技术创新来提升自己的竞争力。

蜡染的技术创新可分为工艺创新和设计创新，前面提及的安顺蜡染总厂的硫酸纸制版工艺属于前者。经过创新，蜡染既保留了手工制作的特点，又能够完成批量化生产。贵州省工艺美术大师杨正华探索出的丝巾固色技术，突破了传统蜡染的固色瓶颈。据他本人讲，他用了十年的时间才掌握了纯植物配方的现代化工染法技术。其间，他不断进行实验，记录染色配方的数据、蛋白质的含量和发酵的程度。他独创的这项技术，在 2006 年获得首届多彩贵州旅游设计大赛"贵州名创"最佳创意奖。

宁航蜡染与设计师成昊的合作则属于设计创新的范畴。此外，宁航蜡染创作的《百苗图》《桃花源记》等蜡染产品，以及万达小镇节庆期间的蜡染时装走秀，都可视为"设计创新"的努力。在笔者看来，宁航蜡染试图将传统蜡染技艺与现代设计融合，在不失传统蜡染特色的基础上，设计出更多适合现代人审美的产品。

（二）社会效益

1. 拉动就业

蜡染生产是典型的手艺活，对劳动者的体力、受教育程度要求不高。同时，蜡染生产流程，尤其是画蜡工序可随时中断，劳动者利用碎片化时间即可完成。再者，画蜡、浸染、脱蜡等主要生产流程的技术门槛并不高，经短期培训即可掌握。正因如此，蜡染产业不仅可以吸收大量需要兼顾农活和家庭的妇女就业，也可经简单培训，为受教育程度不高且无蜡染制作基础的人群提供就业岗位。

丹寨独臂蜡染手艺人杨而朗，于 2009 年进入宁航蜡染，经过多年的努力，仅凭借一只左手，从贫困妇女成为月收入 3000 元以上的蜡染手艺人。她尤其擅长绘画飞鸟，蜡画作品通过各种渠道"飞到"祖国的大江南北，还登上过国际舞台。她的经历，不仅改变了她自己和她的家庭，还鼓舞了千千万万的弱势群体，通过自己残缺的身体去实现更加完整的人生。

贵州省工艺美术大师、安顺市级蜡染非遗传承人杨婷婷创办的绣娘坊，是建档立卡贫困户就业基地，吸纳周边的贫困妇女进行蜡染、刺绣生产。

2. 缓解老幼留守问题

随着蜡染市场化的普及，很多蜡染企业通过自雇和订单分包等灵活的用工形式，使画娘们可以边在家照顾老小，边从事订单生产。当这些妇女不需外出便可实现就业，当下困扰广大农村的留守儿童和空巢老人问题便可得到极大的缓解。这对于农村青少年的成长、老人的赡养，以及社会稳定都有深远的意义。

在宁航蜡染，由于采取计件工资制，即便是"固定"工人平时也无须打卡上下班，农忙时节或重大节庆还可请假返家。平日，只要不影响生产，公司还允许画娘们带着小孩来上班。没有时间坐在蜡染车间工作的画娘，也可在家完成订单生产，然后通过快递将产品寄到公司。

3. 提高妇女社会地位

经济基础决定上层建筑。小至家庭，大至整个社会，经济收入都是决定社会地位的重要因素。

在中国传统社会，丈夫外出赚钱，妇女在家照顾老小是典型的家庭分工。即使照顾家庭不比外出挣钱轻松，但由于没有货币收入，妇女在家庭里的话语权可能不高。蜡染恰恰给了很多农村妇女一个难得的机会。

首先，当画娘们可以通过自己的手艺取得一份收入，还兼顾了自己的家庭责任，她们自然能够得到丈夫、家人更多的尊重。

其次，少数获得"传承人"身份的画娘，社会声望和地位会大幅提升。传承人的身份有助于提高她们蜡染产品的价格，各类外出活动、社会各界的推崇、新闻报道等不仅有助于拓宽她们的眼界，也使更多人知晓她们的事迹与精湛技艺，从而极大提升其社会地位。织金县官寨乡小妥倮的歪梳苗妇女蔡群，原本只是一个受教育程度较低、早早外出务工的农村妇女。然而，靠着祖辈传下的蜡染、刺绣手艺和自己的拼搏精神，她开了公司，于2013年当选第十二届全国人大代表，还先后获得"贵州省十大民间蜡染大师"、全国"三八红旗手"、国家级非物质文化遗产传承人等荣誉称号。显然，蜡染

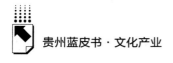

改变了她的命运。

近年来，随着"民族文化进校园"活动的开展，一批蜡染非遗传承人被邀请到各级学校讲课授艺。当这些受教育程度较低的妇女走进课堂，以名副其实的老师身份展示自己的技艺、传播蜡染文化时，显然，她们的自信心与自尊心都会得到极大的增强。

（三）文化效益

1. 促进蜡染文化和技艺的保护与传承

宁航蜡染的创始人宁曼丽在接受采访时说："买卖才是最好的传承，使用就是最有效的保护。"学界关于生产与非遗保护传承的关系尚有争议。然而，市场化无疑为蜡染的保护与传承提供了坚实的物质基础。

首先，当人们看到有那么多人喜欢蜡染，并愿意为之慷慨解囊，他们会有更大的动力去保护自己的蜡染技艺与文化。同时，有了用蜡染换取的收入，也能更好地保护各地的传统蜡染技艺。

其次，当周围人看到"画工"依靠蜡染名利双收，势必有越来越多的人愿意加入。尤其重要的是，当越来越多的年轻人看到可以将蜡染作为一份工作和事业时，蜡染传承的"青黄不接"问题也就找到了破局的关键。笔者在调查中不仅看到不少年轻画娘的身影，也看到不少年轻人开始拿起蜡刀，学习画蜡。蜡染省级非遗传承人、工艺美术大师伍德芬的儿子就利用假期时间，跟着母亲一起拿起蜡刀画蜡。

值得一提的是，有利可图的蜡染产业也在吸引非少数民族群体的加入。同时，随着近年来一系列蜡染研培、研习活动的开展，不仅传承人群体、普通画娘得以提升蜡染制作水平，还在学生、游客等群体中传播了贵州蜡染技艺与文化。

2. 增强文化自信

经济基础不仅是社会地位的重要衡量指标，也是个人自尊自信，乃至群体树立文化自信的动力。

客观来讲，经济效益不佳正是各类非遗传承面临"青黄不接"困境的一大根源。当蜡染变得"有利可图",普通的生产者便有了自信的根基。而当更多的当地人感受到外界对当地蜡染产品及其背后文化由衷的喜爱时,他们会更加珍视和爱护本民族、本地区的传统文化,建立并增强文化自信。

2020年2月秋冬伦敦时装周推出首届"中国之夜"主题时装秀,来自贵州丹寨的苗族蜡染设计系列时装亮相,这是中国非遗服饰首次以专场形式亮相国际时装周。这次的作品,均出自宁航蜡染的设计师成昊之手。毫无疑问,如此高规格的国际展示活动对于传播中国蜡染文化、增进国人对于蜡染文化的自信起到了积极的作用。

五 贵州蜡染市场化存在的问题

蜡染产业是贵州民族地区特色产业之一,具有悠久的历史与浓厚的文化底蕴。就目前来说,贵州蜡染整体发展水平相对较低。贵州蜡染产业的规模不大,尚未形成规模效应。首先,从事蜡染生产的主体虽多,但规模都不大。其次,产业整体产值不高,和国内外同类产品相比优势不大。

从安顺蜡染总厂建立至今,经过几十年的发展,贵州蜡染在很多方面都取得了长足的进步。然而,以下问题依旧困扰着贵州蜡染产业的未来发展。

(一)产品同质化严重,品牌化建设滞后

笔者在对贵州各地蜡染产业进行调研时发现,目前市场上蜡染产品同质化现象非常严重。一方面,各地蜡染产品类型较为单一,以蜡染服饰、工艺品和小型文创产品为主。另一方面,同一产区的蜡染产品高度相似,内部竞争严重。

同质化的根源,是知识产权保护不足造成的创新无力。目前,尽管福远蜡染、宁航蜡染、正华蜡染等行业代表已先行迈出了知识产权申报的步伐,也推出了一系列新产品,但整体而言,贵州蜡染的工艺与产品创新仍和国外同类企业有较大的差距。

与产品同质化并行的,是蜡染品牌建设的严重滞后。目前,贵州蜡染产

业尚未形成品牌，即便是福远蜡染、宁航蜡染、正华蜡染等代表性企业，也没有走上品牌化道路。据福远蜡染的洪惊涛解释，他们的很多产品没有贴牌，主要是因为客户的直接要求。他们的产品主要供应给旅游商品经销商，而很多经销商并不希望自己出售的产品上出现"福远蜡染"的标记。

（二）蜡染产品市场受众单一，对旅游业依赖性强

贵州蜡染产品一般以订单的形式销售给各大旅游景区、政府单位、民族工艺品公司以及收藏爱好者等。总体而言，贵州蜡染的两大市场是装饰收藏市场和旅游商品市场，从市场体量来看，旅游商品市场占据绝对支配地位。

正因如此，疫情造成的国内外旅游业凋敝，对贵州蜡染产品造成严重冲击，很多靠旅游订单生存的蜡染企业几近倒闭。同时，受经济形势的影响，本就不大的装饰收藏市场也受到冲击。可以说，贵州蜡染产业目前正处于一个低谷。

（三）缺乏统一的行业规范

近年来，贵州省相继发布《安顺蜡染制品》（DB52/T 581—2009）、《地理标志产品 安顺蜡染》（DB52/T 1235—2017）、《贵州民族民间工艺品 蜡染制品》（DB52/T 1345—2018）等蜡染地方标准。然而，从实地调研来看，基层的蜡染制作者对这些标准并不清楚，也就不可能严格按照这些标准进行生产。而在销售环节，相对透明的产品价格机制的缺位不仅给消费者带来极差的体验，也造成了市场的混乱。

（四）难以逆转的"现代化"危机

在全世界，"现代化"正冲击着全球各地的传统文化，尤其是手口相传的非物质文化。蜡染作为一门传统手工艺，同样无法幸免于"现代化"的影响。

首先，在技术层面，在现代印染工艺和流行服饰的冲击下，传统蜡染的

实用价值已消失殆尽。实际上，中国蜡染自宋代以来在中原地区没落的一个重要原因就是出现了更为廉价高效的蓝印花布。到今天，传统蜡染自然不是更为高效的机械化印染工艺的对手。同时，服饰文化的流变则进一步瓦解了传统蜡染的民间基础。当人们可以购买到更为廉价、更为美观的流行服饰时，费时费工的传统蜡染服饰自然失去了吸引力。所以，即便是传统蜡染的主产区，蜡染也已基本退出当地人日常服饰的阵地。甚至是蕴含深厚民族文化的盛装，也增加了相对廉价的机印机绣款的选项。对于普通人而言，服饰的选择标准除了美观，价格也是重要的考量，但至于它是不是用传统蜡染工艺制作的，就无足轻重了。

不仅如此，随着现代教育的普及和大众教育观念的转变，无论是国家、学校，还是学生、家长，都会把接受学校教育放在首要位置。这是因为在现代社会，通俗来讲，文凭可以说是个人工作、事业最重要的基础要素。因此，即便是身怀绝技的蜡染艺人，也会将孩子的学业看得比继承家业更重。

生产效率的天然劣势、流行服饰的冲击，显然都不是蜡染生产者所能左右的，而这些正是制约贵州蜡染发展最深层的危机。

六　促进贵州蜡染产业发展建议

"现代化"危机显然不是短期内可以解决或逆转的。但是，前文提及的其他几个问题则可以通过行业的整顿和引导加以解决。

首先，政府有关部门或蜡染行业组织（如蜡染协会）有必要出台全省范围的蜡染产品价格指导文件，规范当前的蜡染产品价格市场。对于搅乱市场的商户，要实施严厉的惩戒。同时，建立消费者反馈机制，切实保护消费者的合法权益，从而树立良好的行业整体形象。

其次，加强蜡染技术、产品创新的知识产权保护，对技术与产品创新给予奖励，营造鼓励创新的良好氛围。在此基础上，开发多样化蜡染产品，开辟更为广阔的市场空间。

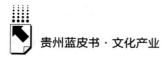
　　最后，将蜡染产业与现代信息技术相结合，打造新型产业联合发展模式。目前，网络直播以一种前所未有的形式出现在大众眼前，"直播带货""直播健身""直播学习"等直播新业态正朝着多样化发展。可通过网络直播平台带货的形式促进蜡染产品销售，同时可以发挥"民族网红效应"，推动新形势下蜡染产业化发展。

B.14
贵州省美术馆发展调查研究[*]

邹沁园　陆治婷^{**}

摘　要： 本文以贵州省的美术馆为研究对象，选取了最具代表性的公立美术馆贵州美术馆和私人美术馆天海美术馆进行分析。从建馆时间、地理位置、展览主题等方面对比贵州两种性质的美术馆，分析其发展现状。通过调查发现，贵州省美术馆普遍存在资金投入不足、市场宣传及受众面窄、美术馆功能发挥不足等问题。在未来的发展过程中，贵州省美术馆需要从多渠道资金支持、服务质量改进、展览情境丰富、专业人才引进、数字化提升等方面进行突破，充分发挥美术馆对一个城市经济、思想文化、公共教育发展的重要推动作用。

关键词： 美术馆　高质量发展　贵州

美术馆相对于博物馆而言，在我国兴起时间不长，并且我国美术馆的发展有很长的空白期，我国对美术馆的研究相对来说有很大的不足。而随着我国文化消费的不断扩大和文化艺术市场的不断发展，艺术品市场逐渐走向规范和成熟，美术馆的作用也逐渐凸显。但是美术馆并未形成自己独特的文化体系和完整的运营机制，美术馆发展的环境还需要不断改善。

---

* 本文为贵州省 2021 年度哲学社会科学规划课题"贵州岩画文化遗产资料集成及数据库建设研究"（项目编号：21GZQN26）阶段性研究成果。

** 邹沁园，博士，贵州民族大学多彩贵州文化协同创新中心副教授，研究方向为文化产业、艺术社会学；陆治婷，贵州民族大学民族学与历史学学院文物与博物馆学专业 2018 级本科生。

对于美术馆的研究，大多数学者都是从美术作品以及艺术品本身出发展开的。由于对于贵州省美术馆的研究较少，笔者选择对贵州的美术馆进行调查研究，希望通过对贵州的美术馆本身发展以及对美术馆内的陈列、展陈、展出作品的选择等多方面的研究，分析贵州的美术馆发展的趋势以及影响。通过研究贵州省公立美术馆、私立美术馆之间的联系和区别，进一步分析研究贵州省美术馆发展的可能性以及对贵州文化艺术发展带来的机遇。

一　美术馆概述

美术馆通常来说就是收集、保存、展览和研究美术作品的专业机构，[①]也可以说它是一个为美术作品以及其他艺术品提供展览场地的机构。美术馆里最常见的展示品是绘画，其他风格类型的作品也会展示，例如雕塑、摄影、插画以及工艺美术作品等。不同的国家和地区对于美术馆的内涵有不同的解释，相对来说没有确切的定义，美术馆的主要用途是为艺术品提供一个展览场地，同时可以为其他形式艺术活动的举办提供场地，比如音乐会、诗文朗诵等。

根据主办单位性质、盈利与否，可以把美术馆分为公立和私人两种。公立美术馆也可以被看作博物馆，向大众免费开放展览，公开展示艺术品。而私人美术馆，则被称为"私人艺廊"，专门出售艺术品给商人和收藏者，同时基本采用收费参观的方式。

美术馆也被认为是艺术类博物馆，是收藏、保护、积累人类的精神文明和艺术财富并且使之能够绵延传世的艺术殿堂，也是当代美术繁荣发展的重要坐标。所以美术馆作为一个公益性与事业性并重的机构需要具备多项职能，包括收藏、研究、展览、教育等。[②] 藏品是美术馆的基础，一个美术

---

① 罗栎鋆：《浅析策展人在美术馆展览策划中的作用》，《文化产业》2020 年第 36 期。
② 袁婧轩：《浅谈美术馆展览职能行使的有效性》，《美术教育研究》2015 年第 22 期。

馆必须要有藏品，藏品需要被展示出来，满足群众的审美需要，并通过群众对艺术品的欣赏，提高群众的美育水平，也能够使不同的人通过对艺术品的欣赏联系起来。美术馆作为国家文化事业的重要组成部分，在社会公共文化服务系统中发挥着举足轻重的作用。我国的美术馆在发展过程中，逐渐呈现由收藏展览向学术探究方向发展的趋势。[1] 美术馆从功能的总体把握和宣传策略上讲，可分为三种形象：一是学术功能形象，二是教育功能形象，三是休闲功能形象。美术馆在国家文化建设中发挥着不可忽视的重要作用，而地方美术馆对于一个地区的城市文化发展来说也有着非常重要的意义。

二　贵州省美术馆发展历程

改革开放以来，我国的文化部门对美术馆的建设发展十分重视，特别是近年来，一直在加大对美术馆的管理与支持力度，出台了相关的政策，进一步健全了美术馆的建设机制，倡导更多的专业人士参与美术馆的建设，还开展了对各个地方重点美术馆的评估，这一系列举措推动了各地美术馆的发展。国家还对全国美术馆的优秀项目进行评选和扶持，以更大的力度推进美术事业的发展。各地区结合自身特色，通过政策引导、项目扶持和一些具体措施，持续推动美术馆事业更加高质量发展。在这种良好的条件下，美术馆得以充分发展，尤其是在国家大力推动美术馆对公众免费开放、我国公共文化事业持续发展的形势下，贵州省的美术馆也紧紧把握好这一难得的发展机会，以务实、高效的工作方式，不断开拓全省美术馆事业发展新的局面。

2017 年 9 月 1 日，贵州美术馆在省博物馆的旧址上经改扩建后正式开馆，从此结束了贵州省没有省级美术馆的历史。贵州各地也逐渐开始建立新的美术馆，至今贵州省内总共有 15 个美术馆，其中包括贵阳市的公立美术馆贵阳美术馆、贵州美术馆（原贵州画院）、红展馆，民营美术馆天海美术

---

① 李英梅：《对中国当代美术馆陈列和展览的思考》，《艺术与设计》（理论）2020 年第 2 期。

馆和中天美术馆（原中天书画院）；贵州省内其他地区的遵义美术馆、铜仁美术馆、毕节美术馆、六盘水美术馆、安顺美术馆、黔东南州美术馆、黔西南州美术馆、兴义美术馆、肸堂美术馆、熔岩美术馆（见图1）。

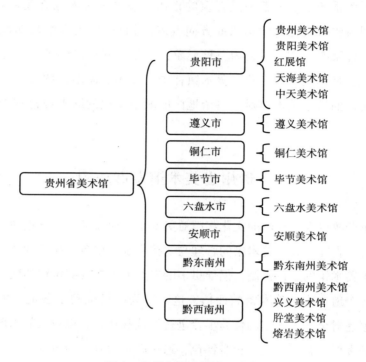

图1　贵州省美术馆地区分布

资料来源：根据公开资料整理。

　　贵州省的美术馆主要集中在省会城市贵阳，除了公立和私人两种管理经营模式的美术馆之外，还存在如孔学堂这种和高校合作承接各种展览的美术展览馆，还有板桥艺术村这类由企业管理的艺术园区。无论是公立的还是私人的美术馆，都为贵州的文化建设带来非常大的帮助，在其中发挥了重要作用。但是在不同形式的管理体制下，美术馆的职能往往存在差异。现今如何更好地发挥贵州省美术馆的功能价值，是省内公立美术馆和私人美术馆都要思考的问题。

三 贵州省美术馆发展异同点对比

——以贵州美术馆和天海美术馆为例

贵州美术馆的前身是贵州画院，而贵州画院是由贵州省国画院发展而来的，成立于 1980 年。贵州画院建立的时候地址是在红展馆的后面，红展馆是贵阳市的大型城市展览馆，地处贵阳市中心城区、毗邻贵阳火车站，周边地势开阔、群众进出方便。在当时全国各地相继成立的画院中，贵州画院的成立时间排在第五位，贵州也因此成为全国最早成立省级官方画院的省份之一。如今的贵州美术馆创立于 2017 年，现收藏约 600 件美术作品，其中大部分作品题材反映了贵州本土文化艺术。贵州省原本打算在贵阳金阳片区建立一个全新的美术馆，但是由于贵州经济发展与城市建设的要求，规划建设片区是博物馆建设区，想要建立美术馆是比较困难的。当时打算把博物馆搬迁后重建贵州美术馆，但是由于博物馆建筑是新中国成立之后贵州省几栋具有代表性的建筑之一，属于建筑文物不能拆除重建，因此改为贵州省博物馆的旧址上改扩建成为贵州美术馆，总建筑面积约 1.6 万平方米。

天海美术馆是贵州最大、西南地区极具特色的私人美术馆，是以艺术欣赏、体验为主要特色的国家 AAA 级旅游景区，位于贵阳市乌当区高新路中段阳晨总部基地 A 区 19 栋。天海美术馆由天海规划创始人、著名规划设计师伍新凤先生创建于 2015 年，2018 年正式对外开放，全馆面积达 3600 平方米，馆藏风格多样的当代艺术作品 500 余件。经过多年精心打磨，目前已建成室内外作品展区、艺术体验区、会务区、音乐餐厅、天台唱吧等空间，全面满足观展、研学、体验、沙龙、讲座、会议、聚餐等多样化的文化艺术消费需求。天海美术馆发展时间不长，但是由于特殊的经营方式和展览特点，吸引了众多的文化艺术者前去参观，也吸引了贵阳当地众多年轻群体去"打卡"。

贵州美术馆和天海美术馆是两种不同性质的美术馆，接下来主要从两个美术馆的相同之处——对外文化交流、地方教育、城市文化建设，不同之处——美术馆性质、地理位置、展厅设计和展览数量等方面对两个美术馆进行分析。

（一）贵州美术馆和天海美术馆的相同点

美术馆是现代社会公共文化体系的重要组成部分，是公共文化服务体系建设的重要角色，是我国人民文化素养提升以及精神文化享受的重要场所。[①] 这两个美术馆在贵州的文化建设中都发挥了重要的作用。

1. 对外文化交流方面

美术馆是人类文明发展的结晶，大量珍贵的文献和文物资源不但丰富了美术馆的文化艺术涵养，而且成为吸引广大观众的亮点。[②] 美术馆的藏品是吸引人们的要素，也是一个美术馆的精华所在。美术馆藏品可以提高公众对美术馆的兴趣，激发公众对美术作品的好奇心，美术馆通过艺术品展览，也能加强对公众的美学教育，提升公众的美学素养。

2019 年 11 月 14 日，"大山的节日——美术作品展"在澳大利亚悉尼中国文化中心开幕，由悉尼中国文化中心以及贵州美术馆主办，出席开幕式的嘉宾有中国驻悉尼旅游办副主任刘晓惠，中国驻悉尼总领馆文化参赞张英保，著名艺术家沈嘉蔚，澳大利亚知名策展人、艺评家 Nicholas Tsoutas，贵州省文物局局长张勇，贵州省文旅厅办公室主任邹晓风以及贵州画院专职画家、澳大利亚各界人士。[③] 此次展览主要展出了关于贵州少数民族节日的作品，展现了贵州的多彩文化。展览不只在澳大利亚进行，还在斐济举办。此次展览从不同角度以及多元文化方面对"大山的节日"系列作品进行介绍，参观人员包括国内外游客，展览作品得到参观者的认可。此次展览不仅使得其他国家对中国少数民族地区文化有了一定的了解，也让贵州文化走出中国面向世界，让国内外的艺术家能够通过此次展览进行作品展示，加强了中外

---

① 周惠：《管窥我国美术馆的发展问题》，《美术文献》2020 年第 9 期。
② 周盛：《公共文化服务体系中美术馆的作用》，《参花（上）》2014 年第 12 期。
③ 资料来源于"贵州美术馆"微信公众号关于 2019 年澳大利亚悉尼"大山的节日——美术作品展"开幕的推文。

文化的交流，展现了贵州特色民族文化的艺术魅力。

2017 年 5 月 20 日，"发声与共振"天海美术馆第二届作品收藏展开幕，100 余位来自国内外的美术界大咖、专家、学者云集于天海美术馆，共同见证了此次开展。天海美术馆开馆以来，收藏和展出了蒲国昌、董克俊、刘万琪、向光、尹光中、李昂、谌宏微、赵竹等国内外知名大家的 300 余幅（件）艺术精品，免费承接国内外规模以上文化艺术团体的交流展览活动近十次，接待参观交流人员 3000 余人次。① 天海美术馆一直致力于促进国内外文化交流，不仅多次展览国内外著名艺术家作品，也会邀请国内外艺术家进行文化交流，开展艺术教育活动。

美术馆通过对艺术作品的展览，不仅提高了公众对于美术作品的兴趣，也吸引了更多的艺术家。对地方文化特色的展览能够吸引国外艺术家参观，使地方民族特色文化与国外文化之间相互碰撞、相互融合发展，进一步提高中外文化交流水平，同时能够促进民族文化走向世界。

2. 地方教育方面

美术馆的教育工作，不仅是美术馆所有工作的出发点，还是其工作意义的最终体现。② 对于地方教育的发展而言，美术馆是一个进行文化交流活动的重要场所。对于基层教育而言，美术馆是一个进行艺术教育和文化实践的重要场地。公立美术馆在文化教育体系中发挥着特有的优势，它能够让公众全方面地参与美学的教育，不限年龄、不限次数、不限地区，是没有任何限制条件的教育形式。美术馆促进了地方教育的发展，也提高了地区人民的文化素养。目前，无论是小学、初中、高中还是大学，都会设置艺术实践课程，美术馆作为拥有大量藏品和优秀艺术品的机构，发挥了特有的优势条件，在艺术教育中可以提供更好的教学资源，充分发挥公共文化教育职能，打造良好的艺术环境，在提升公众艺术审美水平的同时，不断提高公众的文化自信，增强文化认同感。

---

① 资料来源于雅昌艺术网关于"发声与共振"天海美术馆第二届作品收藏展的推文。
② 刘佳：《强化美术馆在公共文化服务体系中的作用》，《中国文艺家》2018 年第 11 期。

贵州美术馆作为全省重要的公共文化服务阵地，从建馆起，就一直重视发挥公共文化服务职能。美术馆为全省中小学和大中专院校以及其他院校师生免费举办公教活动，旨在向公众普及美学知识，发挥典藏、研究、交流和美育的社会功能。2020 年 9 月 13 日，贵州美术馆举办了"中国移动杯——贵州省首届中小学教师书法展"，此次展览是贵州省首次面向中小学教师征稿的专门性展览，彰显了对中小学教师书画艺术的人文关怀，体现了新时代教师队伍以德树人、以书立意、传承有为的时代精神。

天海美术馆也以实现美育育人为根本出发点。在艺术氧吧的艺术画室中，孩子们进行自我创作，通过自我创作接受更多关于美的教育。天海美术馆成立以来，多次为孩子们举办了属于他们的画展，2019 年 1 月 1 日，天海美术馆为孩子们举办了一场画展，此次画展更好地激发了孩子们的艺术创作灵感，培养了孩子们的美感和审美情趣。

美术馆不仅是艺术作品的收藏地，更是一个地区进行美学教育和文化教育的重要场所，无论是贵州美术馆还是天海美术馆，都可以是儿童艺术创作的教育和启发地。每个参观者都能够在美术馆中得到美的体验和艺术的熏陶，而贵州美术馆和天海美术馆在发展的过程中，也不忘加强对孩子审美观念的培养，以及增强参观者的审美体验，为贵州的文化艺术教育做出了积极贡献。

3. 城市文化建设方面

近年来，我国大力发展文化事业，贵州也在号召下大力发展第三产业，文化旅游产业的创新发展对于城市建设发展来说是必不可少的，而打造地区特色文化艺术产业对城市建设带来了非常广泛的影响。2020 年 6 月 13 日至 2020 年 7 月 13 日，贵州美术馆举办了"乡野遗存的绣美艺术"艺术展，此次展览展出的是贵州省文化馆于 20 世纪五六十年代收藏的民族民间刺绣作品，主要有各种少数民族的刺绣服饰、背带、绣片、工具、剪纸等，以及省文化馆多年的藏品档案文献（老照片、老刊物、笔记、台账）等。此次展览参观人数颇多，各行各业的人们到美术馆进行参观。此次独特的民族文化艺术展览，展现了贵州地区特有的文化气息，从文化和艺术的角度展现了多彩贵州的风土民俗。展览少数民族地区的文化艺术作品，可以增进其他地区对贵州民族文化的了解，促进贵州文化旅游业的发展。贵州美术馆作为贵州的一张城市文化名片、展示贵州形象的文化场所，在贵州的城市文化建设中发挥了重要作用。

天海美术馆是西南地区最大的私人美术馆，在贵州的城市文化建设中也发挥了极为重要的作用，以天海美术馆为主体的国家 AAA 级景区，以独特的魅力吸引了许多艺术家和游客，促进了贵州旅游业的发展，为贵州的文化事业发展提供动力。旅游业的繁荣促进贵州经济的发展，天海美术馆以其特有的文化形式展现了贵州不一样的文化气息，吸引更多艺术投资者到贵州投资，带动经济增长。

（二）贵州美术馆和天海美术馆的不同点

一是性质不同。贵州美术馆的建立实现了贵州省级美术馆零的突破。贵州美术馆也成为全省美术作品征集、收藏、研究、保护、展示、教育、艺术交流的重要场所和公共文化服务中心。贵州美术馆是一座公立性质的美术馆，服务于公众，满足贵州人民对于艺术审美的需要，是非营利性质的美术馆。作为省级美术馆，在许多的展览和社会活动方面，贵州美术馆承担着更多的责任，因此需要发挥更大的职能作用。不同于贵州美术馆，天海美术馆属于由私人企业创办的美术馆，和公立美术馆相比，最大的不同就是参观收费。从市场角度出发，天海美术馆最根本的目的是通过美术作品获得市场利益，这是与贵州美术馆最大的不同点。贵州美术馆是一个免费的艺术场所，而天海美术馆则是收费的艺术场所。由于美术馆性质的不同，贵州美术馆和天海美术馆在管理方式、服务模式等各个方面有所不同。

二是地理位置差异。贵州美术馆位于贵阳市云岩区北京路 168 号，有贵阳地铁三号线经过，处于交通线路中心，交通便捷。参观者可以选择多种出行方式到馆参观，这对不同的参观者来说都是快速方便的，便捷高效的交通大大提高了贵州美术馆的参观人数。贵州美术馆与贵州省图书馆相邻，在周边形成了一个文化圈，贵州省图书馆和贵州美术馆之间可以相互交流合作，在所属区域形成特有的文化链，吸引更多的参观者。距贵州美术馆不远还有一条北京西路网红街，这无疑为该区域吸引了大批游客，在一定程度上也为贵州美术馆提高了参观量。天海美术馆位于贵阳市乌当区，位置较为偏远，公交站少，交通相对来说不是很方便，适合自驾出游，交通不方便在一定程度上限制了天海美术馆的发展，但是由于地处偏远，周边环境较为清静。

地理位置对美术馆的发展也是极其重要的，优越的地理条件能够让参观者乐于参观，贵州美术馆凭借优异的交通条件脱颖而出。参观人数是一个美术馆影响力的体现，参观人数越多，越能体现一个美术馆社会文化职能的发挥情况。天海美术馆需要在交通条件优势不明显的情况下，发掘其他吸引公众的优势之处。

三是展厅设计和展览数量与主题差异。贵州美术馆新馆分为四层，地上的一层到三层都是展厅，每层展厅面积为 1000 平方米，一层为主展厅，净层高 5 米，二层为恒温恒湿展厅，三层为自然采光展厅，地下一层为功能空间和库房。全馆总展厅面积约 5000 平方米，总展线长 1200 米。新馆、老馆之间以独特通透的玻璃幕墙连接作为仪式大厅。美术馆东西两侧是两个伸展而开放的"长廊"。贵州美术馆展厅设计存在的一个问题是，在展厅里面没有供参观者休息的专门空间，可供休息的椅子也不多。

贵州美术馆从建立之初，就举办了多次展览活动，从表 1 可以看出，2018 年至 2022 年 4 月，贵州美术馆共计举办了 86 次展览。其中，2018 年举办的展览次数最多，从 2019 年起，贵州美术馆举办的展览数量在不断减少。天海美术馆作为私人性质的美术馆，相对来说受职能的影响不大，从表 2 可以看出，2015 年至 2022 年 4 月天海美术馆的展览一直不多。

作为一个省级美术馆，贵州美术馆的展览并不局限于某一种艺术形式，而是会展览不同形式的作品，如雕像、摄影作品、剪纸艺术等。贵州美术馆的展览多是以国家发展为核心内容，紧扣时代主题或以国画大师的作品为中心进行展览，其中也有书法、油画、人物画以及摄影展。贵州美术馆承担着对全省公众的文化艺术教育职能和对少数民族地区文化艺术建设的职能，所以展览品以庄重严肃、有教育意义和具有地方民族文化特色的作品为主。

表 1　2018 年至 2022 年 4 月贵州美术馆展览数量

时间	展览（次）
2018 年	38
2019 年	20
2020 年	15
2021 年	8
2022 年 1~4 月	5
总展览数	86

资料来源：根据公开资料整理。

表 2　2015 年至 2022 年 4 月天海美术馆展览数量

时间	展览（次）
2015 年	1
2016 年	0
2017 年	1
2018 年	0
2019 年	3
2020 年	0
2021 年	0
2022 年 1~4 月	0
总展览数	5

资料来源：根据公开资料整理。

天海美术馆的主要展厅有 5 个，一展厅至四展厅各占一层楼，五展厅则在一楼连接着艺术体验区、会务区、音乐餐厅、天台唱吧等文化艺术空间。不同主题、不同类型的展览，需要的设计也是不同的。从展览主题与展览作品来看，天海美术馆作为在当代建立不久的私人美术馆，展览作品都是现当代的艺术创作，不仅有艺术家的画作，还掺杂着雕塑作品，显得尤为大胆和不拘一格。从陈列设计理念来看，贵州美术馆中规中矩，作品的陈列方式是悬挂在玻璃展柜内，同时加以灯光进行视觉辅助，展陈形式过于单一，观众参与度不高。天海美术馆的作品陈列设计则是按艺术特色进行分类，不仅有对美术画作的陈列展览，每件作品旁还附带对作品的创作介绍，观众只需把解说器打开，就能了解此件美术作品的相关信息。天海美术馆对雕塑作品的陈列设计做得非常到位，不仅加以灯光辅助，还进行场景设计，氛围浓厚，充分展现作品的意境，让观众充分感受作品的魅力。

四 贵州省美术馆发展存在的问题

（一）资金投入不足

资金投入不足是贵州省美术馆存在的一个重大问题。从美术馆的设施建设方面来看，美术馆的安防设施建设不够完善，藏品得不到有力的保护，政府部门对于美术馆的资金投入主要是用于美术馆建筑建设，对于美术馆藏品保护和设施完善的支持力度不大。从展览方面来看，贵州美术馆的展览是阶段性的，没有常设展，场地得不到有效利用。从管理方面来看，贵州美术馆和天海美术馆都存在管理人员严重不足的问题。

（二）市场宣传及受众问题

贵州省的美术馆，无论是公立美术馆还是私人美术馆，都欠缺市场宣传。笔者通过调查发现，贵州美术馆除通过官网、微信公众号进行宣传之外，没有其他媒体宣传渠道，而且贵州美术馆的官方网站不能正常访问。贵州美术馆的展览活动一般通过微信公众号进行宣传，也会有媒体进行报道，但总体来说，宣传推广的效果不佳。天海美术馆和贵州美术馆的情况类似，宣传运营也不够，官方网站做得不够详细，不能让浏览者清楚地了解自己所需要的内容。

从美术馆的受众情况来看，贵州美术馆的展览大多是以国画类的作品为主，或以大时代为背景，展览作品多数具有较强的教育意义，参观者来自社会各界，无论是老年人还是年轻人、艺术家还是普通群众，都适合参观欣赏。天海美术馆的参观群体则会有些不同，天海美术馆展览的多为现当代艺术作品，且风格不限，其中的某些作品夸张大胆，经过对展览氛围的艺术加工，会形成和展品相契合的环境。笔者通过了解参观者的参观反馈发现，对于天海美术馆展览的作品，大部分人认为不适宜小孩子参观，比较适合艺术家观看欣赏。

（三）美术馆功能实现问题

从美术馆的职能来看，无论是公立的还是私人的美术馆，都没有完全发挥职能。贵州省的大多数美术馆都缺乏对美术作品的研究，展出的只是艺术品，缺少对艺术品本身的研究，所以无论是贵州美术馆还是天海美术馆在研究成果上都是很缺乏的。从保存收藏来看，美术馆的保存和收藏价值没有较好地发挥出来，现在的画家或者收藏家更愿意自己保存或收藏作品，不愿意把作品通过美术馆展示出来，这也是限制美术馆职能发挥的因素。

五　贵州省美术馆发展对策

（一）地方政府对美术馆给予政策和资金支持

美术馆作为重要的文化艺术机构，需要政府扶持才能够长足发展。如今政府部门加强文化事业建设和文化产业发展，美术馆也得到充分发展的机会。美术馆在发展的过程中可以借助地方政府部门的支持，在行政部门及相关政策的帮助下解决发展过程中遇到的困难。美术馆在发展过程中离不开充足的资金投入，美术馆作为贵州全省重要的文化教育场所，加大对美术馆的资金支持力度，有利于美术馆更好地发挥文化教育功能。贵州美术馆在"十四五"期间要力争入选"国家重点美术馆"，引进更多国内外精品展，争取获得"国家艺术基金"项目立项。

（二）提升美术馆的服务水平

提高藏品使用效率，有利于实现公共服务内容的创新与水平的提升。美术馆提高藏品收藏和使用效率能够增强美术馆对公众的服务能力，满足公众的审美需求。服务体系的完善在美术馆建设过程中有着举足轻重的作用，不仅要注重提高美术馆藏品的使用效率，更要注重提高美术馆工作人员的服务水平和服务效率，让参观者获得良好的参观体验。贵州美术馆可以提升馆内服务水平，配备专业讲解员。而与公立美术馆不同的是，私人美术馆所收取的门票价格过高会影响参观者对美术馆的印象，导致美术馆的参观人数减少。美术馆的门票价格，应该在符合市场价格规律的基础上适当进行上调或下降，避免因为价格问题磨灭参观者的参观热情。

（三）丰富美术馆的展览情境

对于美术馆展览陈列工作来说，场景的运用是十分关键的，不仅能够营造良好的意境，还能够提升美术馆展览的整体效果。根据参观者不同的年龄、不同的审美需求和不同的参观需要，把美术馆的展览品按照不同的展陈方式进行展览，可以依靠图片展览、视频展览、互动体验以及全息投影技术等进行展览设计，让参观者融入展览环境，全方位感受和体验艺术作品的魅力。满足美术馆不同参观者的需求，让美术馆的受众范围更加广泛。美术馆的展览是一个群众参与艺术教育的过程，因此群众的参与必不可少。美术馆对展览环境的设计和对参观者需要的呼应，让参观者对美术馆的兴趣更加强烈，也会让美术馆更好地发展。美术馆不仅需要在展览设计方面提高自身的水平，更要注重对于市场的运营，好的市场运营会让美术馆更快发展。美术馆应该加强对于各个环节的营销，特别是结合地方特色进行宣传推广，提高美术馆的知名度。美术馆可以在发展的过程中与其他产业结合，打造具有民族文化特色的文化区，加大宣传力度，提升美术馆的知名度；也可以通过文创产品的研发，设计具有民族特色的文创产品，增强贵州省美术馆的文化艺术竞争力和市场竞争力。

（四）专业人才的引进

人才是一个产业能够持续发展的重要支撑，在发展过程中，缺乏相关专业人员是当下中国很多美术馆普遍存在的问题。美术馆的工作人员大多不是专业的博物馆管理人员或者美术专业人士，对美术馆的管理和未来的创新发展形成阻碍。所以美术馆可以寻求和高校合作，让美术馆的教育资源与学校美术专业优势结合，推进与高校合作实现馆校共同发展。由高校培养专业人才对美术馆进行人才输入，有利于提高美术馆的专业化服务水平，同时对于美术馆实现研究职能有着较好的推动作用。

（五）发展数字美术馆

数字美术馆可以通过大数据分析了解大众需求，针对分析结果优化美术馆的营销模式，进行全面深化改革和创新。美术馆可以借助现代科技的力量发展新的模式，让更多人感受和体会美术馆的魅力。贵州省作为国家的大数据中心，有着发展数字美术馆得天独厚的优势。数字美术馆是一种新型的展览平台，它不仅可以方便、高效地展示艺术品，还可以更加便捷地发挥文化艺术教育资源的作用。

美术馆作为一种特殊形式的博物馆，它的发展会创造一定的文化和社会经济效益，无论是地方还是国家都要更加注重美术馆的发展，通过发挥美术馆的价值加强对社会文化的建设。贵州省的美术馆还有很长的路要走，会面临许多的挑战，但是贵州省的美术馆在未来一定存在很大的发展潜力。贵州省的美术馆可以充分利用贵州本土资源，结合贵州省各地区特色，积极寻找适合贵州省的美术馆发展途径，全面提高美术馆的建设管理水平和服务质量，繁荣发展文化艺术事业，满足人民群众文化生活需求，发挥美术馆对贵州社会经济发展的促进作用。

参考文献

李万万：《美术馆的历史》，江西美术出版社，2016。
庞丽娜：《美术馆的社会职能研究》，河北美术出版社，2018。

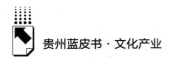

廖一静：《美术馆教育模式的发展与转变——对美术博物馆的教育功能的探讨》，《中国民族博览》2021 年第 20 期。

刘春蓉：《中国地方美术馆的线上公共教育服务功能研究》，《戏剧之家》2021 年第 23 期。

魏中银：《浅谈美术馆的公共教育功能》，《科教文汇》（上旬刊）2019 年第 19 期。

张楠：《论美术馆公共服务在群众文化活动中的功能》，《办公室业务》2019 年第 12 期。

余亮：《大数据背景下美术馆发展现状及未来趋势》，《大观》2020 年第 8 期。

马婧：《我国地方公立美术馆发展路径探析》，《美与时代（中）》2021 年第 11 期。

党齐：《地方美术馆发展的几点思考》，《明日风尚》2020 年第 20 期。

廖鹏：《我国公共美术馆发展路径探索》，《艺术百家》2016 年 S1 期。

李尽沙、张瑜：《民营美术馆的公共价值与发展策略管窥》，《中国文艺评论》2020 年第 12 期。

陈媛媛：《展览需要合适的设计——增加美术馆展览的吸引力》，《佳木斯职业学院学报》2016 年第 12 期。

安万青：《美术馆的展览与设计》，《美术大观》2007 年第 7 期。

邵樱：《新时代国有美术馆公共服务的创新发展研究》，《大观》2021 年第 8 期。

李野：《美术馆展览陈列中造境的重要性分析》，《中国民族博览》2021 年第 8 期。

酒文融合篇

Integration of Liquor and Culture

B.15

赤水河流域"酒旅融合"发展研究

摘　要：赤水河流域是茅台酒的故乡，是世界级酱香型白酒核心产区，也是自然生态、文化遗产和宜居城镇、美丽乡村等多种优质资源组合优势极为突出的区域。本文总结了赤水河流域酒旅融合的资源优势，深入分析了赤水河流域的旅游资源，指出赤水河流域酒旅融合存在的问题，探索基于酒类消费趋势的以旅促酒、酒旅共荣的新模式，并提出赤水河流域酒旅融合的发展路径，对助推赤水河流域产业结构优化调整，促进区域经济转型和增长，实现经济社会可持续发展，具有重要的意义。

关键词：　赤水河流域　酒旅融合　茅台酒

---

*　李代峰，贵州省社会科学院文化研究所副所长、副研究员，研究方向为旅游产业发展、区域经济学。

我国酿酒历史悠久，酒文化与中华文明一样源远流长且内涵丰富。酒文化与旅游的联系由来已久，它们之间是一种"互容关系"，二者的紧密结合丰富了彼此的文化内涵。[①] 具体言之，酒文化旅游具有体验功能、娱乐功能、审美功能及经济功能，可将地域资源优势转变为经济优势，推动区域经济发展。[②] 酒文化旅游还可在形象提升、文化重塑、品牌再造、营销创新等方面助力行业企业健康持续发展。[③] 贵州省赤水河流域是茅台酒的故乡，赤水河流域（贵州区）是世界级酱香型白酒核心产区，是中国名酒产业走廊，更是贵州白酒产业高质量发展的重要引擎，同时是自然生态、文化遗产和宜居城镇、美丽乡村等多种优质资源组合优势极为突出的区域。以茅台酒、习酒等为龙头的白酒产业，已经树起了享誉海内外的响亮品牌；以红军四渡赤水的历史故事和茅台古镇、土城等古代盐酒茶经济走廊遗存为代表的旅游精品内容，已经打下了全域旅游的坚实基桩。深入挖掘赤水河流域的酒文化旅游资源，推动酒旅融合，对助推区域产业结构优化调整、促进区域经济转型和增长、实现经济社会可持续发展具有重要的意义。

一 "酒旅融合"的所指与价值

（一）"酒旅融合"的所指

赤水河流域酒旅融合指遵义西部赤水河流域范围内，以国酒文化中心圈为典型文化特质和以川盐入黔、红军长征等为具体历史事件而带来和引起的由人口迁徙、文化沉淀、风尚积累、风俗变化及城镇更新等构成的旅游资源与酒产业发展的深度融合。在以平衡发展、充分发展、高质量发展为主旨的

---

① 唐康、史宝华：《酒文化与旅游的关系漫谈》，《渤海大学学报》（哲学社会科学版）2006年第4期，第67~70页。

② 王仕佐、邓咏梅、黄平：《略论贵州酒文化及旅游功能》，《酿酒科技》2003年第5期，第84~87页。

③ 李关平：《重新审视酒文化旅游》，《华夏酒报》2013年12月24日，第A11版。

时代语境里，"酒旅融合"既不是"文化搭台，酒业唱戏"，也不是"酒"与"旅"的简单叠加，而是推动"酒"和"旅"高质量发展的政府部门宏观框架与市场主体微观框架的整体化、结构化、步骤化安排，是对"酒"和"旅"各行其道与相互漠然的传统关系的重置与优化。换言之，"酒旅融合"，乃是把酒产业已然形成的显见优势和潜在优势、旅游产业已经形成的显见优势和潜在优势，作为酒产业和旅游产业及相关产业高质量发展的总体优势，进行新的发展格局设计、新的发展方式设置、新的发展路径设定，以形成"酒""旅"相关、相适、相助、相长的良好生态系统，孕育区域经济的新形态和新业态。"酒旅融合"在贵州已悄然发展多年。家喻户晓的广告词"醉美贵州"，是观念上或概念上的"酒旅融合"的显著标志；茅台古镇基于旅游的形态与功能的有机更新，茅台机场的机票与购买茅台酒的权益进行低度"绑定"，茅台酒产地的民间组织举行的"重阳节祭水大典"等，都是行动上的"酒旅融合"的显著标志。这些融合，虽然直接或间接助推了酒产业和旅游产业的发展，但是，无论形式还是内容，都是孤立性的或间发式的"硬植入"，深度、广度、力度、效度都非常有限，远未达到切实促进"酒""旅"及相关产业高质量发展的社会期待。

（二）"酒旅融合"的价值

1. "酒旅融合"有利于延长白酒产业和旅游产业的产业链、拓宽产业幅和形成产业群，形成以"酒""旅"为引擎的特色产业集群化、集约化和极致化发展的共同愿景与必要基础

随着对酱香酒的社会认知不断深化、市场认可不断累积、价值共识不断升级，以仁怀、习水为代表的酱香酒核心产区，已然形成巨大的吸引力，吸引全国各地的大量资本流入，形成投资和商贸的热地。同时，随着赤水河流域的自然遗产、文化遗产和该区域在新时代所绽放的人文精神不断展现出独特的审美张力与结构合力，以生态福祉、文化价值、生活品质为主要吸引物的旅游、康养、房地产等产业快速生成并日渐成熟，该区域正在成为旅游消费和投资的热地。这是"酒"和"旅"乃至相关事业与产业充分发展和平

衡发展、高速度发展和高质量发展的共同机遇与共有条件。若是"酒""旅"融合，则可协力汇聚"酒""旅"共有的巨大福利；若是"酒""旅"继续保持传统发展模式各行其道和相互漠然，则即使各自构成了一道坚固的坝堤，之间的天然缺口仍会流失无数的发展机会。进一步说，"酒""旅"若能切实融合，无论是把酱香酒的千万"酒粉"变成赤水河流域旅游康养的"旅粉"，还是把赤水河流域旅游康养的千万"旅粉"变成酱香酒的"酒粉"，都会极大拓展"酒"与"旅"的目标市场和增加其消费群体，形成就地、就势"循环倍增"的直接效益。因此，应当创新方式，推动"酒"与"旅"融合，形成相互拥抱、相互依靠、相互给力、相互借力的坚固坝堤，为白酒产业的高质量发展和全域旅游新局面的开创接入新的动力源。

2. 有利于赤水河流域（贵州区）在同邻近的川渝相关区域的不可避免的竞争合作中进一步锁定某些方面的优势

茅台酒、习酒等在改革开放 40 多年的发展历程表明，赤水河流域（贵州区）的酱香酒核心产区，并不是始终处于中国白酒产业甚或西南地区白酒产业的龙头地位，而是在同宜宾、泸州等优质白酒产区及其相应品牌的竞争中，逐渐从后队变成前队并取得优势的。竞争一直在进行，并将永不停息。安于现状和停止创新的竞争者，往往会在竞争中落败。无论是区域间还是市场主体间的竞争与合作，都是由以综合实力和发展活力为依据的影响力秩序设定，而一切基于实力与活力的秩序设定，从供给侧来看，都是由代表其核心竞争力的支柱产业体系和龙头主体间的互生关系决定的。支柱产业体系及其龙头主体的根基深厚、结构紧密，发展的稳定性和持续力自然就强，反之则弱。因此，必须切实推动"酒旅融合"，以提升赤水河流域（贵州区）"酒""旅"及其相关产业的发展活力，实现赤水河流域（贵州区）综合实力的稳步增长并稳居高位。

二　赤水河流域酒旅融合的资源优势

酒旅融合是围绕酒和旅游这两个要素，利用酒的历史文化价值、艺术价值、保健功能吸引旅游者，以休闲、娱乐、获取知识及生活体验为目的而展开的形式多样、内容丰富的一系列旅游活动。酒文化旅游产品休闲性极强，是集酿酒、饮酒礼仪习俗、节庆酒文化、酒歌、酒的品鉴等与酒有关的组合性体验产品，赤水河流域开展酒旅融合的资源优势得天独厚。

（一）赤水河流域是我国白酒品牌集聚带

原国务院三峡工程建设委员会的黄真理先生曾从资源环境价值视角将赤水河流域的典型特征总结为生态河、美景河、美酒河和英雄河四个方面，并指出该流域具有极其重要的保护价值。[①] 简单的四大"河"充分提炼并呈现了赤水河流域独特的文化特点。或许保护良好的生态、目不暇接的美景、可歌可泣的英雄故事是全国众多河流都拥有或者部分拥有的资源和特点，但是依托一条河流而分布着众多酒企，孕育了诸多知名白酒品牌，积淀了悠久而丰厚的酒文化内容，赤水河流域当属全国唯一，甚至在世界范围内也很难找到如赤水河流域这般拥有如此多元、丰富、悠久、大范围的以酒文化为核心的线性空间。因此，"美酒河"当是赤水河流域独有的美誉，也是赤水河流域独特价值和典型文化的浓缩和提炼，酒文化则是以赤水河流域为轴线而形成的文化廊道的主题。赤水河流域沿线汇聚了中国白酒领域众多知名品牌。"上游是茅台，下游望泸州。船到二郎滩，又该喝郎酒。"[②] 这一流传于当地民间的朴实民谣，直接而又简洁地道明了兴盛于赤水河流域的茅台酒、郎酒等知名白酒品牌。事实上，地处赤水河流域中游的仁怀市、习水县、古蔺县是酒厂分布最集中、酒业经济最发达、白酒品类最多样、酒文化内容最丰富的地区。如果把赤水河流域视为中国白酒的核心产区之一，那么这一区域则是该核心产区的核心，是赤水河流域酒文化廊道最为核心的区域。赤水河从其源头到入江口，所经过的每一个县市几乎都生产白酒，如

---

① 黄真理：《论赤水河流域资源环境的开发与保护》，《长江流域资源与环境》2003 年第 4 期，第 333~334 页。

② 谭智勇：《美酒河诗话》，贵州酒文化博物馆编《贵州酒文化文集》，遵义市人民印刷厂，1990，第 128 页。

其源头所在的云南省镇雄县生产小曲清香型赤水源头酒、威信县有号称云南第一酒的云曲酒、毕节市有毕节大曲、金沙县有金沙回沙酒、仁怀市有茅台酒、习水县有习酒、赤水市有赤水老窖、古蔺县有郎酒、叙永县有稻香村酒、合江县有普照酒等，其中仁怀市茅台镇、习水县习酒镇、古蔺县二郎镇依托其独特环境所生产的茅台酒、习酒和郎酒成为当前赤水河直接流经区域最具影响力的白酒品牌。尤其是茅台酒，无论其产值、市值抑或社会影响力等，都是当之无愧的中国白酒行业龙头。此外，除赤水河直接流经的县市外，其所辐射的遵义市、泸州市等其他地区同样具有悠久的酿酒传统，且形成了遵义市董酒、湄潭窖酒、鸭溪窖酒以及泸州老窖等众多知名品牌，这些多元而又独特的白酒品牌代表不同发展历史、不同酿造工艺以及不同香型结构的多元化酒体，是赤水河流域多元化酒文化内容最直观的体现。

（二）赤水河流域是酒文化遗产富集带

赤水河流域沿线分布着丰富多彩而又极具价值的酒文化遗产。在出土器物层面，有遵义市务川自治县出土的春秋战国时期的蒜头壶；仁怀市城区东郊云仙洞遗址出土的以大口樽为代表的商周时期陶制酒器和酒具；习水县大合水村出土的《侍饮图》等。在酿造遗址层面，有茅台酒酿酒工业遗产群、习水县土城镇春阳岗糟房、古蔺县郎酒天宝洞、泸州老窖窖池群及酿酒作坊等。在酿造技艺层面，茅台酒酿制技艺和泸州老窖酒酿制技艺于 2006 年被列入第一批国家级非物质文化遗产名录，郎酒传统酿造技艺于 2008 年被列入第二批国家级非物质文化遗产名录，董酒酿制技艺于 2007 年被列入贵州省第二批非物质文化遗产名录，习酒酿造技艺于 2014 年被列入遵义市第三批非物质文化遗产名录，等等。此外，在历史的动态发展过程中，赤水河流域沿线还形成、积淀和传承了诸多关于茅台酒、习酒、郎酒等白酒品牌的传说故事、诗歌等非物质文化遗产内容。这些分布于赤水河流域沿线、传承于当地老百姓中间的物质与非物质文化遗产，有些已作为文物被保护起来，有些在当代社会经济发展的新背景下得以活态传承与发展，它们共同构成了赤水河流域丰富的酒文化遗产体系，成为赤水河流域酒文化廊道的重要组成内容。

（三）赤水河流域酒旅融合有坚实的基础

赤水河，不仅是英雄河、美酒河，也是名胜荟萃的旅游河。它流经被评为世界自然遗产的丹霞地貌、与恐龙同时代的桫椤林、全国最大的竹海和长江支流最大的瀑布。赤水河流域名酒种类繁多，许多酒厂都利用自身条件和优势开发酒文化旅游，其中多以厂区、厂房、生产车间、生产流程、历史状况等进行开发。目前，已开发出一些酒文化旅游的景区景点，如酒文化体验古镇——茅台镇、茅台国酒文化城、茅台酒厂工业旅游区、吴公岩"美酒河"景区、盐津河国酒门景区等。赤水河流域不仅拥有世界自然遗产赤水丹霞，还集聚了全国重要的名优白酒产业，也拥有著名的红色旅游精品线路。2016 年 5 月，沿赤水河而建的全国第一条河谷旅游公路正式通车，全长 160 余公里，串起了赤水河沿岸旅游资源。近年来，赤水市、仁怀市、习水县依托赤水河流域独特的气候和生态环境，厚植绿色发展，大力发展生态文化旅游和休闲度假，促进康养产业持续发展，探索出生态建设与经济发展协同共进的新路径，奠定了赤水河酒旅融合坚实的基础。

三　赤水河流域旅游资源分析

（一）赤水河流域（贵州区）旅游资源调查与评价

旅游资源是旅游项目开发和旅游业发展的基础。进行旅游资源调查，摸清家底，对确定旅游资源开发利用方向具有十分重要的意义。笔者根据2003 年 5 月 1 日正式实施的中华人民共和国国家标准《旅游资源分类、调查与评价》（GB/T18972—2003）的分类系统，根据多次实地的踏勘和对风景特色的分析，从科学角度对赤水河流域（贵州区）内的旅游资源进行了更为详尽、准确的分类。具体类型见表1~表3。

表 1 仁怀市旅游资源评价

主类	亚类	基本类型	旅游资源单体	旅游资源等级
《贵州省世界名酒文化旅游产业带总体规划（2019～2030）》	A 地文景观	AA 综合自然旅游地	AAA 山丘型旅游地	三锅桩	一级旅游资源
				奶子山森林	二级旅游资源
				千丘榜	一级旅游资源
		AC 地质地貌过程形迹	ACC 峰丛	鱼鳅河峰林	三级旅游资源
				鱼鳅画屏	三级旅游资源
			ACH 沟壑地	茅坝沟风光	一级旅游资源
			ACL 岩石洞与岩穴	马岩滩	一级旅游资源
				国际洞穴探险基地	一级旅游资源
				怀阳溶洞群	四级旅游资源
				斑鸠岩	三级旅游资源
	B 水域风光	BA 河段	BAA 观光游憩河段	两河口	未获等级旅游资源
				美酒河	一级旅游资源
				十里长滩	一级旅游资源
				螺蛳髻滩	二级旅游资源
				马岩滩	一级旅游资源
		BC 瀑布	BCA 悬瀑	百米飞瀑	二级旅游资源
		BD 泉	BDA 冷泉	三涨水	未获等级旅游资源
				十涨水	未获等级旅游资源
			BDB 地热与温泉	盐津河温泉	三级旅游资源
				霞飞温泉	二级旅游资源
				坛厂温泉	三级旅游资源
				盐津湖	四级旅游资源
	C 生物景观	CA 树木	CAB 丛树	夫妻杉	二级旅游资源
			CAC 独树	黄葛树王	二级旅游资源
				白果古树	二级旅游资源
				酒镇神树	一级旅游资源
	E 遗址遗迹	EB 社会经济文化活动遗址遗迹	EBA 历史事件发生地	西汉文化遗址（汉代古墓群）	一级旅游资源
				两岔宋墓群	二级旅游资源
				毛泽东旧居	一级旅游资源
				茅酒之源	四级旅游资源
				马桑坪	三级旅游资源
				鲁班红军烈士墓	三级旅游资源

主类	亚类	基本类型	旅游资源单体	旅游资源等级
《贵州省世界名酒文化旅游产业带总体规划（2019~2030）》	E 遗址遗迹	EB 社会经济文化活动遗址遗迹	EBB 军事遗址与古战场	鲁班红军战斗遗址	三级旅游资源
			茅台渡口	二级旅游资源
			红军四渡赤水纪念园	四级旅游资源
			陈胡屯红军烈士纪念园	三级旅游资源
			鲁班战斗指挥所	二级旅游资源
	F 建筑与设施	FA 综合人文旅游地	FAC 宗教与祭祀活动场所	赵氏宗祠	二级旅游资源
			天圣寺	二级旅游资源
			玉屏寺	二级旅游资源
			千佛寺	二级旅游资源
			永安寺	二级旅游资源
			台圣寺	二级旅游资源
			太平寺	二级旅游资源
			FAE 文化活动场所	国酒文化城	五级旅游资源
			国酒文化旅游景区（茅台酒厂）	四级旅游资源
			杨柳街	四级旅游资源
			嘉华酒文化体验区	二级旅游资源
			国酒门	三级旅游资源
			太和盐号纪念园	三级旅游资源
			仁怀博物馆	一级旅游资源
			FAF 建设工程与生产地	（二合镇）白酒工业园	二级旅游资源
			FAH 动物与植物展示地	紫云乌鸡林下散养项目	未获等级旅游资源
		FC 景观建筑与附属型建筑	FCG 摩崖字画	陶洪摩崖石刻	一级旅游资源
			（蜈蚣岩）吴公岩摩崖石刻	一级旅游资源
			巨型长龙石刻群	一级旅游资源
			美酒河摩崖	二级旅游资源
			FCI 广场	二合镇河滨休闲广场	未获等级旅游资源

续表

主类	亚类	基本类型	旅游资源单体	旅游资源等级
《贵州省世界名酒文化旅游产业带总体规划（2019~2030）》	F 建筑与设施	FC 景观建筑与附属型建筑 / FCK 建筑小品	翔鹭纹铜鼓	未获等级旅游资源
			天下第一瓶	二级旅游资源
			铜首衔环壶石雕	未获等级旅游资源
			伟人亭	一级旅游资源
			盐津三桥	二级旅游资源
		FDA 传统与乡土建筑	（合马镇）古四合院	一级旅游资源
			黔北民居	一级旅游资源
			苗山人家	一级旅游资源
		FD 居住地与社区 / FDB 特色街巷	沙滩乡老街	二级旅游资源
			梅子坳老街	一级旅游资源
			酒文化一条街	二级旅游资源
		FDC 特色社区	茅台镇	三级旅游资源
			陈万里故里	二级旅游资源
			五马古文化景区	二级旅游资源
		FE 归葬地 / FEB 墓（群）	红军烈士墓	三级旅游资源

表2 习水县旅游资源评价

主类	亚类	基本类型	旅游资源单体	旅游资源等级
《贵州省世界名酒文化旅游产业带总体规划（2019~2030）》	A 地文景观	AA 综合自然旅游地 / AAA 山丘型旅游地	飞鸽子景区	四级旅游资源
		ACB 独峰	天鹅峰	三级旅游资源
		ACD 石（土）林	石笋	三级旅游资源
		ACE 奇特与象形山石	飞仙石	一级旅游资源
		AC 地质地貌过程形迹 / ACI 丹霞	小坝乡天星桥	三级旅游资源
			画岩	三级旅游资源
			赤壁神州	三级旅游资源
			丹霞谷景区	四级旅游资源
		ACL 岩石洞与岩穴	望仙台	二级旅游资源
			地仙洞	一级旅游资源
			桃源洞景区	四级旅游资源

主类	亚类	基本类型	旅游资源单体	旅游资源等级
《贵州省世界名酒文化旅游产业带总体规划（2019～2030)》	B 水域风光	BA 河段	BAA 观光游憩河段	梅溪河景区	三级旅游资源
				瓮溪	一级旅游资源
				独谷溪景区	一级旅游资源
				蔺江景区	一级旅游资源
				天鹅湖	三级旅游资源
		BB 天然湖泊与池沼	BBA 观光游憩湖区	清溪沟景区	一级旅游资源
				天鹅池景区	四级旅游资源
			BBB 沼泽与湿地	龙箐湿地公园	一级旅游资源
		BC 瀑布	BCA 悬瀑	罗禹洞瀑布	一级旅游资源
		BD 泉	BDB 地热与温泉	桑木温泉	二级旅游资源
	C 生物景观	CA 树木	CAA 林地	箐山森林公园	一级旅游资源
			CAB 丛树	小桥景区	二级旅游资源
			CAC 独树	中国杉王景区	二级旅游资源
		CB 草原与草地	CBA 草地	高山草原生态景区	二级旅游资源
	E 遗址遗迹	EB 社会经济文化活动遗址遗迹	EBA 历史事件发生地	隆兴淋滩	一级旅游资源
				长征文化景区	一级旅游资源
				四渡赤水纪念馆	五级旅游资源
			EBB 军事遗址与古战场	二郎滩渡口	二级旅游资源
				太平渡渡口	一级旅游资源
				土城渡口	一级旅游资源
				九龙囤	三级旅游资源
				梅溪战斗遗址	二级旅游资源
				青杠坡战斗遗址	四级旅游资源
	F 建筑与设施	FA 综合人文旅游地	FAB 康体游乐休闲度假地	观摩湖度假区	一级旅游资源
			FAC 宗教与祭祀活动场所	袁锦道祠	二级旅游资源
			FAF 建设工程与生产地	习酒酒厂	三级旅游资源
			FAH 动物与植物展示地	隆兴葡萄园	一级旅游资源

续表

主类	亚类	基本类型	旅游资源单体	旅游资源等级
《贵州省世界名酒文化旅游产业带总体规划（2019~2030）》	F 建筑与设施	FC 景观建筑与附属型建筑	FCG 摩崖字画	蜀汉摩崖石刻	一级旅游资源
		FD 居住地与社区	FDB 特色街巷	隆兴老街	二级旅游资源
			FDC 特色社区	小坝景区	三级旅游资源
				石门乡村旅游区	二级旅游资源
				丁山坝乡村旅游度假区	一级旅游资源
				官店乡村旅游区	一级旅游资源
				土城古镇	五级旅游资源
		FE 归葬地	FEB 墓（群）	小坝乡长寿老人墓	一级旅游资源
		FF 交通建筑	FEE 栈道	水上公路	二级旅游资源

表3　赤水市旅游资源评价

主类	亚类	基本类型	旅游资源单体	旅游资源等级
《贵州省世界名酒文化旅游产业带总体规划（2019~2030）》	A 地文景观	AA 综合自然旅游地	AAA 山丘型旅游地	天台山景区	四级旅游资源
		AC 地质地貌过程形迹	ACI 丹霞	红石野谷景区	四级旅游资源
				九角洞景区	三级旅游资源
				长嵌沟景区	四级旅游资源
				佛光岩景区	五级旅游资源
	B 水域风光	BB 天然湖泊与池沼	BBA 观光游憩湖区	月亮湖景区	四级旅游资源
				九曲湖景区	四级旅游资源
		BC 瀑布	BCA 悬瀑	四洞沟景区	四级旅游资源
				赤水大瀑布（十丈洞景区）	五级旅游资源
	C 生物景观	CA 树木	CAA 林地	桫椤保护区	四级旅游资源
				中国侏罗纪公园	五级旅游资源
				竹海国家森林公园	五级旅游资源
				燕子岩国家森林公园	四级旅游资源
				狮子岩景区	三级旅游资源

	主类	亚类	基本类型	旅游资源单体	旅游资源等级
《贵州省世界名酒文化旅游产业带总体规划（2019～2030）》	E 遗址遗迹	EB 社会经济文化活动遗址遗迹	EBA 历史事件发生地	江西会馆	二级旅游资源
				赤水博物馆	一级旅游资源
	F 建筑与设施	FC 景观建筑与附属型建筑	FCG 摩崖字画	葫市摩崖造像	一级旅游资源
				官渡古崖刻	一级旅游资源
		FD 居住地与社区	FDB 特色街巷	复兴镇	一级旅游资源
			FDC 特色社区	丙安古镇	三级旅游资源
				大同古镇	三级旅游资源
				葫市镇	二级旅游资源
				元厚镇	一级旅游资源

赤水河流域（贵州区）旅游资源总体评价如下。

（1）资源类型较丰富。涵盖了地文景观、水域风光、生物景观、遗址遗迹、建筑与设施等五个大类，有利于形成内容丰富多样的旅游产品体系。

（2）旅游特色凸显。以"两红、一绿、一白"为突出的旅游资源特色，但需要深入挖掘其资源特征，找到合适的载体，才能形成具有吸引力的特色旅游产品。

（3）生态条件优越。区域环境质量高，开发中要走生态旅游之路，秉承生态优先的原则，不能急功近利、破坏生态环境。

（4）开放发展的旅游资源体系。赤水河流域的发展应该是一个开放发展的体系，不能拘泥于现有的旅游景点和界别评价，在游步道规划与游线组织上也要考虑具有潜在价值的区域，从而发现更多适合旅游开发的特色区域，"不走寻常路"。

（二）赤水河流域资源分析

1. 项目地资源的内在关联

赤水河流域资源以酒文化为核心形成了"河谷—古镇—乡村—城市"

的内在逻辑发展关系，即"赤水河谷良好的生态孕育了美酒—川盐入黔促进了古镇繁荣—人口集聚形成了乡村风俗—经济发展推动新型城市走向世界"。

（1）赤水河谷：赤水河独特的地理环境和水文气候特征，酝酿了茅台、习酒等数十种蜚声中外的美酒，是世界名酒品牌的发源地。

（2）古镇繁荣：清代的川盐入黔使茅台镇等沿河码头依靠盐运成为水陆交通的重要口岸，往来频繁的船夫、马帮等稳定客源促进了酿酒业的繁荣，极大地促进了当地经济的发展。

（3）乡村风俗：酒文化的形成和呈现离不开当地"人"的存在，赤水河畔少数民族的民风民俗和土城古镇、丙安古镇等古镇的红色文化为酒注入了文化灵魂，拓展了酒的文化层面，而酒文化也通过当地人的演绎得到更本真、更深刻的表现。

（4）新型城市：赤水河名酒凭借千年文化底蕴，发展成为世界级品牌资源，推动赤水河流域各县市以名酒品牌为核心，打造国际化旅居新城。

2.项目地资源评价

（1）引领型的名酒资源

A.极高的品牌价值。首先，项目地拥有一直占据着中国高端白酒市场主流地位的知名 IP 品牌——茅台酒，其具有极大的品牌影响力和开发潜力；其次，项目地是中国生产酱香型白酒最集中的地区，也是国内最大的白酒产业集聚区，市场占有率高，产业影响力大。

B.独特的酿酒环境。水为酒之源，赤水河独特的水质为当地酿造好酒奠定了基础；粮为酒之韵，赤水河两岸生产的高粱、小麦等粮食作物为酿造好酒提供了质量最佳的原料；曲为酒之香，当地的制曲工艺丰富多样，使不同的酒类绽放出百种芳香。优质的水、粮和酒曲创造了中国名酒 60% 的品牌，赤水河也被誉为"中国白酒的母亲河"。

C.悠久的酿造历史。贵州酿酒的发展史始终伴随着华夏文明的进程，从战国时代贵州开始生产枸酱酒起，至今已有 2000 多年酿酒史。在汉、魏晋南北朝、宋、清、民国等时期，贵州酒不断因工艺崭露锋芒，且与贵州酒有关的历史人物和故事流传至今，形成了贵州酒在历史上的广泛知名度。

D. 丰富的酒文化。自从酒被酿造后，各种依托酒而兴起的文化蓬勃发展。其中，酒礼是指喝酒时的礼节，是饮酒活动中人类文明的表现；酒俗包括酒令、酒标和各民族不同的饮酒方式等风俗习惯；诗酒是指与酒有关的诗词等一切文学作品及文人；酒养是指从具有医药保健功效的白酒及药酒中衍生出来的健康养生习惯和文化氛围；酒生活包括酒馆、酒肆、酒家、酒楼等公共饮酒场所营造的生活氛围和大众文化。

（2）基底型的生态资源

赤水河水质中的钙镁离子含量、硬度均符合优质饮用水标准，也适合酿酒，生态环境优质原真。项目地属亚热带季风气候区，空气负氧离子含量平均每立方厘米 3 万个，全年空气良好，气候优良，适合种植水稻、小麦、高粱等农作物；项目地的森林覆盖率达 60% 以上，拥有 5 处国家级森林公园，森林资源丰富。

（3）地域型的多彩人文

赤水河流域文化资源丰富，其中最典型的是以遵义会址、四渡赤水纪念馆、茅台渡口、青杠坡战斗遗址等为代表的红色文化；以苗族、彝族、仡佬族、土家族等为代表的少数民族文化；以茅台镇、丙安古镇、大同古镇、土城古镇、复兴古镇等为代表的古镇文化；以川盐入黔事件的历史遗迹和土城古镇"十八帮"故事为代表的盐运文化。

（三）赤水河流域酒旅融合存在的问题

1. 有世界级白酒产区品牌，缺世界级酒旅产品

赤水河流域 AAAA 级以上旅游景区中以生态类景区为主，酒旅融合类景区不足 20%，且缺乏国际品牌，可见巨大的白酒品牌影响力并未转化为良好的酒旅基础。

2. 有地域特色资源基底，缺地域文化旅游标识

项目地以"酒都仁怀""旅居习水""丹青赤水""红色圣地，醉美遵

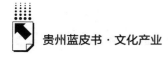

义"为各区域发展主题，资源特色突出，但在酒旅融合中扮演的角色不明确，良好的资源基础未形成地域旅游文化标志。

3. 有良好的产业发展基础，缺富民有效手段

白酒产业上带一产、下促三产作用日益凸显，特别是在白酒与旅游业融合方面具有较大的潜力和空间。但是，名酒茅台一枝独秀，对其他酒业带动作用不足；白酒产业与旅游业融合不足，导致产业链条短、关联度低、富民效果不够显著。

4. 有区域协调发展理念，缺全域统筹有效路径

项目地目前未形成统一的酒旅品牌，缺乏系统的营销措施，区域旅游发展亟须解决体制机制问题。

四 赤水河流域酒旅融合模式

（一）一个核心产业：酒旅产业

强化酒工业企业和旅游企业之间的合作，构建由研发设计、生产加工、博览交易和免税购物四个环节组成的、上中下游完整的酒旅产业链条。其中，在研发设计层面，以极致简洁风格为原则，通过酒旅产品研发、酒旅文化商品设计和酒旅品牌打造，推出特色鲜明的酒旅纪念商品与文创产品。在生产加工层面，以体验式生产为特色，以高质量和细节化为要求，为游客提供生产过程观光、生产工艺体验等项目，让酒生产成为可见、可触摸的表演。在博览交易层面，要以最具创意和拥有最新科技的中国国际酒类博览会为核心带动酒旅发展，打造白酒品牌展销平台和跨境电商交易平台，使之成为世界了解贵州、认识中国的重要窗口。

（二）四个支撑产业

1. "酒旅+文化"产业

多元文化全面整合，以酒文化为品牌核心，引入文化创意理念和顶级创意团队，构建由文旅观光、文旅体验、文旅创意和文旅休闲四大核心环节组成的"酒旅+文化"产业链条。其中在文旅观光环节，打造酒文化特色小镇、酒文化景区、酒文化博物馆等核心吸引物，全面营造酒文化旅游氛围。在文旅体验环节，让游客全方位参与酒工艺制作体验、酒生活方式体验和酒节庆民俗体验，使其深入感知酒旅文化内涵。在文旅创意环节，以旅游纪念商品设计及售卖、影视创作及拍摄为龙头，拓宽酒文化旅游宣传渠道和方式，做大做强酒文化旅游品牌。在文旅休闲环节，全面完善旅游演艺产业、酒文化主题住宿业、酒文化主题餐饮业等相关业态的配套服务设施，全方位打造主客共享的酒文化休闲旅游空间。

2. "酒旅+农业"产业

通过将酒旅产业导入农业产业，建立由景观创意、生产体验、休闲度假、产品开发和服务配套五大环节构成的"酒旅+农业"产业链条，促进农业产业和酒旅产业的全面融合发展。其中，景观创意是指在红高粱等酿酒原材料的种植基础上，打造大地艺术景观，形成乡村观光核心吸引物，夯实"酒旅+农业"产业发展基础。生产体验是通过创新农业种植的方式，吸引游客参与高粱种植、金钗石斛盆景培育和竹酒定制等活动，提升农业生产的价值。休闲度假是指通过优化乡村环境，建立主题酒庄、特色民宿和农家小院等多元的休闲度假场所，打造新田园主义生活样板。产品开发是指充分挖掘农产品价值，开发高粱编织物、药酒、竹酒等以农作物为原料的旅游商品，使"乡村旅游后备箱工程"落到实处。服务配套是指通过农业科技研发、农业技术培训和举办主题会议活动提升农民的产业意识、旅游服务意识，真正实现旅游扶贫和乡村振兴。

3. "酒旅+生态"产业

依托良好的自然生态环境和独特的人文生态系统，坚持可持续发展，通过构建景观型生态产业，到生态产业定向升级，再到构建高端产业平台，逐步将酒旅与生态产业相融合。景观型生态产业通过竹林种植、特色养殖、珍稀树木培育、花卉园艺展示，打造生态观光型的旅游方式。生态产业定向升级是指通过生态科技、循环方式、创意设计等手段拓展生态产业链条，最终构建高端产业平台，从前端的生态科技研发、园艺创意、教育培训、主题会议，到中后端的现代农业观光、田园休闲度假、产品交易销售，实现旅游与生态全产业链融合发展的新模式。

4."酒旅+红色"产业

依托遵义会址、"四渡赤水"等红色品牌效应，二郎滩、四渡赤水红色纪念馆等红色资源，将红色旅游发展成贵州名酒带上的关键节点。利用丰富红色文化内容、提升红色内涵等手段，使群众再一次拾起长征精神，将酒旅与红色产业有机融合，通过酒文创商品的开发、活态化教育科普、文化体验、养生理疗等拓宽产业链条，创新红色产业的发展模式，大力推广红色感悟、红色研学、红色度假等相关旅游产品。

（三）两个培育产业

1."酒旅+康养"产业

结合项目地的酒养产业、高山森林、天然温泉和乡村田园等健康养生资源，建立完善的"酒旅+康养"产业链条。在产业链上游环节夯实康旅用品研发、从业人员培训和景区开发建设等康养旅游基础，为康旅产业发展提供核心吸引物和服务人才。在产业链中游环节做好疗养度假、康复护理、健康管理、医疗保健、膳食养生和温泉酒店等品牌建设工作，以品牌号召力吸引游客、留住游客。在产业链下游环节完善康旅用品展销、康旅会议会展和其他辅助产业等配套服务，全力营造康养休闲度假环境。

2."酒旅+体育"产业

依托赤水河谷旅游公路、高山山地、森林竹海和航空基地等资源，大力发展休闲运动产业、山地户外运动产业、森林运动产业和低空飞行产业，打造以山地户外运动为引领的"酒旅+体育"产业链条。其中，休闲运动产业以公路自行车赛、沿河骑行和漂流等项目为支撑，使赤水河谷休闲运动成为新时尚。山地户外运动产业通过登山攀岩赛、山地自行车赛和徒步越野赛等赛事活动吸引人气，并逐步完善各个业态，积极树立赤水市山地运动旅游品牌。森林运动产业通过开展丛林穿越、丛林宿营、荒野求生等活动，打造与山地、河谷互补的运动空间。低空飞行产业以低空观光、低空运动为核心，可开发热气球、滑翔伞等项目，将项目地建设成国内知名的低空飞行运动基地。同时，积极构建基础配套服务和专业配套服务相互补充的服务支撑体系，完善餐饮、营地住宿、医疗救助、组织联络点等设施，打造时尚、安全的旅游运动空间。

五 "酒旅融合"的发展路径

（一）开展"酒旅融合"的顶层设计和务实行动

要以贵州省文化和旅游厅或遵义市政府为牵头主体，协同仁怀市、习水县政府及茅台酒集团公司、习酒集团公司等国有龙头酒企，进行政企之间、行业之间和企业之间的发展框架的对接，编制"赤水河流域（贵州区）'酒旅融合'行动计划"，建立区域协同、行业协同、企业协同的"酒旅融合"发展机制，持续开展"酒旅融合发展大会"等。

（二）以酒文化为核心，整合旅游资源

赤水河酒旅融合需要整合现有各种旅游资源，以酒文化旅游资源为核心，多旅游线路同步发展。以酒文化为核心，特别是紧紧围绕茅台酒的独特地位，整合现有旅游资源，是赤水河开展酒文化旅游的必经道路。打造酱香酒文化旅游康养产业走廊。要以茅台古镇、五马古镇、土城古镇等为主要节点，以联通黔川渝的酒盐茶古代经济文化走廊遗存为依据，以酒文化、红色文化、民族民间文化为主要产品与服务，打造联结黔川渝尤其是酱香酒产区的特色旅游康养产业廊道，讲好赤水河流域（贵州区）的古代故事和当代故事。

（三）深度挖掘酒都酒文化内涵，丰富酒文化旅游产品开发

第一，开展与赤水河酿酒相关的工业遗产、非物质文化遗产、生物遗

产、农业文化遗产、自然遗产的"活化工程"，力争创建国家级的赤水河酱香酒文化遗产保护区。以茅台酒为代表的高品质酱香酒，是独特生境与独特工艺的结晶，是自然遗产与非物质文化遗产的结晶，是生态福祉与文化价值的结晶。因此，酱香酒产业和随之诞生的旅游康养产业，本质上是遗产产业，要按照"价值共识、价值保全、价值再生、价值联动"的基本方略，推动保护酿造茅台酒的传统空间以及酱香酒酿造工艺，申报"国家级非物质文化遗产"，并努力创建国家级的"赤水河酱香酒文化遗产保护区"，加快赤水河传统酿酒文化的创造性转化和创新性发展的进程和效率。第二，应该深度挖掘仁怀的酒文化内涵。在这方面，地方文化工作者做出了艰苦努力，取得了一定成效。值得一提的是周山荣主持拍摄的《人文茅台》系列纪录片（同名书亦已出版），① 虽以"茅台"为名，视野却不局限于茅台，而是将茅台酒历史文化的发展纳入更为深广的背景，对酒文化进行了深度解读。酒文化资源的挖掘和梳理，是开展酒文化旅游的基础性工作，期待新的、更多的作品出现。赤水河流域酒业众多，工艺流程虽差别不大，但对于地方酒业发展状况，向来缺乏精确的统计和缜密的分析。对当地酿酒资源的调查研究，也是酒文化旅游开发中不可或缺的一环。

（四）加快赤水河流域"酒旅融合"经济高地的相关产品与服务体系配套建设

一是针对高收入人群不断增多的实际需求，加大高质量生活的产品与服务的及时供给。比如高质量的旅居地产、高质量的中小学教育、高质量的康养医疗服务。二是针对市场主体不断增多的实际情况，提高政府优质服务、高端智库服务、科技金融服务、生态环境服务、安全生产服务等的及时供给能力。三是针对全域旅游形象定位塑形的实际需要，构建"酒旅融合"的标识系统，创造"酒旅融合"的服务范式。

---

① 周山荣：《人文茅台》，百花洲文艺出版社，2016。

B.16
仁怀市酒文化旅游发展报告[*]

郭 旭 李代峰[**]

摘 要: 位于黔北的仁怀市,是我国重要的酱香型白酒产业集聚地。随着
交通运输条件的改善,仁怀市形成了以高速公路为主、航空运输
为辅的快速出行通道。依托丰富的旅游资源和良好的旅游产业发
展基础,更借助近年来酱香型白酒产业持续发展热潮,仁怀市酒
文化旅游在白酒酒庄游、节庆游、酒厂观光游等方面取得进展。
但限于旅游交通基础设施承载能力,仁怀市酒文化旅游高度依赖
白酒产业景气程度,加上旅游产品开发和服务体系建设上存在短
板,游客的酒文化旅游深度体验感不强、参与度不高,这给仁怀
市酒文化旅游发展提出了新的课题。有鉴于此,可通过持续改善
旅游交通基础设施条件,多举措培育酒文化旅游核心客户群体,
打造完善的酒文化旅游产品体系和服务体系,加强酒文化研究以
增强仁怀市酒文化旅游体验感,走出一条"以酒带旅、以旅促
酒"的酒文化旅游发展新路。

关键词: 酒文化旅游 酒旅融合 仁怀市

位于赤水河畔的仁怀市,是举世闻名的茅台酒产地,也是国台、钓鱼

* 本文系贵州省高校人文社会科学研究项目"贵州促进白酒产业转型、规范发展对策研究"
(项目编号:2023GZGXRW069)阶段性成果。
** 郭旭,贵州商学院经济与金融学院教授,研究方向为酿酒产业发展、产业经济学;李代峰,
贵州省社会科学院文化研究所副所长、副研究员,研究方向为旅游产业发展、区域经济学。

台、怀庄、金酱、夜郎古、君丰、醋客、肆拾玖坊等知名酱香型白酒品牌的汇聚地，仁怀市酱香型白酒产业集群打造取得了有目共睹的成绩。在这1788平方公里的土地上，82.17万亩耕地养活了65.47万户籍人口。2022年，仁怀市在"全国综合实力百强县市"榜单中位列第77位，在"中国县域高质量发展报告"中位列第26位，经济实力位居全国百强县市第16位。有赖于仁怀酱香型白酒产业的发展，旅游业在助推仁怀城市形象提升、推进县域经济多元发展等方面起到积极的作用。随着交通运输条件的改善和人民生活水平的提升，仁怀市立足酒文化旅游资源开发，其酒文化旅游成为区域旅游发展的重要特色。

一 仁怀市酒文化旅游发展现状

（一）旅游交通基础设施逐步完善

一是茅台机场成为沟通仁怀与外界的重要航空枢纽。2017年10月底，位于仁怀市内的茅台机场正式通航，搭建起了仁怀连接外界的空中通道。2023年上半年，茅台机场完成7870架次航班起降任务，实现旅客吞吐量735098人次，均排省内第3位和西南地区第15位；实现货邮吞吐运输量936.71吨，排省内第2位、西南地区第16位，成为贵州省内重要的航空枢纽，乘坐飞机也成为众多游客前往仁怀地区的首选交通出行方式。① 二是高速公路网布局渐趋完善。2015年，贵州成为西部地区首个县县通高速的省份，各地可通过高速公路直达仁怀。2022年底，仁遵高速复线正式通车，仁怀至遵义的车程由此前的1.5小时缩短至0.5小时，仁怀快速融入遵义半小时经济圈，仁怀与遵义市的联系更加快速高效。② 三是仁怀市内公路网和

---

① 《茅台机场上半年经营业绩显示：省内第三位，西南第十五位》，当代先锋网，2023年7月17日，http://www.ddcpc.cn/detail/d_maotai/11515116207059.html。

② 《贵州遵义：仁遵高速建成通车》，人民图片网，2022年12月15日，http://vip.people.com.cn/albumsDetail?aid=1616133。

交通运输条件持续改善。推进"乡乡三级路"建设，各乡镇与仁怀市区间的交通条件极大改善。推进建设好、管理好、保护好、运营好"四好农村路"相关工作，为旅游入乡、入村、入组创造了良好条件。

（二）旅游资源种类丰富多样

一是赤水河流域赋予了仁怀市独特的旅游资源禀赋。赤水河流经仁怀市，不但给仁怀酿酒产业的发展创造了得天独厚的条件，还给旅游业的发展带来先天优势。沿赤水河一带，依托于赤水河沿岸的独特风光，打造贯通仁怀、习水、赤水的旅游公路，成为仁怀旅游的一大亮点。二是红色文化丰富。红军四渡赤水，给仁怀文化发展增添了红色印记。位于茅台镇的四渡赤水纪念塔、四渡赤水纪念园，位于鲁班街道的红军鲁班场战斗遗址、鲁班烈士陵园，位于长岗镇的红一军团干部会议旧址、红军医院旧址、毛主席住居旧址等，是仁怀市重要的红色文化旅游资源。三是黔北历史文化汇聚于此。茅台古镇依据黔北民居传统样式进行了改造，到茅台镇不但能品味酒香，还能感受到黔北古朴的生活气息。省级文物保护单位德庄四合院，始建于清道光年间，至今仍完好无损。川盐入黔造就了仁怀盐运古道和盐运文化，至今仍有迹可循。四是民俗文化资源丰富。仁怀市后山乡是举世公认的"西苗故里"，是苗族同胞的精神故乡。仁怀饮食文化独具特色，茅台古镇河鱼、合马羊肉、河水豆花、刀尖肉等，令外地游客赞不绝口，成为吸引客源的一大优势。

（三）旅游产业发展基础较好

一是政府高度重视旅游产业发展。1995 年，仁怀市提出"茅台国际旅游区"打造思路，围绕茅台酒文化资源优势，结合仁怀市旅游文化资源，先后建成国酒门景区（含国酒门、巨型茅台酒瓶、盐津河温泉）、吴公岩美酒河景区（以"美酒河"摩崖石刻为代表）、红军四渡赤水景区（包括红军四渡赤水纪念塔和纪念园）、国酒文化城（展馆数度更新，今名茅台"中国酒文化城"）等，茅台酒厂成为全国工业旅游示范点，奠定了仁怀市旅游产业发展的良好基础。"十一五"期间，仁怀市提出了"旅游兴市"战略，全力将把旅游业培育为仁怀市的新兴支柱产业作为仁怀旅游产业发展的重要目标。"十二五"时期，仁怀市委、市人民政府印发《关于深入实施旅游兴市战略突出转型升级推动旅游业大发展的意见》等文件，推动"旅游兴市"战略深入实施。"十三五"时期围绕旅游产业提质提速，仁怀市旅游产业得到进一步发展。"十四五"时期，仁怀市提出要以酒旅融合为突破口，推进旅游产业化和旅游业提质升级。二是旅游产业收入不断增加。在政府强力推进下，仁怀市接待游客人数和旅游综合收入持续增长。2008年，仁怀市共接待游客81万人（次），旅游总收入7.3亿元，增长82.5%。①"十一五"期间仁怀市累计接待游客434.8万人（次），年均增长25%；旅游综合收入36.04亿元，年均增长30%。② 到2022年，仁怀市旅游产业整体上实现了由弱到强的转变，旅游接待人数达676万人（次），旅游综合总收入79.5亿元，新增旅游市场主体87家，规模以上文旅企业13家，引进优强企业5家。③

（四）仁怀酱香型白酒产业持续发展

酱香型白酒产业的发展壮大，为仁怀市酒文化旅游可持续发展提供了基础和前提。一是茅台引领作用持续发挥。茅台突出"酒文化的极致"品牌战略定位，围绕坚持创新引领，传承工匠精神，传播酱酒文化，弘扬中华文化，践行"两山"理念，履行社会责任，发挥行业龙头的示范效应和引领作用。2022年，茅台集团实现销售收入1364亿元，贵州茅台酒股份有限公司全年销售收入1275.54亿元，净利润627.16亿元，品牌价值居"2022胡

---

① 《2008年政府工作报告》，仁怀市人民政府网，2009年3月28日，https：//www.rh.gov.cn/zwgk/zfgzbg/202203/t20220309_72891803.html。

② 《2010年政府工作报告》，仁怀市人民政府网，2011年3月13日，https：//www.rh.gov.cn/zwgk/zfgzbg/202203/t20220309_72891733.html。

③ 《2023年政府工作报告》仁怀市人民政府网，2023年4月28日，https：//www.rh.gov.cn/zwgk/zfgzbg/202304/t20230428_79395788.html。

润品牌榜"第 1 位。① 茅台中国白酒行业龙头地位持续稳固，品牌价值和品牌影响力持续提升。二是仁怀市酱香型白酒产业规模持续扩大。2022 年，仁怀市白酒业总产值 899.7 亿元，工业增加值完成 796.2 亿元，增长幅度均达 18.9%。规模以上白酒企业 132 家（当年新增 27 家），占全国的 13.75%。截至 2022 年底，仁怀市有白酒生产许可证且在有效期内企业 392 家，白酒生产加工小作坊登记发证 907 家。茅台集团"十四五"技改扩建工程有序推进，同民白酒集聚区建设取得实质性进展，名酒工业园区发展成效显著。② 三是仁怀市酱香型白酒产业规范发展成效突出。清理退出白酒生产企业和作坊 622 家，填埋窖池 7804 口。企业累计投入 15.6 亿元实施"四改一建设"工程。完成白酒企业兼并重组 117 家，白酒产业集聚的溪沟综合治理试点建设有序推进。③ 四是仁怀市白酒产业发展聚力逐步形成。在茅台的强势引领带动下，仁怀市白酒产业发展梯队渐次形成。酣客君丰、真工怀庄等合作模式广泛推广，复星集团战略投资夜郎古酒业，肆拾玖坊布局生产端，仁怀酱酒集团在生产和仓储两端发力，珍酒、劲牌等强势白酒品牌入驻仁怀市，共同形成了推进仁怀市白酒产业发展的中坚力量，为酒文化旅游的发展提供了坚实的基础。

（五）酒旅融合发展取得初步成效

得益于仁怀市旅游产业发展基础和白酒产业发展优势，仁怀市酒文化旅游取得了初步成效。一是酒庄成为仁怀市酒文化旅游的突出形式。借鉴葡萄酒酒庄发展模式，部分白酒企业在建设规划时，将生产、体验、观光、住宿、餐饮融为一体，打造独具特色的白酒酒庄，创新产业发展模式，推动酒旅融合发展。钓鱼台、金酱、夜郎古等企业，围绕自身特色打造白酒酒庄，

---

① 郭旭、徐志昆、杨玲：《贵州酱香型白酒产业发展现状及对策研究》，《中国酿造》2023 年第 8 期。
② 仁怀市白酒产业发展情况汇报材料，贵州仁怀经济开发区 2023 年 2 月 8 日。
③ 郭旭、徐志昆、杨玲：《贵州酱香型白酒产业发展现状及对策研究》，《中国酿造》2023 年第 8 期。

引领行业发展。二是酒文化节庆游已有较大影响。由仁怀市酒业协会主办、各白酒企业广泛参与的"祭水节"于每年农历重阳节在茅台古镇举行，已陆续开展多年，吸引了众多客商和游客的参与。除了集中举行外，各企业也自行举办相应活动，这些活动也成为仁怀酒文化旅游的新看点。茅台集团举行的端午祭麦、重阳祭水等活动，在业内具有较大影响力。仁怀市"红高粱节"则聚焦酱香型白酒酿造原料举办特殊节日，感恩大自然的馈赠。三是酒厂观光旅游成为吸引游客的主要形式。到酒厂参观制曲、制酒、包装等环节，甚或亲自体验酿酒生产，进入酒库感受时间带来的奇妙变化，享受酱香型白酒给味蕾带来的美妙快感，感受酿酒、存酒、品酒、饮酒的浓厚文化氛围，吸引了大量游客将仁怀作为旅游首选目的地。

二 仁怀市酒文化旅游发展存在的问题

就当前而言，仁怀市酒文化旅游尚存在如下几个制约因素。

（一）旅游交通基础设施建设仍存难点、痛点

一是仁怀市尚未通高铁，这严重制约了区域经济社会发展和旅游产业的发展。以高速公路为主、航空为辅的交通出行结构，极大改善了仁怀市旅游产业发展的条件。从泸州经赤水、习水、仁怀到遵义的高铁，是推进赤水河流域一体化发展的重要通道，迄今尚在谋划之中。高铁具有覆盖人群广、出行便捷、成本低廉等优势，泸遵高铁的开工建设和顺利运行，将给仁怀酒文化旅游和区域经济发展带来新的机遇。二是仁怀域内交通承载能力有限。贵遵高速是贵州较为繁忙的高速路段，仁怀域内高速更是贵州高速路网中最为繁忙的路段，长距离的缓行是其常态。茅台镇聚集了大量白酒企业，也吸引了大量的游客。但受地形限制，道路狭窄，缺少过境交通通道，加上人流、物流输送量大，交通拥堵十分严重。上下班时间和繁忙时段，交通拥堵问题更加突出。

（二）酒文化旅游发展高度依赖白酒市场景气程度

经过多年培育引导，仁怀市形成了以酱香型白酒产业为主导的产业结构，各产业的发展高度依赖白酒产业，尤其是旅游业的发展与白酒产业景气程度呈正相关。在白酒产业发展热度高、白酒市场景气时，到仁怀洽谈投资合作、参观游览、品尝购买的人极多。但在行业发展低迷或发展速度趋缓时，到仁怀的游客、商人大量减少。2016～2022 年，中国白酒年产量从 1358 万千升下降到 671 万千升，规模以上白酒企业从 1578 家减少到 963 家，新一轮白酒行业调整期已悄然来临。持续数年的"酱酒热"，投资端已经开始"降温"。终端市场上，除 53 度飞天牌贵州茅台酒价格保持稳定外，众多高端白酒品牌普遍出现价格倒挂现象，部分中小型白酒企业包装量同比急遽下滑，酒企和渠道库存高企，白酒产业发展步入调整期，可能对仁怀市酒文化旅游造成不利的影响。

（三）酒文化旅游服务和产品开发存在短板

仁怀市酒文化旅游服务和旅游产品开发存在短板，主要体现在如下方面。一是景区景点布局分散，空间布局不合理。酒庄、酒文化博物馆、展览馆等主要依托白酒企业建设，虽然大量企业布局在沿赤水河一线的茅台镇和名酒工业园区，但与自然风光、乡村旅游等景区景点之间的横向联系不强，未能形成相互烘托的发展格局。二是仁怀接待能力有限，旅游服务人才存在较大缺口。每到旅游旺季或酒企开展相关活动时，仁怀酒店住宿、餐饮因接待容纳能力有限，不能满足接待需求。高端酒店仅希尔顿欢朋酒店、茅台国际大酒店等数家，不能满足高端旅游客户需求。经济实用型酒店和餐饮消费与周边县市相比价格高昂，造成仁怀"过路游"情况较为普遍。旅游专业服务人才缺乏，与仁怀酒文化旅游蓬勃发展的态势很不匹配。三是旅游线路设计和旅游产品开发存在不足。作为县级市，仁怀域内旅游线路较短。即便是一些较为知名的酒庄，游客花半天甚至一两个小时便能游览完，少有如郎酒庄园般足够游览 1~2 天时间的景点。景区景点空间布局分散，给游客旅游线路设计带来麻烦，加上交通方式选择的局限，不利于游客旅游决策。同时，旅游商品开发乏力，多数仅停留在简单的"免费停车品酒"层面，旅游周边产品开发和供应能力有限。

（四）酒文化内涵挖掘和酒文化旅游深层次体验不够

酒文化研究和内涵挖掘不够，呈现方式单一，导致酒文化旅游往往缺乏深度体验。一是酒文化研究工作开展不够。酒是中国最为常见的饮料之一，几乎每个人都对酒和酒文化有一定的了解。但要说到较为精深的研究，整体上看与酒文化的繁荣和酒饮料的普及程度不相适应。专业酒文化研究机构、核心研究团队、成果刊载阵地和宣传媒介都较为缺乏，酒文化研究不够深入，制约和影响了酒文化旅游内涵的挖掘。二是酒文化内涵挖掘不够。酒文化涉及酒的物质文化层面、精神文化层面、行为文化层面和制度文化层面，包括酒的生产酿造、运输流通、交换消费及与酒有关的文化文学创作。言及少数民族酒文化，则将其化约为拦门酒、咂酒、高山流水等环节，酒文化旅游产品开发亦多停留在浅层次，未能很好地展现酒文化的丰富内涵。三是仁怀酱香型白酒酿造工艺决定了酒文化旅游观赏性、体验度不够。酱香型白酒酿造，从高粱种植到成品酒包装出库，要经历长达数年的时间。其工艺的复杂性，导致很难对其进行体验式、全景式的展示。酿酒是一项重体力劳动，其操作场景缺乏美感和观赏性。品酒等环节又具有专业门槛，游客短时间内很难掌握相应的知识。种种因素叠加，导致仁怀酒文化旅游深层次体验不够。

三　仁怀酒文化旅游发展策略

针对当前仁怀酒文化旅游存在的问题，可从如下几个方面探索突破。

（一）持续改善旅游交通条件

一是着力改善仁怀外部交通条件。以贵州省融入国家区域重大战略和对接成渝地区双城经济圈建设为契机，在省级层面联合四川省共同推动泸遵高铁动工修建，改善仁怀、习水等酱香型白酒产区外部交通条件。推动茅台机场扩容升级工程，加密开行航班和各支线机场之间的串飞，提升航空服务能力，发挥交通优势。加强酒店、餐饮等旅游服务配套设施建设，提升酒文化旅游服务能力和水平。二是持续改善仁怀域内交通条件。加强茅台镇域内交通组织管理，采取功能疏散、车辆限行、新通道建设等举措解决交通拥堵难题。围绕酒文化旅游景区景点、乡村旅游重点集镇节点，推动仁怀市旅游公路串点连线，提升道路运输承载能力、服务能力，建成便捷畅达的交通体系，助推酒文化旅游高质量发展。

（二）培育酒文化旅游核心客户群

仁怀市酒文化旅游对白酒产业发展依赖程度高，从上一轮白酒产业调整期的情况来看，行业景气程度对酒文化旅游具有重要影响。如何穿越行业周期，在行业调整期和下行期确保酒文化旅游继续发展，其要点在于培育核心客户群体。一是以酒文化旅游和酒旅融合为重点，推进仁怀旅游产业化集聚和提质升级发展。打造仁怀酒文化旅游核心卖点和兴奋点，构筑体现"走遍大地神州，诗酒田园贵州"的仁怀旅游产业发展体系。二是多举措促进仁怀酒文化旅游持续发展。为酒企和旅游企业提供资金、政策支持，助力企业开展客商群体回厂游等活动，保障酒文化旅游持续发展。同时，在发放消费券等惠民行动中，针对仁怀酒文化旅游核心卖点推出优惠套餐，切实将旅游消费惠民政策落到实处，进一步提升仁怀酒文化旅游吸引力，拓展酒文化旅游客源。三是加强宣传推广。充分借助抖音、小红书、微信公众号等，加强仁怀酒文化旅游宣传推广，充分发挥头部白酒品牌优势，吸引更多游客到仁怀进行酒文化旅游。

（三）打造完善的旅游产品体系和服务体系

一是充分发挥茅台旅投公司的带动引领和示范作用，培育壮大旅游市场主体，激发旅游市场主体活力，提升市场拓展能力，形成涵盖旅游服务、产品开发、住宿餐饮等的企业体系、品牌体系，推动仁怀酒文化旅游快速发展和提质增效。二是全方位立体化打造具有仁怀市特色标识的旅游产品体系，构建起以酒文化为核心的旅游产品体系。聚焦仁怀市酱香型白酒文化资源，结合仁怀域内历史文化、长征文化、自然风光、地域特色、民风民俗等旅游资源禀赋，开发打造多元旅游产品体系。做好酒文旅融合发展大文章，遵循"以酒育旅、以旅促酒、酒旅共赢"理念推动酒文旅融合发展。以茅台镇旅游产业化发展为契机，构建主题精品酒庄群，将酱香型白酒文化、休闲旅游、特色餐饮有机融合。加快山地旅游、乡村旅游、房车营地、缆车观光等新旅游产品开发，结合红高粱种植等现代山地高效特色农业发展，打造集观光、休闲和体验于一体的农业旅游产品。突出仁怀地域文化特色，推动后山乡着力打造"西苗故里"民族文化旅游小镇，将其建成"全国知名、全省一流"的民族文化、酒文化旅游目的地。围绕赤水河旅游公路推进酒文化旅游和长征文化、自然风光旅游深度融合。优化酒文化旅游商品供给，开发"醉美之旅·仁人之礼"旅游纪念商品和创意产品，提升文化创意和旅游产业融合发展水平。三是着力提升酒文化旅游服务水平。推动中华华丹·国坛酒庄旅游综合体建设，推进仁怀酒投公司、夜郎古酒业、文中酒业、怀庄酒业酒旅融合和酒庄项目建设，鼓励企业建设星级酒庄。加大旅游集散中心、停车场、旅游公厕等配套设施建设，推动酒文化主题酒店、精品客栈、特色民宿、农家乐改造升级，提高旅游接待服务能力。建设旅游产业大数据平台，推动旅游产品数字化转换，探索大数据助推仁怀酒文化旅游发展新模式。四是加强与遵义、习水、桐梓、赤水等地旅游资源的衔接，加强与四川省赤水河流域相关县市的对接联络，共同打造赤水河流域全域旅游目的地，提升区域旅游产品供应能力和协同发展能力。五是加强旅游服务人才培养。充分发挥茅台学院在人才培养上的优势，结合仁怀产业发展特征和酒旅融合发展现状，加大专业人才培养力度，为仁怀酒旅融合发展提供强力支撑。

（四）提升仁怀酒文化旅游体验度

一是深入推进仁怀酒文化研究。依托茅台战略研究院、茅台学院等研究机构，发挥贵州酒文化研究力量的作用，进一步推进茅台酒文化研究向纵深发展。发挥仁怀市酒业协会作用，组织力量聚焦仁怀酱香型白酒历史发展和文化内涵展开深入研究，为白酒产业发展和酒文化旅游提供坚实的文化支撑。积极培育酒文化研究核心群体，创造条件吸引社科研究机构、智库机构和大专院校的研究者关注仁怀酒文化相关课题，推动酒文化研究成果转化，助推仁怀酒文化研究向前发展。二是开展联合攻关，深入挖掘仁怀酒文化的丰富内涵。侧重仁怀酒文化行为文化和精神文化层面的挖掘，对酱香型白酒酿造工艺展开科学研究，深入挖掘和诠释仁怀酱香型白酒所展现的精神文化内涵，从白酒消费文化、品评品鉴、饮酒健康、日常生活等不同层面切入，展现仁怀酒文化对美好生活构建的积极意义。探索开发"仁怀酒文化读本"，将其作为旅游文化产品，用通俗易懂的语言、缜密的逻辑、精美的图片，将仁怀酱香型白酒历史文化展示给游客，强化仁怀酒文化旅游核心地位。三是打造酒文化旅游深度体验项目。聚焦白酒生产酿造，探索将手作班、手工班、展示车间和图片、5D、VR等展示手段相结合，弥补酒文化旅游项目难以全景式展现酿酒全过程的不足。开展酱香型白酒品评品鉴短期培训，充分发挥酱酒大师的专业作用，将品酒专业术语和程序用普通消费者能懂的语言表达出来，探索建立针对酱酒"小白"的培训话语体系，增强游客酒文化旅游参与感、体验感和获得感。充分借鉴茅台"巽风数字世界"酱酒文化数字化打造传播的成功经验，推动酒文化旅游数字化发展。

参考文献

卜建东：《中国白酒旅游研究综述及展望》，《中国酿造》2019年第10期，第193~196页。

郭旭、吴大华：《贵州白酒产业高质量发展实现路径研究》，《贵州商学院学报》2022年第3期，第1~12页。

郭旭、周山荣、黄永光：《基于酒文化的中国酒都仁怀旅游发展策略》，《酿酒科技》2016年第4期，第106~110页。

黄小刚、刘星：《酒旅融合："十四五"时期白酒产业转型升级的重要进路》，《西

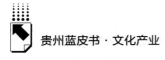
部旅游》2022 年第 2 期，第 1~4 页。

冀楠楠：《特色酒文化旅游资源类型及开发模式分析》，《酿酒科技》2020 年第 6 期，第 108~112 页。

秦趣、张春生、梁振民等：《贵州省仁怀市滨水旅游资源评价研究》，《六盘水师范学院学报》2018 年第 6 期，第 24~29 页。

石培华：《贵州应大力发展以茅台为代表的酒文化旅游》，《当代贵州》2011 年第 24 期，第 38~38 页。

张新成、高楠、王琳艳等：《文化和旅游产业融合质量的时空动态、驱动机制及培育路径》，《旅游科学》2023 年第 1 期，1~22 页。

B.17
中国酒文化研究综论[*]

黄小刚[**]

摘　要： 我国酿酒历史悠久，酒文化内容多姿多彩。酒文化研究日益兴
盛，成果丰硕，形成了酒文化内涵与外延、酒器、酒包装设计、
酒俗、酒与文学、酒政、酒文化传承与发展等多个维度的研究
成果。呈现历史研究与当代研究并重但各有侧重、酒文化研究
视角多元等显著特点。

关键词： 酒文化　酒器　酒俗　酒包装设计　文化传承

酒作为古代人类适应和利用地理环境而创造的物质文明成果，随着历史
的发展，围绕酒这一核心物质存在形成了多元而丰富的酒文化内涵。关于酒
文化的学术研究也伴随着酒文化地位日益凸显、酒文化研究日益兴盛这一背
景而迎来了快速发展的机遇期，并形成了诸多高水平研究成果。国内关于酒
文化的研究成果，大致包括以下几个方面。

一　酒文化的内涵与外延

我国有着悠久的酿酒历史，在源远流长的酿酒历史过程中，与酒有关
的酿造技艺与方法、器皿设计与制作、饮酒礼仪与规范、文学艺术作品、

---

* 本文系2022年度贵州省哲学社会科学规划项目"赤水河流域酒文化廊道的历史演进及其保护
与利用研究"（编号：22GZQN12）的阶段性成果。
** 黄小刚，贵州民族大学乡村振兴研究中心副研究员，研究方向为酒文化、文化产业。

行政管理制度等内容日益丰富和完善。"酒文化"一词由我国著名经济学家丁光远于20世纪80年代率先提出，但是关于酒文化的深刻内涵与外延始终缺乏系统科学的认识。近年来，不同学者基于自身学术背景和理解视角对这一概念进行了不同的阐述。如万伟成认为"中华酒文化是中华民族创造的有关酒事的一切文化成果，具有物质、精神、制度、行为4种基本形态"。① 萧家成认为酒文化内涵包括"酒论、酒史、传统酿造术、酒具、酒俗、酒功、酒艺文、饮酒心理与行为和酒政9个方面，内涵丰富多彩，各部分有机地联系在一起，形成一个具有系统性的整体"。② 张国豪等人也将酒文化视为一个系统整体，认为其主要包括"酿酒技术、工艺创新、酒礼人情习俗、饮用方式、政府管理制度，形形色色的饮酒器皿等以及文人墨客所创作的与酒相关的诗、词、曲、画，还有名人与酒有关的逸闻趣事等内容"。③ 黄亦锡认为酒文化包含物质和精神两个层面，并分别从名酒、药酒与酒器以及民俗酒习、酒令等方面对二者进行了阐述。④ 李全银认为酒文化包括狭义和广义两个方面，狭义的酒文化由健身、喜庆、娱乐、激励和寄情五大要素构成，广义的酒文化则包含了酒的酿造、流通以及消费全过程。同时，作者从地域分布的视角界定了酒文化的外延，认为狭义的酒文化外延是中华酒文化，广义则是指世界酒文化。⑤ 此外，钟柳茂、云虹从"酒"的造字渊源出发，从"酒"字的演化历程、语义范畴以及"酒"字中所体现的情感倾向三个层面探析了酒文化的深刻内涵。⑥

① 万伟成：《中华酒文化的内涵、形态及其趋势特征初探》，《酿酒科技》2007年第9期，第104页。

② 萧家成：《传统文化与现代化的新视角：酒文化研究》，《云南社会科学》2000年第5期，第57页。

③ 张国豪、武振业、蔡玉波：《中国白酒文化的剖析》，《酿酒科技》2008年第2期，第124页。

④ 黄亦锡：《酒、酒器与传统文化——中国古代酒文化研究》，博士学位论文，厦门大学，2008。

⑤ 李全银：《酒文化的内涵与外延》，《宜宾学院学报》2012年第2期，第16~21页。

⑥ 钟柳茂、云虹：《"酒"字网络的文化阐释》，《四川理工学院学报》（社会科学版）2017年第1期，第37~46页。

二 酒器

酒器不仅是一种容器，更是酒文化的物质载体，不同时期、不同形质、不同功能的酒器反映了特定时空独特的酒文化内涵。关于酒器的研究大多集中在古代酒器的时代意义、发展演进、文化特色等方面，如林毅、郑建明通过研究考古发现的早期酒器，认为酒的起源远比我们想象中的早得多，早期社会对酒的管理和支配由少数人掌控着。对考古出土的酒器开展研究，有助于解读早期社会的发展进程和时代精神。[①] 胡洪琼认为爵最早出现于夏代，不仅是一种酒器，也是一种礼器，初始为陶制，至夏代晚期出现了铜制的爵，商代晚期出现了仿铜陶爵和铅爵，西周中期后，爵作为一种器物已消失，转而成为一种制度的象征。[②] 黄嬿蓉等人在分析宋元时期瓷瓶酒具的功能、釉色、纹样和造型的影响因素与审美特征基础上，指出这一时期的瓷瓶酒具兼具实用价值与审美价值。[③] 扬之水从宋人爱花与好酒二者关系出发，发现宋代酒器造型与纹饰多取意于花卉，设计上常取用菊花、莲花、芙蓉、梅花等花卉元素。[④] 马骁骅、张文娟以磁州窑为个案，分析了不同时期酒器的器型、釉色、纹饰特点及其演变以及市场的取向与销售概况。[⑤] 张法认为北方的壶与西北的酉皆为酒器。酉由饮器演进为酒器，作为酒器的酉再演进为尊，这是一种文化的定型。由壶到酉再到尊的演进折射出古代北方文化与西北文化之间的关联。[⑥] 刘桂华将《楚辞》与楚系青铜酒器进行关联分析，

① 林毅、郑建明：《壶觞沃酹 江南原始瓷酒器与权力的起源》，《大众考古》2016 年第 7 期，第 46~51 页。
② 胡洪琼：《略谈酒器爵》，《殷都学刊》2016 年第 4 期，第 14~18 页。
③ 黄嬿蓉、黄薇、吴剑锋：《宋元时期的瓷瓶酒具的审美特征及其影响因素》，《工业设计》2016 年第 2 期，第 74~75 页。
④ 扬之水：《妆样巧将花草竞——两宋金银酒器造型与纹饰的诗意解读》，《装饰》2016 年第 8 期，第 12~17 页。
⑤ 马骁骅、张文娟：《磁州窑酒器制作的历史衍革》，《邯郸学院学报》2016 年第 1 期，第 62~66 页。
⑥ 张法：《壶—酉—尊：西北地区酒器整合的文化与美学意义》，《郑州大学学报》（哲学社会科学版）2017 年第 2 期，第 86~89 页。

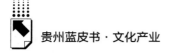
探讨了楚国的酒文化风貌。① 此外，张小帆、刘莉、杨畔坪等人也都从不同角度对酒器做过相关研究。②

三 酒包装设计

酒的包装设计反映了设计与创作者的独特创意，体现了不同文化与酒文化的融合，是对酒文化内涵的丰富与拓展。酒包装设计具有较强的地域性和文化性，这在相关研究中也得到明显的印证。如周鼎通过梳理分析黔酒文化以及黔酒包装设计的历史脉络，提出了黔酒包装设计的未来发展策略。③ 税梦瑶、姜龙认为川酒海报设计应充分结合地域特征和文化特色，创作符合时代与受众需求的海报作品。④ 高黎等人则从地域文化视角分析了陕西传统民间文化元素在西凤酒包装设计中的传承与创新，解读了西凤酒包装设计在图形信息传达、包装材料、包装色彩等层面与本土文化之间的关系。⑤ 罗兵分析了徽派建筑符号的文化意义及其在徽酒包装设计中的运用。⑥ 吴斌则对传统白酒包装设计与地域特色文化融合的具体路径和发展策略进行了探讨。⑦

① 刘桂华：《论楚国酒文化风貌——以〈楚辞〉与楚系青铜酒器为例》，《荆楚理工学院学报》2017年第5期，第11~14页。

② 张小帆：《崧泽文化陶质酒器初探》，《考古》2017年第12期，第69~81页；刘莉：《早期陶器、煮粥、酿酒与社会复杂化的发展》，《中原文物》2017年第2期，第24~34页；杨畔坪、宁国强：《蒙古族传统酒器的非物质文化特征研究》，《内蒙古农业大学学报》（社会科学版）2016年第4期，第149~152页。

③ 周鼎：《沉沦与救渡：黔酒文化与酒类包装设计》，《湖南包装》2016年第2期，第41~46页。

④ 税梦瑶、姜龙：《川酒海报设计中的文字变形应用研究》，《包装工程》2016年第12期，第53~56页。

⑤ 高黎、吴婷婷、陈艳利：《地域文化在西凤酒包装设计中的传承与彰显》，《包装工程》2016年第18期，第62~66页。

⑥ 罗兵：《徽州建筑符号在徽酒包装设计中的应用探析》，《包装工程》2017年第20期，第82~87页。

⑦ 吴斌：《基于地域特色文化的现代白酒包装设计研究》，《食品与机械》2017年第7期，第107~110页。

此外，徐军①、江建龙②、潘丽娜③等人就书法文化在白酒包装设计中的应用进行了分析，王海伦强调酒瓶是集酒史、酒艺、陶艺、考古、绘画、书法、雕刻、民俗、礼仪等于一体的物质载体，其设计制作须充分体现文化内涵。④

四　酒俗

酒俗反映了不同时期、不同地域人们在制酒、饮酒过程中形成的一整套独具特色的行为习惯，尤以饮酒习俗最具代表性。如周梦娜对明朝中后期流行于江南地区的"妓鞋行酒"这一独特酒宴癖好进行分析，认为这一习俗的形成是当时政治混乱、正直之士受到排挤，王阳明思想推动个性思想解放以及商业经济与市场繁荣影响了士人政治观和人生观等因素共同作用的结果。⑤ 明朝的乡饮酒礼同样受到关注，在孔伟看来，这"是地方政府官员与士绅阶层合作、与宗族组织等乡民自治体系相配合，推行朝廷教化的措施；是地方政府搭建官方扩展政治资源的平台和编制'权力的文化网络'的契机；是共同维护基层社会秩序，保证国家权力向基层社会延伸与渗透的载体；是明政府社会控制机制的集中体现"。⑥ 郗玉松通过分析土家族饮酒习俗在改土归流前后的变迁过程，认为雍正时期改土归流后，国家权力开始直接进入土家族基层社会，随之而来的是一整套体现国家社会治理意志的系列

①　徐军：《书画艺术在现代酒包装设计中的运用》，《包装工程》2016年第16期，第161～164页。

②　江建龙：《酒品包装中的书法元素分析》，《黄山学院学报》2017年第1期，第101～105页。

③　潘丽娜：《中国书法在白酒包装设计中的应用》，《山西广播电视大学学报》2017年第2期，第102～105页。

④　王海伦：《探究中国酒瓶造型发展及设计》，《设计》2016年第7期，第132～133页。

⑤　周梦娜：《明代士人"妓鞋行酒"行为探析》，《广西科技师范学院学报》2016年第4期，第75～77页。

⑥　孔伟：《从乡饮酒礼看明代地方社会控制》，《海南师范大学学报》（社会科学版）2016年第2期，第101～106页。

制度与习俗，进而导致喦酒等土家族传统饮酒习俗走向弱化。① 酒歌作为一种独特的文化习俗，在少数民族地区尤为盛行，如唐文生在分析广西壮族酒歌的类型、特点、发展现状及其问题的基础上，探讨了新媒体时代壮族酒歌传承传播的具体策略。② 庞洁则从生活世界的视角对酒曲音乐的回归进行分析与反思，认为"酒曲是一个区域内社会的、集体的音乐文化现象，以生活世界这样的理论视角对西北地区的酒曲音乐进行回归探讨，可以重新认识和发现陌生而熟悉的生活世界，认识到日常生活世界对于人类生存的基础意义"。③

五　酒与文学

无论是以酒为对象进行文学创作，抑或借酒进行创作表达，酒与文学艺术之间始终有着密不可分的关联，酒与文学研究也是传统酒文化研究的重点。如肖向东从"酒品"与诗人的精神气质、"诗品"与"酒之精神"、"诗心酒性"与"人生真味"三个层面分析了酒在诗人认识生活、评论时事、表达情感、精神操守养成等方面的社会功能，认为酒对诗歌美学品格的形塑具有重要作用。④ 唐以来，酒文化与文学高度发达，二者之间也存在紧密关联。白贵、杜浩以酒文化与唐代文学之间的关系为切入点，分析了唐代酒文化传播的特性。⑤ 于帅帅分析了唐代酒肆与唐诗发展之间的关系，认为酒肆的发展为唐诗的产生、发展与传播提供了独特的文化空间，推动了唐诗

---

① 郗玉松：《国权与民俗：试论改土归流与土家族饮酒习俗的变迁》，《铜仁学院学报》2016年第1期，第50~55页。
② 唐文生：《桂西北壮族酒歌现状探索与思考》，《广西社会科学》2017年第12期，第54~56页。
③ 庞洁：《遗忘与唤醒——对酒曲音乐回归生活世界意义的反思》，《文艺评论》2017年第8期，第124~128页。
④ 肖向东：《"酒品"知人"诗品"知味——二论"中国诗酒文化"》，《美食研究》2016年第1期，第10~15页。
⑤ 白贵、杜浩：《酒文化在唐代文学中的传播特征及影响》，《河北大学学报》（哲学社会科学版）2017年第6期，第19~23页。

的繁荣。① 邹淑琴从唐诗中的胡姬切入，认为胡姬形象一般是作为卖酒或侍酒的身份出现，为西域酒文化在中原的传播起到媒介的作用。② 此外，张彤彤将南宋词文化与酒文化相关联，认为"南渡词人杯中的是孤独凄凉之酒；南宋中后期词人杯中的是壮志难酬之酒；宋末元初词人杯中的是幽怨苦闷之酒"。③ 杨中正认为《全元散曲》中关于酒的描述反映了元代酒业发展迅速、酒的种类繁多、盛酒器具多样、酒散曲创作原因各异等特点。④ 此外，赵国栋以藏族民间寓言《茶酒仙女》为对象，认为该故事以茶仙女和酒仙女的相互诘难为主线，国王对此进行评判，一定程度上反映了当时的社会状况。该作品与汉族《茶酒论》有着密切联系，是藏汉文化交流互动的例证。⑤ 近现代以来，诸多文学作品都对酒及酒文化进行了描述，引起了部分学者的关注。如批判和反思中国酒文化的小说《酒国》，因其作者莫言获诺贝尔文学奖而受到较多关注。其中，褚云侠认为该小说的问世，把被前一个历史时期规避掉的酒和酒神精神发挥到极致，酒已不仅是作品所要呈现的对象，而且已经变成文本本身，成为主导叙事的核心要素。⑥

六　酒政

酒政作为酒文化的重要组成部分，集中体现在与酒相关的制度文化层面。自酒诞生以来，尤其是酒作为一种商品进入市场流通领域，与酒有关的经营、财税等各类制度逐渐形成，构成了酒的制度文化内涵——酒政。刘超

---

① 于帅帅：《唐代酒肆与唐诗的发展》，《石家庄学院学报》2017 年第 4 期，第 15~21 页。
② 邹淑琴：《唐诗中的胡姬与西域酒文化在中原地区的传播》，《中国韵文学刊》2016 年第 4 期，第 17~22 页。
③ 张彤彤：《酒与南宋词人的家国情怀》，《咸阳师范学院学报》2016 年第 5 期，第 114~116 页。
④ 杨中正：《元散曲中的酒文化》，《长沙大学学报》2016 年第 1 期，第 99~101 页。
⑤ 赵国栋：《藏族民间寓言文学〈茶酒仙女〉研究》，《西藏研究》2016 年第 5 期，第 92~101 页。
⑥ 褚云侠：《"酒"的诗学——从文化人类学视角谈〈酒国〉》，《小说评论》2016 年第 1 期，第 92~97 页。

凤等人对宋代酒类买扑制度进行了分析，指出宋代该制度经历了募民买扑、酬奖衙前和实封投状法等阶段，"在监管成本大、产权分散等情况下，国家多倾向于扩大买扑经营来实现社会总产出最大化；而当酒利骤升，在不改变经营结构的前提下，国家通过制度创新提高酒利课额，来达到国家财政收入最大化"。① 李华瑞认为南宋延续了北宋的酒类管理制度，经历了"由军队恣意经营到回归户部、地方经营的发展过程，形成三个系统：一是属三省、枢密院的激赏酒库，二是户部设置的赡军酒库，三是总领所赡军酒库。而经营方式是采取官府专卖还是允许民间抱认酒息买扑，则主要是以酒利是否丰盈为转移"，② 酒库和酒课为支撑南宋统治起到重要作用。此外，郭旭、张云峰对国民政府时期的酒类管理制度进行分析，认为国民政府遵循财政管理体制近代化的发展轨迹，试图将国外输入的洋酒、新式自制啤酒、葡萄酒等酒类管理纳入财税管理体制，经历了机制酒类税、洋酒类税到驻厂征收洋酒类税、啤酒税及进口酒类关税的变迁过程。③

七　酒文化传承与发展

　　酒文化是一个动态的发展过程。长期的酒业经济和酒文化发展为当代社会积淀了丰厚的酒文化遗产。面对这些宝贵遗产，我们既需要取其精华，对优秀酒文化遗产进行历史传承与弘扬，也需要结合酒文化遗产特点和时代需求进行创造性转化与创新性发展，这是推动酒文化在当代实现可持续发展的根本诉求，也是当代酒文化研究的重点关注领域。如王光文强调传承与创新是推动酒文化发展的一对辩证统一关系，当代中国酒文化的传承与创新面临

① 刘超凤、郭风平、杨乙丹：《宋代酒类买扑制度的演变逻辑》，《兰台世界》2016年第24期，第130~133页。
② 李华瑞：《南宋的酒库与军费》，《人文杂志》2016年第3期，第76~84页。
③ 郭旭、张云峰：《国民政府时期新式酒类与进口酒类税收管理探析》，《贵州商学院学报》2016年第3期，第40~51页。

文化自觉、酒驾治理、饮酒保健、酒风改良、文化融合五个关键问题。① 刘万明从文化结构视角出发，认为社会转型引起的社会结构变化、社会功利主义盛行、传统文化教育缺失、缺乏系统的酒文化研究和有效传播以及科学主义的强势与人文文化的缺失最终导致了酒文化结构失调。② 文化是以特定地域空间为依托的，对特定地域的酒文化传承与发展的研究成为一大热点。如万彩霞对遵义地区与酒相关的文物、酒礼、酒俗、酒文化景点等进行了简略描述。③ 李聪聪等人结合世界文化遗产评定标准和要求，对茅台酒酿酒区域遗址的遗产构成和文化价值进行阐述，这对茅台酒酿酒区域遗址保护与发展以及申请世界文化遗产具有指导意义。④ 何琼以文化生态为理论观照，探讨了茅台古镇文化生态的唯一性，并就茅台古镇白酒产业与酒文化传承保护提出了相应策略。⑤ 陈于后则从知识图谱可视化的角度，对 1998~2017 年以来关于四川酒文化的研究成果进行了总体研究与可视化分析，认为"四川酒文化研究经历了从酒文化考古、川酒历史文化到少数民族酒文化、四川地方特色酒文化再到酒文化旅游、五粮液酒文化和川酒文化与国际传播等主题变迁，酒文化旅游和川酒文化与国际传播是当前四川酒文化研究的热点与主题"。⑥

　　酒文化遗产保护与利用以及酒文化旅游产业发展作为相互关联的两个方面，是当下酒文化传承与发展的普遍路径。在酒文化遗产保护利用方面，陈丹秀等人对宜宾宋代流杯池遗存进行了探索分析，⑦ 余书敏和刘瑞分析总结

① 王光文：《论中国酒文化传承与创新的五个关键问题》，《知与行》2016 年第 12 期，第 111~116 页。

② 刘万明：《中国酒文化结构失调及优化》，《四川理工学院学报》（社会科学版）2017 年第 1 期，第 26~36 页。

③ 万彩霞：《遵义酒文化初探》，《兰台世界》2016 年第 23 期，第 149~150 页。

④ 李聪聪、熊康宁、向延杰：《贵州茅台酿酒区域的世界文化遗产价值》，《酿酒科技》2016 年第 12 期，第 122~125 页。

⑤ 何琼：《文化生态视野下茅台古镇文化保护与发展研究》，《酿酒科技》2016 年第 10 期，第 127~130 页。

⑥ 陈于后：《四川酒文化研究的知识图谱可视化分析》，《四川理工学院学报》（社会科学版）2017 年第 6 期，第 10 页。

⑦ 陈丹秀、鲍沁星、张敏霞：《宜宾宋代流杯池遗存研究》，《中国园林》2017 年第 8 期，第 124~128 页。

了水井街酒坊遗址的保护利用策略，[①] 曹雨探讨了明代陈洪绶《水浒叶子》酒牌非遗雕版印刷技艺的传承问题，[②] 张泽茜等人对媒介融合背景下黄酒非物质文化遗产数字记忆的内容、路径与问题进行了有益探索。[③] 在酒文化旅游方面，主要集中在酿酒产业发达地区、具有独特酒文化传统的民族地区以及葡萄酒文化旅游三个维度。如郭旭等人分析了中国酒都仁怀市发展酒文化旅游产业的资源条件与存在的问题，认为其发展酒文化旅游产业须"以酒文化为核心，整合各种旅游资源，多策略组合运用，构筑酒文化旅游发展体系"。[④] 张莉等人则以五粮液产区宜宾市酒文化旅游产业发展为对象，探讨了政企联合开发战略模式在酒文化旅游发展中的具体运用。[⑤] 赖斌和杨丽娟对民族村寨传统饮酒仪节旅游过程中旅游者体验的场域、动因、类型、强度等内容进行分析，认为游客对民族旅游传统文化的现代体验目的是"返璞归真"，且这种体验具有自适应性，进而提出民族旅游开发须强化民族村寨独特的"文化符号"。[⑥] 龙叶先分析了武陵山区苗族社群传统酒文化特色，探讨了在现代旅游开发背景下区域传统酒文化资源的发展与改进策略。[⑦] 随着葡萄酒产业的发展与文化传播，以庄园观光体验、普通采摘、文化体验等为主题的葡萄酒文化旅游逐渐兴起。纳慧认为葡萄酒产业、葡萄酒文化和旅游产业三者的耦合有助于葡萄酒文化传播与产业

---

① 余书敏、刘瑞：《从水井街酒坊遗址看我国在文化遗产保护领域的探索》，《四川建筑》2017 年第 5 期，第 34~37 页。

② 曹雨：《基于非遗雕版印刷技艺传承意义的研究——以明代陈洪绶〈水浒叶子〉酒牌为例》，《山东工会论坛》2017 年第 2 期，第 97~99 页。

③ 张泽茜、景歌、高晶等：《媒介融合背景下黄酒非遗文化数字记忆的内容、路径与问题》，《戏剧之家》2016 年第 11 期，第 282~284 页。

④ 郭旭、周山荣、黄永光：《基于酒文化的中国酒都仁怀旅游发展策略》，《酿酒科技》2016 年第 4 期，第 106~110 页。

⑤ 张莉、何柯薇、王彦婷：《川酒文化旅游的政企联合开发战略研究——以宜宾酒文化旅游开发为例》，《决策咨询》2016 年第 1 期，第 56~60 页。

⑥ 赖斌、杨丽娟：《民族村寨传统饮酒仪节的现代旅游体验模式研究》，《西北民族大学学报》（哲学社会科学版）2016 年第 4 期，第 135~141 页。

⑦ 龙叶先：《旅游开发形势下武陵山区苗族传统特色酒文化创新研究》，《铜仁学院学报》2016 年第 3 期，第 55~59 页。

发展，有助于促进西部地区经济结构优化与产业转型升级。① 陈力硕等人通过实证研究，分析了游客对烟台葡萄酒文化旅游的认知情况与参与行为，认为游客对烟台葡萄酒文化旅游的认知水平随着年龄增长而逐步增加，但总体水平较低，对烟台葡萄酒文化旅游的了解渠道多元，旅游目的多样，以观光为主。② 此外，还有部分学者从文化产业的视角探讨酒文化的现代发展问题，但这方面的研究成果相对较少，如谷满意认为酒文化产业是"满足民众的精神文化生活需求，而从事相关酒文化产品及酒文化服务的生产经营活动，以及为此提供相关服务的一种产业"。③ 范建华则从特色文化产业视角指出"酒文化是制酒饮酒活动过程中形成的特定文化形态……酒产业的健康发展，为酒文化的兴旺提供了坚实的基础，繁荣的酒文化成为推动酒产业文化发展的重要动力"。④

八　结语

从以上关于酒文化研究的学术回顾与梳理来看，现有酒文化研究主要呈现以下特点。

一是历史研究与当代研究并重但各有侧重。对酒文化的历史研究主要侧重基于历史考古与文物发掘而展开的酒器研究、古代酒政研究以及古代文学与酒文化研究；对酒文化的当代研究则集中在酒文化遗产的保护利用以及酒文化传承发展方面，一定程度上反映了酒文化在当代社会的存续与发展状况。

二是酒文化研究视角多元。从物质文化层面的酒器到精神文化层面的酒

---

① 纳慧：《特色产业、文化与旅游的耦合——以西部地区葡萄酒产业为例》，《商业经济研究》2016 年第 19 期，第 203~205 页。
② 陈力硕、李晓彤、刘海东：《游客对烟台葡萄酒文化旅游的认知与参与行为研究》，《农学学报》2016 年第 6 期，第 73~77 页。
③ 谷满意：《酒文化产业的内涵与相关理论探讨》，《东方企业文化》2013 年第 8 期，第 51 页。
④ 范建华：《中国特色文化与特色文化产业论纲》，《学术探索》2017 年第 12 期，第 117 页。

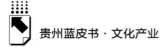

俗、酒与文学、包装设计，再到制度文化层面的酒政、酿酒技艺等；从白酒到黄酒、啤酒、葡萄酒乃至药酒；从酒文化研究到酒文化遗产保护、酒文化发展……酒文化研究的视角、对象和方法都呈现多元化特征。

然而，现有研究也存在一定的遗憾。现有研究大多围绕酒体本身及与其相关的酒器、技艺、酒俗，抑或酒与社会发展、与文学艺术等之间的关系展开。酒是人类创造的独特饮品，围绕这一核心而形成的独特酒文化反映了当地居民认识、适应与利用地理环境的发展进程与伟大创造，也就是说，酒文化的"特征是在逐步适应当地环境的过程中形成的"。[1] 事实上，人类、环境与文化三者之间有着密切而又复杂的关系。"一方面，人类借助文化来认识环境、利用环境和改造环境；另一方面，环境在一定程度上影响并形塑着文化的形成与变化。"[2] 面对当下人类围绕酒所开展的各类生产经营、社会风俗等活动带来的生态环境破坏与社会环境中的恶性影响，仅仅依靠改进技艺、提高科学技术水平等方式并不能有效解决这些问题。因此，从文化生态学视角，充分认识人类活动与包括生态环境和社会环境在内的地理环境之间相互作用、相互依赖和相互制约的互动关系，了解人类生存发展与地理环境质量的生态平衡问题，了解不同文化之间的互动交流与影响，并通过文化机制来调适人类与地理环境之间的失衡关系尤为重要，而这正是未来酒文化研究需要重点关注的领域。

---

① 〔英〕凯·米尔顿：《多种生态学：人类学，文化与环境》，中国社会科学杂志社编《人类学的趋势》，社会科学文献出版社，2000，第296页。

② 袁同凯：《人类、文化与环境——生态人类学的视角》，《西北第二民族学院学报》（哲学社会科学版）2008年第5期，第58页。

专题调研篇

Special Research

B.18

"姑箐古茶"推动纳雍茶产业
高质量发展初探*

孙娜娜　何慧琳**

摘　要： 20 世纪初，文化因素对社会与经济发展的影响形成"文化经济"。茶是中国传统文化的代表，通过海陆丝绸之路、茶马古道将中华文明传播至世界各地。习近平总书记在福建武夷山考察时提出"三茶统筹"的理念，为新时代背景下多民族聚居的贵州地区茶产业高质量发展指明了发展方向。

关键词： 民族文化　茶产业　高质量发展

---

* 本文系贵州民族大学 2022 年度人文社科一般项目"双循环格局下民族生态文化引领贵州茶产业高质量发展研究"（项目号：0703001022004018）的阶段性成果。

** 孙娜娜，贵州民族大学民族学与历史学学院副教授，研究方向为民族经济与民族政策、民族文化与产业发展等；何慧琳，贵州民族大学民族学与历史学学院讲师，研究方向为中国史、基层党建等。

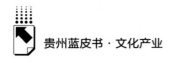
一 研究背景

20世纪初，由文化引发的新型经济形式以极快的发展态势在全球范围内蔓延开来，文化因素对社会与经济发展的影响愈加明显，创造了超越资源和知识引领之外的"文化经济"。

茶是中国传统文化的代表，约公元5世纪，作为与世界交流的载体，通过海陆丝绸之路、茶马古道将中华文明传播至世界各地。作为茶叶发源地，我国在茶叶种植和生产层面始终居于世界前列，以2020年数据为准，我国18个主要茶叶生产省（自治区、直辖市）茶园面积为4747.69万亩，增长率为3.26%，总体增速趋缓；可采面积4152.18万亩，增长率为12.50%；茶叶产量保持持续增长趋势，为298.60万吨，增长6.9%；茶业产值同样保持增长趋势，干毛茶总产值2626.58亿元，增长9.62%。①

习近平总书记高度重视茶文化的交流和茶产业的发展，先后在福建、浙江和贵州等地工作或考察时指出文化、自然、生态和科技对于茶产业发展的重要性。2021年3月，习近平总书记在福建武夷山考察时强调"要统筹做好茶文化、茶产业、茶科技这篇大文章，坚持绿色发展方向，强化品牌意识，优化营销流通环境，打牢乡村振兴的产业基础"。

以民族文化、传统手工业技能为代表的地方性知识融入产业发展，可以为民族地区的发展提供新路径。因此，贵州茶产业高质量发展的有效探索方向可以从"民族文化"和"地方性知识"入手，闯出一条"多彩贵州茶产业"之路。

二 贵州及纳雍茶情

（一）贵州茶情

贵州是茶树起源的核心区，吴觉农老先生在20世纪20年代以科学论证

---

① 中国茶叶流通协会：《2020年中国茶叶产销形势报告》，2021年4月15日。

的方法证实我国的西南地区是世界茶树的发源地。1980 年，在贵州省黔西南州的晴隆县与普安县交界的云头山发现了距今 164 万年的茶籽化石，进一步证实了贵州是茶树的原产地之一。目前，贵州省内各类茶树品种资源有 600 余种，① 区域内"低纬度、高海拔、寡日照"的生态环境为茶耐阴习性提供了优越的条件，加之多为富含锌、硒、锶等微量元素的土壤和 1000～1100 毫米的年降水量，造就了极具特色的贵州茶。

贵州省以绿茶的生产加工为主，茶叶品质在发展的前期即受认可，加之气候温和，春茶上市时间较早，吸引了浙、皖、闽、苏等地客商大量采购晴隆等地的头采茶，从而以加工、拼配各级名优茶的原料模式带动省内茶产业发展。2016 年，凭借"翡翠绿、嫩栗香、浓爽味"的独特品质，贵州绿茶成为我国首个省级茶叶类国家地理标志产品，② 贵州省后续打造"三绿一红"（三绿即都匀毛尖、湄潭翠芽、绿宝石；一红即遵义红）品牌，使其成为贵州茶产业可持续发展的中坚力量。

（二）纳雍茶情

纳雍县位于贵州省西北部，毕节市中南部，地处滇东高原向黔中山区过渡地带。纳雍是仡佬族旧地、古彝族故土，西晋建兴元年（313）置"平夷郡"，即今毕节市七星关区。《华阳国志》记载，此地产茶、蜜，表明至少自魏晋始，贵州局部已有茶的生产。因此，可以认为黔西北毕节地区是贵州省内至今有文字记载的最早的产茶地区。明清以降，日渐增多的文献记载为贵州茶的分布和产地迁移，以及自然环境和人口分布对茶叶产地形成的影响等相关研究提供了史料支撑，《（康熙）贵州通志》载："平远府，茶产岩间，以法制之，味亦佳。"③ 此处"平远府"所设治所位于今织金县和纳雍县范围内。

---

① 吴大华、李胜主编《贵州省茶产业发展报告（2020）》，知识产权出版社，2021。
② 《"贵州绿茶"获农业部农产品地理标志》，中国新闻网，2016 年 12 月 2 日，https：//www.chinanews.com.cn/cj/2016/12-02/8082136.shtml。
③ （清）卫既齐、薛载德撰《（康熙）贵州通志》，康熙三十一年刻本。

纳雍县茶产业规模较大，除水东乡外，26个乡镇办事处都种植茶叶，以2020年为准，纳雍县茶园面积13.1万亩，投产茶园面积6.27万亩，干茶产量达到2820.45万吨，茶叶年综合产值10.45亿元。① 区别于贵州省内大部分茶树种类，以水东乡姑箐村为代表的乔木型中大叶树种，茶青叶片硕大、肥厚，色泽呈墨绿色，茶汤汤色金黄透亮，口感绵柔香滑且有明显回甘生津感。

2000年初，纳雍县委县政府为茶产业的发展提出打造"中国西部有机茶之乡"的路线和口号，相继制定《纳雍有机茶地方标准》《纳雍县2003—2015年茶叶发展规划》，② 将高山生态有机茶产业作为纳雍农业布局的主导产业。当地政府在茶园建设和改造贷款方面给予补助，对新办茶企和农户给予奖励扶持，整合涉农资金项目，对茶产业项目倾斜投入，并鼓励党群机关和事业单位工作人员领办茶叶项目。一系列激励性政策和举措促使纳雍县茶产业发展取得显著成效，纳雍县先后多次被评为全国重点产茶县，并于2010年获得中国茶叶流通协会授予的"中国高山生态有机茶之乡"荣誉称号，包含"姑箐"在内的多个茶叶品牌被评为贵州省著名商标。

受历史发展和地域环境制约，少数民族的文字记载缺失使当下毕节乃至贵州全省茶史、茶事脉络梳理都极为受限，因此，笔者在调研过程中多注意收集民族风俗、民歌、相关礼仪和家族族谱等，以分析茶的多样态流传。以下的采茶歌，生动形象地展现了当地茶山秀水相依的地理环境和社会生产、生活结构：茶在茶山茶叶青，水在水中绿茵茵；天上明月亮，河中沙坝长；秀房出勤姐，学堂读书郎；你是哪家花大姐，扰乱郎心不回头。

三 姑箐茶情及资源禀赋

纳雍县内古茶树分布较广，如姑箐、新房、化作等地均有分布，姑箐村

---

① 毕节市农业农村局主编《中国茶全书——贵州毕节卷》，中国林业出版社，2021，第28~55页。
② 毕节市农业农村局主编《中国茶全书——贵州毕节卷》，第190页。

的古茶树数量较多且分布相对集中，新房和化作的古茶树则是自明朝始，地方土司从其他地方引进种植的。树种本身的特色对于当下纳雍县在茶产业多元化发展中实施差异化创新战略是一种优势。

（一）自然资源

姑箐村位于水东乡东南部，距纳雍县城约 60 公里，平均海拔 1800 米，村子三面环山，山顶由榕桦、枫香、竹子以及各类中草药和小灌木覆盖，姑箐古茶树较多分布在塘上、箐脚、岩脚、屯脚等地的半山和峡谷沟旁，由玄武岩发育而成的土壤呈中酸性且松透，正如《茶经》中所云"上者生烂石，中者生砾壤"；[①] 由于海拔较高，姑箐地区整体温度相对较低，年平均气温为 11.7℃，因此姑箐茶的采摘时间较晚，通常为五月中下旬，冬有凌冻，越冬虫卵、病菌多数冻死，形成独特的高山生态现象。

姑箐大树茶属野生资源，乔木大叶种，树幅面积较大，叶面呈凸起波状，叶肉较厚，叶片无绒毛，芽头呈嫩黄绿色，发芽整齐。《纳雍县志》载："姑箐茶，乔木型，原产水东乡姑箐大山……生长年限千年以上……其味醇香回味好。"[②]

2020 年，经历了自然和历史洗礼，姑箐村的古茶树（含千年以上）仅余 819 棵，县农业农村局的吴嵩同志自 1992 年起通过种质培育、扦插以及协同政府的政策性保护等方式对姑箐大树茶进行保护性开发，已有姑箐茶面积 210 余亩，并通过"企业+合作社+农户"的模式进行生产。

（二）文化资源

1. 贡茶历史

姑箐产茶历史悠久，是宣慰地域内唯一至今连片幸存千年大树茶的区域，"贡茶"史也为文化赋能茶产业高质量发展提供了切实的历史依据和深

---

① （唐）陆羽：《茶经》，喜泽评注，北京时代华文书局，2020。
② 贵州省纳雍县地方志编纂委员会编《纳雍县志》，贵州人民出版社，1999。

厚底蕴。传说明洪武四年（1371），水西（蔼翠）、水东（宋钦）两大土司归附明朝，明政府设宣慰司，以蔼翠为宣慰使，宋钦为宣慰同知；《明史·贵州土司》载："都督马晔欲尽灭诸罗，代以流官，故以事挞香，激为兵端。""香"即奢香夫人，蔼翠妻。受辱后的奢香夫人仍冷静处理，使刘淑贞"卷裙走马七千里"，并随后"凿山通道，开设驿站，以供来往"；并且常年上贡地方物产（茗茶和宝马）。后据明万历二十五年（1597）《贵州通志·方产》（现藏于日本尊经阁文库）、明万历三十一年（1603）《黔记》，以及清王朝时期《贵州通志》记载，茶一直作为重要物产和贡赋参与到民族交流、交往当中。

如上文所述，至少魏晋时期，毕节已作为茶的重要产区闻名，而产于纳雍县水东乡姑箐村的姑箐古茶相传自明朝始就作为水西地区进奉朝廷的贡品，以其软糯的口味和奇特的药效而深受喜爱，因而被称为"姑箐贡茶"。

2. 家族传说

关于姑箐古茶的贡茶历史，亦可以从姑箐村宋氏家族族谱，以及宋氏与杨氏、吴氏家族之间的历史纷争传闻中一探究竟。

明洪武十四年（1381），调北征南，宋氏族人宋铭奉旨于湖广调兵，途经大定府（今纳雍一带），休兵整顿时正值姑箐茶采摘季节，得以品饮姑箐古茶，并于战后来此地再续茶缘。奢香夫人听闻派人到此，将古茶定为朝廷御用以进贡。

之后，宋铭命其三子宋本定期至姑箐村收取姑箐古茶，世代相袭，其后世子孙宋阿卒带领其子宋国举迁移至姑箐村守茶，传为佳话。现姑箐村居住的宋邦达等人即为宋铭第11代后人。

关于宋氏族人为守茶迁移至姑箐村的佳话，世居姑箐村的苗族杨氏一族有另一种说法。杨氏祖先杨阿祝原本为"土地主人"，当茶成为贡品需要运出深山之时，怯于离开大山的杨氏族人即委托宋氏族人将茶运至大定府上缴。宋氏族人在此过程中将进贡确认单的名字换成宋阿卒，致使接下来杨氏族人在姑箐村的土地所有权旁落宋家，更为雪上加霜的是，由于与宋氏族人的土地官司之争，在大定府借住在吴家的杨氏族人无钱付房费，无奈将现姑箐村的丫口、长坝、草坝、冲头等地划给吴家。

至此，宋氏成为姑箐村茶树和土地的主要拥有者，另分一些边缘土地给杨氏族人耕作，吴氏家族以吴必会为首的一支也来到姑箐村居住，到现今吴朝云一代已是第8代。

目前，姑箐村以宋氏、吴氏和杨氏三大家族为主，形成苗族、汉族、穿青人、蔡家人等杂居的社会结构。

3. 传统制茶技艺

姑箐古茶除开采时间相对贵州省内其他地区较晚外，在茶青的采摘上也区别于当下对于1芽1叶、1芽2叶的茶芽标准，以1芽四五叶为标准。姑箐村民认为，茶芽的使用会对古茶造成极大浪费，并且1芽四五叶的茶叶原料在以土砂锅为主要加工工具的传统制茶过程中能保证茶叶品质和外形，茶又耐泡喝起来又香。

姑箐古茶的传统加工工艺要经历"杀青—揉捻—晒青/烘干—洒水复炒"等几个主要步骤。首先是杀青，用当地砂壤制造的土砂锅，在锅温达160℃~180℃时将茶叶下锅翻炒，采用抖压结合的手法直至杀匀杀透。其次，将杀青后的茶叶在簸箕（老式簸箕，多用当地竹子制成）内沿同一方向揉捻成条形。再次，将揉捻成形的茶叶置于阳光下晒干或放置于土砂锅中以炭火焙干，储存起来。传统的储存工具是采用当地棕榈树叶制成的袋子，具有防止霉变、经久耐用、材料易得等特点，随着社会多元化发展，制作烦琐的棕榈袋逐渐被工业化储存品取代。最后是复炒，这是姑箐村民地道的饮茶的处理方式。当地人认为，新茶制作完成后存放一年以上的滋味和效用最好。因此，姑箐村民会在至少一年以后，在有饮用或出售需要时将储存的姑箐茶进行复炒、提香，复炒前在茶叶上洒适量的水，使茶叶湿润、柔软，以保证复炒过程中叶片形态完整，直至干燥。

从半炒半晒（焙）后发酵微火复炒的过程中，我们可以探寻到姑箐茶与贵州普遍茶叶产区加工过程的特色，茶汤汤色由第二泡开始呈黄金透亮，滋味清香醇和，苦涩味极轻，回味甘甜悠扬且经久耐泡。经相关部门检测，姑箐古茶咖啡因含量仅为 2.1%，氨基酸为 1.6%，茶多酚为 41.1%，理化指标相对较优。在多元化、复杂化的全球茶叶消费结构下，姑箐古茶对于对咖啡因敏感（咖啡因对大脑和心脏有刺激作用）的幼龄群体和高龄化群体适用度较高，其低苦涩度的口感对于年轻群体和女性群体适用度较高。传统加工技术的底蕴和茶叶资源内含物质的差异化，为姑箐古茶在茶叶消费市场中精准定位消费群体提供了比较优势。

（三）文化遗迹

自姑箐村始，经由水东乡家猫社区，而后到达纳雍县乐治镇，形成了贡茶流通和民族间交往交流的"盐茶古道"（当地人称"四棱山大箐茶马古道遗迹"），即奢香夫人修筑的九驿两通道之一的旱道，姑箐—家猫—乐治—张家湾—六枝—安顺—平坝—贵阳，此条线路是衔接姑箐古茶与中央政权的要道，也是川盐进入纳雍、姑箐地域的要道。姑箐古茶的发展脉络，涉及三个重要地点，即水东乡姑箐村、水东乡家猫社区和纳雍县乐治镇，实现了姑箐茶生产、流通和集散的有效衔接。

四 思考

在"一带一路"倡议的引领下，我国茶产业结构在茶叶品类、加工方式、流通方向和途径等方面发生转变，国家农业农村部在茶叶科技、茶树育种、现代化加工体系、品牌建设等层面重点推动茶产业的三产业融合与转型升级。

以姑箐古茶为代表的茶叶是经济、文化等综合性较强的经济作物，茶叶种植作为纳雍县特色农产业调整了长期处于不合理、综合生产力和产值低下的县农业结构，经过持续的调整升级，形成了加工形式多样、产业辐射范围广、三产联合等特色。更为突出的是，包含纳雍、姑箐在内的贵州省内大部分茶区都处于多民族聚居的社会形态，在民风民俗、民族文化、民族生态和智慧层面展示一体化趋势中的局部特色，即本土特色，把民族文化融入茶的发展成为纳雍实现茶产业异军突起的有效途径。

当然，仍然无法回避的是姑箐茶、纳雍茶的产业困境，如茶产品类型单一、产品性能和市场投放同质化、专业人才缺失、产业链不完善等，开发民族文化资源因投入周期长、难以转化等大都停留在初步设想阶段。

"三茶统筹"理念的提出，为贵州在民族聚居的社会结构背景下，结合大数据发展中心的高新科技优势，实现民族文化资源、茶科技与茶产业的融合发展提供了现实和理论依据。笔者结合姑箐古茶和纳雍实际，提出以下几个思考方向。

（一）从市就产

目前，全球茶叶生产与消费趋势上扬且发展空间巨大，超60个国家和地区有茶叶生产，饮茶人口超过20亿。2018年9月20日，《中共中央　国务院关于完善促进消费体制机制　进一步激发居民消费潜力的若干意见》公布，让消费者能消费、愿消费、敢消费，为促进消费结构转型和体制升级作出准备。

自我国推动消费结构的转型升级以来，内销市场作为茶产业市场开发的重要方向备受关注，茶叶内销总量由2011年的109.61万吨增至2020年的220.16万吨，年复合增长率（CAGR）为8.1%，内销总额由2011年的971亿元增至2020年的2889亿元，增长近2倍。与此同时，中国居民可支配收入占GDP比重为42%。[①] 自2016年兴起的以茶叶粉末和乳制品为原料的新式茶饮创造了茶产业发展的新型消费模式，如喜茶、茶颜悦色、奈雪の茶等优质品牌，通过严格把控产品质量、引导新消费品牌效应，在数字化大发展的社会背景下，形成线上线下多元化消费场景以及多功能运营等多种方式，重新定义了传统中国茶的消费模式与消费人群，打造了新的茶叶消费群体和消费模式。沙利文联合喜茶对中国的新式茶饮的消费模式和发展趋势进行了解读，剖析了2020年前后中国茶饮的市场发展趋势、消费者行为偏好、新

---

① 中国茶叶流通协会：《2020年中国茶叶产销形势报告》，2021年4月15日。

式茶饮品牌建设以及数字化在茶饮升级过程中的作用等,① 结果显示，新式茶饮在创造更为广阔的茶饮消费群体之外，也缓解了茶业产大于销的部分压力。

我国当下茶叶的消费特点表现为以下三点。

第一，老年群体（60 岁以上）约为 2.5 亿人，是茶叶消费的主力军，"养老经济"将在接下来至少 30 年成为我国 GDP 的重要支柱。

第二，我国年收入 6 万~50 万元的中产阶层大约有 4 亿人，共同富裕的经济发展模式要求为橄榄型，中间层消费群体的扩大，关系着茶叶消费量的增长。

第三，新时代年轻群体（"90"后、"00"后）约 3.3 亿人，现代经济学认为，经济结构决定产品的供给结构，需求结构决定消费结构，反过来供给结构和消费结构的变化也在一定程度上影响经济结构和总需求结构。

布尔迪厄认为，品味是社会等级的表现并与之紧密相连,② 综上，我们可以得到如下结论：一方面，内销市场对茶产业发展与结构调整具有明确的引导作用和强大推动力；另一方面，从消费者对茶叶品质的需求来看，茶产业整体布局也存在广阔潜在空间，如对新茶饮的需求从侧面反映了我国消费者对于茶业多业态、多产品的需求，且不同的消费圈层表现出明显、细致的需求差异。

（二）以文融产

"无由持一碗，寄与爱茶人。"（白居易《山泉煎茶有怀》）在国家政策和市场需求双重推动下，天然生态资源和多民族聚居的特色结合历史名茶的文化底蕴为纳雍茶产业供给侧改革指明了新的方向。茶文化是一种物质与

---

① 《沙利文联合喜茶发布〈2020 中国新茶饮行业发展白皮书〉，解析消费升级和年轻化浪潮下的新茶饮赛道》，每经网，2021 年 2 月 10 日，http：//www.nbd.com.cn/articles/2021-02-10/1626851.html。

② Pierre Bourdieu, *Distincyion: A Social Critique of the Judgement of Taste*, trans. Richard Nice, London and New York: Routledge, 1996.

精神双重存在的复合文化，涉及现代茶业经济和贸易制度，各国、各地、各民族的饮茶习俗、品饮历史等。① 如纳雍姑箐古茶的传统加工、保存和品饮方式，作为一种原生态文化，在少数民族与汉族互动的过程中起到社会整合的作用，使得宋氏、杨氏和吴氏三大家族在当下产生对姑箐村的集体认同，并通过一系列约定俗成的茶叶生产过程起到社会准则和行为规范的作用，这是生动的民族融合的体现，同时又是价值无双的民族生态智慧的体现，蕴含了极为长久的社会趋势。当然，此处的原生态并不是绝对的传统，而是在社会发展和前进的过程中，时人精选的有利于该地区主体改善生活而经过重构形成的相对的原生态。传统的民族生态文化和民族智慧构成了现代产业开拓和成长的因素，成为现代产业发展的资源，这也正是传统文化发展性传承和保护的价值所在。

（三）兴旅载文

旅游作为大众追求精神愉悦和特殊生活经历的行为，在我国改革开放后得到快速发展。茶文化作为我国传统文化的代表，不是单纯的物质文化，也不是单纯的精神文化。文化是旅游产业发展的灵魂，旅游是展现文化底蕴的载体，当下国家实力的竞争、城市竞争力的研究集中表现在对文化实力的关注上。旅游与茶文化的结合，从茶树的生产种植、茶叶加工到茶俗礼仪、文化艺术等，可以区分为茶农业旅游、茶生态旅游、茶民俗文化旅游、茶休闲养生旅游等多种模式。

"茶旅"融合的实现，大多采用民俗体验、观光的方式进行，茶文化和民族文化的价值和风采难以得到充分挖掘和展现，不仅无法实现文化与产业的有机融合，当地的民族文化和资源特色更存在消亡的危险。结合市场高质量发展需求、纳雍资源特色以及可持续发展目标，笔者认为除上述传统文化旅游和茶旅模式外，当下及未来发展的重点应是在旅游中感知文化和获得知识，即"茶研学之旅"。

---

① 李远华主编《茶文化旅游》，中国农业出版社，2019。

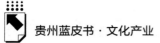

当然，现今的茶叶本品消费已然存在差异化、精准化区分，研学旅游的模式分类自然也需明确划分，如按年龄可分为青年茶礼、中年茶俗、老年茶健康等模式，按个体需求则可分为精神茶疗、茶健康食谱等模式，又或者可以按照历史、茶俗及相关知识的深浅程度进行对应群体类别的层次区分。

以文化为导向的民族地区特色产业开发是在遵循资源多元化的基础上，以茶产业为依托、茶文化为引领，推进物质文明与精神文明共同发展的民族地区现代化建设的有益实践。根据上述对茶产业现状的讨论，文化资源是茶产业发展的牵引力，科技赋能是其发展的动力，供给侧结构调整升级则是物质支撑，这些因素共同决定了贵州乃至全国茶产业发展的趋势，但最终发展的质量有赖于三者之间的资源有效配置和统筹发展。

文化产业的国际经验相对丰富，以文化为抓手，辅以科技支撑和资源配置的有效调控是实现高质量发展的有效模式，但茶本身所具有的资源特性、历史底蕴和地域消费属性等又决定了茶产业发展的巨大差异性。传统茶文化的传承、保护和发展必将增强中华文化在"一带一路"建设中对内振兴、对外交流的影响。同时，以姑箐古茶为载体的传统加工技艺、民族文化和独特的茶叶资源为纳雍在全球性茶资源过剩危机中提供了全新思考。

B.19
丹寨县石桥古法造纸产业的再发明研究[*]

袁洪业　陈诗琦[**]

摘　要： 贵州省丹寨县石桥皮纸制作技艺是国家级非遗名录之一，是丹寨县推动地方文旅经济发展的重要文化资源。石桥古法造纸研究的首要任务是要做到保护为主、抢救第一，在传承的基础上发展，在保护的基础上创新，充分运用好石桥古法造纸技艺，助推丹寨县第一、二、三产业融合发展，加快产业体系的现代化建设。如何合理利用与传承发展石桥古法造纸技艺，这是当前所面临且亟须解决的课题，本文以贵州省丹寨县石桥古法造纸为研究对象，通过实地田野调查，梳理石桥古法造纸文化产业现状，针对古法造纸产业发展现存的技艺传承难度大、已有项目与游客需求不匹配、行业人才资源缺失等问题，结合"传统再发明"理论，总结出人与物与市的关系，提出沉浸式项目、人才培养模式、市场推广再发明三大创新发展路径，多元创新助推古法造纸产业发展，打造产业新业态，助力乡村振兴。

关键词： 石桥古法造纸　丹寨　造纸产业

* 本文为毕节市社会科学界联合会 2022 年度高职院校联合课题"新时代毕节民间传统技艺创造性转化路径研究"阶段性成果、毕节幼儿师范高等专科学校 2022 年度校级课题"再设计：新时代贵州民间传统技艺创造性转化路径研究"（项目编号：2022B06）的阶段性成果。
** 袁洪业，博士，副教授，贵州民族大学多彩贵州文化协同创新中心，研究方向为美学、艺术学、文化产业；陈诗琦，武昌首义学院，2017 级本科生，研究方向为风景园林。

丹寨县南皋乡石桥村是旅游规划中石桥景区（包括石桥村、大簸箕苗寨、王家村）的一个景点，其主要是以古法造纸为依托发展文旅产业。石桥村前身称石桥堡，地处清水江（以前称沅江）上游的南皋河河岸，位于丹寨县北部、南皋乡的西部，离县城 33 公里。石桥村本地有 250 多户 1100 多人口。石桥古法造纸原来的生产作坊有两处，一处在天然石桥扑面的大岩壁下，本地人称其为"大岩脚"，《八寨县志稿》里称为"龙腾壁"，石壁宽约 100 米，高约 80 米；另一处是穿洞。当地村民世代都在这两处造纸作坊劳作，如今又在古法造纸园区增添一处造纸作坊。2006 年，石桥皮纸制作技艺被国务院列入第一批国家非物质文化遗产名录，丹寨县以古法造纸手工艺为依托，创建古纸文化产业园区。2013 年，丹寨县石桥景区被列入贵州省 20 个重点建设示范景区，政府对文化产业园和民族村寨的建设和发展给予大量的政策、资金和人力支持。以石桥古法造纸为中心的产业园区建设工程未完全竣工，该景区在国内外的知名度并不高。笔者试分析石桥古法造纸产业发展进程中所遇到的问题，希冀既能保护和传承非物质文化传统技艺，又可以使非遗资源优势转变为经济优势。

一 丹寨县石桥古法造纸产业的现状

（一）石桥古法造纸的概况与制作

1. 石桥古法造纸的概况

石桥先民在迁徙的过程中将古法造纸技艺带到石桥，制作技艺起源于唐朝，至今已有 1500 年左右的历史。石桥苗族先辈利用当地丰富的水源进行造纸，造纸人家每年都会选择吉日用鸡鸭鱼肉酒等在大岩脚祭祀造纸祖先蔡伦（蔡伦的牌位供奉在大岩脚）。以前石桥古法造纸以生产白皮纸为主，白皮纸与迎春构皮纸、特种工艺纸构成纸的三大类。随着后人研究加工，衍生出 120 多种纸，研发出云龙纸、花草纸、凹凸纸、麻丝纸、褶皱纸、压平纸六大彩纸系列。由于石桥白皮纸靠纯手工制作，具有工艺精致、纸质优质、棉韧度好、耐拉力强、光泽度好和吸水性强等优点，因此具有工艺价值、历史价值、经济价值和文化价值等。

2. 石桥古法造纸的制作

（1）石桥古法造纸原料：构皮麻（楮树）、红豆杉根或野棉花根、猕猴桃藤、糯叶、石灰、地灰（即柴火灰）。

（2）石桥古法造纸的工具：纸甑、碓踏、木碓、料杆、洗料袋、纸浆槽、抄纸架、压纸架、纸帘、纸焙、刷把、纸框、瓢。

（3）石桥古法造纸的过程

第一步，麻料制作：采伐构皮麻→剥麻→水沤→浆灰→煮料→河沤→地灰蒸→漂洗→选料→碓料→袋洗→打槽。

第二步，制纸：抄纸→压纸→晒纸→揭纸。

（二）石桥古法造纸产业的经营现状

近年来，石桥古法造纸技艺在政府的挖掘、开发、推广、宣传下，建立长短结合的经济发展机制，助推乡村振兴。如今借着"5 个 100 工程"的实施，该地建立古纸文化产业园区，对古纸进行产业化运作，以合作社进行产销作业，古纸走向社会经济市场。在政府、当地居民共同推进的经济模式下，过去石桥村本土经营模式开始进入万达小镇经营模式。以下将从石桥古法造纸产业的传统营销模式，产品的产量、销量、种类、衍生品、品牌、价格、消费者等方面来描述目前的古法造纸产业的经营现状。

1. 规模化经营促使造纸市场多样化

白皮纸全是原生态纯手工制作，从剥构皮麻到成品一般需要 15 天的时间，每人每天可做 500~700 张白皮纸。2008 年，石桥村 61 家古法造纸户按照"自愿参与、民营民管"的原则，成立石桥黔山造纸专业合作社，开始进行规模化经营。2009 年，技艺成熟且有固定客源的王兴武[①]为把村里的造

---

① 王兴武，苗族，丹寨石桥人，王家石桥古法造纸第十九代继承人，国家级非物质文化遗产传承人。

纸产业做大做强，成立了丹寨县石桥黔山古法造纸专业合作社，吸纳了社员 88 人，其中有 20 名贫困户，目前合作社一年产值 600 万元，社员已全部脱贫。石桥黔山古法造纸专业合作社被列为第一批国家级非物质文化遗产生产性保护示范基地。黔山古法造纸专业合作社借丹寨万达小镇之便利大力发展文化旅游产业，将造纸流程活态展示给游客，讲解基本制作方法，让游客亲自体验造花纸的乐趣，同时在店铺内外展示更多创意成品，并进行售卖。

2. 消费层次与销售渠道的多样化

20 世纪 90 年代以前，石桥村民造纸是自造自用，主要用于书写和家庭生活，也有少量向外出售。随着政府支持与文化旅游的推广，加上古纸本身所具有的特性和历史文化价值，消费人群结构层次多样，销售渠道增多，有旅游者、书画爱好者的少量购买，还有国家修复古书籍和茅台等集团的大宗购买，并远销澳大利亚、韩国、日本等国。古法造纸在不同人群中应用更加广泛。

3. 知名度多集中在省县域内

一个产业的产品要打造成品牌，必须具备美誉度、忠诚度、知名度。石桥古法造纸虽然历史悠久，但囿于历史原因，自造自用、小范围销售、交通落后、不以营利为目的，其知名度不高。图 1 是针对贵州省外群众做的石桥古法造纸认知度的调研问卷数据统计分析。从图 1 中可看到，54% 的人对古法造纸一无所知，2% 的人非常了解，基本了解的只占 38%，而听说但不知其物的有 6%。从这些数据可以获知，古法造纸的知名度很低。图 2 是对调研对象所属地域的分析，据调研数据统计，30% 的受访人员来自丹寨县内，59% 的受访人员来自贵州省内其他地域，仅 11% 的受访人员来自贵州省外区域。数据分析的结论是丹寨县的古法造纸技艺的知名度与影响力在贵州省内较强并由内向外逐渐减弱，受访游客中绝大部分为贵州本地游客，省外游客占比较小。

4. 价格偏高且辐射范围小

石桥古法造纸是纯手工制作，制作周期较长，因此相对机器生产的纸类

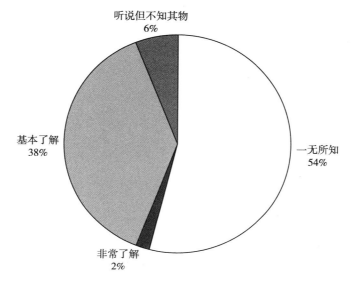

图 1　贵州省外群众对石桥古法造纸认知度

资料来源：实地调研。时间：2021 年 8 月。

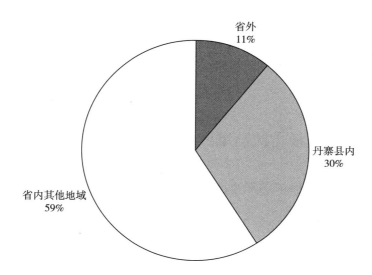

图 2　被调查者居住地

资料来源：实地调研。时间：2021 年 8 月。

产品来说价格较高，白皮纸每张可卖 10 元以上的价格，彩纸每张可卖 30 元以上，由旅游带动开发的衍生品如笔记本、纸伞、相框、纪念纸册、扇子等价格达 50 元以上。从当地作坊的一位造纸工口中得知，抄一张白皮纸的工价为 0.4 元，总的制作成本约 4 元。从调查中可知，超过 50% 的人认为古纸的价格偏高，且日常使用价值不高。石桥古法造纸主要销售给国家图书馆用于古书修复和茅台酒厂酒的包装。国外书法爱好者的要货量相当大且规律，石桥古法造纸成为再创造的艺术品。以石桥纸街为中心辐射的市场，游客购买欲望低，购买数量相对较少，省外和国外游客购买欲望反而更大，价格对销量有很大的影响。表 1 是 2018～2021 年石桥旅游消费市场情况，从表 1 中可知年接待人数的变化、人均消费额的变化等。

表 1　2018～2021 年石桥旅游消费市场情况

年份	年接待人数（万人次）	人均消费（元）	旅游收入（万元）	累计收入（万元）
2018	47.63	350	7230	16078
2019	54.78	400	7565	17362
2020	32.69	370	5829	15059
2021	38.37	282	3874	10012

资料来源：丹寨县旅游局。时间：2021 年 9 月。

二　石桥古法造纸产业化进程中存在的问题

（一）古法造纸的传承难度增大

丹寨石桥普通古法造纸工序有 10 多道，古籍修复用纸造纸工序达百余道，工序复杂且耗时较长，自古以师徒制为主进行口头讲解加实际操作展示以达到技术传授的目的。学员要熟练掌握造纸技术，需要 3 年左右的时间打基础，掌握如迎春纸等造纸技术需要 6～10 年，跨度较长。石桥村造纸生产有 3 家合作社，其中规模最大的是黔山古法造纸专业合作社，共有社员 200 人左右，专业技术人员较少。究其原因是年轻人认为造纸收入低、耗时长，且认为造纸过程比较枯燥，因此不愿意学习造纸，大部分年轻人选择外出务工，长此以往导致造纸传承后继无人。黔山古法造纸专业合作社迎春纸的核心技术只有王兴武一人掌握，其现已年岁较高，没有太多精力进行造纸活动。总体而言，传统造纸技艺的传承难度是非常大的。年轻人思想观念转变，对经济收入要求高，且无法沉浸其中学习传承造纸技艺，导致传承难度增大。

（二）古法造纸产业体验项目与游客需求的冲突

斯图尔德把文化的进步看作不同种类的物质因素之间相互作用的结果。[①] 文化体验式项目采用听、看、用、参与等手段，激发和触动消费者的思考、行为、情感、感官等，拉近与消费者的距离。体验营销在民族旅游方面显得尤为突出，对于一般文化旅游必需品而言消费者注重的是理性消费，而对于旅游中的文化产品，消费者更多注重的是感性消费。石桥纸街景区中，游客同样是体验苗族的风情，相似性下多数游客是走马观花式感受当地风情。石桥景区产品个性突出的只有石桥古法造纸，因其本身的制作工艺周期长、流程烦琐等问题，游客多是观而不做，从而没有充分刺激和调动游客的情感、感官和思考，未能使其从中体验造纸的乐趣与文化内涵，没有真正展现古法造纸的魅力。文化产品的提供与游客内心的需求不一致，从而产生冲突，影响古法造纸传播给游客的文化内涵深度，影响景区质量，影响景区的形象，从而没有形成完整的文化生态产业链，导致体验项目的流失性增大。

（三）古法造纸文化产业创意人才匮乏

创意人就是指富有创见性设想的人，是在不断地认识世界、改造世界的过程中，运用思维提供新颖的、独创的、具有社会意义的产物或活动的社会

---

① 〔挪威〕托马斯·许兰德·埃里克森：《小地方，大论题——社会文化人类学导论》，商务印书馆，2008，第56页。

成员。① 石桥古法造纸产业虽已打造成旅游景区项目，但是项目较单一，不能引起消费者过多的兴趣和较长的停留消费时间，这直接影响景区的经济收入和项目的可持续发展。目前除政府支持、县旅游办公室间接管理外，直接从事古法造纸这一行业的专业人士甚少，除古法造纸传承人王兴武和潘玉华②，对古纸进行研究的专业人士有 4 人，专业管理人员不超过 8 人，有导游证者 2 人，其余都是一些古纸的生产工（当地的居民），整体而言人员队伍学历偏低，结构不合理，没有形成完整的管理营销系统。表 2 是 2012～2021 年石桥造纸文化旅游景区人力资源需求人数统计。古法造纸内涵价值丰厚，由于创意人才匮乏，好的文化也只能被部分、被个别"独享"，没能与游客"打心底儿"会面，极有"游头"的文化圣地竟变为"隐士"，没有真正发挥古法造纸"国家级非物质文化遗产"的品牌价值功能。

表 2   2012～2021 年石桥造纸文化旅游景区人力资源需求人数

单位：万人次，人

	2012 年	2013 年	2014 年	2015 年	2016 年	2017 年	2018 年	2019 年	2020 年	2021 年
年接待人数	14.19	15.61	19.51	24.39	30.49	38.11	47.63	54.78	42.30	31.03
直接从业人数	284	312	390	488	610	726	953	1096	860	688
间接从业人数	852	936	1170	1464	1830	2286	2859	3288	2780	1810

注：根据旅游市场预估，按照一名旅游从业人员每年接待 500 名游客，一名直接从业人员可带动 3 名间接从业人员之经验估算。

资料来源：丹寨县旅游局。时间：2021 年 9 月。

三　石桥古法造纸产业的再发明思考

"被发明的传统"这一说法，是在一种宽泛但又并非模糊不清的意义上被使用的。它既包含了那些确实被发明、建构和正式确立的"传统"，也包

---

① 赵明华主编《创意学教程》，西北工业大学出版社，2003，第 10 页。
② 潘玉华，苗族，丹寨石桥人，省级非物质文化遗产传承人。

括那些在某一短暂的、可确定年代的时期（可能只有几年）中以一种难以辩论的方式出现和迅速确立的"传统"。① 石桥古法造纸的优势资源应得到广泛的关注和多层次的开发。石桥古法造纸在传承人与当地政府的通力合作下已初步形成集观光、体验、教育、购买于一体的产业化现象。助力乡村振兴、产业兴旺化发展必须树立文化产业的营销观念，重视文化产业营销模式的再发明。

（一）沉浸式体验，更新产品展示形式

美国学者 B. 约瑟夫·派恩和詹姆斯·H. 吉尔摩认为，经济发展的演进已从农业经济、工业经济、服务经济走向体验经济。② 其提出的体验经济符合新时代发展趋势。石桥古法造纸市场定位分为两个部分：一是物质性的即工艺品古纸；二是精神性即古法造纸技艺本身所承载的历史文化价值和民族文化精神（手艺的思想）。文化旅游更注重原汁原味的精神性享受和体验性消费，如今掺入现代化手段，发展和建设同质化，使其难以符合游客心中所想、所需，这就迫切需要文化产品的真善美。体验中讲求的就是"真"，即文化产品的真实性，石桥古法造纸在真实化体验中，让游客全身心投入到造纸文创产品体验中，沉浸式体验古法造纸流程，如 DIY，身体力行地参与古法造纸制作的整个流程，这不仅能快速加深游客对石桥古法造纸的了解、体会和传播文化，而且能让游客自做自买，增加当地居民收入；展示的古法造纸和苗族的文化内涵要真，且不能盲目地因为游客喜欢什么就卖什么，必须还原造纸承载的民族文化内涵。一真一体验，运用体验营销中的"SHUP"模式即看、用、听和参与，实施以艺载文的观赏促销、以技载文的购物促销和以俗载文的体验促销，延长体验消费链，满足游客的个性化体验需求。

刘三姐、云南孔雀舞、大型山水实景演艺、西江苗寨等，这些建立在民

---

① 〔英〕E. 霍布斯鲍姆、T. 兰杰编《传统的发明》，顾杭、庞冠群译，译林出版社，2008，第 1 页。
② 〔美〕B. 约瑟夫·派恩、詹姆斯·H. 吉尔摩：《体验经济》，毕崇毅译，机械工业出版社，2012，第 17 页。

族民俗各异基础上的品牌，认知度强，受到众多游客青睐。差异化形成认同，"认同就是市场，认同就是价值，没有认同就没有市场，没有认同就一文不值"。[①] 差异化体验古法造纸就是对本土文化的认同。黔东南地区是苗族同胞聚集地，民俗体验看西江苗寨、民俗歌曲到侗寨……贵州民族旅游如雨后春笋般迅速崛起，但受市场利益驱使，同质化严重。石桥古法造纸技艺是人民智慧的结晶，应以其为基础建立民族文化产业，进行差异化建设。古法造纸的差异化从两个方面来打造：第一，主打本身所具有的石桥古法造纸技艺，对其进行深度挖掘，做到人无我有，打造多样化的古纸产品和衍生品，走手工艺产品高端化道路；第二，在不影响当地人民生活生产的前提下，回归苗族同胞原生态的生活方式，在石桥村还原苗族人民日出而作、日落而息、小桥流水、苗歌连连的原生态生活状态，形成场景营造、故事体验相结合的原生态环境，从而让外来游客更多地体会到古法造纸的真实魅力。这样才能跳出同质化怪圈，形成品牌的差异化，打造属于自己的手工艺品牌，这些才是游客需要的，才能让游客难以忘怀。

（二）他者的再培养，创意人才支撑产业发展

丹寨县石桥古法造纸产业在人才队伍建设上应坚持"以人为本"，牢固树立人力资源是第一资源的观念，实现产学研相结合，努力调整和优化创意人才队伍结构，积极创新人才管理制度与激励机制。创意是现代产业发展的推动力，创意的运用将固定的文化资源发展为无限的市场可能性，产生多样化价值，实现经济效益与社会效益共举。相关政府部门应采取措施加大创意人才引进力度，努力建设一支强大的人才队伍，为石桥古法造纸产业的长远发展提供人才保障。石桥古法造纸产业当前处于成长期，由于当地经济发展水平的限制，人才运作能力不足，急需建立多渠道的人才融合模式，争取实现人才振兴。政府加强资金政策上的支持，古法造纸产业人才才能有保障，

---

① 曹世潮：《文化营销战略：历史、景观、民俗和文化的价值如何实现》，中国人民大学出版社，2006，第166页。

长线人才储备才有未来。同时培养本土人才和吸引外地人才，在人才结构上实施融合发展计划，提升人才对市场风险抵抗能力，促进古法造纸产业的发展。

（三）拓宽传播渠道，实现市场再发明

现代传媒营销是指"企业利用成熟的电脑技术，通过搜集和积累消费者的大量信息，为消费者建立详细的档案资料，然后针对消费者各自的实际情况，分别实施不同的营销策略"。[①] 现代传媒从几个方面着手对石桥古法造纸进行传播。第一，构建石桥古法造纸技艺数据库，即利用文字、录音、录像、数字化多媒体等形式，对古法造纸进行真实、彻底、系统和全面的记录。数据库的建立是保护古法造纸技艺最直接和最有效的途径，原始手工技艺被保留，就将有效避免民族文化产品在发展过程中的变迁性与易失性，避免在复杂社会的熔炉里变味，以不变应万变，更加体现古法造纸技艺的真善美。第二，利用现代传媒工具微信、博客、抖音、小红书等进行宣传和营销成为一种越来越普遍的营销方式。特别是网红打卡和网红直播带货，打开了新经济市场。丹寨县石桥古法造纸文化产业采用O2O模式，在此主线上营销，其营销方式分为两种：一是利用大众化媒体进行宣传，建立石桥古法造纸民族文化产业的门户网站，宣传的内容要与时俱进，打造特色广告，在各门户网站进行宣传；二是提高参与度，使用多样化的渠道进行推广，创造各种各样有价值的新闻事件、活动视频，利用微信、抖音、小红书等来吸引网民的眼球，让其参与其中，互动交流，自发传播。由一对多到多对多的传播方式，不仅节约成本，而且传播效率倍增，丰富古法造纸文化产业数据库。利用大数据手段分析消费者对石桥古法造纸及其景区的喜好，在不改变古法造纸产品性质的前提下，规划产业蓝图，挖掘更多潜在的消费者，对消费者跟踪服务，提高消费者的忠诚度和满意度，从而降低风险，节约成本，缩短周期，加速石桥古法造纸产业的成长，传承古法造纸技艺。

---

① 周本存：《文化与市场营销》，合肥工业大学出版社，2005，第358页。

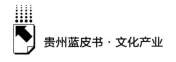

四 结语

石桥古法造纸现已用作国家故宫博物院修复文物的原料纸以及茅台酒包装。可见石桥古法造纸现今越来越受到重视，其用途也越来越广泛。古法造纸的宣传形式越来越丰富，运用形式也越来越多样。传承人越来越意识到将石桥古法造纸多展示、多创造的重要性，相信在政府、传承人和他者的共同努力下，石桥古法造纸将越走越远。

丹寨县石桥古法造纸产业是贵州省的特色文化产业，价值突出，因此要在产业化的同时进行生命力的再创造，为其未来的发展空间做好保障。贵州省丹寨县石桥古法造纸产业化过程中的首要任务是做到保护为主、抢救第一。"活态"地传承技艺首先要保护传承人，传承好以王兴武、潘玉华为代表的"石桥古法造纸法"技艺显得尤其迫切。"原汁原味"技艺传承离不开对传承人的保护。我们既要解决好"石桥古法造纸法"技艺可持续发展的问题，也要平衡好文化资源与文化经济发展二者之间的关系。石桥古法造纸产业再发明不仅能优化产业结构与加速文化经济的发展，而且更利于民族地区特色文化的传播与传承。

B.20
基于文化视角的贵州茶叶品牌建设研究

秦　谊*

摘　要： 贵州是茶叶产业大省，拥有如"贵州绿茶""都匀毛尖""湄潭翠芽"等茶叶品类知名区域品牌，但品牌没能体现相应的市场价值，尚缺乏整体品牌运营和管理的平台以及精准对接的市场化渠道和合理有效的营销模式，因此，在国内外茶叶市场中缺乏竞争力。随着健康消费理念的兴起，贵州茶叶亟待将传统农产业与文化和世界市场结合，在贵州"四区一高地"主定位促进下，培育和发展区域及产品品牌，完成产业升级，提升品牌价值。

关键词： 茶文化　茶叶产业　贵州　茶叶品牌

一　中国古代茶文化与品牌效应

中国是茶的故乡，从丝绸之路到"一带一路"，中国建立了茶的文化系统和区域品牌形象。茶是中国带给世界最重要的礼物之一，中国茶的品牌效应至今仍在延续。

（一）中国茶文化的发展

中国自汉朝开始就有饮茶之风，《尔雅》记载"苦荼"一词，注释为

---

* 秦谊，博士，贵州大学美术学院副教授，硕士生导师，研究方向为当代艺术、文化创意园、设计产业。

"叶可炙作羹饮"。① 以唐代陆羽的《茶经》② 为中国茶文化的源头,《茶经》详述茶作为饮品由种采到烹饮的仪制和规范。中式的茶以茶为载体,以区域划分茶的生产及制造工艺和口味风格;以中式审美为茶器及饮茶仪式的要求;以中式生活场景作为茶的适用背景。从《茶经》中,可以窥探唐代人饮茶的全貌,茶与丝绸和瓷器一起,作为盛唐递给世界的名片,极大地丰富了当时人们的物质和精神文化生活,从那时起,海外便开始有"幸福的中国人"这一臆想——中国人都穿着柔软光亮的丝绸,用着精致透亮的瓷器,在自己家的小院子喝茶——相较于当时的欧洲,中国人仿佛身处天堂。

至宋,尚文抑武,在以文为追求的社会环境中,茶是文人雅士和普通市民都可以追求的雅趣。蔡襄《茶录》③ 记录了饮茶作为文人雅好的精致纯美。文人推崇则让饮茶逐渐成为民间盛行的休闲方式,点茶、斗茶、茶百戏等,皆是以茶为乐的茶艺技巧,宋代的瓷器也因饮茶盛行而变得更加精致,甚至可以说是为茶而生,瓷器的颜色只为衬托茶汤之品,宋代的茶文化充分阐释了"书画琴棋诗酒茶"中阳春白雪的"茶"。元代受少数民族生活方式影响,改点茶为泡茶,茶变得更加易得易饮,这进一步将茶饮融入市井,又增添了"柴米油盐酱醋茶"中下里巴人的"茶"。明清两代将雅俗共赏的茶进一步推向中国古代生活文化系统的重要位置,茶与酒成就了中国人的性格,一面清心修身,一面入世繁华。

(二)作为世界品牌的中国茶叶

中国是世界认知茶的源头,中国茶叶传统的评价体系与茶叶的产区、采摘时间、气候和制作工艺及储存方式等紧密相关,每一个步骤最后都影响了成品的市场价格。茶叶商铺的字号作为最早的产品品牌,并不能持续稳定地占据市场份额和地位,因为每一家的茶在年份上会呈现差异化,价格和市场份额随之变化,这一点恰好也是民间斗茶的乐趣所在。中国千年的茶文化中

① 管锡华译注《尔雅·释草》,中华书局,2014。
② (唐)陆羽:《茶经》(卷上),喜泽评注,北京时代华文书局,2020。
③ (宋)蔡襄:《茶录》,上海书店出版社,2015。

沉淀下来诸多名茶，历朝历代以皇家贡茶为尊，在贡茶之下有其他相似的茶品作为民间追捧的茶，最终以产区和工艺为界，形成六大茶系，每一茶系皆有自己的品种品牌。若要以当下的品牌建构系统分析中国传统茶叶品牌，那么它更接近于区域品牌而非产品品牌：

中国传统茶叶品牌＝产地＋品种＋工艺＋文人/民间文化

相传，1915 年的巴拿马万国博览会上，曾评选中国十大名茶，实际根据陈琪先生在其所著的《中国参与巴那马太平洋博览会记实》①一书中的描述，则并无十大名茶之说，而是参展的茶品依据省份和商号进行评选，茶类只有红、绿茶，多数获得了金银铜奖项。其中，贵州薛尚铭茶获银牌奖章，后经中商联寻踪活动认定，当时参展产品应为贵州都匀毛尖，②都匀毛尖应是区域品牌，薛尚铭作为字号即产品品牌早已不复存在。直至中国封建社会终结，都没有形成茶叶产品品牌的评价系统，唯一一次有迹可循的产品评价来自当时的列强——英国。整个中国古代时期，茶文化是中国文化对外输出的重要载体，中国茶叶的高价位不仅是品质的体现，更是茶文化附加值的呈现。在丝绸之路上，茶叶外贸经历了上千年的历史，走商道的马帮要备足路上喝的黑茶，运送上好的红茶、绿茶和陶瓷茶具等到欧洲贩卖。古代丝绸之路的茶叶贸易开辟了中国茶叶的海外市场，也将中国茶文化一同带到海外，同期的欧洲对于中国闲而品茗的生活方式十分羡慕，认为茶与瓷器的搭配是精致、高雅的生活方式，这样的方式与 17 世纪欧洲滥酒的生活形成对比，精准展现了情景式营销手段。只有欧洲社会的富裕阶层才能负担得起昂贵的品尝中国茶的茶会费用，欧洲皇室饮用的红茶堪称一两红茶一两金，饮茶逐渐在欧洲的上流社会风行，尤以英国为盛，这种模式透露出对"幸福的中国人"的沉浸式模仿。英国在与中国 17 世纪的商贸和后续的战争中，逐步将中国茶相关的审美和文化转变为英国饮茶习惯，在花园里喝下午茶是当时英国皇室女子的奢华爱好；如果物质条件不允许，花费相对较少的室内茶会

① 陈琪：《中国参与巴那马太平洋博览会记实》，筹备巴拿马赛会事务局，1917，获奖名录。

② 中商联：《将在全国寻踪百年功勋民族品牌》，第一财经网，https：//www.yicai.com/news/4631821.html，最后检索时间：2022 年 7 月 15 日。

便会作为替代式。至今，英国是继中国之后世界第二大茶叶消费市场，而伴随英国的殖民历史，印度、中东欧、东南亚等地区和国家都普及了饮茶的习惯。①

以史为据，"中国茶叶"既有深刻的文化积淀又有广泛的市场基础，作为以国家为名的区域品牌，与"中国瓷器"和"中国丝绸"一道构成了古代中国的金字招牌。但不论是茶叶、丝绸还是瓷器，中国都没能在资本主义急速扩张的 18~19 世纪发展出相应的市场商品品牌，错失了在 18~19 世纪现代市场建立和培育这些中国特产国际化品牌的绝佳机遇。英国充当中国茶的传播者，将茶推广为世界市场中与咖啡一样不可或缺的饮品。

二　世界市场中的茶叶品牌

（一）欧美茶叶品牌概况

18~19 世纪，英国由于资本主义的兴起，大举殖民扩张，后号称"日不落帝国"。这一时期，欧洲商人着手建立茶叶产品品牌。市场化的茶叶品牌需要产品和形象的标品化以便大规模推广，如此就不能采用中国的茶叶评价体系，也不能完全依靠中国作为原料供应地。为了保证茶叶品质均一，且泡饮便捷，欧洲商人最早采用了加工茶叶碾碎罐装的方式，或拼配不同产区茶叶并添加水果干、香料碎等，使茶的香气和口感在不同批次间基本无差别。为了进一步降低成本，并能够在货源上完全自主，早期的茶叶品牌商在英国殖民地种植了茶叶，斯里兰卡和阿萨姆都是被英国殖民之后开始种植茶叶的，这两个茶叶产地也是这些茶叶品牌的主要货源地。

最早建立茶叶品牌及拥有最多成熟茶叶品牌的国家都是英国，随后发展出高端茶叶品牌的是法国，之后让茶叶品牌走向全球化市场并占领最大份额

---

① 〔英〕塔妮亚·M. 布克瑞·珀斯：《茶味英伦：视觉艺术中的饮茶文化与社会生活》，张弛、李天琪译，北京大学出版社，2021，第 17~82 页。

的是美国。表1为世界市场流行的茶叶品牌概况统计，所有资料来自品牌官网或营销介绍，未尽数列举，个别信息误差不影响趋势判断。

表1 世界市场流行的茶叶品牌概况统计

序号	品牌名称	属地	建立年份	现状	主营	品牌价值
1	Twinings（川宁）	英国	1706	营业	英式拼配茶	超高
2	Lipton（立顿）	英国/美国	1889	营业	英式拼配茶	超高
3	Wedgwood（威基伍德）	英国	1991（茶）	破产重组	英式拼配茶	较高
4	Harrods（哈罗德）	英国	1834（茶）	营业	英式拼配茶	较高
5	Fortnum & Manson（F&M）（福特南-梅森）	英国	1707	营业	英式拼配茶	超高
6	AHMAD（亚曼）	英国	1986	营业	英式拼配茶	较高
7	Whittard of CHELSEA（切尔西的惠塔德）	英国	1886	破产重组	英式拼配茶	超高
8	RIDGWAYS（利吉威红茶）	英国	1886?	营业	英式拼配茶	较高
9	Taylors（泰勒）	英国	1886	营业	英式拼配茶	超高
10	Mackwoods（马可伍兹）	英国	1841	营业	英式拼配茶	超高
11	Williamson Tea（威廉曼森茶）	英国	1880?	营业	英式拼配茶	较高
12	Benoist（贝诺亚）	英国	1950?	营业	英式红茶	高
13	Clipper（克利伯）	英国	1984	营业	英式拼配茶	较高
14	Jing Tea（金茶）	英国	2004	营业	高级茶	超高
15	Mariage Frères（玛利阿奇兄弟）	法国	1854	营业	法式拼配茶	较高
16	FAUCHON（馥颂）	法国	1894（茶）	营业	法式拼配茶	超高
17	Ladurée（拉杜丽）	法国	1862	营业	法式拼配茶	较高
18	Hediard（赫迪亚）	法国	1840	营业	法式拼配茶	较高
19	Betjeman Barton（贝杰曼-巴顿）	法国	1919	营业	法式拼配茶	较高
20	DAMMANN FRèRES（丹曼兄弟）	法国	1692	营业	法式拼配茶	较高
21	Janat（珍娜）	法国	1872	营业	法式拼配茶	较高
22	Nina's Paris（妮娜巴黎）	法国	1672	营业	法式拼配茶	较高
23	THEODOR（希尔朵）	法国	2002	营业	法式拼配茶	较高
24	Ronnefeldt（罗纳菲特）	德国	1823	营业	花草拼配茶	超高
25	HARNEY & SONS（哈尼父子）	美国	1983	营业	美式拼配	较高
26	TAZO（泰舒茶）	美国	1994	营业	美式拼配	较高
27	Celestial Sensonings（喜乐茶）	美国	1969	营业	花草拼配茶	较高

续表

序号	品牌名称	属地	建立年份	现状	主营	品牌价值
28	The Republic of tea(共和茶)	美国	1992	营业	美式拼配	较高
29	TEAVANA(茶瓦纳)	美国	1997	营业	拼配茶	超高
30	Tetley(塔塔茶)	印度	1837	营业	拼配茶	超高
31	SAN-CHA TEA(三茶)	印度	1981	营业	印度红茶	较高
32	Organic India(印度有机茶)	印度	1997	营业	花草拼配茶	较高
33	ITO EN,LTD.(伊藤园)	日本	1966	营业	绿茶	较高
34	LUPICIA(绿碧茶园)	日本	1994	营业	水果拼配茶	较高
38	TEEJ(提吉节)	日本	1985	营业	印度红茶	高
36	Karel Capek(卡雷尔-恰佩克)	日本	1987	营业	拼配红茶	高
37	Dilmah(迪尔玛)	斯里兰卡	1950	营业	单一锡兰茶	较高
38	TWG（特威）	新加坡	1837	营业	拼配茶为主	超高
39	Sirocco(西罗科)	瑞士	2009(茶)	营业	拼配袋泡	高
40	KUSMI(库斯米)	俄国/法国	1867	营业	拼配袋泡	较高
41	Royal Copenhagen(皇家哥本哈根)	丹麦	1775?（茶）	营业	拼配红茶	高
42	DEMMER(德莫茶)	奥地利	1981	营业	拼配红茶	高

注：Wedgwood（威基伍德）原为陶瓷餐具品牌，成立于1759年，茶叶产品为衍生品，于1991年推出，该品牌在创建25年后，于2017年宣布破产后被资本青睐，已经恢复品牌经营。

Harrods（哈罗德）是英国最有名的奢侈品百货商场，最初是茶叶和杂货商号，1849年迁往骑士桥街区成立哈罗德百货。

序号不作排名。品牌价值"超高"为年营业额超2亿元人民币；"较高"为年营业额1.001亿~1.999亿元人民币；"高"为年营业额在1亿元人民币以下。

资料来源：笔者自制。

（二）世界市场茶叶品牌普遍规律

从世界市场的茶叶品牌中列举以上42个知名度和营业额相对较有竞争力的品牌作为竞品，可以得到世界市场在茶叶品牌发展上的普遍规律。

1. 世界市场的茶叶品牌概念

世界市场上茶叶产品品牌的概念来自英国（约占总数1/3），产品品牌多数起源于18~19世纪（20世纪前建立的品牌约占1/2）。即英国率先创立了世界市场茶叶产品品牌的规范，包含产品体系、品牌形象、标志、包装和营销系统，[①] 而后进入世界市场的茶叶产品品牌只能被动遵循。

将英国茶叶品牌的各项构成元素缩减为一个公式，即英国茶叶品牌＝中国茶叶品质＋"幸福的中国人"的文化概念营销＋英式特色饮茶习惯的养成＋品牌视觉系统。

英国率先建立世界市场茶叶品牌概念得益于其第二次工业革命中的先进技术，英国国内无法消化大量的产品，要依靠海外市场，茶叶产品标品化是首要要求，早期的英国茶叶品牌无一例外都有统一的包装形象、相对标准的拼配方式和相对稳定的货源地，并且给品牌下属的产品进行了分级，依据茶叶品质、口味和销售地的接受程度、运输费用等定价销售。这奠定了英式口味茶叶的普及基础，拼配红茶搭配甜品的英式下午茶更便捷、更有利于推广，能让更多受众以低成本模仿贵族的生活方式。殖民扩张和发达的海洋运输业使英国的茶叶产品源源不断销售到世界各地。

2. 茶叶品牌的形象与市场定位明确

英国因最早批次创立茶叶品牌，其普遍性定位是"专业"；法国受传统奢侈品品牌影响，其茶叶品类定位也是"高级"；美国最早关注世界市场的占有率，其品牌定位倾向于"大众"；其他地区或国家的品牌则更注重"个性化"或者"有机"等分众市场。

英国相对其他国家有更完善的市场等级体系，将茶叶拼配的专业性与非原产地的不利因素相平衡，创立了价格区别的区间认知，让受众以品牌和价格辨识产品进行购买，突破了原产地的品种和口感限制。法国则侧重于品牌形象与传统奢侈品品味的结合，营造高级感，提升茶叶品牌附加值。美国旨在占领世界市场中更大的份额，所以其品牌更倾向于走平民和连锁经营的路线，比如隶属于星巴克的茶瓦纳。其他地区和国家的茶叶品牌如日本倾向于

---

① 根据美国市场营销协会对于品牌的定义：商家创建了名称、标志、形象和外观等相关的产品特征用以同其他产品作区分，即可视为品牌。品牌的定义在不同年代应有发展，当下的品牌释义应更全面。

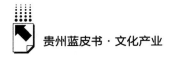

高端精致，北欧地区则倾向于有机环保，等等。

3. 世界市场认可的茶叶产品以拼配为主

拼配的目的是降低成本、控制终端售价并得到相对较好的口感、更新的口味或者迎合区域化的特殊偏好，并能实现相对的口味标品化，最大限度减少批次和季节对于产品的影响。

茶叶原产地的品种、采茶批次和制茶工艺极大地限制了茶叶品牌标品化的进程，而标品化恰好是品牌发展的基础，无论何时何地，品质始终如一。英国率先使用了拼配的技术，而拼配茶并非英国发明，而是源自中国，只是英国将拼配应用于产品标品化，中国的传统拼茶技术则是为了追求口感的特殊或是极致。其他地区因为文化和食品的差异性，不同程度地加入非茶品类的饮品原料，调和茶的口感和香气，让人们能够最大限度接受茶作为日常饮品的生活习惯，与西方主流饮品咖啡抗衡。

4. 袋泡茶和罐装茶是主流产品

分装利于实现标品化并且能够在一定程度上降低单次购买价格，利于市场试销和推广。

茶叶产品标品化的第二大贡献者是美国，美国发明了袋泡茶，一方面更方便携带和远距离销售，另一方面也进一步弱化了茶叶本身的外观判断，使受众只能通过外包装和品牌形象去了解和购买，完全脱离了中国茶文化原有的评价体系，为受众完全屏蔽了茶叶专业知识，使消费决策过程更加简明。

5. 重视产品的品牌形象与内容营销

产品品牌形象包含 IP、包装、体验、文化和广告策略等，这些部分的重要性并不亚于茶叶品质本身，强 IP 和富有特色的产品形象以及故事性的品牌文化能够提升受众的认知度和品牌好感度，带动购买行为。

因为茶叶是具备一定专业性的产品品类，中国传统的茶叶评价系统需要受众有习得茶叶知识的过程，才能依据经验判断，从而决定是否购买，而欧美的茶叶品牌却是要改变受众的消费决策过程，让受众能够免除知识习得的繁杂，直接通过品牌快速认知和购买，品牌的 IP 是受众认知的第一要素，包装和口感说明展示了茶叶的信息，新的包装和新的拼配口味都能够引导受众重复购买。分装和标品化则使单次购买的价格相对而言不会过高，即使忠实于某品牌茶叶的消费者在某次购买后并不喜欢某口味产品，也不至于彻底反感弃用该品牌。

在内容营销上，茶叶品牌以自身的品牌故事为主，结合品牌属地的文化传统进行宣传，而作为茶叶这一产品原产地的中国的茶文化则只呈现在高端茶叶品牌的渊源介绍中，大众品牌对于原产地文化完全规避，个性化产品则根据需要决定是否添加中国茶文化内容。

6. 定价与定位匹配

大众品牌的价格接受度普遍在不超百元人民币/单品（8~12 袋袋泡茶或 150 克以内罐装茶），定位高级的茶叶品牌销售价格则普遍在百元到数千元不等/单品（8~12 袋袋泡茶或 150 克以内罐装茶）。

市场化的茶叶品牌不一定能够在销售现场提供茶品试饮，比如立顿，那么购买的决策就完全取决于品牌好感度和单次消费的金额。单次消费取代试饮，如果品牌本身认知度比较高且单次消费金额不大，那么，大众消费就更容易接受尝试的代价。高端茶品牌则不同，多数有精致的茶饮店或者茶具品牌等作为受众认知的基础，以品牌的绝对形象获取高端受众的信任，实现销售。实际上，若将这些品牌的单品价格换算成传统茶叶交易的 500 克克重价格，不论是大众品牌还是高端品牌，其价格都大幅高于原产地茶叶价格。以大吉岭红茶为例，法国高端品牌的单品大吉岭红茶换算成 500 克价格约为 1600 元人民币，而国产的高品质红茶也鲜有 500 克过千元的市场价格。

欧美茶叶品牌的文化逻辑仍然来自中国，源自"幸福的中国人"的臆想，在此基础上，结合现代市场的需求，区分产品品牌定位，确定相应的价格和形象系统，结合品牌属地的文化特征以亲近市场，塑造出了各具竞争优势的产品品牌。

三　贵州茶叶品牌现状

（一）贵州茶叶产业概况

西南地区自古就是盛产茶叶之地，在陆羽的《茶经》中有记载，"茶者，南方之嘉木也"。[①] 贵州偏远，但自然条件优良，因此在茶叶产业的发展上颇具优势。自 2006 年大规模发展茶叶产业至今，贵州已有茶园700 万亩，[②] 推进茶园向优势区域集中，已形成黔东北、黔西北、黔东南、黔中、黔西南五大产业带。2021 年，贵州茶叶总产量达 46.99 万吨，[③] 约占全国总产量的 15%。贵州拥有区域品牌如"贵州绿茶""都匀毛尖"等数十个，拥有"中国农产品茶叶品类地理标志认证"14 项，[④] 其中"贵州绿茶"是唯一一项省级地理标志认证。贵州以做生态茶、干净茶、放心茶为定位，2019 年贵州省干毛茶总产值达 321.9 亿元，位居全国第一。省内绿茶位居省内主导地位，2019 年贵州省绿茶产量占全省茶叶总产量80%以上，2022 年，在《贵州省农业产业化国家重点龙头企业名单》中的茶叶企业有 9 家。[⑤]

按照中国传统的茶叶产业品牌系统逻辑，即"产地"+"产品"的形式，贵州的产地区域品牌和企业品牌如表 2 所示。

---

① （唐）陆羽：《茶经》（卷上），喜泽评注。

② 据国际茶叶委员会（ITC）统计，2020 年，世界茶园面积再创历史新高，达到 509.8 万公顷。其中，中国面积最大，为 316.5 万公顷。贵州茶园合计约 46.7 万公顷，占全国茶园面积的 14.76%。

③ 《贵州 2021 年茶叶总产值超 570 亿元》，贵州省乡村振兴局网站，http://xczx.guizhou.gov.cn/xwzx/jrtt/202201/t20220110_72279236.html，最后检索时间：2022 年 7 月 15 日。

④ 全国农产品地理标志查询系统，农业农村部农产品质量安全中心，http://www.anluyun.com/Home/Search，检索选项：种植业类、茶叶类、贵州省、全部地区、全部时间。最后检索时间：2022 年 7 月 15 日。

⑤ 贵州省农业农村厅乡村产业发展处：《贵州省农业产业化国家重点龙头企业名单》，贵州省人民政府网，https://www.guizhou.gov.cn/zwgk/zdlygk/jjgzlfz/nync/xccyfz/202203/t20220322_73070540.html，最后检索时间：2022 年 7 月 15 日。

表2　中国农产品茶叶品类地理标志认证贵州属地统计

序号	区域品牌名称	建立年份	现状	品牌价值
1	贵州绿茶	2017	营业	超高
2	都匀毛尖	2010	营业	超高
3	贵定云雾贡茶	2010	营业	超高
4	湄潭翠芽	2017	营业	超高
5	金沙贡茶	2014	营业	超高
6	石阡苔茶	2015	营业	超高
7	梵净山茶	2016	营业	超高
8	凤冈锌硒茶	2006	营业	超高
9	坡柳娘娘茶	2019	营业	高
10	普安红茶	2016	营业	超高
11	兴义山银花	2020	营业	高
12	独山高寨茶	2020	营业	高
13	八步茶	2021	营业	高
14	仁怀功夫红茶	2021	营业	高

注：序号不作排名。品牌价值"超高"为年营业额超2亿元人民币；"较高"为年营业额1.001亿~1.999亿元人民币；"高"为年营业额在1亿元人民币以下。营业额参考品牌方对外宣传数据，与统计实际年产值有别。

资料来源：笔者自制。

　　以上区域品牌大多归属于贵州地区的茶叶行业协会，即使相关茶叶产品的产区名号古已有之，但实际符合现代商品系统的原产地认证年份较晚，规范化管理运营对于各个产区来说还是颇具挑战性的。管理权限完全交予行业协会则有形成区域品牌垄断的风险；完全由政府部门管理则有区域品牌价值无法转化为市场价值的风险；完全规范化管理会使多数中小型民营茶企无法使用区域品牌为自己赋能，削弱其市场竞争力，压缩其成长空间；不强调规范化品牌管理，则又会造成区域品牌在市场上鱼目混珠的状况，且对于区域品牌本身的市场口碑和品牌信誉构成风险。目前，贵州茶叶产业的区域品牌多数还是由当地政府相关部门统一管理，区域品牌的价值统计来源于应用该区域品牌的所有茶叶企业。茶叶企业只要在区域品牌范围内落地，采用规定区域内的茶青作为原料，按照品牌规定的工艺加工生产，就可以在各个宣传路径上打上区域品牌的标志。但是，为保持市场活力，各个区域品牌的使用和评价体系还不够完善和规范，如区域品牌和产品品牌共存时，两者在产品外包装上的比例大小、颜色和字体规范等，生产企业都没有统一的标准，就产品而言，评级与区域品牌使用权之间也没有完全明确的关联性。

从年营业额来看，贵州茶叶企业实力雄厚的皆为国有全资企业或国资注资企业（如表3所示），所有的相关品牌基本只在大陆区域市场销售。产品品牌的推广所利用的媒体包含平面媒体、大众媒体和网络媒体，销售则包含线上线下门店和代理渠道。表3中的产品品牌在淘宝和京东两大销售平台上多数是检索不到的，更多的还是关联区域品牌的产品，就销量和知名度而言，"兰馨"与"绿宝石"是表现较好的两个产品品牌。说明贵州所属的茶叶产品品牌在国内市场尚且不占优势，知名度没有打开，国内茶叶市场受众则仍然以区域品牌为产品识别首要标志。在销售量上，贵茶的"绿宝石"品牌低价袋泡茶销量最高，但单月销量也不过数百，与立顿等老牌袋泡茶品牌无法抗衡。不破百元的袋泡茶是大众品牌消费主流，但茶的口感、包装和品牌文化等需要通过营销触达受众，才能形成知名度带动购买的效果。单价较高（单品过千元）的品牌如"贵芽""春江花月夜"等更多依赖品质定价，其品牌文化未经建设也没有宣传，无法触达高端受众，在线上销售平台上毫无优势，只能通过传统销售途径获得经济价值，又受传统线下销售的限制，未能得到高端市场的全面认可。

表3　贵州龙头茶叶企业及产品品牌统计

序号	企业名称	建立年份	产品品牌	品牌价值
1	贵州凤冈黔风有机茶业有限公司（贵茶集团）	2006	春江花月夜	高
2	贵州湄潭兰馨茶业有限公司	2001	兰馨雀舌、兰馨金尖、兰馨100、兰馨小众茶等	较高
3	贵州贵茶（集团）有限公司	2010	绿宝石、红宝石、高原云雾、高原抹茶、高尔夫茶	超高
4	贵州省湄潭县栗香茶业有限公司	2001	栗香萦道、萦道、妙品栗香等	较高

序号	企业名称	建立年份	产品品牌	品牌价值
5	贵州湄潭盛兴茶业有限公司（贵天下）	2007	黔红等	较高
6	贵州经典云雾茶业有限责任公司	2006	人民毛尖、小旅人、新派茶庄、八壹壹庄园茶、云雾山鸟王等	较高
7	贵州金沙贡茶茶业有限公司	2012	黔顶、金兰春	高
8	贵州阳春白雪茶业有限公司	2004	贵芽	较高
9	普安县宏鑫茶业开发有限公司	2011	简能、壹言壹客、谦术等	高

注：序号不作排名。品牌价值以实际本品牌产品为准，代加工部分不计算在内。"超高"为年营业额超 2 亿元人民币；"较高"为年营业额 1.001 亿~1.999 亿元人民币；"高"为年营业额在 1 亿元人民币以下。年营业额以品牌方对外宣传材料为参考，与地方统计的实际年产值有别。

资料来源：笔者自制。

（二）茶叶品牌发展瓶颈

2022 年 7 月，民革贵州省委组织专家团队实际调研遵义、湄潭、瓮安和都匀的茶叶产业品牌发展情况，发现贵州的茶叶产业虽然已具备较大的规模，有一定基础，但在品牌化建设上严重滞后，与国内茶品牌发展的先进地区如福建武夷山等差距较大，面临整个产业发展的诸多瓶颈。

1. 缺乏领军企业

在调研的贵州重点茶叶产区具有代表性的生产型茶叶企业中，根据座谈会了解，地方统计茶叶企业实际年产值较大的仅在 5000 万元上下，缺乏实际年产值在亿元规模的上市领军企业，在群龙无首的情况下，千万元产值规模的企业无法在做品牌和做产品之间找到平衡。做产品意味着继续出售茶青、毛茶或半成品、代加工产品，维持原有的利益模式，这对企业而言风险较小；做品牌则需要持续投入，且仅凭单个企业影响力不足以撼动原有的市场品牌格局，企业风险较大。培养领军企业对茶叶产业重点发展区域而言非常重要。

2. 品牌意识不强

调研企业普遍都有自己注册的品牌，但鲜有企业在市场上推广，企业产品的外包装流于形式，要么跟随潮流将茶叶包装得与香烟类似，要么追求新奇，持续不断变换包装且设计元素缺乏连续性。

数字营销时代，品牌的整体推广包括从市场倒推的产品设计到宣传内容、渠道、流量、平台和受众触达精准对接等都是经过测算的，采用18~19世纪的品牌运营方法显然达不到应有的效果，且这些茶叶企业的品牌运营管理水平还有待提升。

3. 缺少产业链平台及相关配套市场

茶叶企业属于农产品生产加工类型，在贵州落户的茶叶企业只是占有了资源，总体都以代加工为主，但距离国内重点市场和世界市场都较远，没有配套的销售市场或者产业链平台，无法打通整个产业链，也就不能拥有产业集聚效应。不能直接接触市场的企业在发展上是被动的，也不具备开拓市场的基本支持，在发展品牌上必然更加谨小慎微。

4. 缺乏产品和品牌管理的规范系统

茶叶产品在应用区域品牌时并没有管理方和企业方共同认可的切实有效可执行的规范系统。目前的产品标准检测由多个部门执行，授予区域品牌使用权则由政府茶叶管理部门批准，企业无法参与到标准的制定过程中，只能被动执行，标准往往缺乏与市场对接的真实性，不能真正体现其价值。对于企业品牌而言，企业自有品牌的 IP、VI（Visual Ideltity，视觉识别系统）和品牌宣传等都不具备专业性，无法满足当下的国内国际市场要求。

四　建设贵州茶叶品牌的可能性

依据目前贵州茶叶品牌的系统，为区域品牌和产品品牌提供不同的发展建议。

（一）区域品牌发展建议

就区域品牌而言，其明确的目标是拓展市场，提升国内外知名度，依托中国传统的茶文化，带动产品品牌发展。因此，当下的茶叶区域品牌公式是：区域品牌=产区认证（核心/非核心）+品质认证（评价等级）+工艺认证（手工/非手工）+口味认证（分级描述）+市场认证（统一形象）+文化认证（传承/习俗/故事）。

在这个系统之下，需要从以下六个方面进行改善或提升。

1. 建立标准

跟现代市场接轨的评价体系最早可溯至《茶叶卫生标准的分析方法》，制定于 1996 年。其余相关的评茶制度体系的逐步完善至今仍未结束。也就是说，品牌建立的第一步——标准化尚未完成。

当下的国内茶叶品牌状况与古代并没有多大区别：其一，中国的茶叶市场仍是买方经验化的市场，只能依据个体经验判断产品优劣，没有长期有效的产品品牌作为判断依据；其二，不具备建立世界市场产品品牌的基础逻辑，难以以成品品牌的方式进入世界市场。应借鉴世界市场上成熟的茶叶品牌系统，建立深加工茶叶和品牌成品的相应标准；为突出贵州的原产地优势，可根据地理标志认证的要求在外包装和营销广告中显示地理标志，与非原产地品牌进行差异化竞争；还应在区域品牌的管理和运营上更加严谨，并鼓励深加工和自有品牌进入市场，减少茶青或毛茶外流；要强调中国茶文化的整体性和延续性，突出中国茶的正宗品味，让贵州绿茶传递给世界一杯中国的好茶。

2. 规范市场

每一个以茶叶为特色的产地都应有成品销售集采市场，线上线下结合，建立区域品牌的对外形象，以区域品牌营销带动企业自有品牌发展，协助茶企有序竞争，建立合理有序的区域品牌价格体系。另外，可将非生产型品牌合理引入市场，引领市场向品牌化路径发展。

3. 建立产业链平台

目前在贵州落地的民营茶叶企业普遍体量不大且没有上下游产业聚集，难以形成上市企业带动区域产业发展的局面。因此，由区域主导，建立从生产到成品销售的整条产业链是促进产业发展的必经之路。目前，贵州的茶叶产业区域偏向生产端，品牌和销售端非常薄弱，大型茶叶企业的年营业额多半来自 B2B 的代加工业务，受国际国内市场的牵制较大。建立完整的产业

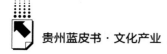

链平台可以有效联动产区外服务和相关企业，更好更快地带动贵州茶企与C端市场接轨。

4. 加强品牌化战略

农业产业的高附加值来源于成品销售，尤其是有品牌的成品销售，并非来源于农产品原料。因此，作为富民项目的贵州茶叶产业，必须加强品牌化建设，引进国内茶叶品牌较为知名的企业，如福建地区或江浙地区的茶企，以贵州的原产地优势为基础，以产业链平台为保障，使强IP和原产地结合、品牌化与产业链结合，发展贵州茶叶的商品品牌。

5. 打造茶叶产业品牌活动

以贵州绿茶为主题的展会、活动应该与贵州本地强IP如茅台、数博会和多彩贵州等联合起来，形成文化联动。在中国传统名茶产地的历史渊源承续中，以民族特色文化为依托，提高贵州茶叶品牌的鲜明辨识度，持续性的茶叶品牌活动能够尽快提升其国内外市场知名度，并为生产型茶叶企业提供更多与上下游甚至跨界企业的链接可能。

6. 茶叶品牌打出去

千年茶乡，一定要有一个能在国际市场上立得住的原产地茶叶品牌，就着中国的国力基础与近年来国际市场对于健康的深切认知，贵州绿茶之首应当有所作为，代表中国茶叶给世界市场一个全新的中国茶文化形象。

（二）产品品牌发展建议

对于个体茶叶企业而言，增强中国茶文化的自信，深刻理解市场需求，合理运用区域品牌为自身做市场信用背书，增加品牌建设上的投入，一定能在当下出类拔萃。对于贵州的产业产品品牌，其建立的公式是：茶叶产品品牌=区域品牌（市场信用背书）+自身定位（市场导向）+产品体系（产品开发/VI系统）+数字化整合营销（匹配市场及资源）+品牌故事（文化/名人/工艺/产地）。

茶叶企业需要从以下方面做好产品品牌的相关工作。

1. 发展产品品牌，首要之事是定位

"定位最新的定义是：如何让你在潜在客户的心智中与众不同。"①

欧美的茶叶品牌定位是"高端"、"平民化"和"个性化"三个主要类型。"高端"对应中国茶文化中的阳春白雪，且在茶事上，国内品牌更有原产地优势和文化优势；"平民化"对应中国茶文化中的下里巴人，日常饮品胜在性价比，赢在销量；"个性化"则依据人群偏好占领小众市场。

2. 品牌要有持续稳定的产品和形象

贵州以绿茶为主打原料，"欧盟标准""有机认证""地理标志"等名牌就能够彰显原料的优质，从出口代加工茶的量上看，足以说明贵州茶的品质在国际市场上是被认可甚至追捧的。形象上，区域品牌只能赋予茶叶产品一定的知名度，不能实际替代产品品牌。所以，在定位准确的基础上，以产品为核心，设计整体的产品形象是非常必要的，保留视觉传播有利于品牌的延续，新产品的外观也必须包含品牌的关键要素。

3. 使用有效的整合营销推广模式

美国市场营销协会对营销的定义是："市场营销是创造、传播、传递和交换对顾客、客户、合作者和整个社会有价值的市场供应物的一种活动、制度和过程。"② 简单来说即有利可图地满足需求。英国最早在欧洲创造了茶的需求，以禁酒为目的，以"幸福的中国人"为文化背景，将饮茶从上流社会普及到平民百姓。欧美茶叶品牌在创建时以特定的目标市场为导向，契合定位，运用了高端人群体验式营销、大众人群多样化低价营销、特殊人群精准营销的策略，都取得了成功。

贵州的茶叶企业应利用贵州的大数据产业优势，精准把握定位市场的动态走向，以市场为导向反向设计产品，将最适合目标市场的产品放置到相应的销售体系中。为迎合世界市场以拼配茶为主流的趋势，学习调配目标市场

---

① 〔美〕阿尔·里斯、〔美〕杰克·特劳特：《定位：有史以来对美国营销影响最大的观念》，谢伟山、苑爱冬译，机械工业出版社，2011，第14页。

② 〔美〕菲利普·科特勒、〔美〕凯文·莱恩·凯勒：《营销管理》，梅清豪译，上海人民出版社，2006，第6页。

地区主流口味，以中国茶文化为品牌文化支撑，合理进行推广，精准触达目标受众，贵州茶叶在生态、干净、放心的基础上更能品而有味，开拓世界市场。

4. 要合理获取资源支持

单家企业哪怕实力再雄厚也是有限的，成功推出一个世界市场认可的国际化产品品牌，需要多方面的资源支持，如政策上的扶持、资金上的支持和贸易壁垒的打通等，集中地区的力量推动茶叶品牌的发展才能真正不负习近平总书记嘱托。

参考文献

〔美〕凯文·莱恩·凯勒：《战略品牌管理》，李乃和、李凌、沈维等译，中国人民大学出版社，2001。

〔美〕劳拉·里斯：《视觉锤：视觉时代的定位之道》，王刚译，机械工业出版社，2012。

B.21
贵阳市历史文化名村保护
与发展策略研究

——以马头寨为例

宁　宁*

摘　要： 历史文化名村是中华文化的源头和根基，是民族文化和历史信息的鲜活载体。中华民族的文化包罗万千，历史绵长，人们生活聚居的城镇、村庄被保留下来，承载着当地民俗风情、历史文化和建筑艺术，让我们能大致清楚地了解该民族经济、社会、文化、生态发展的脉络，是值得我们珍惜的文化遗产。贵阳市开阳县马头寨于2006年被列为全国重点文物保护单位，它的文化价值和面临的发展困境在贵阳的历史文化名村中具有代表性，在大力实施乡村振兴战略的大背景下，对它的保护、开发、利用刻不容缓。本文以贵阳市开阳县马头村马头寨为例，对历史文化名村进行个案研究。从马头寨的现状出发，对古建筑群保护的主要做法、主要成效和面临的突出问题作个案描述分析。然后，从政策制定、资金来源、人才队伍建设、特色文化产品、保护意识、开发利用等六个方面有针对性地提出保护和开发利用的对策建议，为其他类似村寨的保护、开发利用提供参考借鉴。

关键词： 历史文化名村　马头寨　发展策略

---

* 宁宁，中共贵阳市委党校文化与社会发展教研部副主任、副教授，研究方向为社会治理。

党的二十大报告指出:"传承中华优秀传统文化,满足人民日益增长的精神文化需求,巩固全党全国各族人民团结奋斗的共同思想基础,不断提升国家文化软实力和中华文化影响力。"贵阳市开阳县马头寨是一个拥有久远深厚的历史文化、多民族文化和丰富旅游资源的传统村落。从人文历史的角度来看,传统村落不单纯是当地人聚居的生活区,它所展现出来的风俗、文化等都是人们在长期生活生产中摸索和创造出来的。本文通过对马头寨的调查研究,探索古建筑群的文化资源的价值,对保护、利用、发展古村落方面存在的问题进行分析,提出关于传统村落的保护开发问题的几点想法,旨在希望有更多能人志士为传统村落的保护贡献力量,这对传统村落的保护以及新农村建设、乡村振兴的推进都具有积极意义。

一 马头寨村情简介

马头寨地处黔中腹地,位于贵阳市北部开阳县西南部的马头村。该村的建设可追溯到宋代,700多年的发展史加上贵州土司文化的深入影响,让它形成了独具一格的聚落形态。马头寨是一个集全国重点文物保护单位、中国历史文化名村、中国传统村落和贵州十大特色民族建筑于一身的村寨。据马头寨文保所提供的数据,截至2022年7月底,马头寨辖6个村民组336户1224人,占地面积16.2公顷,建筑面积7.38公顷;规划面积59.27公顷,其中,保护范围占地面积约为13.11公顷(马头寨古建筑群文物点保护范围占地面积约11.97公顷),一类建设控制地带37.69公顷,二类建设控制地带8.47公顷。现存明清民居古建筑65栋,文物建筑院落11处(宋荣昌宅、宋荣宗宅、涂世奎宅、黄文芬宅、宋耀玲宅、宋灿忠宅、黄德荣宅、兴隆寺、朝阳寺、总管府遗址、宋氏祠堂遗址),还有红军标语等附属文物。寨内古建筑纵横交错,在两条山脊梁中轴的两侧有规律地建有三合院、四合院,院落建筑都是封闭式的石院坝,门朝西开。房子均为穿斗式木质结构建筑,无论是大门、腰门、朝门还是栏杆及家具,都有文化内涵极为丰富的木雕作为装饰。

二　马头寨的价值

（一）经济价值

随着经济社会的快速发展，人们对文化旅游的需求日益增加。而马头古寨历史文化资源丰富，保留了一批历史悠久的古建筑，加上附近优美的自然环境，定会吸引游客前往，而在旅游中产生的食宿、交通、服务等方面的消费，都有利于促进当地的经济发展。

（二）社会价值

马头古寨曾是元、明两朝贵州土司——水东宋氏的底窝坝总管府遗址。早在宋元时期，就有布依族先民迁徙聚居于此，直到今天仍能从当地布依族同胞佩戴的首饰、穿着的服饰上寻到其文化渊源，尤其在每年的"六月六"，独具布依风情的表演吸引四方游客，现已成为以布依歌舞为主，其他各族人民共同参与的民族团结盛会。马头古寨则是这一盛大节目的主要举办地。

（三）历史文化价值

马头寨古建筑群以其鲜明的民族特色和古朴的建筑韵味，于 2006 年被列为全国重点文物保护单位。据史料记载，唐宋时期 ，马头寨为蛮州宋氏辖地。元初置底窝紫江等处于寨内，已有 700 多年建制史。今天的马头古寨不但有深厚的历史底蕴，而且资源丰富且保存完好。马头寨拥有黔中地区现存唯一的元明土司衙门遗址，该遗址作为土司文化的重要组成部分，具有很高的文化研究价值。另外，古寨的建筑顺延历史发展脉络，还包含明、清、民国时期建筑群以及相应的文化符号。

（四）红色文化价值

长征途中，红一、三军团经过底窝坝，住在马头寨等寨子中，如今马头寨民居墙壁上仍然保留有红军经过时书写的标语"打倒卖国贼的国民党！""欢迎白军弟兄拖枪来当红军！""打倒不准士兵抗日的国民党军阀！"等。因此，马头寨也是红军长征过开阳的历史见证。

三 古建筑保护及开发利用的现状

2002 年，马头寨古建筑群被开阳县人民政府公布为第三批县级文物保护单位；2006 年，被国务院公布为第六批全国重点文物保护单位；2008 年马头村被住建部和国家文物局公布为第四批中国历史文化名村；2012 年，马头寨古建筑群入选贵州十大民族特色建筑，同年马头村被住建部、文化部和财政部列为第一批中国传统村落。

（一）强化领导，建立健全保护利用机制

一是认真贯彻落实住建部、文化部、国家文物局、财政部《关于切实加强中国传统村落保护的指导意见》及《全国重点文物保护单位和省级文物保护单位集中成片传统村落整体保护利用工作实施方案》等相关文件精神和上级主管部门对文物保护的工作要求，将马头寨保护利用工作纳入全县经济和社会发展规划。二是建立健全马头寨文物保护工作机制。成立以县长为组长，分管副县长为副组长，禾丰乡政府负责人、相关部门共同参与的工作领导小组，推动马头寨古建筑群整体保护利用工作有序进行。三是积极成立专门保护机构，于 2009 年成立马头寨文物保护管理所，具体负责马头寨古建筑群的保护管理工作。

（二）规划先行，积极推动保护利用工作

自 2009 年以来，先后编制了《开阳马头寨古建筑群保护规划》《开阳马头历史文化名村保护规划》《马头寨古建筑群保护抢修方案》等。该保护抢修方案共分为二期以对马头寨古建筑群进行保护抢修，其中一期为针对马头村平寨的核心建筑朝阳寺的保护修缮，二期保护修缮工作涉及马头寨内宋

灿忠宅、黄文芬宅、涂世奎宅、黄德荣宅 4 个核心古建筑院落。国家、贵州省文物部门审批通过的《马头寨防雷工程设计方案》《开阳县马头寨古建筑群修缮保护工程宋灿忠宅等设计方案》《马头寨古建筑群消防工程设计方案》《马头寨古建筑群展示利用工程设计方案》争取到文物保护专项经费 3000 余万元,实施了朝阳寺正殿抢修、寨内供电线路、给排水、安防、消防、防雷、护栏界桩和一期、二期文物修缮工程。2013 年 5 月国家文物局审批通过《贵州马头寨古建筑群文物保护规划》(以下简称《规划》),其中针对马头寨内古建筑群和可移动文物等基础数据进行了整理建档;同时还对古建筑群进行功能区划分,明确了古建筑群的核心保护范围和建设控制地带,进一步对马头寨的规模格局、建筑风貌及景观视线等给予了明确的规划和提出了具体要求。《规划》的出台为后续出台关于保护的专项规划和寻找修复技术措施奠定了政策基础,提供了现实依据。

同年,贵州省建筑设计研究院编制了《开阳县禾丰乡马头历史文化名村保护规划》,其中明确了历史文化名村的保护范围,提出了明确的保护目标、措施和旅游发展规划;专项规划对基础设施建设规划、绿化规划、综合防灾规划等作出规划要求。

(三)建筑遗产保护的主要做法及成效

近年来,省、市、县各级政府及相关部门都很重视对马头寨进行保护规划和管理,对核心保护范围、建设控制地带、风貌控制区及水源保护区等都设置了分级保护机制;加大了对核心文物建筑的修缮力度,尤其是对核心区域的基础设施和消防安全设施进行了大面积建设和完善工作。

经过多方共同努力,马头寨的整体格局、建筑风格、村容村貌、景观设置等基本上得到完整的保护。贵阳市为将马头村打造成优质旅游点,对其道路交通进行了提升改造,加强了乡村公路和高速公路、高铁站的连接,缩短了至开阳县城和到省会城市贵阳的交通时间,在方便百姓出行的同时也使马头寨能够得到大城市的辐射带动。开阳县在马头寨建设控制区范围内建设了博物馆、文化广场等,着力营造历史文化氛围;同时,在核心区域周边完善

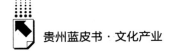

了餐饮、酒店住宿等服务设施，为接待来客提供了较好条件，也增强了马头寨的经济价值和社会价值。通过举办"三月三""六月六"等传统民族节日活动，进一步提升了马头寨的知名度和文化影响力。

四　马头寨开发、保护、利用等方面存在的问题

（一）政策、规划存在重制定轻落实现象

从目前工作开展情况来看，存在一定的重规划、轻执行的现象。自2006年起马头寨被列为全国第六批重点文物保护单位之后，十多年来，从省到市到县出台了许多关于马头寨保护的各类规划、办法等，但在规划的制定过程中，存在为制定而制定、重规划轻落实的现象，所以，马头寨的保护和利用工作推进得不明显，进展较慢。另外，地方性规章没有及时根据实际情况做出更新调整，具体执行过程中没有形成协调处理机制，出现了主体不明确、部门职责不清、分工不明的情况。

（二）经费来源渠道单一

我国已经颁布的《历史文化名城名镇名村保护条例》明确指出，对于国家文化古镇、文化名城、非物质文化遗产的保护，国家和地方政府都应承担相应责任。目前，历史文化名村的保护资金来源渠道相对单一，主要由政府财政来承担，来自社会的资金很少。从马头寨实际情况来看，除了重点文物建筑受到较大的自然或人为损坏后需要修缮可以通过申请得到国家文物局的专项资金支持外，日常办公经费很少，仅够用于在岗3人（2名在编、1名外聘）的工资发放，文物日常的维护和其他工作没有经费支撑，工作只能勉强应付。

（三）缺乏文物保护专业技术人才

为加强对马头寨古建筑群的保护，2008年4月，开阳县马头寨古建

筑群保护所成立。该所设置编制 5 人，但截至 2022 年 11 月，在编只有 2 人（1 名所长、1 名工作人员），另外聘请当地文化志愿者 1 人每日进行消防安全巡查，无文物保护相关技术人员。另外，开阳县文物保护所也只有 2 名相关专业技术人员。由于没有吸引人才的优惠政策，当地专业人员学习培训的机会也不多，文物保护技术水平没有得到提升，因此工作质量并不高。

（四）村民对文物的保护意识不够

马头寨刚被列为全国重点文物保护单位时，村民对于马头寨历史文化保护及开发利用工作表现出较高的积极性和极强的期待，当地的许多村民都踊跃参与到历史文化保护工作中来。实际工作中，大面积文物保护成本较高、村内违建率较高、拆迁难、村民搬迁难等问题较为明显，村民迟迟看不到马头寨有较大改观，投入的积极性受到影响。同时，由于大多数村民的文化程度不高，想享受更多政策的红利，存在任意搭建、翻修的现象，还有些村民为吸引游客的目光，根据自己的想象设计自家房屋的外观，破坏了村寨形象的统一性。总之，由于村民对文物的保护意识不够，当地的历史文化遭到一定程度的破坏，影响了当地的长期规划和整体利益。

（五）古寨开发利用度较低

经过十多年的努力，马头寨的古建筑保护工作得到国家文物局、省市相关部门支持，尚且取得一些成绩，但在开发利用方面一直停滞不前。古寨地处山腰，路面陡峭，村里干道也都较狭窄，车辆进出困难。没有明显的道路指示牌和关于古建筑的历史文化详细介绍牌，更没有专业导游，这让许多游客找不到北，看不懂究竟；房屋几百年来承载的人文历史没有被挖掘和宣传出来，没有让游客心动的故事，也没有可以购买的文创产品，来客只是看一下房屋外观便匆匆离去，许多游客慕名而来却败兴而归。

五　马头寨进一步保护、开发、利用的对策建议

（一）完善政策规划，强调落地落实

1. 建立有效且操作性强的保护开发规划体系

在制定马头寨的保护和开发规划体系的过程中，坚持整体性、原真性、可持续性的原则，在大生态理念基础上，有序推进村寨内古建筑保护和开发工作。做到古村落保护、开发利用相互协调，让古村落具备的历史文化优势与高质量旅游开发相得益彰。无论是保护办法还是发展规划都要考虑社会价值，要让公共利益最大化，要让群众充分参与进来，实现共建共治共享。

规划和实践过程中既要让古建筑群发挥应有的历史文化价值，同时也要将其融合到当地经济社会发展的步骤当中。对古村落的保护利用可适当进行一些结构转变，与城镇化建设和乡村振兴战略相融合，特别是在古寨中心地区之外的周边环境，力推水东土司文化的建设和复原工作，让整个古村落的保护、建设、利用形成一个有机整体。顶层设计一定要做好，要有可操作性，在经过当地党委、政府、专家、百姓代表一致认可后，严格按照规划蓝图统筹推进。

2. 强调政策、规划的严肃性和落实执行

政策、规划制定后不能悬在空中，要强调落实落地。政策的执行是将决策转化为一个有可操作性的过程。一方面，政策措施的内容要符合当地实际，要"接地气"，要"对位"，契合马头寨当下最真实、最紧迫的需求，做到有用、管用、实用。政策措施的条文尽可能简单明了，便于准确理解、落地操作，保证形成合力而不是互不相容或相互抵消。另一方面，要多为政策落实找办法而不是设障碍。省、市、县、乡有关部门秉承"以人民为中心"的理念和持之以恒的服务意识，动态掌握最新政策、规划、措施在落实落地过程中的问题，有针对性地及时调整政策，真心实意把政策措施落实到位。

（二）保障资金，拓宽来源渠道

目前，马头寨的维修资金来源渠道比较单一，即通过项目申请，从国家文物局获得。当地各级政府要思考如何拓宽资金来源渠道，要积极把民间资本引入马头寨的保护及开发利用。同时，要给民间资本、社会资本进入该领域多开绿灯，要设法吸引他们在古民居修复、旅游特色产品开发、生态文化资源利用等方面加大投入，解决当地财政资金不足的问题。

利用市场的手段，通过共建共治共享的方式，允许投资商在不破坏古建筑主体的基础上，在建筑群周围开展适当的商业活动，完善基础设施，营造文化氛围，达到有效保护与恢复使用功能的效果。在基础设施建设方面，可调动社会力量以不同的方式来实现。通过政府、个人共同出资的方式，构建多元化、高效性的公共物品供给机制，保障基础设施的建设与完善。

（三）内培外引，巩固人才队伍

马头寨的保护及开发利用工作是一项系统性工作，需要一批专业性人才，涉及文物保护、法律、市场营销、旅游管理等专业，不但要考虑专业性和技术性，而且要考虑地域性的特点。地方政府要"内培外引"相结合，既要加强对工作人员的业务培训，增加文保员的专业知识、提升其业务水平和综合能力，也要加大人才引进力度，出台相应政策吸引人才，保障外来人才的福利待遇。比如，可以参照"事业单位引进高层次紧缺人才"的优惠条件，针对特殊岗位为人才开辟绿色通道；还可以通过公开遴选的方式，引进储备一批专业型优秀人才，缓解当前村落保护工作专业人才紧缺的问题，为将来文物保护事业发展打好基础。

（四）彰显文化，打造地方旅游品牌

1. 立足本土特色，揭开土司文化神秘面纱

马头村是中国目前唯一的布依族中国历史文化名村，马头寨是一个有700多年历史，布依族、汉族杂居的民族村寨，是中国现存最古老的土司官

寨、唯一的布依族土司官寨和唯一的布依族全国重点文物保护单位，马头寨还被列入贵州十大特色民族建筑和中国第一批传统村落名录，是千年水东文化的重要历史物证，也是贵州本地文化的源头之一。因此，水东土司文化应是马头寨发展文旅产业的"核心竞争力"。

一是充分运用多媒体传播方式，注重对水东土司文化的宣传。由县文旅局牵头，开发完善马头寨水东土司文化的官网、官方微信公众号、官方微博等，传播和推广当地的特色文化。二是引进专家团队和专业人才，进一步挖掘700多年来马头寨沉淀下来的动人故事，培养一支专业的讲解团队，为游客宣传介绍马头寨的人文历史。三是提升文创产品水平和质量，在深入挖掘马头寨历史文化的同时，把文化韵味赋予在产品上，用新技术、新方法、新载体把当地文化宣介出去。

2. 追寻长征足迹，弘扬红色文化

据史料记载，1935年4月初，长征途中红一、三军团经过底窝坝，并住在马头寨等地，在此留下了众多红军标语，也留下了许多红色动人故事。"苏维埃是民众抗日的组织者，维护苏维埃！""打倒不准士兵抗日的国民党军阀！""红军是干人的大救星！""红军是工农的军队！""工农暴动起来，打土豪分田地！""白军弟兄与红军联合，一同打日本去！""欢迎白军弟兄拖枪来当红军！"等标语至今仍存，能辨认的有数十条，这些都是弘扬红色文化鲜活的教材。所以，当地还可以组织专门队伍，进一步挖掘当年红军途经马头寨时的英勇事迹，提炼动人故事，通过红色文化强化当地文化传播力和吸引力。

（五）积极保护，提升村民参与意识

历史文化名村的文化需要保护和传承，一定少不了当地村民的参与，村民应该成为村寨保护利用工作的积极参与者和坚定支持者。所以，提高村民的文化保护意识是古村落得以保护好发展好的关键。

1. 以提升法治意识为要点，引导村民树立文化保护意识

以《文物保护法》《历史文化名城名镇名村保护条例》等为学习要点，

以农村"五治"等活动为抓手，适时邀请党校教师、行业专家、村法律顾问等到乡、村、寨开展学习宣传讲座和普法教育。还可以在村务宣传栏里张贴法律知识宣传报，利用微信公众号、微信群、坝坝会等方式，营造懂法、守法氛围，为村干部和村民解读重要的有关文化保护的法律法规，使村民树立良好的文化保护的法治观念，从而进一步提高村干部和村民的法治意识和文化保护意识。

2. 以共建共治共享理念为指引，调动村民参与地方治理的积极性

地方治理不能仅靠政府，老百姓也有权利和义务参与进来。目前，村民的文化保护意识虽然较过去有很大的改观、有了很大进步，但仍远远不够，还需要不断引导和强化，要把宣传教育当成久久为功的事业来抓。通过不定期组织开展文化公益活动，提升公众的文化保护意识。在当地学校的课程里，可有针对性地融入有关马头寨文化保护的内容，营造文化保护的学习氛围，让学生从小建立起对家乡、对自身文化的认同感、归属感和自豪感。

3. 努力为就业创业提供条件，鼓励带动当地群众尤其是年轻人自觉地参与到保护历史文化名村的行动中

一方面，当地政府要把落实就业作为重要工作来抓，支持鼓励中小企业发展；另一方面，必须注意的是，虽然历史遗产的利用可以在短期内增加旅游收入，但不能超过其承载能力，不能对文物造成不可逆的破坏。因此对马头寨的旅游开发要进行充分的调查研究，要在其可承受的范围内合理地开发，使旅游开发和文物利用稳步推进、相得益彰。

（六）多措并举，推进村落开发利用

1. 推进文旅融合

开阳县"十里画廊"景区远近闻名，马头寨作为该景区的组成部分，理应把水东土司文化作为招牌，将马头村的旅游资源融入景区的统筹发展和当地的产业发展，通过打造村落旅游基地、研学旅游点、旅游演艺、特色农家乐、文化主题酒店等，使已有融合发展业态提质增效；以水东土司文化为

依托，推出一批具有文化内涵、老百姓能接受的创意旅游商品；创建集文化体验、绿色宜居、休闲养生于一体的生态文化旅游带和专题文化旅游线路及项目，推动打造县域旅游发展新格局。保障规划目标、项目带动、文旅融合、政策扶持的落地落实，全力推动文化旅游生态融合发展，文旅深度融合为农村经济带来新动能。

2. 用好文旅基金，助推项目落实落地

贵州省委、省政府从2021年起，从财政收入中划拨45亿元，成立"贵州省文化旅游产业投资基金"，推进贵州旅游产业化高质量发展。该基金在促进红色旅游、乡村旅游、康养旅游、旅游装备制造、山地旅游、智慧旅游、打造文化旅游新业态、避暑度假旅游、文化旅游景区园区和街区建设运营、文化大数据平台建设、媒体融合、出版影视发展、创意设计、会展、演艺等方面发挥了很好的作用。因此，可以由开阳县牵头，搭建平台，鼓励当地企业积极申报该基金用于马头寨的文旅项目发展，帮助企业解决产业发展中的资金困难，助推马头寨文旅产业相关项目落实落地。

3. 加强宣传和精准营销，让水东土司文化品牌走向世界

深入挖掘水东土司文化的精神内涵，将文化精神融入城市建设。贵州的土司文化，需要进一步提炼，不仅要让学者知道，更重要的是使这些文化深入百姓心中。政府可以运用多种方式通过不同的平台邀请、组织高水平的专家、学者到贵阳开展学术交流活动，通过电视、网络、宣传栏等形式将水东土司文化推介到全国各地，使省内外、国内外的客人了解土司文化。当条件允许时，还可以尝试邀请国内一流团队制作城市形象宣传片，并逐步提高马头寨的知名度和在国内国际的影响力。

4. 以信息化技术为引领，加快优秀文化和旅游资源的转化运用

一是建设文旅智慧景区。在基础建设方面，利用贵阳市发展大数据产业的契机，建设景区专线网络、机房甚至是专属云数据中心，让5G网络在景区大面积覆盖。例如，在古寨内部建设自助导游终端，增加景点AR讲解服务，在景点内充分运用大数据技术和智能设备，为游客提供信息和服务，提升游客的体验感。二是建设智慧管理服务体系。以互联网、大数据为基础，打造文化旅游营销系统，打造以短视频宣传为重点的互联网新媒体营销体系，借助互联网和自媒体分享平台，创新宣介方式。立足文旅产品内容，加强与省内外知名媒体、网络名人合作，借助微信视频号、抖音、快手等短视频平台开展视频网络营销，提高知名度。与百度、搜狗、360搜索等搜索引擎合作，在地区搜索时提供相关文旅关键词，推送精准文旅信息。政府文旅部门建立文旅数据中心，对于不涉密的信息开放共享，整合手机信息、住宿信息、民航客流数据、银联消费数据、线上旅游信息、交通与气象等文旅服务信息，打造贵阳文旅数据库，向一直关注贵阳旅游的人主动投送、重点宣传。三是构建便捷的旅游服务网。不断推进文旅企业与互联网融合，帮助文旅企业精准捕捉旅客的需求，让供给和需求有效结合。同时，提高互联网对文旅企业生产、营销、售后各环节的渗透率，从而提高设计、生产、营销、售后服务等环节的效率和质量，促进文旅企业的高质量发展和供给侧的转型升级。

参考文献

严加发：《浅析当前乡村发展中的古民居保护》，《中国文物科学研究》2020年第4期，第28~31页。

张琳：《乡土文化传承与现代乡村旅游发展耦合机制研究》，《南方建筑》2016年第4期，第15~19页。

《贵州通志·土司·土民志》，贵州省文史研究馆点校，贵州人民出版社，2008。

庞娟：《城镇化进程中乡土记忆与村落公共空间建构——以广西壮族村落为例》，《贵州民族研究》2016年第7期，第60~63页。

赵勇、唐渭荣、龙丽民等：《我国历史文化名城名镇名村保护的回顾和展望》，《建筑学报》2012年第6期，第12~17页。

李良品：《中国土司研究百年学术史回顾》，《贵州民族研究》2011年第4期，第114~120页。

中国土司制度与土司文化研究创新团队、李良品、吴晓玲：《中国土司制度与土司文化研究2016年度科研报告（上）》，《长江师范学院学报》2017年第4期，第22~34页。

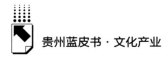

何先龙：《水东宋氏遗迹考》，《贵州文史丛刊》2004 年第 1 期，第 48 页。

何先龙：《马头寨有关重要史迹略考》，《贵阳文史丛刊》2006 年第 6 期，第 86～88 页。

赵勇、张捷、李娜等：《历史文化村镇保护评价体系及方法研究——以中国首批历史文化名镇（村）为例》，《地理科学》2006 年第 4 期，第 4497～4505 页。

章璐贞：《历史文化名村的保护及开发利用研究——以乐清市南閤村为例》，硕士学位论文，湖北工业大学，2021。

B.22
贵州民族文化品牌研究

——以瑞银鸟品牌建设为例

甘　泉*

摘　要： 民族文化品牌作为文化产业发展的重要标识和价值载体，对地方经济发展、文化繁荣起到重要的推动作用。贵州省作为文化资源大省，既有丰富多元的民族文化，又有神秘悠久的地域文化和历史文化，为民族文化品牌建设提供了有利条件。本文基于贵州民族文化品牌发展现状，从区域环境、文化产业环境、经营管理环境和政策扶持环境等方面系统分析贵州民族文化品牌发展的影响因素，在此基础上以瑞银鸟品牌建设为例，见微知著，为贵州文化品牌建设的可持续、高质量发展提供更多新的途径。

关键词： 文化产业　贵州民族文化　文化品牌

近年来，随着文化产业的快速发展，我国很多地方相继推出了各具特色的地域文化品牌，希望可以在日趋激烈的市场竞争中通过文化品牌建设与传播为区域经济、文化繁荣提供新的发展模式。时至今日，我国很多地方民族文化品牌建设已经取得了不菲成就，例如云南省打造的"七彩云南"品牌、广西壮族自治区打造的"壮族三月三"和"刘三姐"系列品牌等已经逐渐成为当地经济、文化、旅游等行业发展的核心引擎，因此做

---

* 甘泉，贵州省社会科学院文化研究所助理研究员，研究方向为民族文化品牌、文化产业。

好民族文化品牌建设对于地方经济发展、文化产业的繁荣和企业品牌的建设至关重要。

《"十四五"文化产业发展规划》为未来一阶段我国文化产业创新发展、结构优化以及产业融合等提供了方向指引。党的二十大报告中，"文化"成为高频词语，提出"推进文化自信自强，铸就社会主义文化新辉煌"，着重对未来我国文化建设作出系统阐述，勾勒出文化产业的广阔前景，这对文化企业来说是"强心剂"。贵州省作为文化产业资源大省，要凸显区位优势、优化产业环境、规范经营管理，多措并举做好文化产业的守正创新，实现民族文化品牌建设的创新优化和高质量发展。本文以瑞银鸟品牌建设为例，为贵州文化品牌建设的可持续、高质量发展提供更多新的途径。一方面，在"十四五"文化产业发展的新时期，民族文化品牌建设处于研究新阶段，而对于贵州省民族文化具体品牌研究的相关文献数量较少，因此本文结合贵州省民族文化品牌建设现状，分析民族文化品牌建设中存在的问题，从而提出针对性的应对策略；另一方面，从经济发展层面来看，贵州省经济发展仍相对落后，寻求新的经济发展动力，转变经济发展新形式尤为必要。贵州省依托优良的民族文化资源，促进产业融合发展，让更多的人走进贵州，了解贵州民族文化，这对于推动贵州民族文化品牌高质量建设发展也具有十分重要的实践意义。

一 贵州民族文化品牌的发展现状

贵州省是一个多民族省份，2021年，贵州省常住人口达到3852万，少数民族人口占比约1/3，其中包括苗族、侗族、布依族、水族、瑶族、彝族、土家族、仡佬族、满族、维吾尔族等少数民族，丰富的民族文化共同构筑了一幅贵州民族文化繁荣发展的艺术长卷，成为贵州民族文化品牌建设的坚实后盾。贵州省拥有丰富的原生态民族文化、独具特色的地域文化和悠久的历史文化，这为贵州民族文化品牌的发展提供了丰富的资源禀赋。21世纪初，贵州省对民族文化发展不够重视，民族品牌建设相对落后，近年来，随着贵州省加大对民族文化品牌的孵育力度，不管是"老干妈""多彩贵州"等老品牌还是"黔系列"等新品牌都取得了不菲的成就，逐步成为贵州民族文化品牌的代表。要想对贵州省民族文化品牌的发展现状有一个全面、客观的认识，必须从多个角度分析贵州省民族文化所处的环境。

贵州省民族文化品牌经过多年的发展已经逐步形成了由"多彩贵州"等传统品牌和"黔系列"等新兴品牌共同构成的响亮的民族文化名片。例如"多彩贵州"是贵州省委、省政府等管理部门运作的品牌，授权多家企业建立长期合作，涵盖旅游、文化、教育等多个行业，目前是贵州省最具影响力的民族文化品牌代表。"黔系列"包含了"黔茶""黔酒""黔珍""黔食""黔织"等5个系列，既有香飘世界的美酒、栗香浓爽的茗茶、绿色生态的山珍，也有技艺精湛的刺绣、巧夺天工的银饰，这些都是贵州民族文化品牌转型实现高质量发展的有力体现。"瑞银鸟"是贵州银饰非遗文化的代表品牌，依托贵州黔东南肥沃的民族文化土壤，将具有浓厚的文化底蕴的贵银打造为各种生活用品、器具、酒具等，是当前贵州民族文化品牌高质量发展的缩影。

新经济形态背景下，贵州省依托"多彩贵州"等民族文化品牌，结合地方文化资源优势形成了独具特色的文化产业发展链条，经过多年发展，目前已经是名副其实的民族文化资源大省。然而，贵州省在不断加强民族文化品牌建设的过程中也存在一些不足。例如，品牌建设定位不清晰、品牌传播内容不完善等，这些都制约了贵州省民族文化品牌建设的高质量发展。瑞银鸟作为贵州文创类非物质文化遗产品牌的佼佼者，经过多年发展，目前已经成为贵州省文化旅游的重要代表性品牌之一。

二 环境因素对贵州民族文化品牌发展的影响

（一）区域环境的影响

从地理环境上看，贵州省民族文化品牌既突出了文化特征，也具备地域性特征，包括物质文化遗产和非物质文化遗产。从地域性层面分析，文化品牌衍生于特定的地域空间，人文传统和自然地理是其主要表现元素，这也是民族文化品牌体现贵州这一地域特色的独有表现。如"瑞银鸟"品牌突出"贵银"这一独特的地域性物质资源和"非物质文化传承"这一独特的地域性文化资源。正是这种原生的"物质+非物质"地理资源禀赋，赋予了"瑞银鸟"独特的贵州文化品牌的形象、极具辨识性的区域性特征和原生性特征。

从人文环境上看，贵州省的社会经济和民族文化在长期的发展中逐步形成了独特的地域文化，在品牌经营、传播等一系列过程中融入这种"地方性"特征，可以让消费者更好地感知贵州民族文化和风土人情，进而无形中强化消费者对品牌的认知和认同。例如，"多彩贵州"既属于民族文化品牌也属于区域性品牌，消费者可以从品牌字眼中明确相关产品来源于贵州，通过品牌质量、口碑、文化属性等凸显品牌的民族文化特征和可靠性。再如，"老干妈"同样是贵州的民族文化品牌，在长期的发展中已经形成了独特的"中国辣酱文化"，近年来"老干妈"文化享誉海内外，在世界多个国家中成为"网红产品"，是中国民族品牌文化在海内外传播的正向案例。

从历史工艺传承层面来看，民族文化品牌建设与贵州独有的历史文化底蕴、民族风情及人文气息紧密相连，赋予了其独特的民族文化传承和地域性特征。贵州地区民族文化的丰富性和多样性奠定了民族文化品牌发展的基石，通过历史工艺传承增强民族文化品牌效应，进一步挖掘贵州民族文化品牌的底蕴是实现民族文化品牌建设的有效途径。例如，"瑞银鸟"在贵州特有的资源环境和民族文化基础上发挥"工艺传承""纯手工打造""非物质文化遗产"等贵州民族文化特色，在不断创新发展中凸显了民族文化品牌优势。

（二）文化产业环境的影响

贵州省文化产业的规模化发展为地方品牌建设夯实了基础。近年来，贵州省在文化产业发展道路上不断创新，以民族文化为发展核心，走上了文化产业跨区域、跨产业、融合性发展的新道路，在文化产业的规模上具备了较强的竞争能力。从品牌发展的内在机理看，民族文化品牌发展面临激烈的市场竞争，产业规模化实现了基地建设、资源投入、技术产出优势，可以更好地提升品牌发展质量。例如，"多彩贵州"通过规模化发展带动了演艺产业、旅游、文化、酒类等品牌企业的高质量发展，通过品牌研发基地建设实现了贵州文化资源整合和产业化发展的创新。

贵州省文化产业的集约化发展提升了地方品牌的价值创造能力。贵州省民族文化品牌既要做大，还要做强，文化产业的集约化发展在规模化优势基础上提高了质量和效率，赋予了其更多创新元素，进一步提升了品牌的价值创造能力。贵州省通过对文化资源的整合创造了民族文化品牌在生产、分配及销售管理上的新模式，以创造性思维寻求民族文化与其他文化的交融。例如，"瑞银鸟"品牌建设以银饰打造为核心，通过产业集约化发展形成了文旅资源开发及经营管理，酒店、餐饮、旅游服务业投资和管理，文化产业投资管理，文旅产品、文创产品的开发、生产、销售，民营非遗博物馆建设运营管理等，实现了地方文化品牌价值创造能力的有效提升。

贵州省文化产业的一体化带动地方民族文化品牌突破式发展。贵州省在地方主体文化产业发展的过程中融合了不同民族和地区的文化资源优势，以跨区域合作理念为核心，以龙头品牌企业为引领，带动全省文化产业和各品牌企业的突破式发展。民族文化品牌的一体化发展，是实现贵州文化产业各领域相互融合、不断创新的基础。例如，通过中国（贵州）国际民族民间工艺品·文化产品博览会、多彩贵州文化创意产业博览会、中国绿化博览会等实现平台一体化，通过贵州银饰、贵州玉饰、手工艺品等实现产业一体化，通过贵州民族文化、非遗文化等实现资源一体化。

（三）经营管理环境的影响

规范化的监督管理助力贵州民族文化品牌有序发展。近年来，贵州省在企业经营环境管理上狠下功夫，积极实施民族文化品牌质量监督管理工作，通过品牌标准化建设对品牌发展、品牌质量严把关，实现了地方民族文化品牌体系的有序发展。一方面，鼓励提升企业品牌技术含量，从品牌认证、企业管理到品牌控制严格把关，建立了贵州文创品牌的良好口碑，奠定了竞争优势；另一方面，不断加大对贵州民族文化品牌的管理力度，对侵权、假冒伪劣等危害品牌信誉的行为加大惩处力度，最大化地维护品牌声誉和形象。例如，贵州文化产业发展中心为规范多彩贵州 VI 形象，给品牌授权企业下发了《多彩贵州 VI 识别手册》，要求各品牌授权企业必须规范化使用多彩贵州标识。同时还聘请了专业律师团队及经验丰富的企业品牌管理专家学者为相关商标的使用保驾护航，对相关商标进行不定期跟踪管理，保障了商标使用的规范化，维护了贵州民族文化品牌的有序发展。

与时俱进的市场营销策略塑造了贵州民族文化品牌良好形象。随着新媒体的不断普及与发展，品牌的营销推广也逐渐从传统的电视广告、会展、报纸等传播方式转为利用互联网新媒体等新型传播形式，注重话题营造与引领，通过多种公关手段策划新闻，营造热点，实现品牌的爆发式、自主式传播。在新媒体时代，民族文化品牌营销推广还可以借助正能量事件提升自身的品牌价值，如"瑞银鸟"通过与贵州凯里的农村绣娘合作社签订合作协议的产业扶贫方式和向凯里也蒙村小学捐赠及积极参与"千企帮千村"对口扶贫项目等捐赠扶贫的形式，树立自身良好的品牌形象，通过网络传播等形式获得社会各界的一致好评。

（四）政策扶持环境的影响

政策扶持推动贵州民族文化品牌创新发展。政府是贵州民族文化品牌的管理主体，肩负着营造品牌发展的政策环境责任，例如在品牌认证体系、品牌授权管理等方面，当地政府基于贵州省地方民族文化品牌的发展实际给予政策扶持，并联合相关部门为民族文化资源的开发和利用营造良好的发展和创新环境。在"十四五"发展的关键时期，民族品牌的创新化、产业化发展既与品牌持有管理者的战略性思维有关，同时也离不开地方政府营造的良好文化产业发展环境。例如，"瑞银鸟"品牌在品牌创始人张晓的带领下，依托贵州省良好的文化产业发展环境，从手工银饰创作向周边延伸，餐饮如瑞银鸟银锅制灶餐厅、酒具设计如飞天酒具套装、刺绣如瑞银鸟各类型定制手包、文创如贵州省博物馆文创系列等。文化产业的延伸发展不但打响了"瑞银鸟"民族文化品牌，同时也有效带动了贵州文化产业的创新发展。

政府引领为贵州民族文化品牌发展提供了方向。政府在民族文化品牌的发展中起到一定的推广作用，同时从法律制度、经营政策、营商环境等方面推动文化品牌的规范发展与创新。例如，贵州省对民族文化品牌的发展十分关注，对于规范化发展且具有行业引领作用的龙头企业品牌给予一定的政策支持，在税收、投融资等方面提供保障，积极推进建立行业质量体系认证标准，引导企业、学校和社会构建产学研体系，加大对教育方面的投入，为企业发展提供人才支持。在政府持续性的宏观政策引领下，培育了如"黔系列""老干妈""瑞银鸟"等国内外知名的民族企业品牌。

三　贵州民族文化品牌发展策略——以瑞银鸟为例

（一）瑞银鸟品牌简介

瑞银鸟品牌由贵州瑞银鸟文化传播有限公司持有并管理，公司成立于2014年，总部位于贵州省贵阳市，主要从事文旅资源开发及经营管理，酒店、餐饮、旅游服务业投资和管理，文化产业投资管理；文旅产品、文创产品开发、生产、销售；民营非遗博物馆建设运营管理。公司旗下现运营管理国家级 AAAA 级旅游景区 1 个，建成并运营非遗绣娘生产基地 3 个，建成并运营非遗银器生产基地 1 个，直营非遗展示店铺 30 家，直营餐饮店 2 家。公司现有员工 712 人，其中绣娘 223 名，银匠 110 名。独立的产品开发团队与运营团队，形成了瑞银鸟独有的经营模式。

（二）瑞银鸟品牌发展策略

1. 精准的品牌定位

做好品牌定位既是品牌建设的基础，同时也是品牌在行业竞争中占据优势的前提。之所以要进行品牌定位，是为了能给消费者一个良好的品牌形象，从而增加消费者对品牌的黏性，吸引潜在消费者并使其产生购买行为，只有具备了固定的消费群体才能产生品牌偏好，才能在市场竞争中立足脚跟。除此之外，品牌定位在产品经营和市场营销上也发挥着重要作用，可以为品牌传播提供方向，进而产生良好的品牌传播效应。

品牌定位主要包括两个方面：一是产品定位，二是消费者定位。结合瑞银鸟品牌的企业愿景可以看出，其产品定位主要是"银器""刺绣""非遗文化"。瑞银鸟给自己的定位是非遗品牌，以非遗手工艺为手段汇集民间非遗手工艺人向世人呈现最具内涵、不可复制的非遗手工艺品。品牌以此为核心向周边延伸发展，实现品牌创新，如全国第一家"银"文化主题餐厅，为大众提供美食的同时展现精美的银饰工艺品。与茅台合作设计的飞天酒具套装以及自主定制的各类型刺绣包等均可以体现瑞银鸟品牌的核心定位。消费者的定位可以结合其商业模式进行分析，瑞银鸟产品的商业模式主要是民营博物馆、银饰生产基地、刺绣生产基地、电商平台以及直营和加盟店铺。不难看出，瑞银鸟品牌的消费者定位是文创爱好者，刺绣、酒具、银饰等收藏者的大众群体。瑞银鸟精准的产品定位和消费者定位为其品牌发展提供了方向。

2. 高标准的产品质量

旗下产品紧扣品牌定位。在品牌发展的过程中，产品方向的确立是十分关键的，企业要想在激烈的市场竞争中谋得发展，必须根据企业相关资源特点，分析产品发展信息，确定最合适的消费者群体，即产品—消费者—品牌三者相互作用，以高标准的产品质量形成细分市场，经过产品的创新发展才能在细分的市场中做大做强。瑞银鸟以非遗技术结合纯手工呈现最具内涵、不可复制的非遗手工艺品，本身就是对传统的创新以及质量的保障。瑞银鸟的匠人包括国家高级技师张永宽、国家级非遗银饰锻制技艺传承人郆引岩、国家级非遗银饰制作技艺传承人杨正贵、民间银饰锻造大师潘海民等。旗下的飞天酒具套装、纯手工刺绣包、博物馆文创系列等产品深受消费者喜爱。瑞银鸟将产业、教育、传承等元素融入商业模式，在产业上通过研发、设计与制作，通过非遗工艺制作非遗手工艺品不断满足消费者需求，进而激发潜在从业者形成专业化培育的非遗手工艺从业群体，形成持续的人才供给，保障了产品质量的高标准。

3. 重视对品牌整体形象的宣传

瑞银鸟的品牌形象宣传方式并不是商业味浓重的宣传方式，而是侧重其产品民族文化创意元素的品牌形象的整体宣传形式。瑞银鸟产品整体涉及银器类（包括酒具系列、茶具系列、餐具系列、饰品系列、定制系列等）、刺绣类（包括皮包系列、饰品系列和定制系列）、蜡染类（包括饰品系列和定制系列）。每一个系列的产品都坚持手工制作，精雕细琢，每一个系列的产品都凸显高端、传统的品牌形象。瑞银鸟重视对品牌的整体宣传，除了传统的商业宣传，还积极参与各项产业扶贫、捐赠扶贫项目，同时积极转化潜在从业者，通过专业化培养形成非遗手工艺从业者，创建瑞银鸟非遗手工刺绣生产基地、非遗"银"文化主题美食馆等，为自身的品牌营造良好的社会宣传氛围。

四 贵州民族文化品牌的发展路径

（一）打造区位优势，凸显贵州民族文化品牌定位差异

贵州省民族文化品牌的发展源于贵州文化，节日文化、歌舞文化、手工艺品、服饰文化、语言文化等共同构筑了民族文化品牌发展的基石，既体现了文化品牌的民族性，也体现了企业的精神内涵。基于特色地域文化和区位自然资源的贵州民族文化品牌发展，既实现了地方产业结构的优化，也形成了独特的产业经济，日趋成为传播贵州民族文化、培育贵州民族文化产业的有效载体。

一是进一步挖掘贵州民族文化品牌的区域特色。通过挖掘贵州人文与自然资源的独特优势，形成独属于贵州的文化特色符号，将其融入产业化发展道路，通过品牌形象认知的提升促进民族文化产业品牌的可持续发展，助力

贵州文化繁荣和产业经济高质量发展。

二是保护并发挥贵州自然资源优势。独特的自然资源优势是民族文化品牌发展的核心，如瑞银鸟核心产品是"贵银"，依托贵州雷山瑞银坊银饰制作技艺，夯实民族文化品牌，凸显产品优势。

三是凸显民族文化特色，不断丰富品牌的文化内涵。民族文化品牌建设既包含文化属性，也具备经济属性，所以在发展过程中要凸显民族文化特色，挖掘特色文化下的产品文化内涵。例如，贵州"老干妈"品牌驰名中外，老干妈产品的优质是来源于多个方面的，其中对原料的精挑细选、对制造工艺的严格把控造就了世界闻名的"老干妈"文化品牌，同时也带动了贵州其他辣酱品牌的发展，这就是经济与文化的结合所创造的品牌价值。

（二）优化产业环境，助力民族文化品牌守正创新

从民族文化产业视角分析，产业环境既包含民族文化特色产业优势，也包含品牌产品质量、产业发展规模化标准化等内容。

一是充分发挥贵州文化产业优势，挖掘培育民族文化品牌。贵州的多元民族构成和丰富的民族文化资源优势多年来培育了一个又一个优秀的民族文化品牌。随着文化产业发展的不断深入，产业环境面临的复杂性给民族品牌企业的发展带来了更多挑战。瑞银鸟等民族文化品牌依托"非遗文化""贵银"等民族元素在同类行业中已经具备了较高的影响力，但是如何发挥其在产业化发展道路上的优势，是目前亟须关注的重要问题。例如，瑞银鸟旗下的瑞银鸟银锅制灶餐厅吸引了众多文创爱好者和美食爱好者，其所具备的市场效益既有美食等餐饮元素，也离不开瑞银鸟民族文化品牌元素的加成，充分凸显了民族文化品牌效应在餐饮等大众行业中的优势和创新特质。

二是加强品牌产品的技术改良，不断提升品牌产品质量。民族文化品牌之所以受到大家的追捧，除了其本身具备的工艺性、民族性、特色性等特征，还因其精益求精的制作工艺和受到消费者普遍认可的质量保障，所以要在质量保障的基础上不断创新，吸引潜在的消费群体。

三是注重文化产业品牌规模化标准化发展。民族文化品牌的发展离不开

企业对品牌的经营，只有良好的企业发展环境才能培育地方龙头企业，从而带动文化产业规模化发展，形成品牌凝聚力。例如，"多彩贵州"品牌之所以能发展成为贵州民族文化品牌的名片，与其统一管理、专业分工模式下的文化产业规模化标准化存在密切关系。

（三）规范经营管理，实现民族文化品牌高质量发展

一是规范民族文化品牌的使用制度。民族文化品牌之所以能受到消费者的信赖，一方面是其与地方文化挂钩，具有独特性；另一方面也与自身在长期经营中诚实守信、重视质量等优良品质积累的口碑有关，二者共同构成了消费者对其信赖的因素。在"十四五"发展规划阶段，随着国家对文化产业的重视，民族文化品牌发展必然成为新的风口，为避免民族文化品牌的滥用，在品牌使用制度上必须予以重视和规范。哪些品牌是真正能代表地方民族文化的，哪些又是"搭便车"攫取经济利益的，必须予以厘清，形成持续有效地规范民族文化品牌的使用制度。

二是完善商标注册与产品认证程序，保障民族文化品牌。对于现有的民族文化品牌，政府要加大对其监管力度，做好品牌发展的指导引领工作，以民族文化品牌特色为发展优势，守正创新，做真正的民族文化代表的好产品。

三是注重对民族文化品牌的塑造。民族文化品牌塑造包括品牌定位、品牌形象设计等多方面内容。在品牌定位和形象设计层面，一定要凸显品牌核心价值定位、品牌架构模式设计、品牌个性化界定、品牌传播等个性化营销，赋予品牌独特、鲜明的形象，逐渐形成消费者对品牌文化价值的认同。例如，瑞银鸟品牌的核心价值观就是"以发展创新传承匠心、以非遗手工打造产品、以赤诚之心服务客户、以合伙机制成就员工"。

参考文献

刘勇、曾新华：《贵州民族文化产业品牌建设路径分析》，《新闻传播》2016 年第

6 期。

　　刘茜：《新时代贵州文化"走出去"的现状及对策分析》，《智库时代》2018 年第
28 期。

　　李军、李军明、向轼：《贵州特色民族文化产业竞争力提升研究》，《西北师范大学
学报》（自然科学版）2021 年第 4 期。

　　李代峰：《贵州三线建设文化品牌建设研究》，《中外企业家》2016 年第 25 期。

　　张珈瑜：《"多彩贵州"文化品牌传播研究》，硕士学位论文，湖南大学，2019。

B.23
贵州省数字文化产业发展研究

付 伟 罗 曼 黄译熳*

摘 要： 从国务院印发《"十四五"数字经济发展规划》到贵州省提出数字经济战略，贵州省坚定信心，响应政策号召，紧跟时代发展潮流，在数字经济发展上抢占先机，为本省经济发展谋新篇。数字文化产业作为贵州省大力发展数字经济的新趋势，其依托 ICT（信息与通信技术），结合本省多元特色文化底蕴和数字经济时代的区位优势，在以政府政策和较大市场需求为原动力的支持下，发展前景可观。本文通过对贵州省数字文化产业及其他相关产业产值数据的模型分析，发现贵州省数字文化产业及其他相关产业正处于缓慢成长阶段。基于此，建议当地政府进行适当的政策倾斜以刺激数字文化产业及其他相关产业成长，同时应加大对"多彩贵州"产业集群的孵化，以此激发贵州省数字文化产业及其他相关产业的内生发展动力，促进贵州省数字文化产业的多元融合。

关键词： 数字文化产业 数字经济 数字生态

"十四五"时期，习近平总书记在贵州视察时就"在实施数字经济战略上抢新机"作出重要指示，为贵州省发展数字经济坚定信心，注入强大动力。2021 年 12 月 29 日，贵州省大数据发展领导小组办公室印发《贵州省

---

* 付伟，澳门科技大学人文艺术学院传播学硕士，研究方向为整合行销传播；罗曼，贵州民族大学民族学与历史学学院文物与博物馆硕士，研究方向为文物与文化产业；黄译熳，澳门科技大学人文艺术学院传播学硕士，研究方向为新媒体传播。

"十四五"数字经济发展规划》。近年来，贵州省依托大数据发展机遇，强化数字经济战略布局，实现数字化"从无到有"的跨越式发展，数字经济稳步发展。2021年贵州数字经济增加值占 GDP 比重为 35.2%，规模同比增长 20.6%，高于全国平均 4.4 个百分点，增速连续七年位居全国第一。①

当前，随着 ICT 的快速发展，一种融合了信息通信技术和文化内容的新业态应运而生，即数字文化产业。数字文化产业利用 AR、VR、MR 等技术手段，产出了一大批具有内容"IP"的数字资产，在数字经济中占有较大的比重。当下的数字文化产业是指利用数字高科技手段和信息技术改造不同形式的文化产业，整合科技含量，提高文化科技含量和商业价值的高科技文化产业，包括文化产业、信息产业和计算机产业三大基本板块，涉及移动通信、互联网服务、游戏、动漫、音频、视频、数字出版和数字教育培训等多个领域。② 贵州作为一个多民族聚居的省份，其自身有着多元深厚的民族文化，结合近几年贵州省"互联网+""大数据+"等发展战略的提出，ICT 与当地民族文化、红色文化、白酒文化等文化内容的融合发展，使数字文化产业收入在全省数字经济收入中占比较大。

一　文献综述

（一）数字文化产业的概念和特点

1. 数字文化产业的概念

数字文化产业作为信息时代的重要组成部分，汇集了文化创意与数字技术，通过数字化媒体平台进行创作、传播、分发和消费，促进了文化领域的创新与演变。其中，Tim O'Reilly 在其关于"Web 2.0"的研究中提出了数

---

① 中国信息通信研究院：《中国数字经济发展白皮书（2022）》，网经社网，2022 年 7 月 11 日，http：//www.100ec. cn/home/detail--6614636. html。
② 王斌、蔡宏波：《数字内容产业的内涵、界定及其国际比较》，《财贸经济》2010 年第 2 期，第 110~116、137 页。

字文化产业的概念，将数字技术与用户生成的内容相结合，形成了数字化文化的新兴领域。① C. Bilton 探讨了"Web 2.0"对教学与学习的影响，进一步强调了数字化媒体平台在数字文化产业中的关键作用。②

H. Horowitz 在其文化统计框架中强调，数字文化产业是利用数字技术将文化创意内容数字化，以满足不断增长的数字化媒体传播需求的经济活动。③ 同时，魏鹏举、戴俊骋研究了文化创意产业与数字经济的融合，指出数字文化产业是数字经济中的一个重要分支，具有创新和发展的潜力。④ 王红英、娄海波、韩丽君的研究则关注数字文化产业的发展状况与存在的问题，突出了数字技术在促进文化产业升级与创新方面的作用。⑤

综上所述，数字文化产业作为数字技术与文化创意的融合体现，以数字化媒体为平台，为创作、传播和消费提供了新的途径，在经济、文化和创新方面都具有重要意义。这一概念在学术界和实际应用中持续引发关注与研究，为数字化时代文化的发展带来了新的可能性。

2. 数字文化产业的特点

数字文化产业作为文化创意和数字技术的结合，呈现一系列的特点，这些特点在多个研究中得到探讨。D. Hesmondhalgh 与 S. Baker 研究了独立音乐商店的衰落，指出数字文化产业的一个特点是造成市场格局的变化。数字技术的兴起促进了音乐、影视等文化内容的数字化传播，改变了传统文化产业的竞争格局。⑥ E. Evans 与 J. Foster 在他们的研究中探讨了数字化媒体对文

---

① Tim O'Reilly, "What Is Web 2.0: Design Patterns and Business Models for the Next Generation of Software", *International Journal of Digital Economics*, Vol. 65, No. 1, 2005, pp. 17-37.

② C. Bilton, "Web 2.0: A New Wave of Innovation for Teaching and Learning?", *The Electronic Journal of e-Learning*, Vol. 5, No. 1, 2007, pp. 41-50.

③ H. Horowitz "The UNESCO Framework for Cultural Statistics and A Cultural Data Bank for Europe", *Journal of Cultural Economics*, Vol. 5, No. 2, 1981, pp. 1-17.

④ 魏鹏举、戴俊骋：《中国文化经济发展的融合创新战略格局形成》，《北京联合大学学报》（人文社会科学版）2017 年第 3 期，第 19~25 页。

⑤ 王红英、娄海波、韩丽君：《河北省数字文化产业的发展现状及对策研究》，《河北广播电视大学学报》2012 年第 4 期，第 54~56 页。

⑥ D. Hesmondhalgh, S. Baker, "A Very 'Ordinary' Cultural Industry: The Decline of the Independent Record Store", *European Journal of Cultural Studies*, Vol. 14, No. 5, 2011, pp. 543-565.

化领域的影响，强调数字文化产业的特点是多样性和广泛性。数字化技术使得文化内容能够以更多样的形式和媒介传播，创造了更广阔的文化体验空间。①

在国内研究中，Sun Meng 研究了城市转型中文化产业的作用，指出数字文化产业的特点之一是与城市发展紧密联系。数字文化产业通过数字技术和在线平台，促进了文化产业在城市经济中的融合和升级。② 范玉刚对数字文化创意产业的发展进行了分析，强调数字文化产业的特点是创新性和多元化。他认为数字技术的应用为创意内容的表现提供了更多可能，促使文化产业不断迭代和创新。③ 同时，黄江杰、汤永川、孙守迁也探讨了我国数字文化创意产业的特点，指出数字文化产业的一个特点是与数字时代紧密相连。数字技术的普及使数字文化产业具备更广阔的市场和受众，为文化创意的发展创造了有利条件。④

基于已有的研究，不难发现数字文化产业具有改变市场格局、多样性与广泛性、与城市发展关联、创新性和数字时代的紧密联系等多个特点。这些特点共同塑造了数字文化产业的面貌，推动了其在经济和文化领域的快速发展。

（二）国内外数字文化产业发展现状

ICT 深刻地影响了文化产业，国内外的数字文化产业迎来了全新的发展格局。在国际范围内，数字文化产业正在迅速崛起，成为推动文化经济增长的重要引擎。王学琴、陈雅的研究指出，欧美等发达国家在数字文化领域投入了大量资源，数字媒体、虚拟现实等新兴技术得到广泛应用，推动了文化创意产业的跨越式发展。同时，亚洲国家如韩国、日本等也在数字文化产业方面

---

① E. Evans, J. Foster, "Metaphors of the Digital Universe", *Journal of Media & Cultural Studies*, Vol. 25, No. 2, 2011, pp. 149-155.

② Sun Meng, The Production of Art Districts and Urban Transformation in Beijing, *University of Illinois at Chicago*, 2010.

③ 范玉刚：《新时代数字文化产业的发展趋势，问题与未来瞩望》，2018，第69~76页。

④ 黄江杰、汤永川、孙守迁：《我国数字创意产业发展现状及创新方向》，《中国工程科学》2020年第2期，第63页。

取得了显著成就，数字音乐、动漫、游戏等成为其文化出口的重要组成部分。①

国内数字文化产业也呈现迅速增长的趋势。肖宇、夏杰长的研究揭示出我国数字文化创意产业不断壮大，数字出版、数字娱乐等领域正不断涌现出优秀的企业和创意作品。② 政府对数字文化产业的支持政策也日益完善，加速了数字文化产业的发展。曹东溟、罗玲玲、任巧华则强调，我国数字文化产业正处于快速发展阶段，数字媒体内容呈现丰富多样的特点，数字艺术、数字影视等正不断融入人们的生活。③

除了产业规模的扩大，数字文化产业的跨界融合也成为发展的显著特点。UNESCO 的报告指出，数字文化产业的发展已经超越了传统文化产业的边界，数字技术在文化领域的应用架起了不同产业的桥梁。④ 数字技术为文化内容创作、传播、互动提供了全新的方式，数字化平台为文化创意与商业模式的融合创造了更多可能性。

目前，国内外数字文化产业的发展现状表现出多样性和创新性特征。国际上，数字文化产业已成为文化经济增长的引擎，而国内数字文化产业也在政策支持和市场需求的双重推动下迅速壮大。跨界融合和技术创新进一步塑造了数字文化产业的发展轨迹，为文化产业的蓬勃发展开辟了广阔的前景。

二 贵州省数字文化产业发展历程

（一）数字文化产业发展基础

1. "多彩贵州"产业集群稳固支撑

在本文中，"多彩贵州"产业集群主要是指贵州省在经济发展过程中形

---

① 王学琴、陈雅：《国内外数字文化产业内涵比较及现状研究》，《数字图书馆论坛》2014 年第 5 期，第 39~44 页。
② 肖宇、夏杰长：《我国数字文化产业发展现状、问题与国际比较研究》，《全球化》2018 年第 8 期，第 70~86 页。
③ 曹东溟、罗玲玲、任巧华：《国外文化产业技术创新的发展及对我国的启示》，《东北大学学报》（社会科学版）2014 年第 4 期，第 349 页。
④ UNESCO，"Re｜Shaping Cultural Policies：Advancing Creativity for Development"，2018，retrieved from https：//unesdoc. unesco. org/ark：/48223/pf0000260678.

成的一系列相关产业的集聚区域。这些产业涵盖了贵州省特色资源、优势产业和战略重点领域，包括茶叶、药材、特色农产品、旅游、现代制造业等。基于此，贵州省在产业化运作中，除成功打造了与《印象刘三姐》《云南印象》并称"西南三部曲"的大型民族歌舞《多彩贵州风》（已列入国家文化旅游重点项目名录）和原生态民族歌舞《多彩贵州黔印象》外，"多彩贵州"品牌还成功在金融、白酒、茶叶、饮料等十余个行业授权使用，拉动投资数十亿元，初步形成"多彩贵州"文化产业品牌集群。①

在近几年的发展创新中，贵州省丰富多元的文化产业内容，为贵州省数字文化产业的打造提供了坚实的"IP"支撑，使其成功踏上了内容为王的发展之道。同时，依托"多彩贵州"文化产业品牌的集群化发展，贵州省数字文化产业从一开始提出便具有一定数量的受众群体。"多彩贵州"文化总体构成复杂、内容丰富、多元百态，将为贵州省数字文化产业带来巨大的发展空间和较为可观的数字经济收益。

2. 数字经济区位优势显著

《贵州省"十四五"数字经济发展规划》提出，将以贵阳贵安为核心，统筹区域发展和空间布局，引导省内其他地区错位互补、协同发展，形成"一核引领、两带协同、多点支撑"的数字经济发展布局。

（1）"一核引领"。立足贵阳贵安大数据产业的特色优势，强力落实"强省会"战略部署，将贵阳贵安打造成为引领全省、辐射周边、示范全国的大数据产业发展示范区，形成"一核引领"。

（2）"两带协同"。以贵阳贵安数据中心产业集聚发展为牵引，联动黔南 FAST 数据中心、黔西南数据灾备中心等算力基础设施，打造集算力服务、数据服务及数据中心产业生态于一体的"数据存算服务产业带"。② 以遵义、铜仁为重要节点，紧密衔接成渝地区双城经济圈，重点发展智能终端、物联网、北斗应用、平台经济等，打造"数字产业创新发展带"。

---

① 喻健、唐亚娟：《"多彩贵州"文化品牌传播研究》，张学立、袁华主编《多彩贵州文化学刊》第 1 辑，中国社会科学出版社，2017，第 3~75 页。
② 刘苏：《下好"先手棋" 用好"关键招"》，《中国建设报》2022 年第 3 期。

（3）"多点支撑"。基于安顺、毕节、六盘水、黔东南等市州当地资源、区位条件和产业基础，加强与"一核两带"的合作，各市州之间相互补充、携手合作，加快发展地方数字经济。

结合贵州省省情及地理因素，贵州省数字经济发展布局合理清晰，整体发展充分考虑了各市州的文化优势，在实现内部数字产业互补的同时，注重撬动临近经济圈来带动自身数字经济发展。以"一核引领""两带协同"为数字经济的技术支撑，实现"多点支撑"下的内容输出，同时布局的多元化、全面化，为数字文化产业融合发展奠定坚实基础。

（二）数字文化产业发展动力

1. 政策扶持

为了深化数字经济与文化内涵的融合，从而推动地方经济的可持续发展，贵州省积极探索并实施一系列政策和措施，促进数字文化产业的高效发展。这些举措体现在财政支持、税收优惠、人才培养以及金融支持等方面。

（1）财政支持。贵州省从财政角度出发，将资金投入数字文化领域，用以推动新兴技术与地方文化内容的融合。这一举措有助于激发数字文化创意，推进创新项目的孵化，从而促进数字经济的增长。

（2）税收优惠。贵州省通过实施税收优惠政策，为数字文化企业创造更有利的经营环境。地方文件显示其中包括减免企业所得税、增值税等，鼓励数字文化企业积极投资创意产品的研发与生产。

（3）人才培养。人才是数字文化产业的核心竞争力。为了培养高水平的人才，贵州省设立人才"蓄水池"、人才津贴机制等，以吸引并留住在数字文化领域具有创新精神的人才。此外，建立产学研合作平台，推动高校、科研机构和企业之间的合作，力图实现科技成果的快速转化。

（4）金融支持。为解决数字文化产业的融资难题，贵州省建立了金融支持体系。通过金融机构为数字文化企业提供贷款、风险投资等金融服务，进一步推动数字文化产业的发展壮大。此外，数字文化产业投资基金的设立也有助于支持有潜力的创新项目。

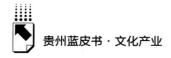

这些综合性的政策和措施，结合《贵州省数字经济发展规划（2017～2020年）》和《贵州省"十四五"数字经济发展规划》的指导，将有助于进一步推动数字文化产业的发展，加速数字经济与地区文化的融合，为地方经济的增长注入新的活力，同时也有助于在ICT的推动下培育新的业态，创造更多的就业机会，提升整体竞争力。

2. 市场需求

ICT的兴起在很大程度上颠覆了传统的文化产业模式，同时也在全球范围内引发了一场追求数字化文化服务产品的潮流。疫情的影响更是推动了人们对数字化文化服务的需求，特别是在短视频、在线展览、虚拟旅游、数字娱乐等领域，数字化文化服务产品得到更广泛的关注和接受。

根据2022年《中国数字经济发展报告》，我国数字经济在2021年达到45.5万亿元的规模，年均增速高达15.9%，数字产业化规模更是达到8.35万亿元，占数字经济的比重为18.4%，在GDP中的比重也达到7.3%。贵州省在这一趋势中表现出色，数字经济的同比增速均超过了20%。这些数字充分展示了贵州省数字经济发展的活力和潜力，也印证了贵州省在数字文化产业方面所采取的政策和措施的有效性。

贵州省在数字文化产业的高速增长中，不仅受益于ICT的推动，还得益于政府战略的成功实施。政府通过财政支持、税收优惠、人才培育以及金融支持等措施，有力地促进了数字文化产业的蓬勃发展。同时，贵州省在数字文化领域的创新和实践，为地方经济的发展提供了新的增长引擎，推动了文化产业的数字化转型，创造了更多的就业机会，提升了地区的综合竞争力。

三 贵州省数字文化产业发展实证分析

（一）资料来源

为获取较为准确的数字文化产业数据，基于国家统计局公布的《数字

经济及其核心产业统计分类（2021）》对数字经济的分类，根据我国现行
《国民经济行业分类》（GB/T 4754—2021）中对文化产业的分类标准，分别
从 2016~2020 年《贵州统计年鉴》和 2016~2020 年《中国统计年鉴》中获
取相关数据，绘制表 1、图 1。

表 1　2016~2020 年贵州省数字文化产业及其他相关产业发展概况

年份	贵州省 GDP（亿元）	贵州省数字文化产业及其他相关产业增加值(亿元)	贵州省数字文化产业及其他相关产业增加值/贵州省 GDP(%)
2016	11792.35	2533.66	21.49
2017	13605.42	3175.55	23.34
2018	15353.21	3790.31	24.69
2019	16769.34	4284.06	25.55
2020	17826.56	4570.22	25.64

资料来源：国家统计局。

图 1　2016~2020 年贵州省数字文化产业及其他相关产业发展概况

（二）数据分析——Logistic 增长模型

行业生命周期的识别和预测大多采用产品生命周期模型。虽然行业生命周
期分为四个阶段，但关键阶段并不明显。所以要识别行业生命周期的每个阶段，

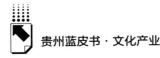

则经常使用定性加定量的研究方法。[①] 类推定性的方法，即利用空间的不平衡发展产业，落后地区与发达地区的差异决定了产业发展的阶段。采用定量方法确定生长曲线模型，它基于行业生命周期，使用数学方程拟合行业的时间序列。

增长曲线模型：$y_t = \dfrac{k}{1+e^{f(t)+u_t}}$

一般式：$f(t) = a_0 + a_1 t + a_2 t^2 + a_3 t^3 \cdots\cdots + a_n t^n$；常见式：$f(t) = a_0 + a_1 t$。

$$y_t = \dfrac{k}{1+e^{(a_0-a_t)+u_t}} = \dfrac{k}{1+be^{-at+u_t}}$$

该模型常用于描述有机体的生长发育研究。其中 k 和 0 分别代表增长的上限和下限，a 和 b 是待估计的参数。根据文化产业发展现状和世界转型的典型民族文化产业经验以及《贵州省数字经济发展规划（2017~2020 年）》《贵州省"十四五"数字经济发展规划》，确定贵州省数字文化产业的饱和规模为 5000 亿元，得到如下回归方程。2016~2020 年贵州省数字文化产业及其他相关产业增加值及估计值如图 2 所示。

$$y_t = \dfrac{5000}{1+be^{-at+u_t}}, \quad R^2 = 0.740$$

图 2 2016~2020 年贵州省数字文化产业及其他相关产业增加值及估计值

① Li Shusheng, "Culture Industry Development and Regional Economy-Case Study of Tianjin", *Physics Procedia*, Vol. 25, 2012, pp. 1352-1356.

四 结果

在统计学和回归分析中，R^2（R-squared，也称为决定系数）是用来衡量回归模型对因变量变异性的解释程度。研究中 $R^2 = 0.740$ 表明 Logistic 增长模型能够很好地解释贵州省数字文化产业及其他相关产业发展的趋势，但仍有一部分方差未被模型解释，这可能受到其他因素的影响。

结合 R^2 数值以及贵州省数字文化产业及其他相关产业巨大的发展潜力。在追求 5000 亿元的饱和规模目标时，需要综合考虑文化产业的多个方面，包括数字技术的创新应用、文化产品的多样性、市场需求的变化等因素。政府和利益相关者应制定支持政策，鼓励创新和合作，以实现数字文化产业及其他相关产业的可持续发展。需要注意的是，本文基于目前可用的信息和模型，暂且无法完全预测贵州省数字文化产业及其他相关产业的发展趋势。因此，在实际决策中，需要定期更新数据和模型，以适应产业发展的动态变化。

五 讨论

通过 Logistic 增长模型的分析，本文预测了贵州省数字文化产业及其他相关产业的饱和规模为 5000 亿元时，模型的 $R^2 = 0.740$，显示出模型可在一定程度上解释贵州省数字文化产业及其相关产业的发展情况。然而，实现这一目标需要全面的政策支持和产业合作，以确保数字文化产业及其他相关产业可持续发展。需要持续关注产业的发展动态，以便及时调整策略和决策。同时基于 Logistic 增长模型的分析结果，即 $R^2 = 0.740$ 的解释程度，本研究探讨了贵州省数字文化产业及其他相关产业的发展前景，并重点关注其潜力和可能的发展路径。

运用 Logistic 增长模型可洞察贵州省数字文化产业及其他相关产业的发展趋势。$R^2 = 0.740$ 表示模型能够解释因变量方差的 74%，这表明研究的模型在一定程度上能够有效地捕捉并解释数字文化产业及其相关产业发展的主要变化趋势。然而，剩余的 26% 方差未被模型解释，可能涉及其他外部因素或未考虑的变量，需要进一步研究和分析。在现实中，数字化的浪潮为文化产业提供了巨大的发展机遇。正如上文所讨论的，数字技术的创新应用、民族文化资源的丰富、跨界合作的推动，都为数字文化产业的蓬勃发展提供了有力支持。

考虑数字文化产业的潜力和模型的预测，未来的发展路径可能涉及以下几个方面。一是政府可以通过加强数字技术的研发和应用，推动数字文化内容的创新和提升，以提高产业的技术水平。二是鼓励文化创意与科技的融合，有助于开发更具创新性和吸引力的数字文化产品。三是培养专业人才，特别是懂技术的文化从业人员，将有助于推动数字文化产业的可持续发展。

同时，数字文化产业的发展也面临一些挑战。技术的快速变化需要产业从业人员不断学习和更新知识，以适应市场的变化。在这一方面，持续的培训和教育将发挥关键作用。此外，知识产权保护和市场需求的波动也需要得到重视。政府和产业相关方可以制定更加完善的知识产权法律法规以及灵活的市场策略，以支持数字文化产业的健康发展。

六　结论与展望

Logistic 增长模型的 R^2 统计量显著，模型拟合效果较好，反映了贵州省数字文化产业及其相关产业产值随时间变化的趋势。目前，贵州省数字文化产业及其相关产业的产值增速缓慢，不排除产生这一情况的诱因是"数字文化产业价值链结构不成熟"，[①] 但随着时间的推移、"数字文化产业发展的多维关系"的建立，[②] 数字文化产业及其相关产业产值增速会有所加快，最

---

① Qi Ma, Yang Yangfeng, Jing Gao, Lu Ren, Zhang Wenyu, "Digital Cultural Industry Value Chain Structure and Analysis of Its Influencing Factors", in Proceedings of 2012 3rd International Asia Conference on Industrial Engineering and Management Innovation (IEMI 2012), Berlin, Heidelberg: Springer, 2012, pp. 421-428.

② 黄永林：《数字文化产业发展的多维关系与时代特征》，《人民论坛·学术前沿》2020 年第 17 期，第 22~29 页。

终呈现由慢到快的趋势。在运用 Logistic 增长模型对 2016～2020 年贵州省数字文化产业及其相关产业的生命周期进行分析后，发现贵州省数字文化产业及其相关产业正处于缓慢成长阶段，基于此可以采取适当的政策倾斜以刺激数字文化产业及其相关产业的发展，同时通过人才培养、企业帮扶等措施加大创新力度，激发贵州省数字文化产业及其相关产业的内生发展动力，促进贵州省数字文化产业的多元融合。

为顺应贵州省数字文化产业不同阶段的发展，把握好数字经济发展机遇，建议文化管理部门从建立数字文化转向管理数字文化，管理方法应着眼于国际数字化视野，拓宽到其他行业，多部门协作共同管理。通过深化结构改革，逐步建立和完善数字文化行政管理体制、公共服务体系和市场体系，① 促进贵州省数字文化产业的繁荣发展。在数字文化产业方面应继续保持和扩大贵州在民族文化和旅游开发方面的优势，建立完备的数字文化库和数字文化产业集群，打造数字文化创意园，合理开放已有的数字资产，使其充分调动社会参与的积极性，进而实现数字资源的整合。未来不论是政府主导还是企业主导的数字文化产业项目都将为贵州的数字产业带来新的发展机遇。在进一步规划贵州省数字文化产业发展蓝图的同时，应巩固好贵州原有的"互联网+""大数据+"等数字资源，以及夯实民族文化、红色文化、旅游产业等，为借助大数据优势深度结合 VR、MR 等技术打造数字文化产业做好铺垫。数字文化产业的发展离不开政府的主导、企业的参与和大众的支持，贵州省数字文化产业发展目前已初具雏形，正处于发展的瓶颈期，在此期间政府应鼓励企业积极创新发展，正确引导文化内容与数字的融合，避免出现数字资产纠纷、数字项目烂尾等问题，为数字文化产业的发展营造良好的数字生态。

---

① 吴春华：《山东省数字文化产业发展对策研究》，《江苏商论》2021 年第 11 期，第 39～40、47 页。

B . 24
文旅融合背景下贵州彝族漆器与旅游品牌建设研究[*]

高翔　郜捷[**]

摘　要： 作为"贵州三宝"之一的贵州彝族漆器历史悠久，是国家级非物质文化遗产，被誉为"贵州民族工艺之花"，以漆优、皮胎质地佳以及漆艺精良享誉国内外，对当地经济发展及民族团结进步起到重要作用。但是近年来受诸多因素的影响，贵州彝族漆器发展没有达到带动当地经济发展的要求，未能很好地发挥助推乡村振兴的作用。因此，本文从探索贵州彝族漆器的价值出发，通过文献研究以及田野调查的方式找到彝族漆器发展面临的生产成本高、宣传不到位等困境，在国务院出台《关于支持贵州在新时代西部大开发上闯新路的意见》为贵州旅游产业化注入强大动力的大好背景下，思考怎样利用好文旅融合发展贵州彝族漆器，为乡村振兴和社会发展做贡献。

关键词： 文旅融合　贵州彝族漆器　旅游品牌

习近平总书记强调："推动中华优秀传统文化创造性转化、创新性发展，

---

* 本文系国家社科基金课题"铸牢中华民族共同体意识背景下的彝汉文化交融实证研究"（项目编号：21BMZ041）和贵州财经大学校级在校学生科学研究项目"民族社会工作视域下'多民族互嵌式易扶社区'铸牢中华民族共同体意识的路径研究"（项目号：2022ZXSY109）的阶段性研究成果。

** 高翔，贵州财经大学公共管理学院副教授，硕士生导师，研究方向为民族社会工作、民族社会学；郜捷，贵州财经大学公共管理学院硕士研究生，研究方向为民族社会工作。

更有力地推进中国特色社会主义文化建设，建设中华民族现代文明。"2022年，国务院颁发的《关于支持贵州在新时代西部大开发上闯新路的意见》指出，要积极发展民族、乡村特色文化产业和旅游产业，加强民族传统手工艺保护与传承，打造民族文化创意产品和旅游商品品牌；同时要加快优秀文化和旅游资源的数字化转化和开发，推动景区、博物馆等开发线上数字化体验产品，培育一批具有广泛影响力的数字文化和旅游品牌。2022年5月通过的《贵州省优秀民族文化传承发展促进条例》中多处提到要将民族传统文化与旅游相结合，促进经济社会高质量发展。贵州彝族漆器作为贵州具有代表性的文化产品，主要在大方县生产，早在2000年前就有相关记载，并作为贡品上奉朝廷。另外，彝族髹饰技艺早在2008年就经国务院批准列入第二批国家级非物质文化遗产名录；2019年，彝族漆器髹饰技艺被列入国家级非物质文化遗产代表性项目保护单位名单，与"茅台酒""玉屏洞箫"齐名列为"贵州三宝"。贵州彝族漆器有着优良的制作技艺，能代表贵州的优秀民族文化水平，被誉为"贵州民族工艺之花"，有极大的收藏价值和艺术价值，能作为优秀产业带动黔西北产业融合与经济发展，传承优秀民族文化，解决民族地区群众就业等问题。但是种种原因，贵州彝族漆器发展一直受到桎梏，没有发挥它应有的优势。因此为了解决贵州彝族漆器发展遇到的问题，本文在对贵州彝族漆器进行深入调研的基础上，结合相关政策，思考文旅融合背景下贵州彝族漆器的发展方向，探索适合贵州彝族漆器发展的路径，并以此为其他民族文化产品发展以及品牌建设提供借鉴，推动民族地区经济社会发展。

一 贵州彝族漆器发展历史及现状

要研究文旅融合背景下贵州彝族漆器与旅游品牌建设，首先要了解产品的发展历史及其现状，只有搞清楚这两个问题，才有品牌建设的基础。

（一）贵州大方生漆概况

贵州是全国生漆的主要产地，贵州漆被称为我国五大名漆之一，而贵州

漆又以大方漆为最佳，且以历史悠久、品质好享誉国内外。大方县被誉为
"中国漆器之乡"，县内各地均有漆树分布，百纳、长石、沙厂、瓢井是主
要产区。大方县位于贵州西北部，与昭通毗邻，气候宜人，冬暖夏凉，县域
土壤内含大量微量元素。这些条件极其利于漆树生长，因此大方所产生漆漆
酚含量达70%以上，漆酶活性大，品质优良，具有漆膜光洁、不褪色、耐
磨、耐温、耐腐、耐碱、耐潮等特点，主要由漆酚、漆酶、树胶质及水分构
成，大方漆器人称："方漆清如油，照见美人头，荡起虎斑色，担起钓
鱼钩。"①

　　清道光黄宅中主修《大定府志》之《经政志》记载："大定一郡，土宜
所种如松、柏、杉、漆、桃李……诸木。山边屋角种植，易生。结果成材，
足资民用，且种谷之利十倍，而种树之利亦不黄。"② 《大定县志》之《经
业志》载："宅中复劝民种树，光绪三十年知府石廷栋又劝民种漆。"③ 可
见，在大方历史上就有种植漆树的传统，且已经认识到漆树本身的经济价
值。民国时期，民国政府交通部邮政总局编辑的《中国通邮地方物产志·
物产调查·贵州编》记载：大定生漆产销为175吨。④ 另民国政府农林部
《林业调查报告》载：贵州生漆产量曾达3850吨或更多，其中大定产1500
吨。⑤ 但后来由于战争等，贵州地方政府对漆树资源开发不予重视，漆树种
植减少，产值大大减少，但地方官员意识到漆树的经济价值，如1919年，
（大定县）蚕桑管理员陈永言谓"种桑不如种漆，因呈请知事赵显国转详核
夺，上峰认为可"，于当年将城南余家塘公地树畜漆秧，待次春分运各区种
植374万余株。⑥ 1971年，商业部土产局曾在大方召开漆树种植经验交流
会，并参观了现场，这对全国生漆产业发展起到推动作用。20世纪80年
代，大方县从政策、资金、技术等方面给予扶持，到1987年，有成熟产漆

---

① 申茂平编著《贵州非物质文化遗产研究》，知识产权出版社，2009，第180页。
② 《大定府志》，贵州省毕节地区地方志编纂委员会点校，中华书局，2000，第36页。
③ 民国《大定县志》卷14《经业志》（扫描件，竖版，无页码）。
④ 刘平衡：《黔东北六县漆液调查》，《贵州企业季刊》1943年第1卷第2期。
⑤ 呼时岳：《解放前中国生漆产量问题的研究》，《中国生漆》1982年第3期。
⑥ 邓惠群：《贵州生漆史的初步研究》，《中国生漆》1987年第2期。

树 2600 万株，生漆产量超过 80 吨，在全国生漆主产县中列居第六位；到 1991 年，生漆产量达 90 多吨。大方县现有漆树分布面积约 10 万亩，每年可供割采的漆树约 50 万株，产值 5000 万元左右。

（二）贵州彝族漆器发展历史及现状

各种文献资料及出土文物显示贵州彝族漆器早在汉代就存在了，当时在贵州大方一带的民众发现，皮胄、马鞍和箭筒用漆来涂糅之后会更加经久耐用，从此漆成为当地人生活中重要的物资，被用于酒具、盛乳具、茶具等器具的制作，并被当作商品交易。但是贵州漆器正式发展始于明洪武年间，贵州宣慰使、彝族女政治家奢香夫人把大方漆调制为朱漆进贡，其制作、推广的漆器制品因漆好、不变色、耐磨等受到官方青睐，成为上层阶级纷纷追求的产品，这促进了彝族漆器的发展。在此基础上，贵州漆树大量种植，附属的产品大量生产。到清道光年间，大方皮胎描金漆器与北京雕漆、山西云雕等齐名，大方漆器已然成为很多上层阶级竞相追求的商品，家里以有大方漆器的生活用品以及摆件为荣，漆器家庭作坊遍及大街小巷，大方县有"漆城"之称。《清宫内务府造办处档案总汇》记载："雍正元年十月二十六日，奏事郎中双全交描金龙漆皮捧盒大小四十个，系贵州巡抚金世扬进，传旨：交养心殿。钦此。于十一月初四日怡亲王选得捧盒五件呈进，其余捧盒三十五件奉王谕着交太监刘希文。"[1] "故宫博物院藏有清代漆器达一万五千余件……根据档案和流传实物两方面来看，在向宫廷进贡漆器的多个省份里，贵州漆器进贡的不仅最为频繁，数量最大，而且地域性强，民俗特色显著。"[2] 民国时期，尽管面临战争动乱，大方漆器产业仍然呈现上升趋势，被大众认可，"民国 4 年（1915），在巴拿马运河开通博览会上，大定漆器获银制〔质〕奖。民国 27 年（1938），漆器艺人张伯卿的工场'宝光斋'制作的皮胎漆葫芦获国民政府实业部奖状"。[3] 但在新中国成立以前，由于

---

① 《清宫内务府造办处档案总汇》第 1 册《漆作》，人民出版社，2005，第 229 页。
② 张丽：《清宫藏贵州漆器考》，《故宫学刊》2015 年第 2 期。
③ 毕节市地方志编纂委员会编《毕节地区通志》，方志出版社，2019，第 78 页。

战乱频繁，大部分人民只能勉强维持生活，对于漆器的需求大幅度降低，漆器的销量大幅度下降，生产萎缩，生产人员只有 50 余人。新中国成立后，政府着手恢复漆器生产。1954 年，"大定漆器生产供销合作社"成立，社员达到 22 人，而漆器个体手工业者达到 129 人；1956 年，"漆器供销社"转为"漆器生产合作社"，社员增加到 110 人；1957 年，转为"漆器合作工厂"，职工增到 202 人；1958 年，该厂正式转为"国营大方县漆器厂"。①改革开放后，大方彝族漆器继续保持彝族特色，并且在保持传统特色的基础上，不断创新，产品包括瓶、碗、屏风、摆件等 400 多种，很多工艺品在全国各项大小型比赛中获奖，其中一件大方漆器艺术品现已被中央美术馆收藏。另外在 1984 年，大方漆器还被选为第 23 届奥运会的纪念品向全世界展示中国优秀的民族文化。从 20 世纪 90 年代开始，大方县相继成立了一些国营和私营漆器厂以及作坊。当时在大方县工商局注册的漆器厂有三家，分别是国营大方县漆器厂、大方县漆器工艺制品厂和大方县宏漆器工艺厂，这三家工厂的生产工人总数达 200 多人。但是大方漆器在进入 21 世纪后，却因为难以适应经济的发展和社会大众对商品的需求，很多工厂停产，漆艺技师和一般工人流失严重，到 2014 年，大方彝族漆器总产值已不足 400 万元，从业者仅有几十人。

国家级非物质文化遗产保护名录大方"彝族漆器髹饰技艺"的代表人物、大方县高光彝风漆器工艺制品厂原厂长——高光友接受访谈时说道："大方县高光彝风漆器工艺制品厂于 2013 年成立，专门从事大方彝族漆器的传承保护和生产制造，该厂在 2016 年 4 月进行了转型，更名为大方县高光彝风漆器开发有限公司，现在我们全家人都在从事贵州彝族漆器的制作，我的儿子是贵州省级代表性传承人，我也是贵州省高级工艺美术师和毕节市民族民间传统工艺大师。我们公司主要产品包括各种花瓶、小摆件、仿古家具、漆画、各类包装盒、旅游工艺品以及漆器生活实用品等，年产量 3 万 ~

---

① 贵州省地方志编纂委员会编《贵州省志·轻纺工业志》，贵州人民出版社，1993。

5 万件（套），年产值超 550 万元，工人有 100 人左右。"①

据调查，大方县全县现有漆器市场主体 6 家、漆器协会 1 家，有省级非遗传承人 4 人，市级非遗传承人 4 人，县级非遗传承人 17 人，"漆器工艺美术大师" 7 人，漆器生产技术工人近 300 人，年产值约为 2000 万元。各家漆器公司利用文化产业博览会、旅游商品展销会、非物质文化遗产展销会等平台，参加有关展销活动，激发本企业创新能力。

笔者在大方县城走访了解到，大多数人认为大方漆器是本地人的骄傲，认为大方漆器品质好、外观美，值得收藏，是送礼佳品，但是由于其制作工艺复杂、生产周期长、原材料昂贵等，漆器比较昂贵，很多人表示买不起。

2020 年疫情的突发也给漆器企业造成了严重影响。一方面，许多生产好的漆器被滞留在企业工厂内无法销售给卖家，而厂家也拿不到货款，导致企业无法正常运转；另一方面，由于新冠疫情的不断反复，许多线下文创活动以及展览会难以举行，漆器的销售渠道也受到阻隔，漆器企业的生存面临巨大挑战。

二　贵州彝族漆器的价值分析及旅游品牌建设潜力

（一）价值分析

1. 制作过程精良

贵州大方漆器以制作精良而闻名，以脱胎漆器包装盒的主要工序为例，其主要有 44 道工序，分别是（1）翻阴模；（2）翻阳模；（3）修模具；（4）打脱泥粉；（5）切布料；（6）搅漆粉；（7）脱胎；（8）修削；（9）补粗灰；（10）削口；（11）脱模具；（12）拼粗灰口；（13）烤粗灰口；（14）修推粗灰口；（15）开花瓶口；（16）安子口；（17）塞子口粗灰；（18）烤、

---

① 采访时间：2022 年 10 月 23 日上午 10：00。采访地点：大方县高光彝风漆器工艺制品厂。被采访人：高光友，国家级非物质文化传承代表人物。2023 年 2 月，该厂在文化和旅游部、人力资源社会保障部、国家乡村振兴局共同组织开展的"非遗工坊典型案例"评比中胜出，成为贵州的五个代表工坊之一。

拼粗灰口；（19）补细灰；（20）磨细灰；（21）修细灰；（22）上烫漆（内、外）；（23）修烤烫漆；（24）拼口、划口；（25）清灰；（26）磨清灰；（27）修整清灰；（28）上底色漆；（29）烫金；（30）上色；（31）磨色；（32）画花、装饰；（33）修整；（34）盖面子；（35）掏芯；（36）掏子口；（37）磨退光；（38）抛光；（39）安圆板；（40）安座子；（41）安五金；（42）装芯子；（43）手工抛光；（44）包装。只有经历这44道程序才能制作一个精美的漆器，而更高档的彝族漆器需要80多道工序，在当今的中国漆器中，其工序最为烦琐。

2. 收藏价值高

除了工艺烦琐赋予大方漆器物以稀为贵的品质外，大方彝族漆器最为独特的是其隐花工艺，即在产品未上漆之前，在胎上贴上金箔，用金箔画图的外形，漆艺工人在金箔上上色，使用上好的朱砂着色，接下来再上漆，而上的这个漆必须使用本地产的大漆，只有本地产的且必须质量上乘的大漆才能做出隐花效果，随着时间的推移，漆器逐渐氧化，底纹渐渐显出来，让人感觉晶莹剔透，无比美艳，极具收藏价值。

3. 促进民族融合

大方漆器纹饰图案上有自己的特色，充分反映了贵州大方彝族漆器文化。漆器的纹饰以黑底为主，在黑底上绘红、黄两色花纹，在三色基础之上，纹饰内容大多来源于彝族人民日常生活，如端庄美丽的彝族姑娘、彝族人崇尚的杜鹃花、英俊潇洒的彝族男子、正在劳动的彝族人民、嬉戏打闹的彝族孩童，所绘图案都源于漆艺工人对生活的领悟，当人们看到这些漆器展品时就能了解彝族的生活方式。除此之外，大方彝族漆器中又有国色天香的牡丹以及有中国喜鸟之称的喜鹊等元素，充分体现了彝族漆器对其他民族文化的借鉴与吸收，让更多的人感受到彝族漆器的魅力。

（二）旅游品牌建设潜力

1. 旅游景区宣传售卖

贵州旅游资源丰富，仅毕节地区就有被誉为"中国最美六大旅游洞穴"

之首、"中国十大奇洞"之首的中国 AAAAA 级旅游景区织金洞；有与黄果树、龙宫、红枫湖组成的贵州西部的旅游黄金环线，被誉为"中国最美的旅游胜地"；有杜鹃品种 60 余种、阳春季节繁花似锦的国家级森林公园百里杜鹃；有被誉为云贵高原的明珠的国家自然保护区草海；有被誉为"中国岩溶百科全书""喀斯特地质博物馆"的国家级风景区"九洞天"；有湖光山色、美不胜收的高原湖泊支嘎阿鲁湖；有省级风景名胜区贵州屋脊赫章韭菜坪风景名胜区，自然景观秀美、彝族民族风情浓郁；有享誉国内的"鸡鸣三省"红色旅游景点七星关城区中华苏维埃人民共和国川滇黔省革命委员会旧址。除此之外，还有贵州宣慰府、奢香墓等独具民族特色的知名旅游景点等。彝族漆器完全可以利用丰富的旅游资源，在景区进行产品宣传和售卖，增加销售量。

2.国家对"研学"的支持和鼓励

国家出台了一系列相关政策，研学旅行现被教育部纳入中小学教育教学计划，中小学生的研学实践需求逐步扩大，在未来 3~5 年，市场需求较大。贵州漆器是国家级非物质文化遗产，尽管制作工艺复杂，但是体验性较强，从漆树的种植到割漆、收漆、炼漆、胎底制作、抹灰、画漆，每一个步骤都吸引人，如果建设漆器研学体验馆，让游客沉浸式体验，会让游客更加直观感受漆器的生产工艺并认识彝族漆器的价值。

三　贵州彝族漆器发展及旅游品牌建设面临的困境

（一）漆成本高

漆器最核心、最关键的是漆，生漆对海拔以及采集时间都有严格要求，必须在太阳未出、露水未干前采集，并且以海拔 1500~1800 米地区的百纳、星宿等乡所产生漆质量最佳，质地最为清澈。但随着市场对生漆需求量增加，有不法商人为了获利，在生漆中掺水、掺泥巴、掺油或掺红土灰，不仅扰乱了市场秩序，也使当地生漆的荣誉受到损害，而且增加了漆艺人的工作量。为了提高生漆纯度，漆艺人往往需要多一步甚至是几步的过滤才能得到符合要求的漆，这在增加工作量的同时也提高了生漆成本；而如果要购买没有掺杂任何东西的优质生漆，则价格会更高一些。

（二）财政支持力度不够

近年来，政府不遗余力地支持彝族漆器的发展，如帮助漆器企业累计获得 120 余万元专项资金支持，累计减免税费 7 万元，为进驻奢香古镇的大方漆器协会免 3 年租金等。但是对于产业发展来说，支持力度显然还不够，需要更多的扶持与帮助。

（三）宣传力度不到位

贵州彝族漆器宣传主要分为几个方面：一是企业参加有关展销活动，通过展销会展示产品进行宣传，但是企业出去参展机会少；二是通过电视新闻媒体进行宣传报道，但是较少有大型或者具有相当影响力的媒体报道；三是通过抖音、微信公众号等新媒体进行报道，但是没有形成规模，影响范围小；四是通过一些景点的展位进行宣传，但是游客通常会来去匆匆，无太多闲暇时间进行深入了解；五是通过路边宣传栏、广告栏等进行宣传，这种方式范围广，但无法对彝族漆器的文化价值等进行深入宣传。

（四）生产周期长

贵州彝族漆器作为一种传统的民族手工艺术品，一般要经过 44 道程序才能制作一个精美的漆器，而更高档的彝族漆器需要 80 多道工序，生产周期长，产量较低。

（五）销售渠道单一

大方漆器销售主要通过线下销售和大单销售的方式，销售渠道较为单一。目前的销售方式没有达到产品的宣传及产品的推广销售效果，作为非物质文化遗产，了解该产品价值的人很少，而不了解就很难有购买的欲望。

四 文旅融合背景下贵州彝族漆器与旅游品牌建设的对策建议

（一）建设大型生漆种植生产基地，降低漆器生产成本

贵州漆树的种植历史有上千年，但是长期以来没有形成规模效应，漆树种植目前只为零星种植，零星种植导致大方漆的质量参差不齐，为了提纯获得优质漆，企业生产成本提高，如果在符合条件的地方选择建设大型生漆种植基地，统一种植、统一生产、统一输出，这样就可以保证漆的质量，同时大大减少企业的生产成本。除此之外，漆树全身都是宝，漆树的果实还可以榨油，是高档绿色健康食品。如果能将漆树种植作为规模化产业发展，也可以为当地乡村振兴和产业发展提供新的发展方向及发展思路。

（二）地方政府要落实专款专项保障机制

文化产业与旅游产业的融合发展需要政府在政策上提供支持和引导，尤其是在资金上给予支持，有效的财政保障措施是非物质文化遗产得到保护的关键。2021 年 12 月，财政部印发《关于提前下达 2022 年非物质文化遗产保护资金预算的通知》，计划拨付给贵州省资金 3607 万元，[①] 位于全国第 2 位，这也进一步表明了国家对于贵州省非物质文化遗产保护和发展的重视。大方彝族漆器作为"贵州三宝"之一，亟须得到行之有效的发展，而这离不开政府持续的、稳定的财政保障措施的支撑。市级政府应将非物质文化遗产保护经费纳入当地年度政府预算中，为非遗保护所需经费建立单独的财政保障机制，保持对非物质文化遗产的稳定扶持力度。

---

① 《关于提前下达 2022 年非物质文化遗产保护资金预算的通知》，中华人民共和国财政部网站，2021 年 12 月 8 日，http://jkw. mof. gov. cn/gongzuotongzhi/202111/t20211130_3770580. htm。

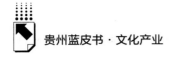

（三）拓宽传播和销售渠道

在新媒体时代，大方漆器宣传应该与时俱进，不能只依靠传统宣传方式，传统模式下的信息传播已不能满足当下人们的需求。大方漆器应该采用新的联动推广模式，包括"互联网+新媒体+文化产品+旅游"，并充分利用微博、微信、抖音以及快手等新兴平台与用户进行互动。这些平台不仅具有即时性，而且参与性、互动性和趣味性极强，能够帮助大方漆器企业更好地了解受众的问题、需求和感受，并提高品牌知名度。另外，短视频具有超强的客户黏性，受众仅利用碎片化的时间就可以通过手指的触动或滑动，很快产生沉浸感，得到视觉的满足。贵州彝族漆器也应顺应时代发展，量身制作适合自己的短视频，通过精心打造优质短视频，把传统技艺、珍贵的文化价值以及其所带来的精神上的审美体验植入其中，提升贵州彝族漆器品牌的知名度。

（四）提高产品生产速度，加大创新研发力度

贵州彝族漆器现在面临的一个发展瓶颈是懂漆艺的工人较少，且生产周期太长，因此产量低，解决这个问题首先必须在当地大力培养漆艺人，让更多工人参与到产品的制作中来；其次可以学习一些先进的技术，在制作过程中使用一些高科技手段，缩短产品生产周期。另外，漆器必须融入一些符合大众审美的元素，才能使其展示出新魅力。首先，聚焦内容策划，围绕"铸牢中华民族共同体""中华民族一家亲"等艺术表达、文化传播和受众需求，不断挖掘出将艺术资源与文化标志融合的新题材。其次，创新漆器类型和形状。传统漆器的主要类型是大型装饰瓶、盘、套盒等，但随着人们观念的改变，这些传统漆器对于现代人来说性价比不高。漆器生产企业可以转换思维方式，将漆器制作为茶具、家具、漆画、首饰盒、手镯、烟灰缸、手机壳等跨界结合产品，以此来提升消费者的消费兴趣，激发贵州彝族漆器的内生动力。

（五）建立文化产业基地

文化产业基地是指以文化产业为核心，以提高城市文化品位和生活质量

为目的，聚集文化产业，鼓励文化创新，倡导跨界合作，举办文化活动、展览、演出等以及为文化创意从业者和爱好者提供相关教育和培训的公共文化场所。文化产业基地建设主要依赖于产业集群，众多文化类企业集聚而逐渐形成文化产业基地。大方县现有漆器发展较好企业 5 家，分别是贵州省大方县高光彝风漆器开发有限公司、大方县贵宝漆器工艺品有限责任公司、大方永发漆器工艺品有限公司、大方县盛丰漆器工艺制品厂以及大方县漆器雕刻工艺厂。政府可以考虑把这些民族企业聚集在一个地方，建成彝族漆器文化产业基地。与此同时，可以在此基地中建设"彝族漆器展览馆"，用以提升漆器文化宣传的多样性。此外，漆器企业可以通过建立校企关系推动漆器髹饰技艺的发展。目前贵州省大方县高光彝风漆器开发有限公司已经与贵州师范大学、贵州师范学院等学校建立了校企合作关系，并成立了漆艺教学与创作基地和实践基地。

（六）实现文旅融合提高产品销量

为了实现文旅融合的持续发展，需要以贵州彝族漆器原有资源为基础，针对不同需求和层次的旅游客源进行综合性发展。同时加强对黔西北丰富的旅游资源的利用，注重漆器产品的开发和创新。首先，第一层次为与旅游相结合的产品销售模式。贵州彝族漆器传承人在漆器制作过程中，往往会加入自己的感情，绘画中会融入一些彝族故事情节，将民族文化展现在漆器上，每一件产品都不一样，具有非常高的收藏价值，在销售时要充分肯定彝族漆器的价值，突出文化主题、文化底蕴，突出独特性和差异性，使游客能够直观感受产品魅力，提高购买欲望。其次，第二层次的文旅融合要建设以彝族漆器参观、体验为一体的旅游基地，吸引游客。在这一过程中，应该注重培养自身特色而避免简单模仿。例如，可以引入虚拟现实技术，在"彝器制造体验馆"中增加虚拟体验技术，并配以介绍语音和清晰的镜头，使游客沉浸在彝器制作的过程中，把体验技艺作为游览的一部分，使他们切身体会到其蕴含的艺术价值。同时，强调游客的体验感。在基地中种植漆树，让游客能参与到割漆、炼漆、提纯、漆器皮胎制作、绘画等环节。再次，进一步加大开发力度并且利用好现有资源，提高旅游管理和服务水平，完善服务体系，建设良好的基础设施，吸引有效的投资，为彝族漆器的长远发展打下坚实基础。最后，利用大数据及兴起的社交媒体平台，尤其是社交短视频 App 如抖音、快手等为非物质文化遗产传播提供广阔的平台，贵州彝族漆器可以通过拍摄宣传片、短视频来宣传自身，并且要提供更多样化的内容和形式，引导人们进行云旅游，吸引更多的用户关注贵州彝族漆器并进行购买。

五　结语

贵州彝族漆器拥有辉煌的历史，尽管漆器生产是为了满足人们日常生活所需，但是随着社会发展，其渐渐成为工艺品，制作出来的漆画、仿古器皿、挂屏等众多具有地方和民族特征的漆器器物，造型多样、纹样丰富、色彩艳丽，曾作为皇家贡品风靡一时，有着极高的收藏价值，同时也满足了人们精神层面上的需求。在国家对非物质文化遗产开发、利用和保护等一系列政策背景下，贵州漆器将迎来更多发展机会，最重要的就是要探索好文旅融合发展的道路，为当地乡村振兴、经济发展及优秀民族文化传承和保护贡献力量。

参考文献

贵州省民族研究所毕节地区彝文翻译组编《西南彝志选》，贵州人民出版社，1982。

贵州省大方县县志编纂委员会办公室重印《大定县志》，1985。

吴斯清、石絮飞：《贵州彝族的漆器和服饰艺术》，《贵州民族研究》1993 年第 2 期。

兰一方：《明清之际大方漆器考》，《故宫博物院院刊》1992 年第 3 期。

大方县地方志编纂委员会编《大方县志》，方志出版社，1996。

兰一方：《大方漆器今探》，《贵州民族研究》1990 年第 4 期。

B.25
贵州冬季旅游热点发掘和培育研究

于开锋*

摘　要： 目前贵州冬季旅游接待量和总收入占全年的比重均不到 20%，依托贵州独特的旅游资源禀赋，贵州冬季旅游具有极大的发展潜力。要大力拓展冰雪、温泉、民俗、红色文化等冬季旅游产品及休闲娱乐项目，完善冬季旅游服务支撑体系，进一步提升冬季旅游的产业地位。

关键词： 冬季旅游　旅游产品　贵州

冬季是我国传统旅游业的淡季，但从发展趋势看人们对冬季旅游产品的需求会越来越大。目前我国冬季出游人数呈逐年上升趋势，冰雪旅游、温泉旅游、避寒度假旅游、民俗节庆旅游等持续升温，尤其是元旦、春节、元宵节等传统节日，与学生寒假、上班族年假及银发族避寒度假高峰叠加，冬季旅游需求尤为旺盛。与此同时，疫情催生了市场对高品质健康旅游的更大需求，国际旅游市场走弱和国内文旅需求加速释放使亿万中高端客源持续"回流"，结合冬季旅游多为深度游、度假游、休闲游的鲜明特点，冬季旅游将释放出新的巨大旅游消费动能。

一　国内外产业发展现状

国外冬季旅游开展较早，其概念与冰雪旅游类似。基于国外冰雪旅游

---

* 于开锋，贵州省社会科学院工业经济研究所副研究员，研究方向为农业经济、旅游与工业经济。

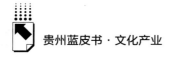

的成熟性，市场研究深入涉及冬季旅游新产品开发、产品定价策略与计算法、冬季旅游消费者满意度和忠诚度、相关冬季旅游各利益主体博弈等问题。而我国冬季旅游还处于发展阶段，在发展理念、经营模式、管理经验上还不够完善。对于新的旅游形态的研究还比较少，现有旅游业状态下的深入挖掘较为缺乏，如何吸引更多的游客参与冬季旅游成为亟须解决的问题。

从全球范围看，旅游是一种"全天候""四季皆宜"的休闲活动，不受季节限制，一年四季皆可进行。在同一地域，即使存在季节性的强烈差别，也不应成为限制旅游开展的消极因素，反而应该是吸引游客的绝好机会和卖点。当前我国诸多省份已经做出努力来激活冬季旅游市场，打造受欢迎的国际冬季旅游目的地，并已经取得积极成效。当前全国冬季旅游以北方的冰雪旅游和南方的避寒度假旅游为主，比如黑龙江哈尔滨的冰灯、亚布力滑雪，吉林雾凇等。国内冬季旅游市场总体呈现"南北热、中西冷"的趋势。随着经济发展和消费升级，冬季旅游市场供需矛盾日益突显，地处西南的贵州，可充分依托兼容南北的复合资源优势，加强冬季旅游产品的开发和宣传推广，发展成为国内冬季旅游市场中独具特色的"第三增长极"，推动国内冬季旅游格局从"两极独秀"向"三极共荣"转变。

二　贵州省冬季旅游产业发展基本情况

从资源禀赋看，贵州发展冬季旅游具备许多有利条件。从发展现状看，加快冬季旅游产品开发是提升贵州旅游竞争力的重要着力点。

（一）贵州冬季旅游资源条件

贵州山地旅游资源丰富，峡谷、湖泊、温泉、瀑布、溶洞星罗棋布，为冬季旅游奠定了资源基础。"十里不同天"的立体气候赋予了贵州冬季旅游特色。贵州被称为"文化千岛""百节之乡"，是长征国家文化公园重点建设区，璀璨的多元文化丰富了冬季旅游体验内容。六盘水、毕节等高海拔地区的冰雪运动资源，梵净山、雷公山、云台山、韭菜坪的雾凇云海资源，织金洞、龙宫、双河洞等喀斯特溶洞资源，遍布全省的温泉资源，省境南部地带及北部赤水河河谷地带的暖冬阳光资源，雷山、黎平、丹寨等民族地区的民族节庆及非遗资源，以及长征沿线的红色文化资源，为冬季旅游高质量发展奠定了基础。

（二）冬季旅游市场发展现状

从旅游接待人数及旅游总收入来看，2019年，贵州冬季旅游接待量19711.66万人次，旅游总收入为2246.27亿元，占全年旅游接待总量的17.36%，占全年旅游总收入的18.23%；2020年，受疫情影响，冬季旅游接待量仅占全年旅游接待总量的14.21%，旅游总收入占全年的17.30%；2021年，贵州部分地区冬季旅游接待量和总收入有所回升，贵州冬季旅游接待量和总收入占全年旅游接待总量和旅游总收入的19.94%和19.30%（见表1）。

表1　2019~2021年贵州冬季旅游情况

单位：万人次，亿元，%

年份	接待旅游量			旅游总收入		
	全年	冬季	冬季占比	全年	冬季	冬季占比
2019	113517.70	19711.66	17.36	12321.81	2246.27	18.23
2020	61753.63	8775.27	14.21	5791.25	1002.05	17.30
2021	64400.00	12839.13	19.94	6642.16	1281.82	19.30

资料来源：根据贵州省文化和旅游厅统计数据整理。

从四季均衡发展情况看，贵州冬季旅游接待量、旅游总收入在全年旅游接待总量、旅游总收入中占比较低，呈现"夏热冬冷"的明显趋势，贵州冬季确实是旅游淡季，冬季旅游仍是贵州旅游的明显短板。从与周边区域对比来看，贵州全年旅游接待总量和旅游总收入在周边六省区排名第1，但冬季旅游发展数据在周边六省区中处于落后地位。

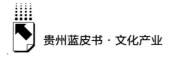

（三）冬季旅游产品开发现状

近年来，贵州充分发挥资源富集优势，形成一批以温泉养生、冰雪休闲运动、溶洞探秘、山地户外运动、民俗节庆活动等为主的冬季特色旅游产品。大力建设"中国温泉省"，目前勘探温泉资源303处，其中优良级温泉资源77处。温泉康养产业初具规模，2021年33家纳入全省旅游数据监测的重点温泉景区旅游人数达到522万人次。石阡、息烽、剑河、绥阳、娘娘山等一批"温泉+"产业聚集区在全国享有较高知名度。冬季冰雪运动成为旅游新热点，贵州充分运用高山气候建设南方滑雪大省，目前已成功建设六盘水梅花山滑雪场、水城玉舍国家森林公园滑雪场、盘州乌蒙大草原滑雪场、花溪高坡云顶滑雪场、桐梓大娄山滑雪场等五个露天滑雪场，黄果树奇遇岭滑雪场、荔波冰雪水世界滑雪场、红花岗思达滑雪馆等三个室内滑雪馆。六盘水市打造"南国冰雪城"，填补了北纬26度以南"冬"的空白，2017~2019年，"滑雪季"期间六盘水市共接待滑雪游客30万人次，旅游收入超7000万元。充分运用少数民族多彩节庆，开展"多彩贵州过大年""温泉度假旅游季""南方滑雪季""冬季旅游消费季"等主题推介活动，雷山、黎平、丹寨等民族地区的苗年、侗年等民族节庆及非遗活动丰富多彩。织金洞、龙宫、双河洞等喀斯特溶洞游客争相体验地心之旅。省境南部边缘地带成为避寒过冬的乐土。

三 贵州冬季旅游发展机遇与挑战

（一）市场机遇

一是消费观念改变使冬季旅游在全年的占比有所提升。冬季是传统旅游业的淡季，但随着人们生活水平的提高和消费观念的改变，冬季出游人数呈逐年上升趋势，贵州省旅游统计数据显示，2020年冬季旅游占比数据相比2019年增加了1倍。在新形势下，贵州有望依靠温泉、冰雪、阳光等资源实现冬季"淡季不淡"。

二是旅游消费群体变化使个性化特色小众目的地更受青睐。随着旅游消费群体的不断变化，如今的旅游市场年轻群体尤其是 Z 时代（一般指 1995~2009 年出生的人）异军突起，随之而来的是传统观光旅游向深度体验旅游转变，游客更加注重旅游产品的质量和服务水平，越来越多的游客选择避开人山人海的常规景点和传统热门旅游目的地，以获得更好的体验感与幸福感。在"网红"概念的推动下，一些相对小众的目的地的美景好物和文旅 IP，以其价值层面、精神层面和创新体验方面的契合，在新生代年轻群体中更能引发关注。贵州因其独特的气候、地理条件和多姿多彩的文化，形成的冬季旅游产品符合小而特、小而精、小而美的特性，温泉康养、民俗体验、极限运动、冰雪摄影等小众特色产品受到游客青睐。

（二）挑战与问题

一是客观认识不足，主动性不强。受地理条件和气候条件限制，贵州大部分地区冬季阴雨绵绵，"天无三日晴"的印象令人深刻。大多数游客、旅游行业部门及旅游从业人员认为贵州冬季不适合旅游，景区景点也把冬季作为淡季和修整季，缺乏主动推广和积极宣传意识，导致贵州冬季旅游长期以来没有得到足够的重视。

二是产品规模小，集聚效应弱。贵州虽然旅游资源丰富，但受山地等条件制约，温泉、冰雪等冬季旅游产品多数规模较小，产品形式单一，缺乏复合型、大众化的产品体系支持，客源市场吸引力不足。景区景点分布散，旅游聚集效应弱，协同发展难度大。

三是品牌提炼不够，形象定位不清。近年来，"山地公园省·多彩贵州风"旅游品牌影响力已经得到国际认可，"桥梁省""温泉省""索道省"等名片脱颖而出。但在冬季旅游形象定位上，贵州尚未形成成熟的品牌。加之"爽爽的贵阳·中国避暑之都"的夏季避暑旅游品牌效应显著，潜移默化给大众"先入为主"的贵州印象，在此基础上提炼贵州冬季旅游形象很

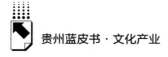
难破好题、把准脉。

四是配套设施有待完善，服务质量有待提升。贵州冬季受凝冻天气影响，对出游的要求较高，相关配套设施的完善和服务质量的提升是贵州冬季旅游一直面临的发展难题。目前，贵州大部分景区冬季缺乏相应的安全保障、救援、取暖等防寒防冻配套设施，冰雪运动、极限运动及高危项目缺乏专业培训和服务，导致冬季旅游体验感和满意度欠佳。

四 贵州冬季旅游热点发掘和培育对策

繁荣贵州冬季旅游市场，能有效拉动淡季旅游消费，塑造贵州四季皆宜旅游新形象，加快推进贵州全域旅游发展，助推旅游产业化提质增效。应进一步完善贵州全省冬季旅游发展布局，发掘和培育贵州冬季旅游热点，丰富冬季旅游产品有效供给，加大品牌构建与营销推广力度，建立健全体制机制和配套保障，让"冷资源"搅热旅游"热经济"。

（一）发展路径

一是转变发展模式，瞄准特色小众市场。立足四季资源差异和客观规律，将发展模式由过去注重建设投资、追求数量规模增长，转变为着力提升运营管理水平、注重品质效益提升。适应自驾游兴起趋势，打造立足周边市场的小半径大众旅游目的地；聚焦新客群、新体验、新场景消费需求，培育发展一批"专、精、特、新"业态产品和专业小众 IP。力求贵州冬季旅游在原有基础上有所突破，在区域竞争合作发展中有所作为。二是挖掘冬季特色，注重现有景区赋能。深入挖掘知名景区冬季旅游发展潜能，将观光旅游与冬季特色产品有机融合。着力丰富冬季业态产品，突出季节亮点，提升景区冬季体验价值，提升资源设施冬季使用效率，实现"冬天不冷，淡季不淡"。立足部分景区自然景观观光价值冬夏有别的客观条件，结合冬季旅游多为深度游、度假游、休闲游的鲜明特点，以全域化、系统化、产业化思维，推进"旅游+""+旅游"多产业融合发展，大力发挥文化、体育等产业对提升冬季旅游体验价值的赋能作用。三是塑造品牌形象，丰富产品体系。坚持品牌引领，加强整体统筹，培育打造特色鲜明的多彩贵州冬季旅游品牌；创新营销活动，加大宣传推广，拓宽传播渠道，丰富消费场景，全面提升贵州冬季旅游在全国的品牌影响力。创新优化产品供给体系，整合冬季旅游资源，促进产业聚集、景区联动和区域协调，全面提升贵州冬季旅游的产品吸引力和产业竞争力。

（二）强化全省差异化定位与良性竞争合作

强化差异定位、良性竞争合作，重在凸显贵州冬季旅游发展的地域特色和亮点，塑造冬季特色旅游产品，整合跨区域资源要素，避免重复建设、区域内卷。紧密联动温泉、阳光、冰雪、红色文化、民俗等冬季特色项目，打造冬季特色旅游线路，形成互为依托、互为促进的发展态势。

（三）丰富冬季旅游产品有效供给

创新优化产品供给体系，推进"旅游+""+旅游"多产业融合发展，提升冬季旅游体验价值。

1.冬季气候景观产品

突出季节亮点，充分挖掘贵州冬季气候景观特色。一是冬季极端气候体验游产品。贵州西北部区域尤其是威宁一带因受"云贵准静止锋"影响产生的"白天晴、晚上阴，南部晴、北部阴，高海拔晴、低海拔阴"的气候现象以及光能资源和风力资源为贵州独特气候资源特征，可借此打造一批冬季极端气候体验游产品，如冬季科考游、冬季探险游、冬季极限运动、冬季极限天气野外求生体验等产品。二是局部小气候。利用全省部分区域冬季雾凇、冰雪资源，设计一批雪景、雾凇观赏、摄影旅游线路，如大方九龙山，铜仁梵净山，雷山雷公山，遵义金鼎山，六盘水梅花山、野玉海，威宁灼圃草场，赫章韭菜坪等；三是气候"怪象"。如利用铜仁万山朱砂古镇冰雪融化时间晚于同区域其他地方的气候"怪象"优势，发展万山朱砂古镇冰雕旅游，开发冰雕旅游系列产品。

2. 温泉康养旅游产品

发挥贵州温泉资源优势，与民族医药、滋补养生、大健康融合，围绕温泉医疗、温泉康养、温泉制造业、温泉循环农业等新业态，加大中高端温泉产品供给。建设国民温泉保养地、温泉研发基地、温泉镇、温泉乡、温泉村。开展冬季、春节民俗与地方传统特色温泉旅游，形成贵州独特的温泉文化和冬季温泉旅游品牌，提高"中国温泉省"的知名度。

3. 冰雪旅游产品

利用贵州亚高原冬季冰雪资源优势，以六盘水、毕节的水城、钟山、盘州、赫章为支撑，打造冰雪休闲旅游带和国家级滑雪旅游度假地。宣传"南方滑雪季"，通过在主要滑雪景区开展冰雪运动体验及赛事活动，带动周边景区业态提升和群众性冰雪运动发展。扩大梅花山滑雪场、乌蒙大草原滑雪场等滑雪场规模，提高器材装备和设施服务水平。丰富冰雪旅游内涵，打造具有贵州文化特色、独具韵味的冰雪节，启动贵州省冬季运动会，大力发展越野滑轮、陆地冰壶、轮滑等室内冰雪运动项目。发展以百里杜鹃、梵净山、韭菜坪、梅花山、野玉海、雷公山、云台山、大娄山、斗篷山等中高海拔地区冬季凝冻、树挂、云海、观鸟等特色景观为代表的冰雪摄影旅游。

4. 冬季文化旅游产品

一是贵州冬季民俗文化体验产品。挖掘多彩贵州少数民族节庆文化，以冬季民族民俗节庆活动和年俗活动、各地特色美食和精品民宿为吸引点，隆重推出一批全国性的民俗节庆活动来点燃冬季激情。重点推出一批民族年俗体验旅游目的地、民俗文化旅游街区、民俗文化体验地、美食主题活动以及民宿集聚区，如兴义纳灰布依寨、荔波瑶山古寨、雷山西江千户苗寨、黎平肇兴侗寨、江口云舍村等。二是长征红色旅游深度体验产品。突出红色基因传承，以长征国家文化公园贵州重点建设区为主体，充分利用贵州红色文化资源优势和红军长征"原址原季"的时空契合度，重点打造红色旅游深度体验和"重走长征路"研培项目，大力弘扬和传承红色文化。三是年货游购产品。推出贵州特色农产品，结合春节传统旅游购物重点时段，带动"黔货出山"。

5. 冬季阳光休闲产品

以贵州南部"兴义—安龙—罗甸—荔波—榕江""兴义—晴隆—贞丰"冬季阳光休闲带引领贵州冬季休闲度假业态发展。重点开发独具贵州风情的现代农业、年俗节庆、休闲观光、度假养生、特色民宿、乡村旅游等冬季旅游休闲型产品体系，增建自驾车营地，加强乡村旅游产品建设。在贞丰、罗甸、安龙、荔波、榕江等地开发暖冬产品，植入冬季度假、冬季山地户外运动、冬季体育赛事、冬季玩水、冬季露营等看似只能在春夏季节才能开发的产品。

6. 冬季山地户外产品

充分挖掘贵州民族民间文化体育旅游资源，构建极限运动、冬季水上项目、体育培训、民族传统体育、溶洞探秘、马拉松等冬季山地户外产品体系。创新开发高桥极限、悬崖秋千、滑翔伞、溶洞攀岩、溶洞探秘等特色体育业态，结合贵州冬季各类少数民族体育旅游节事活动，开发舞龙、斗牛、陀螺、射弩、独竹漂、藤球、秋千、打花棍、踩鼓舞等传统体育活动。

7. 冬季嘉年华产品

策划一系列冬季嘉年华活动来刺激冬季旅游消费，如在黔西北、黔北等中高海拔、冬季气温相对较低的区域，推出一批冬季羊汤锅美食文化节；在黔中地区开展一批冬季年货展销博览会；在黔西南、黔南等低海拔区域推出一批沐浴暖阳的冬季休闲度假旅游节等。

8. 冬季会奖研学产品

发挥多彩贵州在文化、生态上的优势条件，推出一批冬季户外研学和室内会议会奖产品。如支持贵阳打造国际会展旅游城市，将国际文博会、生态旅游博览会、山地旅游联盟大会等放在冬季举办；以遵义会议会址及周边文物为核心，打造一批"重走长征路"红色文化研学线路；围绕"中国天眼"打造科普研学旅游线路等。

（四）加大品牌构建与营销推广力度

创新营销活动，深入研究贵州冬季客源市场需求，围绕自驾、高铁、航空等出行方式，紧抓四川、湖南等周边省份和广东、浙江等重点省份，打造"高铁+"快捷旅游线路、"航旅一体化"旅游线路和"贵州最美高速公路自驾"线路。加大宣传推广，加强主要客源地市场主流媒体、各大新媒体平台及贵州省内主要媒体渠道推广，形成冬季旅游宣传矩阵。聚焦温泉、滑雪、民族节庆和红色文化研学等旅游方式，持续宣传推广特色旅游线路，策划推出贵州冬季旅游全攻略和各重点地区、各门类子攻略。坚持品牌引领，加强整体统筹，培育打造特色鲜明的多彩贵州冬季旅游品牌，全面提升贵州冬季旅游在全国的品牌影响力。

（五）建立健全体制机制和配套保障

1. 加强职能部门联动配合

冬季旅游与其他季节相比，安全风险相对较高，尤其是旅游出行的道路交通和应急救援安全，因此，亟须建立健全跨部门、跨区域旅游服务保障联动响应和协作机制，强化旅游、交通、安全、卫生、应急、消防等相关政府职能部门的配合协调。完善公共配套、税费扶持、消费补贴等政策创新手段。

2. 加大冬季旅游基础服务供给

一是建立通畅、安全的冬季旅游交通，做好交通枢纽（高铁、机场、旅游集散中心）到景区的道路防滑、防冻预防措施，配备特殊的客流运输车辆，如雪地越野车、全防滑链条旅游大巴等，配建防滑防冻补给驿站、防滑链条补给站、防滑盐站等。针对一些凝冻严重及时间较长的景区，可打造雪橇车、索道等多元化交通方式。二是完善冬季旅游救援救助服务体系，加强景区内外医疗服务站点建设，配备完善的医疗设施、医疗救助及医务人员。联动区域应急、消防、医疗、民政等职能部门增设救援救助驿站，提供道路安全救援、食品补给救援、失联搜救救援、温暖爱心补给等应急服务。利用大数据平台监测车辆、游客信息和轨迹，做好随时救援准备。三是全力做好冬季旅游取暖保暖保障工作。加强冬季旅游交通线、游客接待中心、酒店、餐馆、公共厕所等取暖保暖配套设施建设，做好冬季景区用电、用气保障工作，做好景区停电、断气预防应急方案。

3. 提升冬季旅游技能技术水平

加强全省滑雪、滑冰、冬季户外体育运动等特殊项目专业人才团队建设，完善从教练员到安全员、救助员的服务人才队伍，为冬季旅游特殊项目的开发"保驾护航"，提高冬季旅游整体服务质量和水平。

参考文献

王恒、丁勇男：《基于国内外经验的冬季旅游发展研究——以大连市为例》，《绥化学院学报》2020 年第 6 期。

徐淑梅、张德成、李喜娜：《欧洲冰雪旅游产业发展特点对我国的启示》，《东北亚论坛》2011 年第 6 期。

附　录　2021~2022年度贵州文化产业大事记

谢　敏[*]

2021年

1月

1月1日　贵州省2020年全年累计发布文旅招商引资项目2991个，签约项目913个，开工项目1026个，投产项目836个。纳入调度的文旅重点项目和"15个100工程"累计完成投资突破350亿元。全省文化旅游产业大招商累计签约项目733个，到位资金约497亿元，其中央企招商共签约文旅项目27个，累计合同投资额1183.89亿元。

1月2日　第四届社会主义核心价值观微电影大赛获奖名单揭晓，贵州微电影《凡人趣事》《真的很在乎》获三等奖。

1月10日　贵州省黔剧院创排演出的大型现实题材黔剧《腊梅迎香》在贵阳"云首演"，50余万人次通过网络直播观看。

1月28日　贵州省"朱砂古镇文化产业发展"项目入选"国家文化产业发展项目库"。

3月

3月1日　2020年"中国非遗年度人物"推选宣传活动公布入选名单，

───────────────

* 谢敏，贵州省社会科学院文化研究所副研究馆员，研究方向为图书馆学。

共有 10 人获选，贵州省的水族马尾绣国家级代表性传承人宋水仙入选。

贵州省推出 50 集系列理论访谈节目《贵在有理》，总浏览量破 5 亿人次，曝光量累计突破 16.5 亿人次。

4月

4月2日　中共贵州省委宣传部、中共遵义市委、遵义市人民政府出品《进城记》在全国院线上映，该片获得"第 26 届中国纪录片学术盛典"长片十佳作品的殊荣，焦波获得第 26 届中国纪录片长片最佳编导奖。

4月7日　文化和旅游部组织的"全国'互联网+旅游'发展论坛暨2021 河南智慧旅游大会"在河南郑州举行，贵州省"一码游贵州"和开阳县龙广村水东乡舍的"村村"项目作为智慧示范代表，应邀参加了此次大会的智慧旅游专题展。

4月8日　贵州省三部作品花灯戏《红梅赞》、黔剧《腊梅迎香》、京剧《锦绣女儿》入选"庆祝中国共产党成立 100 周年优秀舞台艺术作品展演"，其中《红梅赞》于 5 月进京展演。

贵州省文化和旅游厅主办的"锦绣黔坤"贵州苗绣主题展在上海举行。

4月9日　"贵州乡村旅游与民宿产业高质量发展大会"在黔东南州丹寨县万达小镇举行。

4月13日　中国旅行社协会入境旅游分会 2021 年会员大会暨贵州入境旅游联程产品推介会在贵阳举行。

4月18日　贵州省传统工艺振兴研讨会在雷山召开。

5月

5月20日　"多彩贵州·度假康养胜地"主题旅游推介活动走进浙江省。

5月22日　贵州省文化旅游产业招商对接会在江苏、浙江、上海举行，共叙友谊、共商合作、共谋发展。

5月27日　肇兴侗寨荣获第七届中国文旅产业巅峰大会文化生态守望奖。

5 月 29 日 "2021 北京网络直播大赛"在北京启动,贵州省首批农产品(食品)深加工高成长企业产品等 20 余款优质黔货首次亮相。

6月

6 月 10 日 《国务院关于公布第五批国家级非物质文化遗产代表性项目名录的通知》,贵州省凯里酸汤鱼制作技艺、赤水独竹漂等 19 个项目入选。

6 月 12 日 四川、贵州、云南三省文物局在四川古蔺县签署战略合作协议,成立"长征国家文化公园四渡赤水红色联盟",约定加快推进川滇黔长征国家文化公园建设。

6 月 15 日 2021 年 5 月 AAAAA 级景区品牌 100 强榜单发布,青岩古镇列全国第九位。

6 月 16 日 贵州省第七届少数民族文艺会演在贵阳开幕,贵阳市选送剧目《云上梯田》亮相开幕式。

7月

7 月 5 日 为庆祝中国共产党成立 100 周年,全国 41 家城市电视台和传媒机构联合摄制了 39 集大型系列纪录片《复兴路上》。贵阳篇《筑梦》正式播出。

7 月 16 日 《丹青颂伟业——贵州"脱贫攻坚"百米画卷》作品展在北京民族文化宫隆重开幕。

7 月 27 日 贵州省 2021 年上半年,全省 A 级旅游景区开放率达到 97.4%,星级饭店开业率达到 93.3%,文化经营企业开业率达到 99.1%;外省入黔游客达到 1.06 亿人次,同比增长 130.7%;旅客人均花费达到 951 元,同比增长 15.2%;贵州省上半年,城镇新增就业 39 万人。

7 月 30 日 贵州省第三届乡村旅游创客大赛新闻发布会在贵阳举办。

8月

8月11日 贵州省花灯戏《红梅赞》，亮相 CCTV-11 戏曲频道《空中剧院》栏目。

9月

9月9日 "黔途多彩·乐游贵州"2021秋冬文旅消费季暨"贵州人游贵州"活动在贵阳启动。

9月17日 2021贵州会展服务产业招商推介会在成都举行，活动现场集中推介了贵州省8个市（州）的10个优质会展服务产业项目，引起参会企业积极关注，现场签约务川会展中心建设等6个项目，总签约资金5.07亿元。

9月26日 2021国际山地旅游暨户外运动大会和第十六届贵州旅游产业发展大会在铜仁市开幕。

9月27日 贵州省旅游产业化工作会议在铜仁召开。

10月

10月16日 贵州茶文旅融合发展暨招商华北（青岛）推介活动在山东省青岛市举行，共签约22个项目，总金额达3.47亿元。

贵州省民族博物馆承办的中国少数民族文化艺术促进会文博暨非遗专业委员会2021年年会近日在织金县召开。

贵州省2021首届体育旅游洞穴巅峰论坛在荔波开幕。

10月29日 贵州省文化和旅游厅、省发展改革委、省民宗委、省住房城乡建设厅联合印发《贵州省推进乡村旅游与传统村落和少数民族特色村寨深度融合发展实施方案》。

11月

11月26日 首届中国（武汉）文化旅游博览会在武汉开幕，贵州23

家文旅企业组团参展、精彩亮相。

11 月 30 日　贵州省 11 个体育文化·体育旅游项目获得全国表彰。

12月

12 月 5 日　2021 多彩贵州文化艺术节开幕。

12 月 10 日　贵州省 2021 年红色文化版权保护行动成果展在贵阳市举行。

12 月 25 日　中国妇女手工创新产品暨多彩贵州苗绣文化展览在贵阳举行。

12 月 28 日　第五届中国纺织非物质文化遗产大会暨多彩贵州苗绣系列活动在贵阳举行，最终 11 人被评为"中国纺织非遗苗绣推广大使"，其中贵州有 8 人。

2021 年中国金鸡百花电影节开幕式暨第三十四届中国电影金鸡奖提名者表彰仪式在福建厦门举行，贵州京剧院戏曲电影《新铁弓缘》荣获最佳戏曲片大奖提名。

2022年

1月

1 月 19 日　贵州省旅游市场整治"黔锋行动"启动暨"一码游贵州"文化和旅游市场监管服务平台上线新闻发布会在贵阳举行。

1 月 26 日　2022 年贵州省文化和旅游工作会议在贵阳召开。

4月

4 月 19 日　"民族特色村寨+旅游"发展壮大乡村特色产业，有较高保护发展价值的民族村寨近 5000 个，其中有 312 个被命名为"中国少数民族特色村寨"，有 1328 个被命名为"贵州省少数民族特色村寨"。

5月

5月4日　"五一"假日前夕，贵州省文化和旅游厅发放1000万元文旅消费券刺激消费。

5月6日　贵州省委宣传部指导、多彩贵州文化旅游研究院编撰的《贵州文化旅游改革发展案例（2019~2020）》出版发行。

第四届"农行杯"贵州省乡村旅游创客大赛新闻发布会在贵阳举行。

5月13日　贵州省发放2022年多彩贵州文旅消费券，本次共计发放550万元。

6月

6月10日　贵州省重点区域（广州）文旅招商推介会暨2022年百万老广游贵州启动仪式在安顺市举行，现场签约3个文旅项目。

6月21日　贵州省精心打造"多彩贵州·世遗之美"夏季版旅游线路、"多彩贵州·博物盛筵"主题旅游线路，精心推出了避暑康养度假主题自驾游产品，迎接广大游客来到贵州避暑度假。

6月23日　第四届全国县域旅游研究成果《全国县域旅游研究报告2022》暨"2022年全国县域旅游综合实力百强县"名单发布，贵州9地上榜。9地分别为兴义市、凯里市、开阳县、赤水市、清镇市、修文县、盘州市、仁怀市、荔波县。

7月

7月19日　贵州省十部门联合发文促进乡村民宿发展。

7月22日　2022中国国际旅游交易会在云南昆明开幕，贵州馆独具山地特色，以丰富的文化旅游展品以及精彩的苗族歌舞、芦笙演奏、侗族大歌、木叶表演等文化展演，成为参展商关注焦点。

7月23日　贵州省黔剧《腊梅迎香》入选第十七届文华大奖终评作品名单。

8月

8月17日 2022亚洲山地旅游推广大会配套活动之贵州省文化旅游产业招商对接会在贵阳举办。

8月18日 由文化和旅游部、贵州省人民政府、国际山地旅游联盟主办，以"亲诚惠容 合作共享——携手共筑亚洲山地旅游发展新未来"为主题的2022亚洲山地旅游推广大会在贵阳市国际山地旅游联盟总部开幕。

10月

10月12日 贵州省现有全国乡村旅游重点村49个，724个村寨列入中国传统村落保护名录，312个村寨入选中国少数民族特色村寨名录，列入两个名录的数量均位居全国第一。

11月

11月10日 贵州省2022年5月底启动的1.6亿元"多彩贵州·助商惠民"文旅消费券发放工作结束，文旅消费券发放核销率达100%。直接使用消费券所产生的订单金额累计6.8亿元，带动率1∶4.25；用券用户整体购买旅游相关商品产生订单金额累计14.43亿元，带动率1∶9.02，有效激发了文旅消费潜力，助力文旅企业纾困，带动全省文旅市场消费。

12月

12月8日 文化和旅游部、国家文物局印发《支持贵州文化和旅游高质量发展的实施方案》。

权威报告・连续出版・独家资源

皮书数据库
ANNUAL REPORT(YEARBOOK)
DATABASE

分析解读当下中国发展变迁的高端智库平台

所获荣誉

- 2020年，入选全国新闻出版深度融合发展创新案例
- 2019年，入选国家新闻出版署数字出版精品遴选推荐计划
- 2016年，入选"十三五"国家重点电子出版物出版规划骨干工程
- 2013年，荣获"中国出版政府奖・网络出版物奖"提名奖
- 连续多年荣获中国数字出版博览会"数字出版・优秀品牌"奖

皮书数据库

"社科数托邦"
微信公众号

成为用户

　　登录网址www.pishu.com.cn访问皮书数据库网站或下载皮书数据库APP，通过手机号码验证或邮箱验证即可成为皮书数据库用户。

用户福利

- 已注册用户购书后可免费获赠100元皮书数据库充值卡。刮开充值卡涂层获取充值密码，登录并进入"会员中心"—"在线充值"—"充值卡充值"，充值成功即可购买和查看数据库内容。
- 用户福利最终解释权归社会科学文献出版社所有。

数据库服务热线：400-008-6695
数据库服务QQ：2475522410
数据库服务邮箱：database@ssap.cn
图书销售热线：010-59367070/7028
图书服务QQ：1265056568
图书服务邮箱：duzhe@ssap.cn

S 基本子库
SUB DATABASE

中国社会发展数据库（下设 12 个专题子库）

紧扣人口、政治、外交、法律、教育、医疗卫生、资源环境等 12 个社会发展领域的前沿和热点，全面整合专业著作、智库报告、学术资讯、调研数据等类型资源，帮助用户追踪中国社会发展动态、研究社会发展战略与政策、了解社会热点问题、分析社会发展趋势。

中国经济发展数据库（下设 12 专题子库）

内容涵盖宏观经济、产业经济、工业经济、农业经济、财政金融、房地产经济、城市经济、商业贸易等 12 个重点经济领域，为把握经济运行态势、洞察经济发展规律、研判经济发展趋势、进行经济调控决策提供参考和依据。

中国行业发展数据库（下设 17 个专题子库）

以中国国民经济行业分类为依据，覆盖金融业、旅游业、交通运输业、能源矿产业、制造业等 100 多个行业，跟踪分析国民经济相关行业市场运行状况和政策导向，汇集行业发展前沿资讯，为投资、从业及各种经济决策提供理论支撑和实践指导。

中国区域发展数据库（下设 4 个专题子库）

对中国特定区域内的经济、社会、文化等领域现状与发展情况进行深度分析和预测，涉及省级行政区、城市群、城市、农村等不同维度，研究层级至县及县以下行政区，为学者研究地方经济社会宏观态势、经验模式、发展案例提供支撑，为地方政府决策提供参考。

中国文化传媒数据库（下设 18 个专题子库）

内容覆盖文化产业、新闻传播、电影娱乐、文学艺术、群众文化、图书情报等 18 个重点研究领域，聚焦文化传媒领域发展前沿、热点话题、行业实践，服务用户的教学科研、文化投资、企业规划等需要。

世界经济与国际关系数据库（下设 6 个专题子库）

整合世界经济、国际政治、世界文化与科技、全球性问题、国际组织与国际法、区域研究 6 大领域研究成果，对世界经济形势、国际形势进行连续性深度分析，对年度热点问题进行专题解读，为研判全球发展趋势提供事实和数据支持。